亚洲研究

当代
以色列

CONTEMPORARY
ISRAEL

多元表达与社会张力

Pluralistic Expression
and
Social Tension

张倩红 等 著

社会科学文献出版社
SOCIAL SCIENCES ACADEMIC PRESS (CHINA)

本书系国家社科基金重大项目《犹太通史》（项目编号：15ZDB060）的阶段性成果。

序　言

近年来犹太－以色列研究吸引了越来越多的中国学者，研究领域涉及犹太历史与文化，以色列国家的政治、经济、教育、科技、创新，以及巴以冲突、阿以关系等。但总体来看，中国学界关于以色列社会的深度挖掘与系统研究还相对不足。《当代以色列：多元表达与社会张力》试图从族群状况、政教关系、宗教教育、移民问题、社会思潮等方面对以色列社会进行专题探讨。

回顾以色列国家的历史，这个在战火中诞生的弹丸小国走过了不同寻常的辉煌历程。建国之初，以色列只有65万人，到2020年底，以色列总人口约为929.1万人。经过70多年的奋斗，以色列实现了从初生到经济发达、社会进步、文化繁荣、科技先进的蜕变。

犹太学术界常以"革命"来定义犹太复国主义运动，以色列建国史就是一场名副其实的民族革命史。这不仅是对反犹传统、种族灭绝以及一切否定犹太民族生存的外部势力的反叛式"革命"，也是对流散过程中沉淀下来的文化痼疾、思想桎梏以及民族劣根性的渐进式"革命"。从希伯来先知的奔走呼号、哈斯卡拉知识群体的殚精竭虑到犹太复国主义思想家的呕心沥血，一以贯之的是犹太人对生存权的渴望与回归正常诉求的革命式动力，这种动力与时代的洪流汇集，推进了犹太社会的变革，实现了民族历史的伟大跃进。语言、文化、国土、人口及观念认同常常被看作民族国家的基本元素，其中的每一个元素对于以色列来说都不是理所当然的获得，而是需要艰难的奋争，并为此付出巨大的代价。

以色列建国史又是一部奋斗史。100多年前马克·吐温担心把"全世界最狡猾的大脑"集中到一起建立一个国家，犹如让"赛马"知道自己的力量。如今这些"赛马"已经展现并将继续展现其力量。21世纪以来，学术界关于国家观念的讨论经久不衰，探究的主题是如何看待国家的存在、

当代以色列：多元表达与社会张力

如何界定国家的功能、个人对国家应有何等意义上的认同与归属。犹太民族和其他民族一样，不同时代有不同的国家观念，围绕国家观念所产生的分歧与争论从未停止，犹太复国主义运动塑造的国家所招致的批评与否定也此起彼伏。但是观察以色列国家 70 多年的历史，不得不承认这样一种现象：这既是一个民族国家的成长历史，又是一个个犹太个体的奋斗史。正是犹太个体奋斗历程的相互叠加，最终才汇聚成了民族复兴的洪波巨流。以色列的历史与文学作品多集中于两个主题：一是历史上形形色色的反犹主义对生命的扭曲、对常识的颠覆；二是犹太人如何将个人奋斗与民族国家命运紧密相连，坚信自己的努力能够改变国家，自己的懈怠与恶行会损害国家。这样一种内化于心的国家情怀不仅是精英阶层的共识，也是普通百姓的品质。也许是特殊的经历使犹太人对国家的含义有着深刻的认知：国家不是自然而然的客观存在，而是千载难逢的历史机遇与不同寻常的奋争取得的硕果。在犹太人看来，以色列国家的建立是一种伟大的奇迹，也是上帝对犹太人恩典的千年应验。如果说周而复始的反犹主义尤其是纳粹大屠杀将犹太民族推向了深渊，而实现救赎的最大动力是犹太人不甘沉沦、顽强求生、开创未来的精神品质。

这样定位以色列的建国史无意否定当今以色列所面临的挑战。"这是一个最好的时代，也是一个最坏的时代；这是一个智慧的年代，也是一个愚蠢的年代；这是一个信任的时期，也是一个怀疑的时期；这是一个光明的季节，也是一个黑暗的季节；这是希望之春，也是失望之冬……"狄更斯对转型时期欧洲社会的描述同样适用于今日之以色列。

当前的以色列国家经济、科技发达程度前所未有，但各种社会问题、文化冲突与精神困顿越发凸显；以色列政府的一系列政策使其他国家对犹太人的看法更加复杂，让散居地犹太社团的地位更加尴尬，对这个国家的否定与批评不仅仅来自外部，也同样来自内部。目前以色列社会存在的主要问题可以归纳如下。

（一）社会鸿沟普遍存在，社会融合依然任重道远

犹太人与阿拉伯人、犹太人与其他少数族裔、东方犹太人与西方犹太人、正统派犹太教徒与世俗主义者之间的社会鸿沟长期存在，且有不断加剧之势。族群之争、价值观念冲突以及主体民族的文化傲慢阻碍了社会融

合的步伐。

　　近年来，以色列阿拉伯人有融入以色列国家生活的趋势。在不放弃其民族身份前提下，越来越多的以色列阿拉伯人开始在文化生活、体育、医学和商业中占据突出地位，认同以色列国家为其生活所提供的稳定环境。这一过程被称为"以色列化"（Israelization）。2018年的调查显示：多数以色列阿拉伯人希望在充分享有公民身份的基础上融入以色列社会，大多数犹太人乐于看到以色列阿拉伯人获得平等的公民身份，甚至愿意看到他们在某种程度上获得集体权利。[①] 但这种积极向好的现象却面临着一系列的挑战。首先，以色列阿拉伯人仍旧在诸多方面遭遇歧视，未能完全享有公民权。从制度层面来看，他们在资源配置、资金分配、公共服务、定居点建设等方面都处于劣势，在非制度层面也多遭遇歧视。其次，一些政府高层、右翼党派人士以及部分犹太民众对以色列阿拉伯人有不信任、排斥倾向。不少政府高层坚持认为以色列阿拉伯人是"异化的背叛者""引发恐惧者"，应该受到集体指责，他们甚至试图推动立法阻止以色列阿拉伯人居住在定居点，否认其与犹太人享有平等权利。当前，以色列国家和犹太社会对待以色列阿拉伯人的态度在实质上并未有大的改观，双方对彼此的不信任，成为横亘在犹太人和阿拉伯人之间的一道鸿沟。尽管面临多重困境，但以色列犹太人与以色列阿拉伯人之间的共同利益需要政府采取措施来弥合两者之间的嫌隙与差距，为以色列阿拉伯人融入以色列社会铺平道路。以色列阿拉伯人在以色列的存在是一个无法改变的历史事实，他们的生存与发展、利益和要求理应在国家的发展进程中得到保证和体现。

　　在犹太社会内部，建国之初就已显现的各种矛盾并没有从根本上改变，工党时代的"熔炉政策"远未达到理想预期。极端正统派"哈雷迪"一直是以色列社会一种独特的存在。建国之初，"哈雷迪"青年人数很少，本-古里安总理毫不犹豫地免除了他们服兵役的义务。但1963年本-古里安总理就后悔做出这一决定，担心这一快速增长的群体会"影响到国家的权威"。事实上，"哈雷迪"的高生育率确实超出了很多人的预料，2014年"哈雷迪"占全国人口比例已超过10%。他们中的大部分人不工作、不

---

① "Survey: Most Arabs Are Interested in Integration in the State of Israel, Including Mandatory Civil Service," FNST Jerusalem, April 28, 2018, http://fnst-jerusalem.org/survey-most-arabs-are-interested-in-integration-in-the-state-of-israel-including-mandatory-civil-service/.

服兵役，赖以生存的耶希瓦补助和慈善救济主要出自国家税收，引起了社会各界的不满。为此，2014 年 3 月 12 日，内塔尼亚胡政府把《哈雷迪征兵法》提交议会，以 67 票赞成、1 票反对的多数优势通过了议会投票。尽管该法案在"哈雷迪"中引起轩然大波，但内阁中大多数党派的议员都积极支持，认为这是"哈雷迪"融入以色列社会的重要举措。以色列社会宗教与世俗的矛盾近年来虽有隐性化的发展趋向，但任何一方都没有失去其文化土壤与社会基础。至今"哈雷迪"与其他犹太人之间的紧张关系并没有得到彻底改善，前者常常被看作以色列民主政治与经济繁荣的障碍，但其依然会作为宗教力量及传统意识形态的标志而长期存在。

（二）犹太性与民主性的博弈使以色列国家性质备受质疑

2018 年 7 月 18 日，以色列议会以 62 票赞成、55 票反对、2 票弃权的结果通过了具有争议的《基本法：以色列——犹太人的民族国家》（*The Basic Law: Israel—The Nation State of the Jewish People*，以下简称《犹太民族国家法》）。该法正式将以色列定义为犹太民族的国家，并声称"只有犹太人在以色列享有民族自决权"，"统一的耶路撒冷是以色列的首都"，"希伯来语是以色列国的唯一官方语言"。[①]《犹太民族国家法》的正式出台，标志着以色列历史上第一次以宪法地位确立了"犹太至上"原则。这一法案的出台在以色列国内再次引发了有关犹太性与民主性、犹太国家与全民国家的争论。自 1977 年利库德集团执政后，随着民族主义、宗教势力的强化以及以色列社会的右倾化发展，犹太性与民主性的博弈就已被引发且愈演愈烈。利库德集团和以色列极右翼政党"犹太家园"党等一直强调要根据民族、种族或宗教原则为国家认同确立宪法基础。这一现象也迎合了世界政治潮流中的民粹主义发展倾向，也说明代表大多数犹太人利益的以色列民族国家政治正在进一步形成。

《犹太民族国家法》从草案提出之日起，就激起了巨大的抗议浪潮，反对者有来自阿拉伯群体的，也有来自犹太人内部的，最终正式通过的《犹太民族国家法》相对于最初版本"温和"得多，各方做出了不少妥协，

---

① Pnina Sharvit Baruch, "Is Israeli Democracy at Risk?" in Anat Kurz and Shlomo Brom, eds., *Strategic Survey for Israel 2018 - 2019*, The Institute for National Security Studies, December 2018, p. 86.

一些条文仅仅具有象征性意味。整体看来，它既是以色列政治发展趋势的反映，也是内塔尼亚胡个人意志的体现。

从当前来看，尽管《犹太民族国家法》在以色列国内甚至国际社会上引发了广泛批评，但不必过于忧虑其政治效应以及对以色列的国家认同构成的张力。以色列国家的犹太性是不言自明、已被广泛认可的，《犹太民族国家法》也并不意味着以色列民主的终结，因为在 70 多年的历史中，民主政治已经深刻地烙印在国家治理体系之中；以以色列阿拉伯人为主体的少数族裔在以色列民族国家建构中所发挥的作用也不是一个法律条文就能抹杀和否定的。展望未来，虽然民主性与犹太性的博弈还会继续演进，但大多数犹太人都很清楚，如果以色列不再是民主国家，就会失去其存在的合法性，也会背离大部分公民的国家理念；在很多犹太人看来，如果以色列不具有明显的犹太性，不能包容体现犹太认同的历史遗产，以色列国家将失去其存在的理由。因此，既有犹太性又有民主性的国家才是以色列民众的真正选择，也是以色列国家政治的必然走向。

（三）多元表达呈现了不同群体的社会张力

人们常用"多元性"来描述移民国家及多民族社会的特征。以色列民族关系的构成其实算不上太复杂，但多元性的社会特征却呈现得淋漓尽致，主要表现在语言差别及文化传统的排他性、同族群内部的异质性（无论是犹太社会内部还是阿拉伯裔之间）、国家观念及政治意识的悖论性、身份认同及社会结构的复杂性等。在以色列，民主性与犹太性、宗教与世俗、传统与现代、东方与西方相互交错，难以剥离。导致这一现象的原因，一方面是移民国家的禀性以及复杂的地缘政治环境；另一方面，以色列建国仅有几十年的时间，主体族群犹太人的文化在国家文化中尚处于奠基与成长阶段，作为世界上唯一的犹太国家，流散情结与大屠杀的阴影，使文化的现代化发展还处于一种民族国家构建时期的踊跃表达与内生张力的自然呈现层面。

20 世纪下半叶以来，随着全球化进程的发展，"多元文化主义"思潮迅速兴起，并进入以色列公众与学术界的视野。受该思潮的影响，以色列社会大力推行私有化革命，否定集体主义传统，不同社会群体极力表达自己并试图找回曾经长期被压抑排斥的身份认同。也正是在这样的背景下，

当代以色列：多元表达与社会张力

以"信仰者集团"为代表的新犹太复国主义、以"新历史学派"为代表的后犹太复国主义登上了历史舞台，他们批判犹太复国主义，否定传统的意识形态，颠覆官方史学，极力建构自身的话语体系；犹太阵营中的一些和平主义者也走上街头，抗议以色列政府的民族主义政策，反对定居点建设，呼吁"现在就和平"；在思想文化领域，越来越多的世俗人士开始反思犹太复国主义者所塑造的"革命故事"，在他们看来，后者因为迫切追求理想中的犹太身份、塑造全新的国民文化，故意切断了犹太人与犹太历史、犹太宗教的联系，使这些新犹太人成为"历史的孤儿""说希伯来语的异族人"。① 因此，在世俗犹太人中出现了回归传统的特殊现象，具体表现在学习犹太经典、走进犹太会堂、熟悉犹太礼仪、向宗教人士靠拢等。

需要指出的是多元性并没有导致以色列社会结构的失衡，也没有对犹太国家的权威构成致命性解构。以"新历史学派"为代表的后犹太复国主义思潮不会从根本上瓦解以色列的社会基础，内塔尼亚胡强硬的民族主义政策也不会彻底改变以色列作为民主国家的根本属性。多元共存、兼容并包不仅仅是当下，也是未来以色列社会最显著的特征。当代以色列学者丹尼尔·戈迪斯曾这样描述《贝尔福宣言》发表100年后的以色列社会：

> 以色列是复杂而充满活力的地方。这里既有诸多宗教圣地，又有热闹的酒吧和精彩的音乐表演（有人会说这是亵渎神灵）。这里在某些方面非常传统，但在其他方面又非常现代。这里居住着逃避现代性的极端正统派犹太教徒，同时又是世界科技的中心。这里既居住着拥有不同肤色和种族背景、说不同语言的世俗犹太人和犹太教徒，又聚集了不少非犹太人。以色列吸收的移民（这里是全世界移民比例最高的国家）大多来自没有民主传统的国家，但以色列是非常成功的民主国家。虽然在面积和人口上都只能算作袖珍国家，但以色列和它的故

---

① 如何看待犹太复国主义一直存在争议。多数犹太人认为，犹太复国主义的成就不仅仅在于建构了名副其实的民族家园，还表现在充分利用历史记忆的有效资源，改变了民族个性，塑造了"新犹太人"，从而奠定了犹太民族实现民族复兴的必要基础。但是，近年来，越来越多的以色列犹太人开始反思、质疑这样的主流话语。在他们看来，犹太人在利用历史记忆建构国家认同的过程中，存在着对于少数族裔、弱势群体政治与社会诉求的"选择性遗忘"与"有意识忽略"，"历史伦理"的缺失置后者于边缘化的地位，也导致了以色列民族国家建构的一大缺陷。

事向来是世界关注的焦点。可以说，如果不理解这个犹太国家，不明白它的活力和复杂性所在，就无法理解当今世界。①

（四）安全诉求的挫败促生了普遍的社会焦虑感

无论是早期的犹太垦殖者还是大屠杀幸存者，他们踏上巴勒斯坦土地的最大渴望就是寻找安全的居所。以色列建国以来一直奉行"安全第一、和平第二"的国防理念，每届以色列政府无论属于哪一个政治阵营，对国民的安全承诺都是其施政方略的核心内容。然而，建国后以色列人的和平预期屡屡受挫，人们不再相信诗人、歌手所表达的"最后一场战争"。21世纪以来，虽然没有发生大规模的正规战争，但接二连三的巴以冲突、越来越复杂的地缘政治环境使以色列人的安全心理越来越脆弱。

伴随着安全诉求受挫，以色列人的焦虑情绪也并没有因为国家的强盛、生活的富足而远去。恐惧感、失落感、虚无感在各类作品及社会调查中纷纷呈现。无论是 20 世纪五六十年代活跃于文坛的"新浪潮"作家，还是 90 年代兴起的新生代作家，都涌现了一些杰出人物，他们直面这种社会心理现象，从而留下了一系列优秀的作品。阿摩司·奥兹的作品中就大量地描述了父辈的英雄主义价值观留给子孙的精神孤独与毁灭性的摧残，以及战争带给母亲、妻子的无法抚慰的心理创伤。

毫无疑问，今日以色列依然处在难得的战略机遇期，先发制人的防御性现实主义外交取得了良好成效，无论是"阿拉伯之春"、叙利亚战争、还是极端主义分子的恐怖袭击都难以动摇以色列国家的根基。以色列与伊斯兰世界的关系向好，来自伊朗的威胁虽然严峻但依旧可控。但也有人担心，以色列的种种做法会引起更大的冲突。特别是特朗普执政时期，美以关系的超常升温，使以色列国内的民族主义情绪越发高涨。当特朗普高调宣布耶路撒冷为以色列"首都"并在那里建造新的美国大使馆时，很多以色列人更加焦虑；当美国政府撕毁伊核协议、承认以色列对戈兰高地"拥有权力"的时候，一些美国犹太人却选择了公开反对，很多犹太人担忧以色列人更加看不到和平、更加没有未来。

---

① 〔以〕丹尼尔·戈迪斯：《以色列：一个民族的重生》，王戎译，浙江人民出版社，2018，第 7 页。

当代以色列：多元表达与社会张力

以色列《特拉维夫报》专栏作家阿里·沙维特在以色列建国 65 年之际推出了《我的应许之地：以色列的荣耀与悲情》，细腻而深刻地表述了以色列荣耀、辉煌背后所隐藏的恐惧与焦虑。

> 20 世纪 60 年代中期的以色列，是一块富有活力的希望之地。然而，我总觉得，在那时的家乡，在富人们豪华的官邸和漂亮的草坪上，似有暗流涌动。我恐惧着，总有一天，这汹涌的暗流会吞噬掉我们所有人，就像神话中的大海啸一样，摧毁海岸，将以色列一扫而空。
>
> …………
>
> 在 21 世纪的第一个十年，以色列的表现可圈可点——她有效地遏制了恐怖主义活动，高速发展尖端科技，令我们每一天的生活欣欣向荣。她的经济强势如猛虎，向全世界展示着一个生机勃勃、富于创新的强国形象，并享受着这一切。然而，在这非凡成功的光环之下，一种焦虑正在默默地酝酿、发酵……
>
> 21 世纪的第二个十年到来之际，贪婪的以色列已被五大隐忧的重重阴影所笼罩：巴以冲突在可预见的未来并不能止息；以色列的区域霸权战略正在经受挑战；犹太国家的合法性遭遇削弱；深度变革的以色列社会越发两极分化，自由民族的根基摇摇欲坠；调控不力的以色列政府不足以妥善应对诸如军事占领、社会分化之类的严峻挑战……尽管，以色列仍然保持着创新、魅力与活力，她却已经成了一个深陷质疑的国家……我们每一个人都将直面以色列问题的三重性：为什么是以色列；以色列意味着什么；以色列将何去何从？[①]

任何社会都是由复杂的社会现象构成的，有其共性，也有其特性；有成就与辉煌，也有形形色色的问题与瓶颈。以色列也不例外，从不同的视角观察，往往会得出不同的结论，形成"横看成岭侧成峰"的不同印象。本书因篇幅所限，未能对以色列社会进行全方位的宏观研究，而是通过一些相对具体的问题分析建国以来以色列社会的成长历程及其所面临的挑战，梳理其经验，也总结其教训，以期为我国目前社会发展与国家治理提

---

① 〔以〕阿里·沙维特：《我的应许之地：以色列的荣耀与悲情》，简扬译，中信出版社，2016，引言。

供他山之石。

　　《当代以色列：多元表达与社会张力》是集体努力的结晶，大部分参与者是年轻人，尽管他们的文字还很稚嫩，思维不够缜密，但都倾力而为，不乏自得之见。

　　全书具体分工如下：

　　张倩红负责确定思路、设计框架及全书内容审阅，撰写序言、第一章第一部分（与宋静静合作）；

　　艾仁贵撰写第一章第二部分；

　　李志芬撰写第一章第三、第四部分；

　　张瑞撰写第一章第五部分；

　　刘洪洁撰写第二章；

　　张佩佩撰写第三章；

　　张峰撰写第四章；

　　邓燕平撰写第五章；

　　李晔梦撰写第六章。

　　另外，张佩佩、邓燕平、张峰、张华、王越广、贾珍、马梦洋参与了全书的审校工作，尤其是张佩佩、邓燕平承担了大量的编辑与校对工作，在此一并致谢！另外还要感谢郑州大学历史学院党政班子对本研究团队的长期支持！感谢陈天社教授、谢志恒博士为该书出版所付出的努力！

张倩红

2021 年 11 月 20 日于郑州大学柳园公寓

C NTENTS
目　录

第一章
以色列社会的多元性

  作为一个典型的移民国家，以色列人口构成比较复杂。根据以色列中央统计局（Israel Central Bureau of Statistics，简称 ICBS）的统计数据，截至 2020 年 12 月 31 日，以色列人口约为 929.1 万人，其中犹太人为 687 万人（占 73.9%），阿拉伯人为 195.6 万人（占 21.1%），"其他人"为 46.5 万人（占 5.0%）。[①] 从宗教信仰角度看，除犹太人与穆斯林以外，以色列还有占总人口 2% 的基督徒（17.7 万，绝大多数为阿拉伯基督徒）以及其他宗教信徒（包括巴哈伊教信徒、佛教信徒等）。[②] 而在作为主体民族的犹太人口内部，也存在族群与宗教的差别：在族群来源上，分为阿什肯纳兹犹太人、塞法尔迪犹太人、东方犹太人;[③] 就宗教信仰而言，根据信仰程度的不同划分，极端正统派"哈雷迪"（Haredi）占以色列犹太人的 9%，现代正统派"达提"（Dati）占 13%，自称虔诚的传统主义者"马索提"（Masorti，遵守大部分犹太律法）占 29%，剩下的 49% 为世俗人士"希

---

① "Population of Israel on the Eve of 2021," Israel Central Bureau of Statistics, December 31, 2020, p. 1, https://www.cbs.gov.il/he/mediarelease/DocLib/2020/438/11 – 20 – 438e.pdf.

② Tazpit News Agency, "Israel's Population Approaches 9 Million," *Jewish Press*, December 31, 2018, https://www.jewishpress.com/news/breaking-news/israels-population-approaches-9-million/2018/12/31/.

③ 一般认为，以色列犹太人分为阿什肯纳兹犹太人（Ashkenazim）、塞法尔迪犹太人（Sephardim）和东方犹太人（Mizrahim）三种。阿什肯纳兹犹太人最早出现在 14 世纪的文献中，是对居住在日耳曼地区的犹太人的称谓，具体来说"Ashkenazim"特指在法国北部、德国和斯拉夫地区形成的犹太文化共同体，使用意第绪语是其最典型的特征。散居在欧洲的塞法尔迪犹太人在外表上与阿什肯纳兹犹太人几乎没有什么差异，但二者在生活方式、希伯来语发音、宗教礼仪、律法传统上区别较大。塞法尔迪犹太人主要是来自西班牙、葡萄牙的犹太人及其后裔。其实，生活在土耳其与西亚、北非等地的塞法尔迪犹太人与东方犹太人几乎没有什么差异，许多以色列人把他们看作一个社团。但塞法尔迪犹太人深切怀念自己祖先在西班牙的光辉时光，极力强调其独特性。东方犹太人泛指来源于东方阿拉伯世界的犹太人。

当代以色列：多元表达与社会张力

罗尼"（Hiloni）。① 可以说，以色列社会内部的民族、宗教、族群上的多样
性自建国之初起就已存在，而且由于受到历史与现实多重因素的影响，这
些不同群体之间的差异性、对抗性比较强。1967 年爆发的"六日战争"激
活了以色列社会多种变化的因子。"六日战争"后安全形势的改变、国民
自豪感的形成以及社会融合步伐的加快，无疑促进了民族国家的建构。但
是，随之而来的自我意识的膨胀、宗教势力的强大以及民族主义情绪的上
升，也对以色列社会产生了不可忽视的消极影响。

一 "六日战争"对以色列社会的影响②

长期以来，中东地区此起彼伏的枪炮声淹没了社会现代化进程，人
们在关注国家灾难与民族创伤的同时，往往忽略了战争与社会的相互关
系。克劳塞维茨指出："文明民族的战争，总是在某种政治形势下产生
的。"③ 马克思称"战争本身还是一种经常的交往形式"④。在对"战争
万恶论"与"战争万能论"进行批判的基础上，经典作家们充分肯定了
战争功能的客观性、双重性和复杂性。纵观 20 世纪以来的中东历史，如
果仅把战争的破坏力看作一种短暂的、表层的现象，很难窥探其内在意
义；而从更长远、更深层的角度来分析的话，不难得出另一种结论：战
争不仅是用军事语言表达了民族国家的政治需求，而且是"历史季节的
标志"，它和人类文化交往、社会演进、国民性格形成以及族群心理变
化如影随形。

---

① Kelsey Jo Starr and David Masci, "In Israel, Jews Are United by Homeland but Divided into Very Different Groups, "Pew Research Center, March 8, 2016, http://www. pewresearch. org/fact-tan-k/ 2016/03/08/in-israel-jews-are-united-by-homeland-but-divided-into-very-different-groups/. 实际上，这种划分并非完全科学，在世俗人士中间仍有 53% 相信上帝的存在，而且几乎 90% 以上的以色列犹太人都不同程度地守安息日与过逾越节。参见 "Israel 2010: 42% of Jews Are Secular, "Ynetnews, May 18, 2010, http://www. ynetnews. com/articles/0, 7340, L-3890330, 00. html.
② 本部分内容首次发表于《世界历史》，本书中有删改。参见张倩红、宋静静《"六日战争"对以色列社会的影响》，《世界历史》2009 年第 1 期。
③ 〔德〕克劳塞维茨：《战争论》，中国人民解放军军事科学院译，商务印书馆，1982，第 42 页。
④ 《马克思恩格斯选集》第 1 卷，人民出版社，1972，第 27 页。

（一）领土变更与国民安全感的形成

由于巴勒斯坦①地区特殊的历史，以色列建国前这里并没有形成独立的国家实体，巴勒斯坦的归属问题一直是阿以冲突的焦点。犹太复国主义运动兴起之后，犹太人掀起了移民巴勒斯坦的浪潮，但定居下来的人很有限，到1917年《贝尔福宣言》发表的时候，巴勒斯坦犹太人口仅占当地总人口的10%左右。英国委任统治期间，犹太移民迅速增多，20年代末达到15.7万人，占当地总人口的17.7%。1939年底，犹太人口增加到47.5万人，约占当地总人口的30%。② 犹太移民数量的剧增和在此地建立民族家园的举动引起了当地阿拉伯人的恐慌与不安，阿犹武装冲突频繁，巴勒斯坦局势失控，委任统治宣告失败，英国于1947年2月将巴勒斯坦问题移交给联合国。1947年11月29日，联合国大会通过巴勒斯坦分治决议（即联合国第181号决议），规定英国于1948年8月1日之前结束在巴勒斯坦的委任统治，并撤出其军队；两个月后在巴勒斯坦地区建立两个国家，即阿拉伯国与犹太国，耶路撒冷及周边地区由联合国管理。阿拉伯国领土包括西加利利、除耶路撒冷外的约旦河西岸地区、从阿什杜德（Ashdod）到埃及西奈边界的加沙沿海平原，约占当时巴勒斯坦总面积的40%。犹太国领土包括东加利利、从阿卡（Acre）南部到现在阿什杜德港口南部之间宽约4.5英里（约7千米）的沿海平原、除加沙沿海平原和西北部地区外的整个内盖夫地区，约占当时巴勒斯坦总面积的60%。③ 犹太人把分治决议看作千载难逢的历史机遇，在1948年5月14日英国宣布结束委任统治的当天，迅速在特拉维夫宣布以色

---

① 巴勒斯坦（Palestine）古称迦南地（Canaan），犹太人曾在此建立希伯来王国。今"巴勒斯坦"这个名字起源于希伯来语"Peleshet"。"Phleshet"是希伯来人对当时迦南地另一民族"腓力斯丁"（又称非利士）的称呼，意为"外来者"。在希腊文献中，希罗多德（Herodotus）称"巴勒斯坦"为"腓力斯齐亚"（the Philistine Syria），"the Philistine Syria"后被缩短转写为"Palaistinei"。犹太哲学家斐洛（Philo）也认为"Palaistinei"就是《圣经》中提到的迦南。后来罗马人根据希腊语将此地名字转写成拉丁语的"Philistin"和"Palestin"，英语为"Philistine"和"Palestine"，汉语分别译为"腓力斯丁"和"巴勒斯坦"。伊斯兰教兴起后，许多阿拉伯人定居此地，成为当地的主体民族，他们用"Filastin"来称呼此地。但犹太人一直称巴勒斯坦地区为"Erets Yisrael"，意为"以色列地"，在英文中通常用"the Land of Israel"作对应表述。参见 *Encyclopaedia Judaica*，Vol. 13，Jerusalem：Keter Publishing House Ltd.，1971，"Palestine"词条，第29页。

② Leslie Stein，*The Hope Fulfilled: The Rise of Modern Israel*，Westport，CN: Greenwood Publishing，2003，p. 197.

③ *Encyclopaedia Judaic*，Vol. 13，p. 38.

列国建立，然而对分治决议极度不满的阿拉伯世界决定以武力解决问题。

在 1948 年爆发的第一次中东战争中，以色列占领了大约 2500 平方英里（约 6475 平方千米）根据巴勒斯坦分治决议归属于阿拉伯国的土地，其陆上总控制面积达到 7821 平方英里（约 20256 平方千米）。[①] 1956 年爆发的第二次中东战争虽然没有造成领土变更，但加剧了阿拉伯人与以色列国的冲突与矛盾。"六日战争"前，阿拉伯世界仍然宣称要将犹太人赶进地中海，并不断引进苏联的军事武器。"六日战争"前以色列国的土地缺乏地缘安全[②]，这表现在北部地区的叙以冲突不断，叙利亚不断炮击叙以边界的以色列定居点；中部地区，约旦炮兵仍然威胁着以色列人口稠密、经济发达的沿海平原地带；南部的埃及空军在西奈半岛虎视眈眈，并宣称 6 分钟之内就可以轰炸特拉维夫；而耶路撒冷仍被约旦、以色列分割；[③] 巴勒斯坦游击队也在叙利亚的支持下不断越境袭击以色列定居点。安全感的长期缺失导致了 20 世纪 60 年代中期以色列出现倒移民现象，相当多的中产阶级家庭悄悄移民到美国等发达国家。[④] 这种现象震撼了以色列领导人，因为长期以来他们一直努力奋斗的目标是把以色列建设成为世界犹太人的民族家园。为了改变不利的地缘局势，以色列国防军于 1967 年 6 月 5 日发动针对埃及、约旦、叙利亚的军事进攻，到 6 月 11 日战争结束时摧毁了埃及、叙利亚、约旦的空军力量，并夺得 26476 平方英里（约 68573 平方千米）的阿拉伯人的土地。其中戈兰高地 444 平方英里（约 1150 平方千米）、约旦河西岸 2270 平方英里（约 5879 平方千米）、加沙地带 140 平方英里（约 363 平方千米）、西奈半岛 23622 平方英里（约 61181 平方千米），以色列总控制陆地面积达到 34493 平方英里（约 89336 平方千米）。[⑤] 控制范围扩大使以色列的安全形势发生了巨大变化：在南边，以色列军队驻守苏伊士运河西岸，离开罗不足 69 英里（约 111 千米），西奈沙漠成为（以埃之间的）一个缓冲带；在东面，以色列控制区离阿曼不足 31 英里（约 50 千米），消

① *Encyclopaedia Judaic*, Vol. 9, Jerusalem: Keter Publishing House Ltd. , 1971, p. 569.
② 根据巴勒斯坦分治决议，犹太国整个形状呈一倒置的烙铁状，三部分领土交界处仅靠点相连接，有被计划中的阿拉伯国拦腰截断的危险。虽然经过第一次中东战争，以色列的情况有所好转，但以色列国土仍然缺乏战略纵深，这种领土分布状况使一些犹太人深感忧虑。
③ 〔日〕田上四郎：《中东战争全史》，军事科学院外国军事研究部译，解放军出版社，1985，第 153 页。
④ Ahron Bregman, *A History of Israel*, New York: Palgrave Macmillan, 2003, p. 103.
⑤ *Encyclopaedia Judaic*, Vol. 9, p. 569.

除了约旦对以色列沿海平原和耶路撒冷的威胁；在北面，以色列控制了戈兰高地的制高点，离大马士革不足 38 英里（约 61 千米），并在高地上建立了战略预警设施和监视系统，大马士革以西的地区几乎全都处在以色列军队的监控之下。战前叙利亚对以色列北加利利地区的威胁被"六日战争"后以色列炮兵和装甲部队对大马士革的威胁所代替。① 安全度的提升使以色列倒移民现象得以抑制，战前许多移居国外的以色列人返回国内定居，并在世界范围内掀起了犹太人移民以色列的高潮。1968～1973 年以色列社会共接纳了 25 万名犹太移民，其中来自苏联与美国等发达国家的移民占移民总数的一半以上。②

为了进一步巩固安全局势，以色列政府在新占土地上建立了大批具有战略价值的定居点。截至 1973 年"赎罪日战争"爆发，以色列在戈兰高地上建立了 16 个定居点；③ 在约旦河裂谷地区建立了 21 个定居点；④ 在拉法（Rafiah）地区建立了 12 个定居点；⑤ 在约旦河西岸地区建立了 16 个定居点。⑥ 这些定居点不仅可以监视周围地区的形势变化，搜集战略情报，为以色列政府提供决策依据，而且可以在战争中有效地延缓敌军的进攻步伐，为以色列军队的反击赢得宝贵的时间。

总之，控制范围变更既使以色列国有了战略回旋余地，又为公众建立了心理上的安全屏障，国民获得了集体安全感。以色列政府也开始削减军队及军费开支，1973 年夏天，国防部宣布把义务兵役的时间从 36 个月缩减至 33 个月，预备役由一年 60 天缩减至 30 天。国防费用也由 1970 年的占国家总预算的 40% 降低到 1973 年的 32%，并计划到 1977 年国防费用降到低于国家总预算的 14.6% 的水平。⑦

① Chaim Herzog, *The Arab-Israel Wars: War and Peace in the Middle East*, New York: Vintage Books, 1982, p. 189. 〔英〕阿伦·布雷格曼：《以色列史》，杨军译，东方出版中心，2009，第 123 页。

② 关于 1968～1973 年以色列移民来源地、具体人数参见《以色列政府 2007 年统计摘要》（*Statistical Abstract of Israel 2007*, No. 58 Subject 4-Table No. 2, No. 4, http://www.cbs.gov.il/reader/-shnaton/templ_shnaton_e. html?num_tab = st04_02&CYear = 2007）。

③ 〔以〕哈伊姆·格瓦蒂：《以色列移民与开发百年史：1880～1980 年》，何大明译，中国社会科学出版社，1996，第 410 页。

④ 〔以〕哈伊姆·格瓦蒂：《以色列移民与开发百年史：1880～1980 年》，何大明译，第 412 页。

⑤ 〔以〕哈伊姆·格瓦蒂：《以色列移民与开发百年史：1880～1980 年》，何大明译，第 415 页。

⑥ Martin Gilbert, *The Arab-Israeli Conflict: Its History in Maps*, London: Weidenfeld & Nicolson, 1976, p. 76.

⑦ Martin Gilbert, *Israel: A History*, London: Doubleday, 1998, pp. 423 – 424.

（二）国民性格与精神潮流的改变

民族性格是一个民族精神风貌的体现，其内容包括思维方式、人生态度、价值观念、行为规范、心理特征、国民情感、道德品质等。犹太文化作为一种博大精深而又极富感染力的精神遗产，通过文化环境化与文化人格化两个重要环节塑造了犹太国民性。与其他民族相比，所不同的是，犹太民族性格在更大程度上受到外界环境的影响。公元135年巴尔·科赫巴（Bar Kokhba）起义失败后，犹太人开始流散到世界各地。作为客体的犹太民族在与所在国主体民族交往时往往处于劣势和从属地位。深受西方人文主义滋养的犹太复国主义思想家，在实现其民族理想的过程中，十分注重批判传统犹太教戒律、与世隔绝的犹太生活及非犹太社会的敌视态度对犹太人人格的严重扭曲。赫茨尔曾一针见血地指出：长期生活在隔都中的犹太人养成了一种自私的品性，"表现出了受到不公正的裁决而长期服刑的犯人的特点"。犹太人勇武、刚毅及自尊的品质"已经为压迫所腐蚀"。犹太人虽然在法律条文上获得了解放，但他们的精神与人格并没有解放，冷漠、失落、悲观甚至绝望的情绪一直笼罩着他们。①

如果说上述现象代表了散居犹太人性格弱点的话，那么，建国后以色列在短短半个世纪中所获得的如梦境般的成功——军事上的成功、经济上的成功及社会发展上的成功，唤起了犹太人的自信与激情，一种新的国民心理也随之而生。许多人不再懦弱、压抑、忍耐，而是走向了另一个极端即强悍、骄横与急躁。外界舆论不再把他们描述成"失去阳刚气质与战斗能力的软弱之民"；阿拉伯人也不再敢嘲笑他们是"天生的懦夫"。以色列人被称为"中东的普鲁士人"，以色列的成功建国被视为一个奇迹；以色列国的强大被看作一个以弱胜强的典范；"六日战争"被看作古典民族英雄主义演绎的现代神话。"六日战争"后，这种新国民性格表现得更加明显，以色列学者耶胡沙法特·哈卡比在谈到1967年战争对人们的心理影响时深有感触地说："战争的结果超出了一切希望。于是便提出了这样的问题：既然能够达到巨大的民族目标，为什么要满足少许东西呢？于是目标扩大了；以色列人的自我形象膨胀起来了；一度可以忍受的旧边界变得守不住了。精神潮流变了，这普遍地影响到生活质量。如果这个国家是一个应当重视的国家，那么使这个国家变得伟大的

---

① 参见张倩红《"六日战争"对以色列社会的影响》，《世界历史》2009年第1期。

公民，毕竟也是伟大的，因此，他们应当拿高薪，过高水平的生活。"①

伴随着国民心理的变化，以色列犹太人的精神潮流与生活观念也发生了相应的变化，主要表现在以下几个方面。

首先，集体主义观念淡化、个人主义思想蔓延。在长达 1800 年的流散生活中，历史的波折、世事的磨难，使这个饱经离散之苦的民族更为真切地体悟到群体的至上与伟大。群体精神已成为犹太人求得生存与发展的传世之宝、"文化疆界"的基本内涵和民族凝聚力的集中体现，作为群体精神象征的集体主义也成为犹太复国主义运动的社会理想。建国初期，以基布兹②为代表的集体主义、社会主义、平等主义思想在以色列社会极为流行。但"六日战争"后，城市化和中产阶级的兴起推动了竞争和市场经济的发展，削减了犹太人价值观念中的社会主义和平等意识，以色列社会公有制成分降低。一些基布兹成员收入出现差异，在繁荣与富足环境中成长起来的很多基布兹青年选择离开基布兹，以寻求个性主义的生活方式。一位在建国前极为活跃的女性深有感触地说："那时候（建国初期）跟现在（'六日战争'后）不同的是，人们是从'我们'的角度来考虑问题的，而现在他们是从'我'的角度来考虑问题的。"③ 个人主义的流行在作为思想文化载体的文学艺术作品中也有所印证，如第一代以色列本土作家多注重在战争、复国、重建家园等重大时代背景中烘托人物性格，其作品多以基布兹和独立战争为背景，充满了战争阴影、社会责任感与英雄主义。而以阿摩司·奥兹为代表的第二代本土作家在 20 世纪 60 年代创作的作品中，关注点已转向探索人物心灵世界与内在空间，第一代本土作家所关注的题材退居次要地位。

其次，国民劳动意识淡化、懈怠情绪上升。以色列建国前，在犹太复国主义左翼思想家阿龙·大卫·戈登的影响下，劳动被看作犹太民族恢复健全心智、实现人与宇宙合一及民族复兴的基本手段，以劳动来塑造自我成为巴勒斯坦犹太移民的价值趋向。犹太移民高唱着质朴感人的希伯来歌

---

① 〔美〕劳伦斯·迈耶：《今日以色列：一个不安宁国家的画像》，钱乃复等译，新华出版社，1987，第 46 页。
② 基布兹（Kibbutzim 希伯来语，译为集体农庄）是犹太人移民到巴勒斯坦地区后建立的农业合作组织，以色列建国后，基布兹成为基本的农业组织形式。基布兹内部生产资料归集体所有、成员共同劳动，自愿、平等、民主、财产共有是它的基本原则。在"六日战争"前基布兹对以色列社会影响力较大，战后由于各种原因基布兹影响力下降。
③ 〔美〕劳伦斯·迈耶：《今日以色列：一个不安宁国家的画像》，钱乃复等译，第 46 页。

曲"我们来改造这块土地，同时也被它所改造"，以忘我的工作热情弘扬求实进取的民族精神。建国后，这种新的民族精神成为以色列社会的主流价值观，激励着人们走过建国初期的艰难岁月。

然而，"六日战争"以后，大量外援像潮水一样涌入这个国家，仅在战争爆发以后的6个月内以色列就收到了60亿美元的世界犹太人的捐款，① 美国政府给以色列的捐助也激增，② 轻而易举的获得消解了以色列犹太人原有的忧患意识与进取精神。突如其来的成就感也使他们的自我价值判断急剧膨胀，人性中固有的懈怠情绪复苏。许多人不愿意再从事艰苦的生产劳动，阿拉伯人成了基布兹农业生产中的主要劳动力，虽然基布兹领导人极力纠正这一违反基布兹"自我劳动"原则的现象，但雇用阿拉伯人从事农业生产已成为以色列基布兹社会的事实。以色列犹太人昔日的创业精神也明显淡化。一些以色列人抱怨说："我们过去有过一种说法：就连不可能的事到了这里也是可能的，现在我们说，就连可能的事（到了这里）也成为不可能的了。"20世纪70年代初，美国《国家地理》杂志的一位撰稿人在戈兰高地参观时，一位以军士兵在谈到以色列青年人心理变化时这样说道："对大多数年轻人来说，古老的创业梦想正在消失，他们想要成为现代国家而非创业国家的组成部分。"③

最后，越来越多的人开始追求物质享受。"六日战争"有力地促进了以色列经济的发展。国防需求促进了经济复苏，扩大了就业机会，以色列经济进入发展期。1967~1972年，以色列经济的年均增长率为15%；1968~1972年国民生产总值年均增长率为11.5%，高于1948~1966年的10.5%，其中1971年为11.1%，1972年为12.6%。④ 在国民生活水平迅速提高的同时，越来越多的以色列人关注于眼前利益，追求物质享受。"一些以色列人生活奢侈，他们驾驶着宽敞的汽车、穿着时髦、尽情挥霍，追求着一种与以色列经济能力及国民生活状况不相称的外来生活方式。"⑤ 不仅如此，以色

① 〔英〕阿伦·布雷格曼：《以色列史》，杨军译，第124页。
② 1949~1965年，美国政府对以色列年均援助为6300万美元；1966~1970年，对以色列年均援助为1.02亿美元；1971年后高达20多亿美元。Clyde R. Mark, *Israel: U. S. Foreign Assistance*, http://ftp. fas. org/sgp/crs/mideast/IB85066. pdf.
③ 参见王晓德《"美国化"与以色列向现代消费社会的转变——一种文化视角的探讨》，《西亚非洲》2008年第1期。
④ 〔英〕阿伦·布雷格曼：《以色列史》，杨军译，第137页。
⑤ Golda Meir, *My Life*, New York: Dell, 1975, p. 396.

列军队中的高级军官也开始腐化。例如，战后，政府为了防备埃及军队进犯，保护驻扎在苏伊士运河沿线的以色列士兵免遭炮击，决定修筑巴列夫防线，然而在修筑巴列夫防线和西奈其他军事工程的过程中却产生了一个新的军事百万富翁阶层，这些人通过国家的安全投资而发财，在特拉维夫北面的赫茨利亚（Herzliyya）和佩托阿（Petah）大量修建豪华住宅。昔日的创业精神与忧患意识逐渐成为过眼烟云，一些以色列人开始在迅速变化的社会中迷失方向。

（三）宗教势力上升，民族主义情绪强化

在数千年的犹太历史中，犹太教逐渐成为构筑民族文化的基本要素。在大流散时期作为一种意识形态的犹太教兼具民族文化传承载体的功能，保证了犹太人在失去构成民族历史的关键要素——共同疆域的条件下，创造了流而不散的历史文化奇迹。犹太教早已成为犹太人社会生活的一个组成部分，但早期犹太复国主义主流派的梦想是把以色列建成一个世俗化的民族家园。西奥多·赫茨尔在《犹太国》中写道："军队和教士不得干预授予他们荣誉的国家的行政管理事务。"[1] 以色列国第一任总统魏茨曼也指出："我认为我们有责任高度尊重社团的宗教感情，但国家不能把宗教作为治国的主要准则而将时钟拨慢。宗教应放在犹太会堂和需要它的家庭里，不应控制国家机关。"[2] 以色列《独立宣言》也明确指出：以色列公民不分宗教信仰，都可享受社会和政治平等，以色列是一个世俗国家而非神权国家。建国后，工党"马帕伊"政府提出国家主义，[3] 把构建民族国家作为长期的目标，同时在社会生活中推行一系列世俗化政策，减弱宗教势力的影响。"六日战争"前，宗教势力只拥有成立国立或私立宗教学校和决定公民婚姻的权利，对政府的内外政策采取温和态度，基本上不干预世俗事务。

"六日战争"以后，在一些世俗青年醉心于个人主义的同时，以色列社会也出现了向传统复归的潮流。"以色列建国后的前 20 年，许多人把美

---

① 〔奥〕西奥多·赫茨尔：《犹太国》，肖宪译，商务印书馆，1993，第 82 页。
② 〔美〕劳伦斯·迈耶：《今日以色列：一个不安宁国家的画像》，钱乃复等译，第 355 页。
③ 关于"国家主义"本-古里安使用了"Mamlakhtiut"，它在希伯来语中的意思是"kingdom""state of freedom""commonwealth"等，即英语中的"statism"。主要内容包括军队国家化、教育体制统一化、国家干预经济等方面。参见张倩红《以色列史》（修订本），人民出版社，2014，第 242～247 页。

国文化作为现代国民文化的楷模在深层次上进行仿效，试图用美国化来掩饰心中的自卑与经过大屠杀后的无奈状态。他们吸收、采纳最新的美国文化事物，使其扩散速度之快甚至超过美国社会本身，以色列俨然主人，甚至比美国人表现得更美国化。"① 但是，"六日战争"以后，犹太民族自豪感勃发，大量希伯来语作品出现，传统文化复兴，许多犹太人开始给自己的孩子起希伯来语名字。一些人走进久违的犹太会堂过起了宗教生活，就读宗教学校的人数也普遍增多，整个社会宗教热情上升。究其原因，一是因为对耶路撒冷和约旦河西岸土地的占领为宗教势力的弥赛亚②学说提供了依据，宗教犹太复国主义兴起，并在民众中产生影响；二是战争的残酷性使一些人转向宗教，以求得信仰虔敬与心灵宁静。宗教领袖与宗教政党在世俗犹太人中的影响力增加，先后取得了诸如修改妇女服兵役的法律、禁止妇女人工流产、严格执行安息日规定等一系列权力，甚至在定居点问题上频频严重干预政府决策。

随着宗教势力的复兴，以色列人的民族主义情绪膨胀。议会于1967年6月27日通过东耶路撒冷及周边地区与西耶路撒冷合并的法案，使犹太民族主义情绪达到高潮。此后，在处理阿以关系问题上，以色列政府的态度也越来越强硬，使用武力的倾向增强。1967年之前，以色列对阿拉伯反以组织的行动采取"以眼还眼，以牙还牙"的政策，多为遭受攻击后的被动反击。但1968年以来以色列采取了一项新的"积极自卫"政策，无视其他国家主权与国际惯例，对凡是有巴勒斯坦反以组织存在的国家展开越境袭击，给阿拉伯人造成巨大灾难。例如，1968年12月当一架以色列航空公司的客机在雅典遭巴勒斯坦突击队员袭击后，以色列随后炸毁了贝鲁特

① Uzi Rebhun and Chaim I. Waxman, "The' Americanization' of Israel: A Demographic, Cultural and Political Evaluation, "*Israel Studies*, Vol. 5, No. 2(2000).
② "弥赛亚"（Messiah）源于希伯来文，原义为"受膏者"，即"上帝的派遣者"。犹太国灭亡之后，传说上帝终将重新派遣一名出身于大卫王世系的"受膏者"，带领流散的犹太人返回故土并复兴犹太国，弥赛亚遂成为犹太人所盼望的"复国救主"的专称。犹太教的"弥赛亚学说"主要内涵就是"复国"与"救赎"，虔诚的犹太教徒认为，现代以色列国虽然在1948年建立，但是作为古希伯来王国重要组成部分的犹地亚（Judea）和撒玛利亚（Samaria，即约旦河西岸地区）、耶路撒冷仍游离于以色列领土之外，因此以色列国的建立只是标志着犹太民族救赎的开始，只有当犹地亚、撒玛利亚地区和耶路撒冷都以以色列国统治时，才是弥赛亚的真正降临和上帝救赎的完成。他们把以色列对约旦河西岸地区和耶路撒冷的占领看作上帝允诺犹太人统治《圣经》中的以色列地的诺言在现代的应验，是以色列民族复兴的标志。参见 *Encyclopaedia Judaica*，Vol. 11，"Messiah"词条，第1407~1408页。

国际机场上属于黎巴嫩航空公司的 13 架民用客机。[①]

　　与此同时，一般民众的鹰派倾向也在加强。1968 年以色列的一项全国性调查显示，关于巴勒斯坦被占领土归属问题回答"只归还小部分"和"无意归还"的比例为（不包括耶路撒冷）：戈兰高地 99%，沙姆沙伊赫 93%，约旦河西岸 91%，加沙地带 85%，西奈半岛 57%，[②] 其中比例最低的西奈半岛也超过了一半。同时民间出现了诸如"信仰者集团"[③]（Gush Emunim，意为"the Bloc of the Faith"）等民族极端主义团体，该组织不顾工党政府的反对与国际舆论的谴责，在约旦河西岸和加沙地带建立了大批定居点，而且追随者越来越多，导致了大批阿拉伯人流离失所。此后，代表以色列民族主义势力的加哈尔（Gahal）、利库德集团[④]（Likud Bloc）力量也不断壮大，以全国宗教党为代表的宗教势力与右翼民族主义势力联合，整个以色列社会趋于右倾与保守。

（四）社会融合步伐加快

　　以色列是一个典型的移民社会，第一代领导人的理想是建立一个所有公民平等相待的国家。但事实是不同社会团体面临着不同的社会条件、就业机遇及教育环境，导致以色列各社团间矛盾加深，社会分裂趋势凸显。

　　"六日战争"前，以色列社会面临的最大问题是族群的整合，东方犹太人与阿什肯纳兹犹太人之间的冲突是以色列犹太人内部的主要矛盾。建国前及 20 世纪 50 年代大量涌入的东方犹太人虽然占以色列总人口的

---

① 〔英〕亨利·卡坦：《巴勒斯坦，阿拉伯人和以色列》，西北大学伊斯兰教研究所译，北京人民出版社，1975，第 161 页。

② 〔以〕L. 古特曼：《以色列公众、和平与领土：萨达特主动的影响》，耶路撒冷，1978，表 1.2，转引自阎瑞松主编《以色列政治》，西北大学出版社，1995，第 112 页。

③ "信仰者集团"是一个具有强烈民族主义色彩的右翼集团，它以宗教犹太复国主义为其主要意识形态，精神领袖为小库克拉比（Zvi Yehudah Kook，1881－1982）。核心理念为 Hitnahalut（综合了定居与弥赛亚主义），要求犹太人从宗教义务出发回归以色列地定居。战后，在西岸和加沙地带建立了大批定居点，并强烈反对以色列政府撤出在 1967 年战争中所占领的任何一部分阿拉伯人土地，成为中东和平的逆流。参见汪舒明、缪开金《信仰者集团崛起及其对以色列社会的影响》，《西亚非洲》2006 年第 6 期。

④ 1965 年 4 月，自由党与自由运动联手组成加哈尔集团（Gahal 意为"统一"，是"自由运动与自由党集团"的希伯来文缩写）；1973 年 9 月，第八届议会选举前夕，加哈尔集团、大以色列运动、国家党和自由中心合并成利库德集团（"利库德"在希伯来语中即"团结"），至此以色列政坛右翼民族主义政党联盟形成，并于 1977 年上台执政。参见徐新、凌继尧主编《犹太百科全书》，上海人民出版社，1993，第 302～303 页。

55%～60%，但他们所分享的政治权利却极为有限，在国会、犹太工人总工会、大学和教育机构中居少数，并且遭到以"熔炉政策"① 为代表的文化同化政策的压力，生活水准也明显低于阿什肯纳兹犹太社团。整个东方犹太社团处于一种被强制改造的压抑状态，这使他们与在以色列社会事务中居于主导地位的阿什肯纳兹犹太社团存在着矛盾。

"六日战争"中，拼杀在第一线的东方犹太人用鲜血与生命洗刷了被称为"寄生者"的耻辱，赢得了阿什肯纳兹人的认可与尊重。再加上希伯来语的广泛推广，战后东方犹太社团与阿什肯纳兹犹太社团间融合的步伐明显加快。在文化领域，以色列政府开始承认犹太文化多元性的现实，逐步调整自己的文化政策，对待东方犹太文化不再采取以往的改造与同化政策，鼓励多元文化并存。以色列文化由 20 世纪 50 年代欧洲风格一枝独秀转为阿什肯纳兹文化与东方犹太文化和谐共处，一些优秀的东方歌曲与民间舞蹈也受到越来越多阿什肯纳兹犹太人的欢迎，② 社会出现了多元文化共同发展的繁荣局面。

在社会经济领域，东方犹太人的主人翁意识明显增长，社会地位随之上升。东方犹太人与阿什肯纳兹犹太人的通婚率从 1955 年的 11.8%上升到 1975 年的 19.2%。1967～1977 年，受过 13 年以上教育的东方犹太人的比例由 3.6%上升到 7.7%，专业人员的比例由 7.3%上升到 10.1%，年收入在 1000 以镑以上的城市雇员家庭从 6.7%上升到 60.7%。③ 20 世纪 70 年代初以来，以色列政府有意识地改善东方犹太人的处境。在全国较大的城市里，以色列政府统计数字表明，1967～1979 年东方犹太裔学生在 14～17 岁年龄组内所占的百分比和他们入学率之间的差距已从 14%缩小到 6%，欧美裔和东方裔以色列犹太人在教育上的差距正在被弥补。④

---

① 建国后，大批犹太人由于各种原因从世界各地移居以色列。但是近两千年的流散史使各地犹太人形成了不同的历史传统与社会心理，当时以色列面临的最大问题是实现社会的融合。为了实现社会融合，以色列政府在 20 世纪 50 年代推行了一系列政策，强制要求移民抛弃原来的文化传统，以当时占主导地位的阿什肯纳兹文化传统为标准，重新塑造自己的文化和生活。此类加速移民融入以色列社会的政策被总称为"熔炉政策"，其本意是为了加快民族融合，但由于忽视了当时犹太社团的具体情况，遭到了很多移民社团的反对。

② Donna Rosenthal, *The Israelis: Ordinary People in an Extraordinary Land*, New York: Free Press, 2003, p. 122.

③ A. 塞拉、Y. 依沙伊：《以色列和平的交战国（1967～1969）》，麦克米兰公司，1986，转引自阎瑞松主编《以色列政治》，第 110 页。

④ 〔美〕劳伦斯·迈耶：《今日以色列：一个不安宁国家的画像》，钱乃复等译，第 179 页。

在政治领域，东方犹太人的影响也在逐步增强。在地方政府中，1950年仅有13%的议员由东方犹太人担任，1%的市长或议长由东方犹太人担任，而到了1973年这两个比例分别上升到44%和33%。[1] 至1973年，共有3位东方犹太人担任过内阁部长，同年议会中有15名东方犹太人议员。特别是出身于东方塞法尔迪家族的伊扎克·纳冯（Yitzhak Navon）在1982年当选为以色列总统，更明显地体现了东方犹太社团与阿什肯纳兹社团间卓有成效的社会融合。

与此同时，以色列犹太人对国内阿拉伯人的看法也发生了改变。第一次中东战争结束时，以色列国内有15.6万阿拉伯人，"六日战争"前以色列大约有40万阿拉伯人。[2] 很多犹太人把身边的阿拉伯人看作潜在的"第五纵队"，以色列政府也对其实行军政府统治，但以色列阿拉伯人在战争危机到来之际的表现却大大出乎了以色列犹太人的意料。一些德鲁兹青年走上特拉维夫街头游行，要求加入以色列军队同敌国作战。[3] 在战争中，以色列阿拉伯人面对周围阿拉伯国家电台不断要求其发动反以起义的鼓动，依然保持了对以色列国家的忠诚，有些以色列阿拉伯人还作为后备役军人参加维护国内秩序的任务。[4] 他们以实际行动改变了许多犹太人的看法，也得到了社会的认可。战后更多的以色列犹太人愿意与国内阿拉伯人交往，许多以色列阿拉伯青年掌握了希伯来语，他们能够熟练阅读以色列的报纸与书刊，以色列国内的族群关系有了很大改善。1967～1977年，工党对以色列阿拉伯人实行文官统治，以色列阿拉伯人的政治、经济地位有所改善。1974年，阿拉伯乡镇长委员会（The Committee of Arab Mayors and Municipal Council Chairmen）成立，以色列政府期望其在沟通以色列阿拉伯社团和政府关系方面发挥重要作用。1975年，以色列共产党成员、阿拉伯诗人陶菲克·齐亚德（Tawfiq Ziad）当选为拿撒勒市市长，标志着以色列

---

[1] Nadav Safran, *Isreal: The Embattled Ally*, Cambridge: Belknap Press of Harvard University Press, 1981, p. 91.

[2] Nurit Yaffe and Dorith Tal, "The Arab Population in Israel, "*Statistilite*, 2002, http://www.cbs.gov.il/statistical/arabju.pdf.

[3] Walter Laqueur, *The Road to War 1967: the Origins of the Arab-Israel Conflict*, London: Weidenfeld & Nicolson, 1968, p. 131.

[4] Mitchell G. Bard, *Myths and Facts: A Concise Record of the Arab-Israel Conflict*, Washington: American-Israeli Cooperative Enterprise, 1992, p. 207.

阿拉伯人在政治上取得突破性进展。①"六日战争"后以色列社会融合的趋势在 20 世纪 80 年代出现了逆转，一方面，1987 年爆发的"因提法达"②最终打断了以色列阿拉伯人融入以色列国家的进程；另一方面，多元文化主义的兴起又在很大程度上撕裂了原本脆弱的犹太社会。

魏茨曼曾经说"新生活的第一个胚芽将从战争的悲凉与痛苦中产生"，这句话仿佛是对 40 多年后发生的"六日战争"的预言。空前的战争成果使以色列人的国民自豪感勃然而发，也催发了以宗教为主要载体的传统主义以及民族英雄主义情结的复归，从而为这一新生民族国家增添不同寻常的活力与热情。然而，随之而来的理想主义热情的消减与精神潮流的蜕变，特别是自我意识膨胀所催发的民族主义情绪也对未来社会产生了不可忽视的消极影响。"六日战争"充分证明了战争对社会的影响是多元的、深层的，是建构与解构同时并存的。但需要说明的是，"六日战争"后极为高涨的民众心理仅仅维持了 6 年时光，1973 年的"赎罪日战争"大大挫败了以色列人的安全防线，一直到 20 世纪 80 年代底，以色列社会才渐渐从战争的恐惧与焦虑中走出。

二 以色列多元社会的特征③

自 20 世纪 80 年代以来，随着多元文化主义的深入发展，当代以色列社会的多元特征日趋显著，④围绕民族、宗教、族群、阶层、性别之间的社会裂痕不断加深。面对如此复杂多元的局面，有学者认为以色列是"一

① *Arab Citizens of Israel*, http://en.wikipedia.org/wiki/Arab_citizens_of_Israel, 2008-09-28.
② "因提法达"为阿拉伯语"intifada"的译音，意为"摆脱""驱逐"。特指 1987 年以后巴勒斯坦人民反对以色列统治的大起义。
③ 本部分内容首次发表于《世界民族》，本书中有删改。参见艾仁贵《以色列多元社会的由来、特征及困境》，《世界民族》2015 年第 3 期。
④ 有关以色列多元社会的研究，近年成为国际学术界关注的焦点，重要的有：Gershon Shafir and Yoav Peled, *Being Israeli: The Dynamics of Multiple Citizenship*, Cambridge: Cambridge University Press, 2004; Eliezer Ben-Rafael and Yochanan Peres, *Is Israel One? Religion, Nationalism, and Multiculturalism Confounded*, Leiden: Brill, 2005; Avi Sagi and Ohad Nachtomy, eds., *The Multicultural Challenge in Israel*, Boston: Academic Studies Press, 2009; Guy Ben-Porat and B. S. Turner, eds., *The Contradictions of Israeli Citizenship: Land, Religion, and State*, London: Routledge, 2011; 等等。国内有关这一问题的专门研究参见张倩红、艾仁贵《犹太文化》，人民出版社，2013，第 329~332 页。

个高度分裂的社会"（*a deeply divided society*）。① 多元文化主义对以色列内部的权力分层提出了严峻的挑战，众多的社会问题与社会矛盾由此而催生。如何在多元社会中保持一体，同时维护群体正义、保障社会公平，建构包容不同民族、宗教、族群、性别的公民身份共同体，成为当今以及未来以色列面临的根本性问题，而且也与巴以双边乃至整个中东地区的和平与稳定密切相关。

（一） 多元文化主义思潮在当代以色列的兴起

由移民建立的现代以色列，将吸收移民奉为其立国之本。在建国之初的三年，以色列就涌入了70万移民，根据对这些移民的统计，35.3%来自亚洲、15.4%来自非洲，48.6%来自欧洲，仅有0.7%来自其他地区。② 这些来自不同国家的新移民，文化习俗和社会背景迥异，将这些极其多元的犹太人整合到新国家之中，使所有成员为国家的共同目标而奋斗，成为一个十分急迫的政治问题。在此情况下，以色列政府出台了诸多政治、经济政策以促进社会的整合与文化的统一，但在文化整合过程中，存在着阿什肯纳兹犹太人的文化霸权倾向，从而埋下了族群矛盾的隐患。

进入20世纪下半叶以来，"多元文化主义"（Multiculturalism）浪潮在全球兴起，世界一方面在越来越一体化，另一方面也在越来越多元化，文化的复杂性与多样性成为当今时代的普遍认同。在著名学者查尔斯·泰勒看来，多元文化主义就是一种"承认的政治"："对于承认的需要，有时候是对承认的要求，已经成为当今政治的一个热门话题。可以这么说，这种需要正是政治上的民族主义背后的驱动力之一。今天，代表了少数民族、'贱民'群体和形形色色的女性主义的这种要求，成为政治，尤其是所谓'多元文化主义'政治的中心议题。"③ 受其影响，多元文化主义也不可避免地给当代以色列社会带来了冲击。自20世纪80年代以来，这股思潮日渐在以色列勃兴，并发展为当前公众与学术讨论的焦点。

---

① Majid Al-Haj, *Immigration and Ethnic Formation in a Deeply Divided Society: The Case of the 1990s Immigrants from the Former Soviet Union in Israel*, Leiden: Brill, 2004.

② Moshe Sicron, *Immigration to Israel, 1948 – 1953*, Jerusalem: Falk Project for Economic Research, 1957.

③ 〔加〕查尔斯·泰勒：《承认的政治》，董之林、陈燕谷译，载汪晖、陈燕谷主编《文化与公共性》，生活·读书·新知三联书店，2005，第290页。

多元文化主义体现在以色列国内的政治、经济领域。进入 20 世纪 80 年代以来，在以色列日益勃兴的公民社会研究，强调削弱国家对社会的控制，同时，各种民间的非政府组织纷纷成立，并要求扮演越来越重要的角色："20 世纪 80 年代末与 90 年代，美国与西欧政治文化不断增强的影响推动了以色列社会的自由趋势与民间组织的发展。对正常化——使以色列成为一个正常国家——的追求在不断增长，即与邻国实现和平相处、根据市场准则发展经济、将个人权利与自由作为最重要的价值，并成为代表境内所有公民的国家。"① 多元文化主义思潮在经济领域的体现就是以色列社会中的私有化革命。这股私有化浪潮自从 20 世纪 80 年代以来改变着以色列社会，打破了原有的福利国家制度使其走向商业化运作，从而扩大了社会与经济的差距："多元文化主义选择挑战以色列人凝聚力的根基，作为其对立面而出现并提倡代之以它虚幻的、私有化的凝聚力，而这实际上推动着福利国家的废除，这个过程严重伤害着那些多元文化主义力图要代表的底层阶级的利益。"②

多元文化主义思潮给以色列社会带来了空前的挑战。具体来说，正是多元文化主义的激烈批评削弱并瓦解着以色列的集体主义精神，从而为私有化革命提供了必要的思想基础。这场政治经济领域的私有化革命蔓延到社会文化领域，通过与后犹太复国主义相结合，不可避免地导致以色列的集体认同走向"私有化"："部门化与多元文化主义通常被视为以色列社会的'自然状态'，从而瓦解着熔炉政策。在这个方面，部门化是劳工犹太复国主义霸权崩溃的体现，并为那些曾经被压制与沉默的群体及声音提供了政治和文化的表达空间。"③ 从以色列建国初期开始，长期占据主导地位的叙述是以排斥以色列阿拉伯人、限制宗教、否定流散地、压制女性等为前提的；随着犹太复国主义的激情不再和内部分化，国家集体认同以及主流政治叙述开始不断遭受来自各个不同群体的强有力的冲击与挑战。这种状况表明，处于国家政治权力边缘的社会群体并没有分享与主流社会相同

① Angelika Timm, "Israeli Civil Society: Historical Development and New Challenges," in Amr Hamzawy, ed., Civil Society in the Middle East, Berlin: Schiler, 2003, p. 87.

② Daniel Gutwein, "From Melting Pot to Multiculturalism; or, The Privatization of Israeli Identity,"in Anita Shapira, ed., Israeli Identity in Transition, London: Praeger Publishers, 2004, p. 228.

③ Daniel Gutwein, "From Melting Pot to Multiculturalism; or, The Privatization of Israeli Identity,"in Anita Shapira, ed., Israeli Identity in Transition, p. 226.

的集体认同，而是极力强调自己的身份认同以与之对抗，并试图找回被长期压抑排斥的群体身份。

(二) 以色列多元社会的裂痕及其权力分层

在多元文化主义的政治诉求下，建国初期那种包纳一切时代与地区、反映所有人群与团体的统一叙述逐渐式微，20 世纪 80 年代以后，以色列逐渐成为民族、宗教、族群、性别等多重身份认同相互竞争的多元社会。围绕不同的群体身份认同，以色列存在着四大社会裂痕：犹太人与阿拉伯人（指以色列境内的阿拉伯公民）之间、世俗人士与宗教人士之间、阿什肯纳兹犹太人与东方犹太人（包括新老移民）之间的区分、男女性别之间。① 这四大社会裂痕在以色列建国之初即已存在，但当时以色列政府通过一系列措施使其暂时得到有效的控制；② 20 世纪 80 年代以来，这些裂痕构成当代以色列主要的社会裂痕（social cleavages），③ 也是滋生诸多社会问题与社会矛盾的温床，更是可能导致社会走向分裂乃至瓦解的重要隐患。现将当前以色列多元社会的主要构成及其裂痕归纳如下。

1. 犹太人与阿拉伯人之间的裂痕

在许多层面上看，犹太人与阿拉伯人之间的裂痕是以色列社会最为明显的裂痕。犹太人与阿拉伯人之间在民族身份、宗教信仰、语言习俗等方面存在着根本的不同，因而后者被视为"内部的他者"。长期以来，以色列对于境内阿拉伯人的歧视对待激起了后者的反抗，这种敌对性积累的后果就是，1987 年 12 月一场史无前例的巴勒斯坦民族大起义突然爆发，这场大起义与以往任何阿拉伯起义明显不同的是，以色列境内的阿拉伯人与巴勒斯坦人一道对抗以色列当局，从而直接引发了以色列社会内部的身份认同分裂。对以色列安全造成重大威胁的是，以哈马斯为代表的巴勒斯坦激进组织也在这次民族大起义中登上历史舞台并迅速发展壮大。以色列境

---

① 实际上，以色列政坛还长期存在意识形态的对立，即鸽派（以工党为代表的左翼）和鹰派（以利库德集团为代表的右翼）之间的矛盾，而且由贫富分化引起的阶层矛盾也一直存在。

② Yossi Yonah, "Israel As a Multicultural Democracy: Challenges and Obstacles," *Israel Affairs*, Vol. 11, Issue 1(2005), p. 108.

③ 以色列被称为"一个多裂痕的社会"（a multi-cleavage society）。参见 Dan Horowitz and Moshe Lissak, *Trouble in Utopia: The Overburdened Polity in Israel*, Albany: State University of New York Press, 1989, p. 32。

内阿拉伯人巴勒斯坦民族意识的觉醒和高涨使以色列人再也无法忽视他们的政治权利，这种对立使以色列社会面临着旷日持久的威胁。除犹太人与阿拉伯人的对立以外，受全球化劳动分工的影响，公民与外籍劳工之间的区分也成为以色列日益突出的社会现象。①

2. 世俗人士与宗教人士之间的裂痕

世俗人士与宗教人士之间的裂痕在以色列要比其他国家更为显著，也更为复杂。世俗人士与宗教人士的差异不仅体现在宗教信仰上，而且在体现生活方式、教育状况、政治倾向、居住习惯等方面。以色列建国以来一直没有一部成文宪法，重要原因就是宗教势力的反对，宗教势力坚持要以《托拉》作为宪法而遭到世俗力量的反对，故而宪法问题至今仍悬而未决。正统派（尤其是极端正统派）认为随着犹太移民的逐渐同化，应在以色列建立一个以传统犹太律法为基础的神权国家，至少在日常生活特别是涉及个人地位问题上必须依据宗教准则和律法，而世俗主义者虽承认国家公共生活与传统犹太教联系的重要性，但坚决反对宗教过多干预私人生活，特别是婚姻问题。政教冲突还集中表现在"谁是犹太人""安息日之争"等一系列问题之上。②

以色列虽然奉行政教分离的政策，但宗教势力③渗透到政党选举、民事婚姻、节日饮食等社会各个角落，这种宗教权力的不断扩张激起了世俗人士的强烈不满。成立于"六日战争"后的"信仰者集团"认为犹太人和以色列政府完全有权征收巴勒斯坦被占领土上阿拉伯人的地产，并且可以无限制地占领。宗教势力的扩张导致以色列的政治生态发生了改变，最突出的表现就是"右倾化"，强硬派得势。这种情况发展的后果就是工党于1977年首次在选举中落败，沦为在野党，而一直在野的利库德集团则在宗

---

① 据统计，以色列境内各种合法与不合法的外籍劳工约有30万人，其中大部分以劳工签证的方式暂时居住在以色列。其主要来源地为第三世界国家，包括中国、泰国、菲律宾、尼日利亚、罗马尼亚以及拉丁美洲等，在当地主要从事农业、家政、清洁、建筑等体力性工作。参见 David V. Bartram, "Foreign Workers in Israel: History and Theory," *International Migration Review*, Vol. 32, No. 2 (1998), pp. 303 – 325; Israel Drori, *Foreign Workers in Israel: Global Perspectives*, Albany: State University of New York Press, 2009。

② Aviezer Ravitzky, *Messianism, Zionism, and Jewish Religious Radicalism*, Chicago: University of Chicago Press, 1996.

③ 需要看到，以色列的宗教势力与世俗势力并非一种两极化的分立，而体现为十分多元复杂的情况。按虔诚程度的递减，以色列犹太人大致可以分为这几大群体：极端正统派→虔诚的信徒→传统主义者→世俗人士。前两者一般被称为宗教势力，而介于它与世俗人士之间的传统主义者越来越多。

教势力支持下首次执政。以宗教势力为首的保守势力极力反对以色列"以土地换和平"这种向阿拉伯人做出土地妥协的行为,从而导致政教之间的裂痕在不断加深。其中的典型事例就是——1995 年 11 月 4 日致力于推动中东和平进程的以色列总理伊扎克·拉宾在众目睽睽之下被宗教极端分子刺杀于特拉维夫国王广场。可以说,宗教在以色列国的地位是一个"永久性的尴尬"(perpetual dilemma):[①] 一方面,借助传统立国的以色列人必须通过犹太教来体现与过去的历史性联系;另一方面,世俗民主国家的基本定位又制约着宗教势力的过分发展。因此,政教冲突是长期制约以色列社会发展的重要方面。

3. 阿什肯纳兹犹太人与东方犹太人的裂痕

阿什肯纳兹犹太人与东方犹太人的裂痕也是导致以色列政治动荡与社会分裂的重要因素。建国初期,以色列政府采取了内部的东方主义,认为来自落后的东方社团的犹太人会成为社会进步的负担,会削减以色列的"西方化"构造而沦为"中东特征"的国家,[②] 从而导致东方犹太人在建国半个世纪之后,仍是国家权力体制之外的力量,不能平等地分享国家政治、经济、文化发展的各项优待条件。以色列犹太人已经明显分裂成两个社会层次,他们不仅在思想观念与社会地位上差异很大,而且讲不同的语言:东方犹太人多讲阿拉伯语,西方犹太人则讲意第绪语、波兰语、德语、英语等欧洲语言。有学者称:"正在出现两个以色列——一个有高度文化,受过教育,比较富足,而且不是偶然地,是西方式的;另一个比较贫穷,没有技能,没有受过教育,而且不是偶然地,来源于东方。"[③] 东方犹太人感受到他们被西方犹太人所歧视,通常选择与宗教势力结盟以图改变主流政治格局,从而获得自身地位的改善与提高。[④]

随着新移民的不断涌入,新老移民之间的矛盾日益成为以色列社会关

---

① S. Zalman Abramov, *Perpetual Dilemma: Jewish Religion in the Jewish State*, New York: Associated University Press, 1976.

② Gabriel Piterberg, "Domestic Orientalism: The Representation of 'Oriental' Jews in Zionist/Israeli Historiography," *British Journal of Middle Eastern Studies*, Vol. 23, No. 2 (1996), pp. 125 – 145; Joseph Massad, "Zionism's Internal Others: Israel and the Oriental Jews," *Journal of Palestine Studies*, Vol. 25, No. 4 (1996), pp. 53 – 68.

③ 〔美〕劳伦斯·迈耶:《今日以色列:一个不安宁国家的画像》,钱乃复等译,第 166 页。

④ Eliezer Ben-Rafael, "Mizrahi and Russian Challenges to Israel's Dominant Culture: Divergences and Convergences," *Israel Studies*, Vol. 12, No. 3 (2007), pp. 68 – 91.

注的新问题。新移民与老移民的主要区分在于，前者在很大程度上并非由于意识形态（即犹太复国主义的感召）而移民，而更多地出于改善自身经济状况与政治地位的务实考虑。20 世纪 80 年代以来，经过几次大规模转移移民的行动（诸如 1984 年的"摩西行动"和 1991 年的"所罗门行动"），以色列埃塞俄比亚裔犹太人迅速增至 5.6 万人。以色列国内围绕埃塞俄比亚裔移民问题展开许多争论，虽然大拉比署将他们认定为犹太人，但老移民对其肤色的偏见始终存在。随着苏联的解体，大批俄裔移民涌入（1989～2001 年大约有 92 万俄裔新移民，其中近一半是在头三年移入以色列的），① 这批新移民占以色列总人口的 15% 左右，有力地冲击了主流社会的政治认同。值得注意的是，这些俄裔移民极力强调以俄语文化为核心的族群认同，坚持使用俄语、成立俄语媒体报纸等。"俄裔移民是一个不同的群体。对于他们来说，犹太性首先意味着一种缺乏明确而特定遗产的历史文化集体的归属感。因而，当许多移民已将以色列性作为他们认同的重要部分时，绝大多数俄裔移民的首要认同是被归化的、带俄罗斯性的犹太性。"② 新移民通常集中居住在贫民区，多数从事着体力性劳动，而且待遇和收入较低，他们（特别是埃塞俄比亚裔移民）被视为以色列犹太人中间最为贫困的群体。

4. 男性与女性之间的裂痕

男女性别之间的裂痕 20 世纪 80 年代以来逐渐成为以色列社会突出的问题。男女地位的不平等也是以色列社会的定时炸弹，这在一个以民主平等为主导价值观的社会更是如此。尽管以色列议会早在 1951 年就通过了男女平等的法律，但在日常宗教及社会生活中仍沿袭保守的律法传统，使犹太妇女处于不平等的地位。按照以犹太律法为基础的国家法律规定，妇女无权出席拉比法庭并作证，即使是前总理梅厄夫人也没有这种权利。长期以来，犹太女性作为性别政治下的牺牲品，沦为以色列社会内部的弱者而遭排斥与忽视。随着女性主义运动的蓬勃开展，妇女意识逐渐增强，不断冲击着由正统派所规定的不平等的性别格局。许多女性已经有了很强的主

---

① Majid Al-Haj, *Immigration and Ethnic Formation in a Deeply Divided Society: The Case of the 1990s Immigrants from the Former Soviet Union in Israel*, p. 84.

② Eliezer Ben-Rafael and Yochanan Peres, *Is Israel One? Religion, Nationalism, and Multiculturalism Confounded*, p. 274.

人公意识，从而引发了她们对男性在公共事务中主导地位的强烈不满。她们发起日渐强大的将私人事务民主化的运动，强烈要求摆脱强加于自身的不平等措施，特别是要求取消宗教权威对于婚姻、家庭事务的垄断与专制，力图改变自身的弱势地位。[①]

在美国犹太女性主义运动的影响下，1989 年以色列发生了举世震惊的"西墙妇女"闹西墙的事件。[②] 不久又成立了一个名为"西墙妇女"（Women of the Wall）的组织，以此为开端在以色列引发了一场女权运动，以色列妇女为争取平等而斗争，并得到欧美犹太妇女组织的声援。正统派在此情况下，再也不能无视正在发展起来的女权运动。受其冲击，正统派开始允许妇女接受教育和参加社会公益事业，这不再被看作与犹太律法相违背。1993 年，第一次"犹太教正统派与女性主义"国际会议在耶路撒冷召开，就犹太教中妇女地位问题进行了广泛的讨论。[③] 尽管如此，犹太教内部男女平等地位的完全实现仍遥不可及，更为关键的问题是离婚不平等问题。因为在以色列，宗教婚姻是唯一被认可的婚姻形式，在没有丈夫同意的情况下妻子的离婚要求通常是不被许可的。对于受制于这些情况的许多不守教的犹太妇女来说，唯一的解决办法就是寻求建立非宗教婚姻，而这势必引起宗教势力的强烈不满。[④]

根据以上的分析可见，以色列社会内部围绕民族、宗教、族群与性别等方面出现明显的裂痕，就其程度而言，民族→宗教→族群→性别，依次呈递减态势。前两种层面的对立几乎是难以调和的，它们的要求是"不同公共空间的多元文化主义"（Multiculturalism in Separate Public Spaces，简称 MSPS）；而后两种对立是可以调和的，它们要求"相同公共空间的多元

① Kalpana Misra and Melanie S. Rich, eds., *Jewish Feminism in Israel: Some Contemporary Perspectives*, Hanover, NH: Brandeis University Press, 2003.

② 宗教政党和掌管西墙的拉比都曾明令禁止妇女在西墙前祈祷，但在此次事件中，一些犹太妇女冲破习俗，不顾禁令像男子一样披着祈祷披肩，手捧《托拉》前往西墙祈祷，结果遭到宗教极端分子的骚扰和警方的逮捕，激起了犹太妇女的强烈抗议。斗争的结果是，在西墙设立了专门供女性进行祈祷的区域。

③ Dahlia Moore, "Feminist Changes in Israel," in Alexandra Rutherford et al., eds., *Handbook of International Feminisms*, New York: Springer, 2011, pp. 59 – 82.

④ 需加说明的是，同性恋在以色列社会更是遭受种种法律和制度的歧视，更加为传统宗教势力所不容，正统派把持的拉比法庭拒绝讨论任何有关同性恋婚姻合法性的问题。有关分析参见 Erez Levon, *Language and the Politics of Sexuality: Lesbians and Gays in Israel*, New York: Palgrave Macmillan, 2010。

文化主义"（Multiculturalism in Common Public Spaces，简称 MCPS）。① 在这些裂痕的基础上，以色列社会形成明确的权力分层:② 在民族层面，犹太人处于权力的中心，阿拉伯人处于权力的边缘；在宗教层面，世俗人士占据以色列政治的主导地位，而宗教势力的影响被局限在宗教层面；在族群层面，阿什肯纳兹犹太人处于权力的顶层，而来自亚非落后地区的东方犹太人处于权力的底部；在性别方面，男性牢牢把持着宗教与政治大权，女性处于被压制地位。以色列社会已被这些权力分层所深深撕裂，在这些裂痕中滋生了诸多社会问题与社会矛盾。以色列多元社会状态如图 1-1 所示。

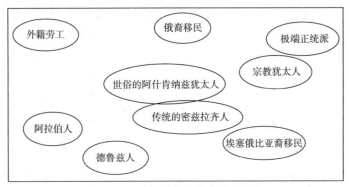

图 1-1　以色列多元社会状态示意

资料来源：Eliezer Ben-Rafael and Yochanan Peres, *Is Israel One? Religion, Nationalism, and Multiculturalism Confounded*, p. 286。

　　这种权力分层的出现以及强化，导致两个方面的后果：在社会—经济层面上，导致不同群体之间的贫富差距不断加大，处于弱势地位的群体通常遭受着低收入、失业、缺乏基本保障等；在族群—宗教上，不同群体之间的政治偏见与隔阂不断加深，弱势群体在政治参与和政治动员方面都受到一定的限制。归结起来，在以色列多元社会中占据主导地位的团体是世俗的阿什肯纳兹犹太男性（Secular Ashkenazi Jewish Men，可以简称为 SAJM），③

① Yossi Yonah, "Israel As a Multicultural Democracy: Challenges and Obstacles," *Israel Affairs*, Vol. 11, Issue 1(2005), p. 101.

② Moshe Semyonov and Noah Lewin-Epstein, eds., *Stratification in Israel: Class, Ethnicity, and Gender*, New Brunswick: Transaction Publishers, 2004.

③ 这种状况与美国多元社会中的精英白人盎格鲁-撒克逊新教徒（White Anglo-Saxon Protestant，简称 WASP）十分类似。他们作为美国当权的精英群体拥有庞大的经济、政治势力，尽管美国社会日益走向多元化，但他们的文化、道德观和价值取向仍在很大程度上影响着美国的发展。

这个群体自 19 世纪末以来就在巴勒斯坦的犹太社团及其后的以色列牢牢占据着几乎不可撼动的政治、经济与文化优势地位。有学者将以色列称为"阿什肯纳兹霸权性族群国家"（Ashkenazi hegemonic ethnic state）①。因此，以色列的多元文化主义在很大程度上要求将其从世俗的、犹太的、男权的阿什肯纳兹霸权中解放出来，成为一个真正代表境内所有公民、体现各大群体的现代民主国家。

（三）多元文化认同与以色列公民身份的困境

不同族性与社会集团的文化张扬，一方面促进了以色列民主化进程，同时也导致了以色列民众认同的分裂和集体身份的碎化。在多元文化主义的冲击下，以色列建国初期那种包纳一切时代与地区、反映所有犹太人群与团体的统一叙述逐渐式微，已经表现为民族、宗教、族群、性别等相互竞争的多重叙述；以色列社会的集体认同也经历着深刻的转型，它由建国初期的单数形式（collective identity）碎化为复数形式（collective identities），强调不同群体乃至个人都可以拥有不同的身份，从而呈现一幅多元化、碎片化的身份认同。在多元文化认同的冲击下，以色列作为民主国家与犹太国家的根本属性饱受质疑，"以色列性"（Israeliness）正处于岌岌可危的境地，有学者将此危局称为"处在十字路口的以色列民主"②。

什么是以色列，谁是以色列人，以色列是否为一个整体，以色列人是否仍能够维持统一的身份认同，这些都将是持久而深刻的问题。有以色列学者对多元文化认同反思道："以色列是否为一个整体？……不，以色列不是一个整体，主导文化所传达的国家认同模式正处在激烈的争论之中，因为它表达出对不同民族与宗教群体的不公正排斥，并对充满活力地保持这一认同的不同模式的其他人提出了挑战。这暗示着威胁社会团结的巨大裂痕。"③正是众多裂痕的存在，致使以色列社会充满了许多风险和不确定性。

对于多元文化的诉求，以色列政府也给予了一定的积极回应，特别是

---

① As'ad Ghanem, *Ethnic Politics in Israel: The Margins and the Ashkenazi Center*, London: Routledge, 2010, p. xi.

② Raphael Cohen-Almagor, ed., *Israeli Democracy at the Crossroads*, London: Routledge, 2005.

③ Eliezer Ben-Rafael and Yochanan Peres, *Is Israel One? Religion, Nationalism, and Multiculturalism Confounded*, p. 299.

在教育层面。在多元文化主义的影响下，以色列的语言教育政策经历了演变。在一开始推行母语优先政策（犹太人学习希伯来语、阿拉伯人学习阿拉伯语），20 世纪 80 年代开始转而强调第二语言政策（犹太人学习英语、阿拉伯人学习希伯来语）与第三语言政策（阿拉伯人学习英语、犹太人学习阿拉伯语或法语）。这种双语或多语教育在一定程度上促进了各群体对彼此的认知与了解。成立于 1997 年的"以色列犹太－阿拉伯教育协作中心"（Hand in Hand Center for Jewish-Arab Education in Israel）首倡犹太学生与阿拉伯学生之间直接接触的教育方式，为推动双语教育发挥了重要作用。① 随后这种新的教育方式为其他一些学校所借鉴。在宗教教育层面，以色列也存在宗教学校与世俗学校的双轨制。宗教群体的教育体系早在建国之初即已存在，但近些年以色列政府对宗教学校的拨款不断增多。而且，在新到的俄裔犹太移民问题上，以色列政府不再采取建国之初的熔炉政策，而是允许其保持自身的俄语媒体与其他认同手段。

然而，在许多问题上，一些少数群体的身份认同与国家认同并不相符，从而导致他们的身份认同困境。作为以色列国家象征的国旗（象征大卫星与祈祷披肩的蓝白旗）、国歌（满怀对锡安故土思念之情的希望之歌）、国徽（来自犹太教符号的七臂烛台）、节日等，无不充满着犹太色彩，作为以色列公民就必须经常向这些象征宣誓效忠。这是多元文化主义者所难以接受的。对于以色列阿拉伯人来说，民族忠诚与国家忠诚是相割裂的，以色列人担心他们为其他国家的阿拉伯人做内应，他们自己则担心被其他国家的阿拉伯人斥为叛徒。在犹太极端正统派看来，宗教忠诚与国家忠诚是相背离的，他们并不承认以色列国，认为唯一有效的宪法就是《托拉》。就这两大群体而言，他们的"日常民族主义"（everyday nationalism）与主流社会并不一致。② 对于赋予其公民身份的这个国家或许唯一能够接受的就是，国家所给予他们的经济福利，阿拉伯人得以与其他公民一样享受基本的社会福利，极端正统派则可以从国家定期领取经济补贴。这种经济

---

① Muhammad Amara and Abd Al-Rahman Mar'i, *Language Educational Policy: The Arab Minority in Israel*, Dordrecht: Kluwer Academic Publishers, 2002; Muhammad Amara, "The Hand in Hand Bilingual Education Model: Vision and Challenges,"in Avi Sagi and Ohad Nachtomy, eds. , *The Multicultural Challenge in Israel*, pp. 72 – 91.

② 有关日常民族主义的介绍，参见 Kalyani Devaki Menon, *Everyday Nationalism: Women of the Hindu Right in India*, Philadelphia: University of Pennsylvania Press, 2010。

利益上的获得，并不必然促使他们产生对于国家的认同，有时甚至成为加速其分离的物质条件。

在多元文化主义者看来，阻挠他们认同以色列国的根本困境就在于，以色列国存在犹太性与民主性的悖论。以色列国《独立宣言》声称将保证全体公民不分宗教、信仰、种族与性别而享有政治上的平等权，阿拉伯人作为以色列境内最大的少数民族，长期以来被视为异己和被排斥的对象，他们无法也不能被整合进以色列国家的集体认同之中，甚至常常遭到怀疑和监视。[①] 此外，以色列社会对待宗教群体、东方犹太人、女性的做法也不太妥当，他们/她们沦为权力分层体系下的边缘群体，遭受着不公正的对待。对此，多元文化主义者主张以色列政府应该承认这些群体在以世俗的阿什肯纳兹犹太男性为主体的以色列民族国家与文化建构过程中所遭受的不公正待遇，从根本上改变对国内弱势与边缘群体的态度，以更加宽容的心态和平等的政策来对待他们/她们。在此基础上，维护群体正义、保障社会公平，建构一个包容与接纳不同民族、宗教、族群、性别的公民身份共同体，唯有如此，他们/她们才能以自由、平等的公民身份参与以色列的经济、社会和文化生活，真正成为以色列民族大家庭中的一员。

综上所述，以色列多元社会的出现是与世界范围内的多元文化主义浪潮密切相关的。以色列是当代移民社会的代表，而且移民的过程仍在不断进行中，移民社会的一个普遍特点即是复杂多样的民族构成，从而为进入多元社会提供了天然的便利条件。这与加拿大、美国、澳大利亚等多元社会的形成有着相似之处。以色列多元社会的兴起与发展，促使建国初期确立的主流叙述逐渐走向瓦解，它所维系的集体认同也遭到严峻的挑战。在多元政治权力的诉求下，许多遭受压抑的群体开始坚持与张扬自身的文化身份，这使以色列在全球化时代维持单一的集体认同变得极其困难。以色列的公民身份逐渐由原来的单数形式碎化为复数形式。

---

① 对于以色列处理族群关系的做法，学界形成两种具有代表性的观点。一种观点认为它是"族群民主"（Ethnic Democracy），以色列作为一个民主国家，包括阿拉伯人在内的所有公民都享有选举权与参政权，这些都在法律上得到了保障；另一种观点认为它是"一族政治"（Ethnocracy），认为以色列代表着世界范围内普遍的模式，就是某个主导族群对其他族群享有霸权地位。两种观点参见 Sammy Smooha, "Ethnic Democracy: Israel as an Archetype," *Israel Studies*, Vol. 2, No. 2 (1997), pp. 198 – 241; Oren Yiftachel, *Ethnocracy: Land and Identity Politics in Israel/Palestine*, Philadelphia: University of Pennsylvania Press, 2006。

　　需要强调的是，在以色列多元社会的裂痕中，仍然存在一种"主导文化"（dominant culture），虽然它的统治力与建国初期已无法相提并论。这是它与其他西方多元社会的根本不同之处。占这个国家绝大多数人口（75%以上）的犹太人所掌握的主导文化的活力并没有完全衰退，只是不断受到其他小群体的冲击；而且处于弱势地位的群体，尚不具备与主导群体相抗衡的经济与政治实力。民族与宗教的关系在以色列是一种特殊的存在，它们既是社会裂痕的由来同时也是认同维系的纽带："民族主义与宗教的关系……这一主题遍布于许多裂痕之中，它促使主导文化与其裂痕之间形成一种特殊的关系。换言之，它被称为一种裂痕的系统，这是一种根据内在动力和外部影响而开放与发展的系统，但所有这些实体在根本上随它们作为这个社会组成部分的获得与失去而转变。"[1] 总之，如何应对多元文化主义的挑战是当今乃至未来每一代以色列人都必须面对的问题，其答案也将由有能力对之做出回应的未来一代所提供。

三　以色列国家对阿拉伯人的政策[2]

　　1948年以色列的诞生堪称现代国际关系史上的奇迹，它是一小部分充满民族理想的犹太复国主义者的艰苦奋斗、大国的扶植以及20世纪初剧烈变动的国际形势共同作用的结果。对任何一个现代民族国家而言，在其疆域内通过共同的语言、文化、价值体系等纽带，形成统一的政治文化共同体和民族认同都是一项任重道远的工程，对建立在遥远土地上的移民国家以色列而言尤为如此。遗憾的是，作为占以色列总人口1/5的第二大族类，阿拉伯人不能享有与犹太人平等的公民权利，也无法融入以色列社会，他们受到政治、经济和社会等方面的排斥。尽管随着以色列不断发展壮大，阿犹两个族类交往的不断加深，以及阿拉伯人争取平等地位、反对歧视斗争的深入发展，以色列政府对阿拉伯人的政策逐步由严厉趋向宽松。但是，以色列民族政策的基本理念、立场和目标（即确保犹太人的优势地

① Eliezer Ben-Rafael and Yochanan Peres, *Is Israel One? Religion, Nationalism, and Multiculturalism Confounded*, p. 300.
② 本部分内容参见李志芬《以色列阿拉伯人政治地位之探析》，《延安大学学报》（社会科学版）2011年第4期。

位，防止阿拉伯人对国家安全和犹太性构成威胁）自建国以来并未发生根本性的变化。

（一）犹太国家属性与阿拉伯人政治地位的弱化

以色列国的《独立宣言》明确将其定义为"以色列土地上的犹太国家"，犹太复国主义是其主要的思想基础。[①] 以色列对其犹太国家的定位，意味着犹太人是国家当然的统治民族，犹太文明是国家政治、经济、文化的基石，国家政策必须以维护犹太人的利益为最高宗旨。在以色列至今未能制定出一部成文宪法的状况下，《独立宣言》实际上起到了框定民族关系的作用。以色列是一个犹太国家的自我定义远非只有描述性意义，而是具有深刻的排他性质，它从根本上奠定了犹太民族在国家核心地位的同时，也在无形中降低了非犹太人的地位。

犹太复国主义的根本目标是要在巴勒斯坦为流散世界各地的犹太人建立一个民族家园。以色列建国后，其主要任务仍是吸收世界各地的犹太人前来以色列定居。为此，国家先后于 1950 年和 1952 年颁布了《回归法》和《国籍法》。《国籍法》规定，任何一个犹太人只要返回以色列，便可立即获得公民权。《回归法》和《国籍法》使任何一个犹太人只要踏上以色列的国土便可自动成为其公民。然而，土生土长在这块土地上的阿拉伯人获得以色列的公民权却受到诸多条件的限制。例如，根据建国初颁布的第三部分法律第三项之规定，非犹太人在以色列建国至颁布《国籍法》的 4 年中若不能证明自己身在以色列国内，便不能获得公民权。仅此一项规定就使得在 1948 年战争中逃亡的数万名巴勒斯坦人无法获得以色列国籍。即使上述时间居住在以色列的阿拉伯人也有因达不到这样或那样的规定条件而不能成为以色列公民的。以上两部法律的实施，不仅为建国后大批犹太人的移民提供了强有力的制度保障，而且也使以色列得以有效限制阿拉伯人移居以色列和杜绝阿拉伯难民的回流，从根本上保证了以色列的犹太特性。

在以色列还存在一些为推进犹太复国主义事业，在复国运动期间建立的民族主义机构。以色列建国后，这些机构并未将其职权转归政府，而是

---

① Aziz Hadar, *On the Margins: The Arab Population in Israeli Economy*, New York: St. Martin's Press, 1995, p. 3.

保留下来继续在国家的政治、经济和社会生活中发挥作用，犹太民族基金会和犹太代办处这两大组织是其重要代表。犹太民族基金会成立于1901年，是第一个具体实施犹太民族复兴思想的组织，其主要任务是从巴勒斯坦阿拉伯人手中征收土地，负责开垦、造林以及筹划推进犹太复国主义事业的发展项目。建国后，以色列政府和犹太民族基金会在获取土地、发展计划上紧密合作，更重要的是，犹太民族基金会作为一个非官方的机构可以代行诸多政府不便于实施的计划①。如同犹太民族基金会一样，犹太代办处也是一个专门为犹太人服务的组织。以色列建国后，犹太代办处的主要任务是负责移民，将移民整合进以色列社会。从以色列建国到1972年底，大约有140万名犹太人在该处的负责下迁入以色列定居，这些人口是委任统治结束时巴勒斯坦犹太人的两倍之多。截至1973年6月，代办处的下属机构——土地委员会已经建立了564个各种类型的犹太人定居点。②

浓厚的民族主义色彩决定了犹太民族基金会和犹太代办处只为犹太人服务。阿拉伯人不在这些民族主义机构服务对象的范围之内，相反，他们实际上成了犹太复国主义运动的牺牲品。为了维护民主国家的称号，以色列在法律宣传、政策制定，项目规划上不得不面向包括阿拉伯人在内的所有以色列公民，而犹太民族基金会则充当了国家资源只流向犹太人的一个十分有效的渠道，使得政府能够通过这些机构以合法的手段将国家资源从公共领域转向犹太人和犹太部门。

在以色列的民主制度下，阿拉伯人被赋予选举权和被选举权，他们也可以组建自己的政党。但实际上，阿拉伯人的参政活动受到以色列国家属性的根本制约。例如，以色列政府1984年通过的《基本法·议会》第七部分修正案明确规定，若某政党否认"以色列是犹太国家"，则该政党无权参加议会选举。③ 对阿拉伯人来讲，选举不仅要受到国家以意识形态为基础、用法案的力量强制取消政党参选资格的制约，同时还必须接受他们所参与选举的国家从本质上并不代表他们的事实，他们的选举权因此被大

---

① 这些计划包括在1967年战争中占领的巴勒斯坦土地上获取土地、修筑公路、建立定居点等。
② Ian Lustick, *Arabs in the Jewish State: Israel's Control of a National Minority*, Knoxville: University of Texas Press, 1980, p. 51.
③ Nadim N. Rouhana, *Palestine Citizens in an Ethnic Jewish State: Identities in Conflict*, New Haven: Yale University Press, 1997, p. 34.

打折扣。以色列高等法院在一份判决书中明确写道："犹太国家的本质，就是要赋予犹太人优先权。任何人若以民主的名义要求赋予以色列全体公民——犹太人和阿拉伯人——平等的权利，必将被拒绝。因为他（她）否定了以色列作为犹太国家的存在。"①

阿拉伯人从 20 世纪 70 年代开始组建各种形式的政党为自己争取平等的权利，但在很长一段时间内，都没有一届联合政府愿意吸收阿拉伯政党参与组阁。从 2009 年的第 18 届议会选举开始，几个主要的阿拉伯政党在大选前组成联合阵线②以壮大力量，尚且能在议会中谋得一席。但总体来讲，阿拉伯人在以色列政府和议会中获得的职务和席位与其人口数量很不成比例，他们的政党在政治决策中发挥的作用十分有限，对全国政治产生的影响更是微乎其微。

建国 70 余年来，以色列的经济发展取得了举世瞩目的成就，同时，以强大的军事力量为后盾，以色列在中东地区站稳了脚跟，其安全环境已经有了重大的改观。然而，在犹太复国主义思想的主导下，犹太人始终十分强烈地坚持国家的犹太性。根据 1995 年所做的一项调查，绝大多数犹太人支持政府对阿拉伯少数群体的政策。犹太人认为以色列是犹太国家或犹太人的国家，96.4% 的人希望保持犹太人在国家的多数地位，并希望在各个层面加强国家的犹太性。③ 在国家性质上，如果要犹太人在犹太国家和民主国家之间进行选择的话，多数人倾向于选择国家的犹太性，且这一态度倾向多年来几乎没有发生变化。对国家犹太性的坚持显然是与政府应给予犹太人在各方面的特权紧密联系在一起的。75% 的犹太人支持以色列仅仅是犹太人利益的表达，因而认为在犹太公民和阿拉伯公民之间，政府应该对犹太人予以优待。

在政权分享问题上，大多数犹太人支持继续保持犹太人排他性的权力控制，不愿将阿拉伯人从制度上整合进国家。1995 年，40.5% 的犹太人反

① Anne Mary Baylouny, "The United States Should Not Support an Oppressive Israel," in Charles P. Cozic, *Israel: Opposing Viewpoints*, San Diego: Green Heaven Press, 1994, p. 239.
② 大选前的阿拉伯联合阵线通常包括：阿拉伯共产党、民族民主阵线、伊斯兰运动和阿拉伯新生运动党。
③ As'ad Ghanem, "Zionism, Post-Zionism and Anti-Zionism in Israel: Jews and Arabs in Conflict over the Nature of the State," in Ephraim Nimni, *The Challenge of Post-Zionism*, London: Zed Books, 2003, p. 104.

对阿拉伯政党参与政府组阁，认为在公共事务上阿拉伯政党不能与犹太政党处于平等的地位并承担共同的责任。许多犹太人赞成取缔一些阿拉伯政党和组织，并禁止其他政党参与议会选举，更有 30.9% 的犹太人认为阿拉伯人根本就不应该参加议会选举。① 犹太国家的性质还体现在社会文化领域，以色列的国旗、国歌、国徽和其他国家象征物都带有犹太教和犹太复国主义色彩，各种各样的节假日也是以犹太人为中心，纪念犹太人在流散过程中种种不幸的遭遇。

以上分析表明，大多数犹太民众捍卫以色列国家的犹太属性，他们希望保持将阿拉伯人排除在所有政治文化生活之外的状况。1995 年的调查发现，51.7% 的犹太人认为"以色列人"的称谓仅指犹太人，而不适用于阿拉伯人。部分人甚至对阿拉伯人在以色列的存在不满，希望政府采取措施鼓励阿拉伯人向外移民，以减少其在以色列的人口数量。53.1% 的犹太人同意对阿拉伯人加强管制；39.4% 的人赞同掠夺"绿线"② 之内的土地，以推动犹太经济和社会发展。③ 显然，在涉及阿、犹两个族类的关系时，犹太人并不赞同以色列成为一个真正民主、平等的国家。也许正如美国学者劳伦斯·迈耶所言："从民族性的观点来看，只要犹太国的最终目的是要实现犹太人的理想和建立犹太人的家园，完整意义上的以色列公民身份对阿拉伯人来讲就是一条死胡同。"④ 显然，国家制度深刻的犹太性对作为异族群体的阿拉伯人而言，几乎是一道无法穿越的屏障。

（二）犹太化进程与阿拉伯人经济社会地位的边缘化

以色列是一个典型的移民国家，可以说犹太复国主义 100 多年来重建犹太人生活的努力是以移民、殖民和定居为基础的。⑤ 在以色列移民定居

---

① As'ad Ghanem, "Zionism, Post-Zionism and Anti-Zionism in Israel: Jews and Arabs in Conflict over the Nature of the State,"p. 104.
② "绿线"是指第一次中东战争结束时，以色列与约旦、叙利亚和埃及所划定的边境停战线，以色列在其地图上用绿色标示这条停战线，故称作绿线。此后有些国家渐渐承认了这条停战线以内的巴勒斯坦地区为以色列的国家版图。
③ As'ad Ghanem, "Zionism, Post-Zionism and Anti-Zionism in Israel: Jews and Arabs in Conflict over the Nature of the State,"p. 112.
④ 〔美〕劳伦斯·迈耶：《今日以色列：一个不安宁国家的画像》，钱乃复等译，第 277 页。
⑤ Oren Yiftachel and Avinoam Meir, *Ethnic Frontier and Peripheries: Landscapes of Development and Inequality in Israel*, Colorado: Westview Press, 1998, p. 42.

过程中，遇到的最大障碍即是巴勒斯坦原住民阿拉伯人的存在。建国后，为了吸纳移民，进行以犹太人为主体的民族国家构建，以色列对巴勒斯坦实行了全面犹太化的方针与政策。阿拉伯人的土地被不断没收和征用，他们成为以色列国家内部被殖民的对象。"内部殖民主义"理论是由美国社会学教授迈克尔·赫克托（Michael Hechter）提出来的，意为政府对国内一些地区采取的一种与殖民主义相似的统治形式。殖民主义的本意是西方殖民强国对其海外殖民地实施的一种压迫、剥削当地人民，使其服务于宗主国的政治、经济和战略利益的一种政策体系。但是，一国政府也完全可以把这种思路和政策用于对其境内的少数族类或边远地区的治理。如果由主体族类控制的中央政府，把国内少数族类居住的地区当作殖民地对待，对后者在政治上进行控制，经济上进行掠夺。其结果便是在国家的政治体制中主体族类与少数族类处于不平等的地位。[①] 为了主体族类的利益，少数族类的经济和社会也会获得一定程度的发展，但相对于前者而言，少数族类始终处于一种依从的"有控制的发展"状态。其根本原因即是由统治族类所把持的政府对少数族类实施的带有殖民主义性质的控制与掠夺政策。[②]

在以色列对巴勒斯坦犹太化的总体方针政策中，也渗透着其对国内阿拉伯人政策思想的"内部殖民主义"模式。毋庸讳言，土地是任何国家进行开发与建设的基础，对移民国家而言尤为如此。不断压缩阿拉伯人的生存空间，将土地收归国有并最终交由犹太人控制和使用是犹太复国主义思想指导下以色列政府一以贯之的政策。1948年以前，犹太人实际拥有的土地仅占巴勒斯坦土地总面积的8%左右，另有5%的土地由英国委任统治当局管辖，其余的土地则由阿拉伯人占有和使用。[③] 第一次中东战争中，以色列除继承了原属托管政府的土地外，还获得了巴勒斯坦北部和中部地区的大片土地，并占领了战争中阿拉伯人被迫遗弃的土地和几百个村庄。对于战争中迅速占领的如此之多的土地，如何用法律和制度的手段将之固定下来转为犹太国家的资产，应对逃亡者回来索要，便成了以色列政府的一个重要考虑。时任以色列土地发展署第一任总书记约瑟夫·维茨（Yosef Weitz）

---

① 马戎编著《民族社会学——社会学的族群关系研究》，北京大学出版社，2004，第190页。

② 马戎编著《民族社会学——社会学的族群关系研究》，第190页。

③ A. Keder, "The Legal Transformation of Ethnic Geography: Israel Law and the Palestinian Landholder 1948–1967," *Journal of International Law and Politics*, Vol. 33(2001), pp. 997–1044.

1950 年发表的言论充分显示了土地控制在以色列建国初政治思维中的重要
性："一些学者和民众认为，既然国家已经建立了，也就掌握了所有的土
地，土地问题已经自动得到了解决……这种想法表面看来没错，但有一个
很大的思维漏洞……那就是土地都应掌握在犹太人手中……因此，赎回土
地的任务尚未完成，我们仍需努力。"① 这段话深刻反映了阿拉伯人尽管已
经成为以色列的公民，但是他们仍然被当作主体族类犹太人的对立面，成
为以色列民族国家建设中的内部被殖民者。

1948 年，第一次中东战争尚未结束时，以色列就以安全为由对阿拉伯
人实行军事管制。在军事管制下，当局有权限制阿拉伯人的行动自由，将
他们拘禁或驱逐，指定因军事因素或其他目的所需要的地区为"禁区"，
控制旅行许可证的签发，等等。② 对阿拉伯人实行军管的头几年，以色列
政府接连出台了一系列新的土地法规，如 1950 年的《不在者地产法》，
1951 年的《国家土地所有法》以及 1953 年的《土地获取法》，将大量国
内阿拉伯人的土地予以没收，转归国家所有。特别是根据《不在者地产
法》形成的"无人占有财产"概念扩大了财产没收的范围，它将战争期间
阿拉伯人在任何时期、因何种意愿而弃置的财产都囊括在内，尽管这部分阿
拉伯人仍然留在以色列控制的领土之内，并且已经获得了以色列的公民身
份。被政府定为"不在者"的阿拉伯人数有 8.1 万之多，他们被没收的土地
至少有 25 万杜纳姆。③ 据不完全估算，以色列国内阿拉伯人 60% ~75% 的
土地被政府以安全、发展公共事业和安置移民为借口加以征用。

以色列阿拉伯人主要分布在加利利、"三角地带"和内盖夫三大地区，
其中加利利是阿拉伯人口最为密集的地区，居住着 47% 的阿拉伯人。加利
利地区的大部分土地在 1947 年的联合国分治决议中被划归巴勒斯坦，并在
第一次中东战争中被以色列占领，纳入其领土范围。鉴于当时加利利的归
属权尚不确定和不稳固，以色列政府迅速制定了"加利利犹太化"的方针
策略，鼓励犹太人前往该地区定居。位于加利利中心地带的马吉德·库鲁
姆镇（Majid al-krum）的变迁深刻体现了以色列将阿拉伯人居住区当作内

① Y. Weitz, *The Struggle for the Land*, Tel Aviv: Tabersky, 1950, pp. 143 – 144.
② 阎瑞松主编《以色列政治》，第 253 页。
③ 参见 R. Kark, *Land and Settlement in Eretz Israel 1830 – 1990*, Jerusalem: Sivan, 1995, p. 326。杜
纳姆为以色列的地积单位，1 杜纳姆等于 1000 平方米。

部殖民地的思想。建国之初，以色列即以"不在地者"、发展公共设施及地契不完善等各种理由没收了马吉德村民原本拥有的 20065 杜纳姆土地中的 13865 杜纳姆，占比为 69%。20 世纪 60 年代和 70 年代，政府又从马吉德镇割走了约 5100 杜纳姆土地作为扩建卡米尔新城之用。

除此之外，以色列还以建立犹太人定居点的方式不断蚕食马吉德镇的土地，强化对该地阿拉伯人的控制。20 世纪 70 年代末 80 年代初，以色列政府在加利利的战略要地一共建立了 60 个犹太人定居点，其中拉冯（Lavon）、图维尔（Tuval）、吉伦（Gilun）和萨乌瑞特（Tsurit）像 4 个楔子一般插在马吉德镇阿拉伯居民中间，在事实上和心理上对阿拉伯人的日常生活形成某种监督和围堵。以色列政府还在地区管理规划上对马吉德镇阿拉伯人居住区的正常发展设置种种障碍。按照规定，阿拉伯人只能在政府 1964 年划定的"蓝线"区域内建造住宅，超越划定范围的建筑被视为非法，不能享受水、电、交通等任何基础设施服务。由于阿拉伯人较高的人口自然增长率（年均增速为 3.5%~4%），随着时间的推移，其居住环境变得拥挤不堪。在不得已的情况下，阿拉伯人只能向当局提出在"蓝线"区域外扩建住宅的申请，大多数申请在长达数年的拖延后会得到批准。其间，一些阿拉伯人因无法忍受漫长的等待，冒险在许可区之外把房子先建起来。如此便造成了大量的"非法"建筑问题，新建住宅不仅无法享受最基本的公共服务，还要承受高额的政府罚款，在少数极端的情况下，建筑直接被当局摧毁。[1] 在当前阿犹混居的马吉德镇，几乎所有的社会服务都是以族群为基础提供的，除了在教育事务上拥有自主权外，阿拉伯人被排除在犹太人享用的诸多社会服务和娱乐设施之外，造成两大族群事实上的不平等和彼此疏离。不可否认的是，以色列建国后的数十年中，马吉德镇经历了许多显著的变化：快速的城市化、职业多元化、教育和医疗的长足进步以及家庭收入的稳步增长。[2] 但是，所有这些进步和发展被以色列以犹太人为中心的民族国家构建方略蒙上了一层阴影。

土地犹太化为以色列迎接和安置一批批回归的犹太人奠定了重要的物

---

[1] Oren Yiftachel, "The Internal Frontier: Territorial Control and Ethnic Relations in Israel, "in Oren Yiftachel and Avinoam Meir, *Ethnic Frontiers and Peripheries: Development and Inequality in Israel*, p. 59.

[2] A. Haidar, *Arabs in Israeli Economy*, Tel Aviv: International Center for Peace in the Middle East, 1990, p. 94.

质基础，被视为异己的阿拉伯人则完全成了被剥夺、受压制的内部殖民的对象。其结果是到 20 世纪 80 年代末，占以色列总人口约 21% 的阿拉伯人仅拥有国家土地资源的 6% 和灌溉用水的 4.7%。① 不仅如此，除德鲁兹人之外，以色列阿拉伯人居住区从未被列入以色列政府实行的各种开发计划。2001 年，以色列政府只把不到 7% 的预算拨付给阿拉伯人，福利部和教育部拨付给阿拉伯人的预算分别为 9.8% 和 3.1%。② 阿拉伯人在享有公共资源方面的严重失衡状况以及犹太人以定居点的方式对阿拉伯村庄的围堵，使阿拉伯人居住区沦为以色列犹太社会中的"隔都"，形成以色列国内民族关系"镶嵌画化"的独特风景。③

尽管阿拉伯村庄发展缓慢，但是阿拉伯人却很少到犹太人的城市居住，他们依然活动在自己的狭小天地中。阿拉伯人在地理上的集中及与主流社会的隔离固然有置身于现代化发展进程中的原住民本能地守护家园、维持自身文化传统，以免受主流社会冲击的主观因素。但是，考虑到阿拉伯人长期以来渴望融入以色列社会、争取与犹太人平等的公民权利与地位的愿望，从根本上讲，这种局面是以色列将阿拉伯人当作内部殖民对象的政策所造成的结果。

尽管两大族类已经共同生活半个多世纪之久，但 2003 年一项以以色列犹太人为询问对象的调查表明，仍然有 53% 的犹太人坚持认为不应该赋予以色列阿拉伯人完全的公民权，77% 的人认为在关键问题的决策上应该由犹太人做主，57% 的人甚至认为应该鼓励阿拉伯人移出以色列。④ 显然，政府长期以来对阿拉伯人的剥夺、隔离政策的结果是在犹太人和阿拉伯人之间形成了一条人为的内部边界。对移民国家而言，内部边界的形成与民族国家的构建息息相关。划分内部边界及对少数族类的控制成了以色列开拓生存空间与塑造统一的主流文化的一面镜子。空间地理以及社会关系的疏离，使阿拉伯人生活在"失落的集体记忆中"⑤，反对政府对阿拉伯人世

---

① Aziz Hadar, *On the Margins: The Arab Population in Israeli Economy*, p. 43.

② Shira Kamm, *The Arab Citizens of Israel Status and Implications for the Middle East Conflict*, Haifa: Mossawa Center, 2003, p. 13.

③ 卢光盛：《以色列的民族政策》，《国际展望》1999 年第 10 期。

④ Shira Kamm, *The Arab Citizens of Israel Status and Implications for the Middle East Conflict*, p. 29.

⑤ D. Rabinowitz, "The Common Memory of Loss: Political Mobilization among Palestinian Citizens of Israel," *Journal of Anthropological Research*, Vol. 50, No. 1(1994), pp. 27 – 49.

居地的掠夺成为他们进行政治斗争，乃至抗议、罢工的一大诉求。

　　"分而治之"是以色列政府在民族政策上的又一思想策略。在阿拉伯人当中，以色列对人口比例占 80% 以上的逊尼派穆斯林的政策最为严厉与苛刻，而对阿拉伯基督徒和德鲁兹人的态度则宽松许多。特别是德鲁兹人因其独特的教派信仰和对政府较为友好的态度，被以色列政府给予了更多的权利。然而，特殊地位的形成并不意味着德鲁兹人已经和犹太人在平等的基础上融入以色列社会。在巴勒斯坦建设一个犹太人家园的思想始终是以色列立国的基本思想，包括德鲁兹人在内的阿拉伯少数族类并不在以色列民族国家构建的范畴之内。

　　在经济全球化、政治民主化和文化多元化的今天，民族国家内部的族类团结和社会稳定，依赖于全体社会成员对它在政治上的高度认同与在文化心理上的归属感。在现行国家政治框架内创造少数族类进入国家公共权力机构的制度空间，制定和贯彻保障少数族类政治权利的政策，使其能够在平等地享有国家政治权利和利益的前提下，保持和发展其独特的文化传统和生活方式，并且在现代化进程中与主体族类共同发展、共同繁荣，才能在各族类中间创造出凝聚力和向心力，实现民族国家社会生活的和谐稳定与健康发展。[1] 在以色列民族国家构建的进程中，阿拉伯族类是否涵化于以色列民族，是衡量民族国家构建是否有效和各族类能否和谐共处的一个不可或缺的重要因素。以色列对自己犹太国家的定位，在国家建设和发展过程中将阿拉伯人当作内部殖民的对象以及在此基础上的"分而治之"策略，不仅使其竭力张扬的主体民族主义与民族国家构建产生了深刻的悖论，而且从根本上制约着以色列民族国家构建工程的顺利推进与国家的和谐稳定与健康发展。

四　以色列德鲁兹人的特殊地位[2]

　　以色列阿拉伯人可按宗教信仰划分为三个群体，即逊尼派穆斯林、德鲁兹派穆斯林（即德鲁兹人，Druze）和基督徒。在以色列对国内阿拉伯

　　① 王建娥：《族际政治民主化：多民族国家建设和谐社会的重要课题》，《民族研究》2006年第 5 期。
　　② 本部分参见李志芬《以色列德鲁兹人的特殊地位》，《世界民族》2010 年第 2 期。

人"分而治之"思想的指导下，德鲁兹人被视为一个独立的群体，他们可享有独立于逊尼派穆斯林之外的宗教社团自治，并且可以进入以色列国防军体系。纵然如此，以色列国家的犹太属性仍不可避免地将德鲁兹人置于这样一种矛盾之中：一方面，作为阿拉伯人的一部分，德鲁兹人能例外地享有政府的优惠待遇，这招致了其他穆斯林对德鲁兹人的不满与愤怒；另一方面，尽管德鲁兹人受到政府一定程度的优待，却不能拥有与犹太人完全平等的地位，而只能是一个处在犹太主流社会之外的少数群体。德鲁兹人特殊地位的形成是透视以色列国家的犹太属性及民族政策的一个重要维度。

（一）以色列德鲁兹人概况

德鲁兹人是一个以宗教信仰和亲族为基础的紧密团结、内聚力极强的社会群体，而不是一个独立的人种或民族。著名阿拉伯史学家希提（Philipk Hitti）认为："从族源上讲，德鲁兹人是阿拉伯人、波斯人和突厥人的混种。"[1]巴勒斯坦是德鲁兹人在中东地区除叙利亚、黎巴嫩之外的第三大聚居地。1948 年以色列建国，深刻改变了中东地区的政治格局，但是巴勒斯坦的德鲁兹人却并未受到太大影响，与在战争中大批逃亡的阿拉伯人逊尼派穆斯林形成鲜明对比的是，德鲁兹人安守家园，在战争中保持中立，并在第一次中东战争之后顺利地获得了以色列的公民权。

1. 人口与宗教信仰情况

巴勒斯坦是德鲁兹人最古老的聚居地之一，他们在巴勒斯坦的居住史可追溯至其教派创立之时的公元 11 世纪前后。由于中东地区长期处于动荡不安之中，德鲁兹人口增长十分缓慢。19 世纪末，巴勒斯坦德鲁兹人的数量仅为 7860 人；在英国委任统治的 1931 年，其人口缓慢增长到 9148 人；1945年，以色列德鲁兹人口才攀升至 13000 人。[2] 以色列建国后，其境内的德鲁兹人口迅速增加，1972 年德鲁兹人为 36563 人，[3] 1997 年接近 10 万人。[4]根据以色列中央统计局的数据，2013 年德鲁兹人约为 136000 人，2017 年

[1] Philipk Hitti, *The Origin of the Druze People and Religion*, New York: Columbia University Press, 1928, p. 28.

[2] S. H. Falah, "Kafr Sumay-A Druze Village in Upper Galilee," *The Israel Exploration Journal*, Vol. 18, No. 1, 1968, pp. 27 – 44.

[3] Israel Bureau of Statistics, *Census of Population and Housing 1972*, Jerusalem, 1976.

[4] Israel Bureau of Statistics, *Census of Population and Housing 1997*, Jerusalem, 1999.

为 141000 人，占全国总人口的 1.6%。

　　传统上以农牧业为经济基础的以色列德鲁兹人集中居住在加利利北部和卡迈尔山地。这两个地区分布着约 20 个德鲁兹人村庄，在这些村庄中，德鲁兹人占绝大多数，显示了其聚族而居的特点。在与其他族群混合而居的村庄中，德鲁兹人一般与阿拉伯人基督徒为邻。

　　严格而独特的宗教信仰及与之相关的生活方式是德鲁兹人特性的基础，也是德鲁兹人有别于其他穆斯林的重要之处。伊斯兰教德鲁兹派是什叶派中伊斯玛仪派的支派之一，产生于公元 11 世纪初埃及法蒂玛王朝第六任哈里发哈基姆（al-Hakim）时期，是在吸收了犹太教和伊斯兰教的某些教义，并糅合了新柏拉图主义哲学而发展起来的一种严格的一神教信仰。该信仰承认摩西和穆罕默德的先知地位，但认为本派的领袖哈基姆是最后一位伟大的先知。其基本教义可概括为以下七条：信仰哈基姆并严格遵守一神论；拒绝所有非德鲁兹派的信条和无神论者；永远服从先知哈基姆并接受其言行；弃绝虚荣，远离邪恶；真诚；德鲁兹兄弟团结互助；慎言。[1]神秘性和排他性是德鲁兹信仰的基本特点。1403 年，随着德鲁兹人的最后一位积极传教者巴哈·丁（Bahā' al-Dīn）去世，德鲁兹派宗教信仰的大门关闭。此后，只有父母为德鲁兹人的人才能成为德鲁兹人，即德鲁兹人的身份是与生俱来的，不能由宗教皈依而取得。因此，德鲁兹人没有传教的使命及宗教狂热。为了保持本群体的信仰，德鲁兹人严格禁止与异教徒通婚或改信其他宗教。[2]德鲁兹人深信灵魂转世和末日审判说，认为身体只是灵魂的外壳，一旦人体死亡，灵魂就会转移到下一个新生体中；在末日到来时，所有的灵魂都必须接受安拉的审判。[3]这种灵魂转世思想对德鲁兹人的日常生活产生了意义深远的影响，造就了他们平等的社会观念、骁勇善战的性格和对其他宗教的宽容态度，同时也使德鲁兹人远离奢华，崇尚俭朴的生活，不论婚礼和丧葬都以极为简单、朴素的方式进行。德鲁兹人遵守在异教徒面前掩饰自己真实信仰的"塔齐亚"（Taqiyya，意为"防卫""保护"）原则，这一原则使长期以来生活在浓厚的异教氛围之中、势

---

[1] Sami Nasib Makarem, *The Druze Faith*, New York: Caravan Books, 1974, p. 96.

[2] Abdullah Najjar, *The Druze Millennium Scrolls Revealed*, Cairo: Daral-Maarif, 1965, p. 117.

[3] Nejla M. Abu-Izzeddin, *The Druzes: A New Study of their History, Faith and Society*, Leiden: E. J. Brill, 1984, p. 96.

单力孤的德鲁兹人较好地维护了其生存与延续，同时也孕育了他们入乡随俗、向现实妥协的生存智慧。对德鲁兹人来说，将信仰置于灵魂深处，只在同胞之间践行教义，这才是最重要的。

2. 文化与社会结构

在文化习俗方面，德鲁兹人与其他阿拉伯穆斯林非常相似，如他们讲阿拉伯语，欣赏阿拉伯人的文学作品，遵守与其他阿拉伯人一样的饮食禁忌，甚至一些重要的社会习俗（如出生、割礼、婚姻、丧葬）也与其他阿拉伯人颇为相近。爱兹哈尔大学的一位乌里玛[①]在对叙利亚的德鲁兹人进行深入研究之后，认为他们就是阿拉伯人。[②] 这一观点得到了部分学者的认同。为数不少的德鲁兹人也承认自身的阿拉伯人属性，然而德鲁兹宗教领袖在这一问题上不置可否，从未就此问题发表过明确的意见。

德鲁兹人实行封建家长制。男性家长在家族中享有无可置疑的最高地位，他管理家族内部的所有重大事务，执掌财政大权，无论是妻子、儿女还是儿媳、女婿及孙辈都必须服从他的权威。与此并行不悖的是，德鲁兹人的信仰赋予妇女崇高的地位，甚至有不少妇女可以荣升至连众多男子都望尘莫及的较高的宗教职位。德鲁兹人禁止一夫多妻制，妇女在处理家务、教育子女方面承担着重要的责任，受到不公正待遇的已婚女性可以主动提出离婚上诉。尽管德鲁兹人相信人人平等，宗教领袖还是在社团中享有十分突出的地位，特别是在涉及有关宗教和婚姻家庭等个人事务中，宗教领袖拥有绝对的权威。[③]

近年来，德鲁兹人置身于现代化社会环境中，其古老的传统社会结构渐趋松散。在以色列，随着大量的德鲁兹人服兵役及就职于建筑业、运输业等非农产业，农业在德鲁兹人经济生活中的基础性地位已逐渐动摇。除了谋生方式的改变之外，造成德鲁兹人传统社会结构松散的还有以下重要因素。首先，青年一代受教育程度普遍提高，使他们有更多机会接触外面的世界和现代西方文化，这些都潜移默化地影响着他们的观念。其次，服

---

① 阿拉伯文"Ulamā"的音译，原义为"学者"，指伊斯兰教中有名望的教法学家和神学家，其在穆斯林的宗教事务中影响力很大。

② Nissim Dana, *The Druze in the Middle East*, Sussex: Sussex Academic Press, 2003, p. 39.

③ Aharon Layish, *Marriage, Divorce and Succession in the Druze Family*, Leiden: E. J. Bill, 1982, p. 89.

兵役在一定程度上使德鲁兹人参与到更大的社会结构与社会群体中，削弱了他们与传统社会的联系。最后，大众传媒与通信的快速发展使德鲁兹人更容易接触到外部世界的信息，部分消解了宗教对青年一代的精神束缚。然而，经济生活的变化和西方文化的影响还不足以从根本上动摇德鲁兹人的传统社会结构与生活习俗，勤奋、自信、正直、维护家族团结与荣誉仍是德鲁兹人的基本道德观念。实际上，与时俱进一直是德鲁兹人的生活态度，在坚守自己的宗教信仰和生活习俗的基础上，德鲁兹人非常愿意接受现代生活方式，享受科技进步带来的成果。①

（二）德鲁兹人特殊地位的形成

众所周知，犹太复国主义的根本目标是要在巴勒斯坦为流散于世界各地的犹太人建设一个民族家园，确保国家的犹太性是以色列立国的基础和原则。以色列的切尔克斯人和亚美尼亚人数量很少，他们不足以对以色列国家的犹太性构成任何挑战。而占总人口比例较高的阿拉伯人遂成为以色列最大的"另类"群体，加之以色列处于阿拉伯国家包围之中且与之持续交恶、冲突不断的现实，以色列政府更是将境内的阿拉伯人视为必须严加防范的对象。以色列政府针对境内阿拉伯人各群体采用不同的政策，对占境内阿拉伯人总人口80%以上的逊尼派穆斯林的政策最为严厉与苛刻，而对阿拉伯人基督徒和德鲁兹人的态度则宽松许多。特别是德鲁兹人因其独特的宗教信仰和对以色列政府较为友好的态度，被以色列政府当作分化瓦解阿拉伯人、对之实施"分而治之"策略的一个工具。为此，以色列政府不遗余力地培养德鲁兹人独立的民族意识，赋予德鲁兹社团自治的地位，征召德鲁兹青年入伍，并在经济发展上给予德鲁兹社团种种优惠的待遇。

1. 对德鲁兹人实行义务兵役制

20世纪30年代，以伊扎克·本·泽维（Yitzhak Ben-Zvi，后成为以色列第二任总统）为代表的犹太复国主义者就寻求发展与德鲁兹人的关系，争取在与其他阿拉伯人的斗争中获得德鲁兹人的"友谊与支持"。②犹太复国主义者的努力收效甚微，除一小部分德鲁兹人加入巴勒斯坦游击队之

---

① Robert Brenton Betts, *The Druze*, New Haven: Yale University Press, 1988, p. 54.
② Y. Ben-Zvi, "On Establishing Good Relations with the Druze," Central Zionist Archives S/25/ 6638, August, 1930.

外，绝大多数的德鲁兹人在整个巴勒斯坦委任统治时期对阿拉伯人与犹太人的冲突保持着超然的态度。1948 年爆发的第一次中东战争为以色列政府提供了拉拢德鲁兹人的机会。在始于 1948 年 6 月 13 日、被以色列作家本尼·莫里斯（Benny Morris）称为"收获之战"的战役中，以色列军队总参谋长下令禁止阿拉伯人返回被以色列占领的土地上收割已经成熟的庄稼，与此同时国防部却答应了德鲁兹人收割庄稼的请求。① 此举大大拉近了德鲁兹人与新成立的以色列国的关系。

在第一次中东战争期间，以色列当局还鼓励德鲁兹青壮年加入以色列军队作战，为此专门成立了"少数兵团"。1949 年初，"少数兵团"的规模达到 850 人，包括 400 名德鲁兹人、200 名贝都因人、100 名切尔克斯人以及 150 名犹太人军官和专家。② 以色列当局成立"少数兵团"的目的并不是单纯为了充实以军的战斗力，其真正的意图在于压制阿拉伯人。时为以色列外交部官员的雅科夫·西莫尼（Yakov Shimoni）直言不讳地声称："通过建立少数兵团，我们利用德鲁兹人在阿拉伯联军的背后捅了一刀。"③ 1956 年以色列政府颁布了正式招募德鲁兹人参军的《义务兵役法》，打开了德鲁兹人加入以色列国防军的大门。德鲁兹人遂成为除犹太人之外唯一一个必须履行该项义务的少数群体，贝都因人和切尔克斯人也可以自愿服兵役，逊尼派穆斯林则被禁止加入以色列国防军。④

义务兵役制的推行使许多德鲁兹人进入以色列国防军，而且每六个德鲁兹士兵中就有一名荣升为指挥官；86% 的德鲁兹士兵愿意加入在前线作战的战斗部队（犹太士兵的同一比例为 80%）；仅 2000 年一年中，就有 280 名德鲁兹人在服役过程中牺牲。⑤ 以上数据表明，德鲁兹人被完全纳入以色列国防军系统。截止到 2016 年，60% 的以色列德鲁兹人拥有在以色列

① Benny Morris, *1948 and After: Israel and the Palestinians*, Oxford and New York: Oxford University Press, 1990, pp. 173 – 187.

② Kais M. Firro, "Reshape Druze Particularism in Israel," *Journal of Palestine Studies*, Vol. 32, No. 2 (2000), pp. 41 – 53.

③ ISA, FM2570/11, Shimoni to E. Sason, August 16, 1948.

④ Kais M. Firro, "Reshape Druze Particularism in Israel," *Journal of Palestine Studies*, Vol. 32, No. 2 (2000), pp. 41 – 53.

⑤ Nissim Dana, *The Druze in the Middle East*, p. 209.

国防军服兵役的经历。① 然而尽管德鲁兹人积极作战，但是并非国防军的每一个部门都向德鲁兹人开放，如情报部和空军就以技术原因为由从不接收德鲁兹人。义务兵役制是以色列政府给予德鲁兹人作为少数群体的一个"特殊待遇"。在以色列，服兵役与一系列社会福利紧密地联系在一起，从国防军退役后可以轻松地进入政府和公共事务部门，还可以享受各种津贴。从某种意义上可以说，加入国防军表明德鲁兹人已经拿到了一张进入犹太主流社会的"入场券"。

2. 赋予德鲁兹人宗教社团自治的地位

不遗余力地渲染和强化德鲁兹人不同于阿拉伯人的特殊性，是以色列政府对待德鲁兹人的一贯政策。在这方面，一些以色列历史学家极力为政府的政策寻找历史依据。例如阿哈伦·雷伊施（Aharon Layish）在其所撰写的《德鲁兹人的塔齐亚原则》（Taqiyya among the Druze）一文中称："德鲁兹人和犹太人没有彼此相互迫害的历史，相反，两个民族作为历史上不断受到迫害的少数群体拥有许多共同的经历。"② 以色列第二任总统伊扎克·本·泽维也宣称："德鲁兹人的特殊经历正是犹太人历史遭遇的一面镜子。"③ 为了强化德鲁兹人的特殊性并培养他们对以色列的认同意识，以色列政府在1972年专门成立了一个研究处理德鲁兹人教育问题的委员会。该委员会经过研究，认为德鲁兹人的教育中除了要有德鲁兹人的历史、神话、宗教、文学等基本内容之外，还应将委任统治时期德鲁兹人与犹太人的关系、德鲁兹人的宗教信仰和宗教法规、德鲁兹人在以色列社会的同化、义务兵役制、德鲁兹人的"以色列－德鲁兹"意识作为教学的重点内容。④ 以上建议被政府采纳，1977年，针对以色列德鲁兹人的课程设置被完全从阿拉伯人的教育体系中分离出来。⑤

1949年8月，以色列宗教事务部规定位于加利利地区的舒阿卜遗址为

---

① Angelina E. Theodorou, "Druze, a Unique Religious and Ethnic Group," *Pew Research Center*, March 21, 2016.

② Aharon Layish, "Taqiyya among the Druze," *Asian and African Studies*, Vol. 19, No. 3 (1985), p. 277.

③ Yitzhak Ben-Zvi, *Palestine and Its Population under Ottoman Rule*, Jerusalem, 1956, pp. 17 – 19.

④ Gabriel Ben-Dor, *The Druze in Israel, A Political Study*, Jerusalem: The Magnes Press, 1979, pp. 225 – 232.

⑤ Kais M. Firro, "Reshape Druze Particularism in Israel," *Journal of Palestine Studies*, Vol. 32, No. 2 (2000), pp. 41 – 53.

德鲁兹人的宗教圣殿，并要求新入伍的德鲁兹士兵都要在此圣殿前举行效忠以色列国的宣誓仪式，意在表明德鲁兹人与犹太人的历史与现实联系。宗教事务部还拨款对舒阿卜遗址进行整修和重建，款项的具体分配与使用交由德鲁兹人宗教上层塔伊夫（Tarif）家族管理。① 这是以色列政府加强与德鲁兹人的关系、拉拢其宗教上层塔伊夫家族的重要举措。

1957 年 4 月 15 日，以色列颁布《德鲁兹人宗教法庭自治法》，迈出了构筑德鲁兹人独立宗教社团地位的重要一步。该自治法的蓝本是英国委任统治时期在巴勒斯坦实行的《宗教社团管理条例》。在英国委任统治时期，委任统治当局曾以该条例为基础允许巴勒斯坦的阿拉伯人和犹太人实行宗教社团自治，各社团按照自己的宗教传统处理内部事务。尽管德鲁兹人多次向委任统治当局提出申请，要求设立独立的德鲁兹宗教法庭，但都未获批准。因此，在整个英国委任统治时期，德鲁兹人有关婚姻、家庭、遗嘱和财产的事务都在普通穆斯林宗教法庭审理。②

1948 年以色列建国后，德鲁兹人重提宗教社团自治的要求。此要求与以色列政府意欲分化瓦解阿拉伯人的思想不谋而合。早在 1949 年初，以色列宗教事务部一位负责穆斯林事务的委员就向内政部提出建议："有必要通过一项德鲁兹人在宗教事务上享有独立法律地位的立法……它将成为构筑德鲁兹人独立社团地位的核心。"③ 在双方的共同努力下，德鲁兹宗教法庭得以成立，它成为德鲁兹人维持自己的信仰传统、实行内部自治的一个重要机构。阿明·塔伊夫（Amin Tarif）在 1993 年去世之前一直担任社团的领袖，他身兼数职，既是德鲁兹人的教派领袖，又是宗教上诉法庭的主席，同时还是宗教地产的总管。自以色列成立以后，以阿明为代表的塔伊夫家族一直与政府保持着良好的关系，二者在建构以色列德鲁兹人的"民族性"上步调一致，配合默契。以色列政府以压制德鲁兹人内部持不同政见者来巩固塔伊夫家族的权威，并在财政上对其慷慨解囊，而阿明·塔伊

---

① ISA, Ministry of Minority Affairs C/302/78, and FM 2565/8, *Shitrit to Ben-Gurion and Moshe Sharett*, November 30, 1949.

② S. Saleh, "The British-Druze Connection and the Druze Rising of 1896 in the Hawran," *Middle Eastern Studies*, Vol. 13, No. 2(1977).

③ ISA, FM2402/28, *Dr. Hirshberg to Palmon*, October 18, 1949.

夫则以宣誓效忠来回报以色列政府。① 德鲁兹宗教法庭的设立及其与普通穆斯林法庭的平行运作，表明德鲁兹人被正式从阿拉伯人穆斯林群体中分离出来。它标志着以色列"分而治之"策略取得了重大成果。德鲁兹宗教法庭设立后不久，以色列有关部门向德鲁兹人重新签发了身份证，其民族身份一栏里赫然写着"德鲁兹人"。② 至此，以色列政府在形式上完成了塑造德鲁兹人"民族"身份的过程。

3. 在经济发展上给予德鲁兹社团种种优惠待遇

与被排斥在政府各项重大发展项目之外的阿拉伯人逊尼派穆斯林居住区形成鲜明对照的是，德鲁兹人的村庄在整体发展上受到以色列政府的多方眷顾。1975 年 6 月 1 日，以色列政府专门设立了一个委员会负责解决德鲁兹人村庄的发展问题；同年 10 月 26 日，该委员会做出了第 128 号决议，以敦促前一决议的具体落实和有效实施；1987 年 4 月 21 日，政府制定了针对德鲁兹人的第 373 号决议，将德鲁兹人居住区列为与犹太人定居点享有同等地位的发展计划中；1995 年，以色列政府在与德鲁兹地方官员经过谈判之后，通过了第 580 号决议，规定从 1995 年到 1999 年，财政部向德鲁兹人居住区提供总额为 119 万新谢克尔③的发展资金。④ 这项特殊援助计划旨在帮助德鲁兹人提高其生活水平。德鲁兹村庄欣欣向荣的景象与至今尚未获得政府承认的逊尼派穆斯林村庄形成了鲜明的对照。逊尼派穆斯林村庄被排除在国家总体规划之外，基础设施极其落后，甚至连最基本的生活用水、用电都无法正常供给，它们成了以色列社会中最贫穷、最灰暗的一个角落。

德鲁兹人的医疗卫生条件总体而言也取得了很大的进步。目前，每一个德鲁兹村庄都设有诊所，由卫生部统一对学龄儿童提供医疗服务，其费用由国家财政直接拨付。

---

① Eric Habsbawm and Terence Ranger, *The Invention of Tradition*, New York: Cambridge University Press, 1993, p. 6.

② Kais M. Firro, "Reshape Druze Particularism in Israel," *Journal of Palestine Studies*, Vol. 32, No. 2 (2000), pp. 41 – 53.

③ 以色列自建国以来经历了三次货币变革：1948 年由巴勒斯坦镑变为以色列镑（简称以镑），1969 年由以色列镑变为谢克尔，1985 年再变为新谢克尔。1948 ~ 1954 年 1 以镑 = 1 英镑，1954 ~ 1967 年 1 以镑 = 1 美元，1969 年 1 谢克尔 = 1.05 美元，1985 年 1 新谢克尔 = 1.5 美元，现 1 新谢克尔 = 0.29 美元。

④ Nissim Dana, *The Druze in the Middle East*, pp. 112 – 113.

除了在地区发展计划和经济援助方面得到政府的明显支持之外，在政治事务上德鲁兹人也比其他阿拉伯人群体享有较多的权利。在政府有关阿拉伯事务的各部门中都有德鲁兹人担任高级副手、助理及顾问，有的德鲁兹人甚至当选为议员、进入内阁和代表以色列出任联合国官员，还有两位德鲁兹人曾分别被政府任命为驻越南和驻葡萄牙大使。[①] 在以色列最重要最敏感的部门——国防军，甚至有德鲁兹人获得少将头衔。[②] 总之，德鲁兹人赢得了以色列政府的信任，虽然其人口仅占以色列阿拉伯人总人口的 11.7%，但在政府机构中就任高职的人数远远超过其他阿拉伯人群体。[③]

（三）德鲁兹人的身份认同及与主流社会的关系

客观地讲，绝大多数德鲁兹人对以色列是忠诚的。根据 1984 年所做的一项调查，85% 的德鲁兹人毫无保留地承认以色列的合法性，持同样态度的阿拉伯基督徒和逊尼派穆斯林的比例则分别为 69% 与 59%。[④] 关于德鲁兹人的身份认同及与其他文化群体之关系所做的调查显示，87% 的德鲁兹人首先强调自己的"德鲁兹性"，58% 的人认同自身的"阿拉伯性"，认同"以色列性"的比例为 55%；当考察德鲁兹人与以色列其他主要文化群体的亲疏关系时，德鲁兹人认为他们与其他阿拉伯人的关系比与犹太人的关系更亲密。[⑤] 以上调查表明，德鲁兹人在坚持自己族群特性的基础上承认以色列国家的合法性，认为自己是以色列国家不可分割的一部分。然而，他们与以色列的主体民族犹太人在文化心理和生活方式上仍是比较疏远的，尚未完全融入以色列的主流文化。

实际上，在以塔伊夫家族为代表的宗教上层与政府保持良好合作关系的同时，德鲁兹人中一直存在着另外一种声音，那就是反对以色列政府的"诱降"政策和不顾事实地将德鲁兹人从阿拉伯人中分离出来的行

① Benny Morris, *1948 and After: Israel and the Palestinians*, p. 191.
② Itamar Radai, "Muslim and Druze in Israel: National and Sectarian Identities in Conflict," *MDC Periodicals*, March 10, 2015.
③ Ian Lustick, *Arabs in the Jewish State: Israel's Control of a National Minority*, p. 210.
④ Scott Macleod, "Report on Palestinians under Israel Rule," *Interntational Journal of Middle East Studies*, Vol. 6, No. 131(1984), p. 16.
⑤ Elizer Ben-Rafael and Yochanan Peres, *Is Israel One? Religion Nationalism and Multiculturalism Confound*, Boston: Brill Academic Publishers, 2005, pp. 179 – 181.

为，强调德鲁兹人的阿拉伯人属性并呼吁阿拉伯人团结。成立于 1972 年的 "德鲁兹倡议委员会"（The Druze Initiative Committee）是其中的代表性组织。该委员会的基本纲领是：德鲁兹人是阿拉伯民族不可分割的一部分，反对和抵制德鲁兹人义务服兵役。该委员会强烈谴责以色列当局在约旦河西岸、加沙和戈兰高地的行为，声称让德鲁兹人执行以色列对巴勒斯坦人压迫性的军事占领政策是 "对德鲁兹人声名的践踏和阿拉伯身份的侮辱"①。1990 年 11 月 30 日，该委员会联合议会中的德鲁兹人议员和文化界名人举行了一场向总理办公室示威的游行，谴责以色列针对德鲁兹人的义务兵役法，声称该法律 "完全与阿拉伯人的意愿相悖，是试图将德鲁兹人从阿拉伯大家庭中分裂出来的卑劣行为"②。在 "德鲁兹倡议委员会" 之倡议与活动的影响下，以色列国防军中经常发生德鲁兹军人要求退役的事件，有一些德鲁兹青年为了逃脱服兵役，甚至不惜改宗为伊斯兰教逊尼派。③

参加以色列国防军使德鲁兹人在阿以冲突中的处境极为尴尬，他们时常会遭到周围阿拉伯国家政府和人民的谴责，以色列国内以逊尼派穆斯林为代表的其他阿拉伯人更是将其视为另类。一个失衡的现象是，尽管德鲁兹人在文化心理上展示了与其他阿拉伯人的亲近感，但阿拉伯人却认为他们和犹太人一样疏远。事实上，在逊尼派穆斯林眼中，德鲁兹人不属于阿拉伯人群体。④ 逊尼派穆斯林之所以有意拉开与德鲁兹人的距离，在很大程度上是因为愤恨德鲁兹人与以色列政府亲密合作及加入国防军，他们对德鲁兹人的愤恨情绪有时甚至会以暴力形式宣泄出来。例如，1985 年 4 月 17 日，一位逊尼派穆斯林在加沙的一个饭店中向两名德鲁兹士兵开枪射击，造成其中一人严重受伤；1986 年 1 月 11 日，一位德鲁兹边防警察在与家人购物时被逊尼派穆斯林暗杀。⑤

尽管与以色列的其他少数族群特别是阿拉伯人中的逊尼派穆斯林相比，德鲁兹人获得了政府的种种优待，其整体的社会经济状况在以色列建

①　*Ittihad*, May 16, 1989.

②　*Ittihad*, December 31, 1990.

③　Nissim Dana, *The Druze in the Middle East*, p. 120.

④　J. M. Landau, *The Arab Minority in Israel, 1967 – 1991: Political Aspects*, Oxford: Clarendo Press, 1995, p. 111.

⑤　"Israel and Palestine," *Washington Post*, January 12, 1986.

国以后取得了长足的进步，然而无论是在基础设施的享用还是在政府政策的倾向性上，德鲁兹人与犹太人相比仍然存在着明显的差距。这引起了许多德鲁兹人对以色列政府的极大不满，认为他们对国家的忠心耿耿没有得到应有的回报，因此要求政府增加预算分配、扶植德鲁兹地区经济发展和扩大就业机会的呼声从未间断。

德鲁兹社区长期存在两大问题。第一，教育状况不容乐观。义务兵役制的实行使众多德鲁兹青年倾向于通过服兵役来获得较好的就业岗位和福利待遇，而不愿花费时间与精力接受高等教育。加上经济贫困、早婚和宗教对女孩的束缚，造成德鲁兹人的受教育水平大大低于以色列的其他群体。以 1983 年的情况为例，仅有 3% 的德鲁兹家庭中有一位大学学历成员，逊尼派穆斯林和基督徒家庭的同类比例分别为 4.3% 和 8.3%，而犹太家庭的同类比例则高达 13.4%。[1] 受教育水平低下造成了德鲁兹人对以色列政府的依赖，便利了政府对德鲁兹社团的操纵与控制。第二，传统经济基础丧失和就业结构畸形。在以色列建国之初大规模征用当地居民的土地以安置蜂拥而至的犹太移民的过程中，德鲁兹人也未能幸免。1962 年，德鲁兹人已失去了原有土地的 2/3，其农业用水量还不到以色列农业用水总量的 0.5%。[2] 因土地资源的流失和耕作方法的落后，农业作为德鲁兹人经济基础的地位已逐渐丧失，到 20 世纪 90 年代末，只有不到 10% 的德鲁兹人从事农业生产。[3] 德鲁兹村庄位于偏远的山地，基础条件较差，其村庄中和附近几乎没有像样的企业。在这种情况下，不能充分就业的德鲁兹青壮年劳动力只能选择进入以色列国防军，因为在普通部队中服役的基本要求是忠诚、服从命令，而不需要较高的学历。服兵役已成为德鲁兹人谋生的重要手段。除了服兵役之外，大量的德鲁兹人从事建筑、运输等不需要较高技能和高知识水平的体力工作。

受教育水平低下及畸形的就业结构对德鲁兹人的经济与社会发展产生了不容忽视的消极影响，正如一位德鲁兹地方议会的律师优素福·卡布兰（Yūsūf Qablān）所言，当前德鲁兹人的经济状况十分令人担忧，大量的失

---

① Nissim Dana, *The Druze in the Middle East*, p. 114.

② Kais M. Firro, *The Druze in the Jewish State: A Brief History*, Leiden: E. J. Brill, 1999, p. 141.

③ ISA, 13012/1352/CL, *Report of the Committee*, May 20, 1975, pp. 13 – 14.

业及由此造成的秩序混乱乃至犯罪，已危及社会的稳定与发展。[1]

　　总之，德鲁兹人作为以色列阿拉伯人的一部分，其在以色列特殊地位的形成，从一定意义上讲是实力弱小、力量单薄的德鲁兹人善于适应现实、接受现状的生存哲学在当代的充分体现，一如他们在叙利亚、黎巴嫩的德鲁兹兄弟所做的那样。身为伊斯兰教什叶派一个支派的宗教少数群体，德鲁兹人没有专属于自己的语言，没有一块固定的世居土地，没有发展起现代的民族意识，因而从未有过建立独立国家的民族主义诉求。正是对自己宗教文化群体的定位，使德鲁兹人能够从容应对中东地区历史和政治的风云变幻。以色列建国伊始就得到巴勒斯坦德鲁兹人的承认，是德鲁兹人变中求常的生存哲学的体现：既接受最高统治当局的权威，同时又保持自己传统的教派社团特性。以色列德鲁兹人特殊地位的形成更是以色列政府处心积虑、人为制造出来的结果。通过实行义务兵役制、设立专门的宗教法庭，德鲁兹人在以色列完全被视为一个独立的少数族类，它是以色列政府成功实施分化、瓦解阿拉伯人策略的结果，损害了以色列阿拉伯人的整体利益。

　　特殊地位的形成并不意味着德鲁兹人已经在与犹太人平等的基础上融入了以色列主流社会。以色列国家强烈的犹太属性必将把德鲁兹人排斥在外，在巴勒斯坦建设一个犹太人家园的犹太复国主义思想始终是以色列立国的基本之策，因而包括德鲁兹人在内的阿拉伯人等少数族群并不在以色列民族国家构建的范畴之内。现实的情况是，德鲁兹人无论是对以色列国家的决策还是在有关德鲁兹社团地位问题上的作用都十分微弱。一位德鲁兹青年教师的抱怨，道出了以色列德鲁兹人政策的实质及德鲁兹人的尴尬处境："在服兵役时我们是德鲁兹人，享受公共服务与社会资源时我们又成了阿拉伯人；犹太人把我们看作阿拉伯人，阿拉伯人却又把我们视为以色列的密友。"[2] 不过，在可预见的将来，在保持德鲁兹教派特性的基础上与政府融洽相处仍将是德鲁兹人与犹太人关系的主流。

---

[1]　Nissim Dana, *The Druze in the Middle East*, p. 115.

[2]　Ori Stendel, "The Arabs of Israel: Between and Anvil," in Y. Dinstein and M. Tabory, eds., *The Protection of Minorities and Human Rights*, London: Martinus Nijhoff Publishers, 1992, p. 369.

五　以色列贝都因部落①的现代转型②

贝都因人（Bedouin），该词来源于阿拉伯语"badawa"，意为"荒原上的游牧民"。③ 作为游牧民族，贝都因人原生活在阿拉伯半岛地区的沙漠、荒原等边缘地带，后随着游牧业的发展扩展到西亚、北非一些国家，其中包括以色列。以色列境内的贝都因人主要由两大部分构成：北部加利利地区的贝都因部落及南部内盖夫沙漠地区的贝都因部落。前者是从叙利亚及其东北地区迁徙来的部落的后裔，而后者来源于西奈及阿拉伯半岛。④以色列贝都因人占贝都因人总数的比例较大，生活在南部内盖夫沙漠的城镇及乡村中。1948 年建国后，以色列政府对境内的贝都因部落实行了集中安置措施，促使其内部部落结构发生了变革，逐渐向现代化过渡。

（一）以色列贝都因部落的分布及部落传统

虽然同属于阿拉伯语系，且文化十分相近，但多数贝都因人不认为自己是阿拉伯人。以色列建国前，贝都因人在内盖夫沙漠中占多数，毗邻的还有

① "贝都因部落"在本书中主要指以色列南部内盖夫地区的贝都因部落。内盖夫（Negev），其词根来源于希伯来语中的"dry"一词，在《圣经》中，"negev"一词被用来指代方向"南"；一些英语翻译中也会拼写为"Negeb"；在阿拉伯语中，"negev"等同于 al-Naqab 或者 an-Naqb；它指的是以色列南部的沙漠及半沙漠地带，是一块位于西部西奈半岛、东部阿拉班（Araban）山谷之间的三角地带，其区域面积约占以色列国土面积的 55% 以上。作为游牧部落，以色列境内的贝都因人多生活于此，另有一部分生活在以色列北部的加利利地区。虽然这两大部分的贝都因人同属于以色列少数族群，同属于阿拉伯语系、有着共同的游牧部落文化，但来源及分布地理位置的不同、相互之间联系较少的事实对其各自的历史产生了巨大影响。相较于内盖夫沙漠地区，加利利地区的族群构成更为多样化，除贝都因人外，该区域同时居住着德鲁兹人、穆斯林、基督徒以及生活在定居点内的犹太人；在土地方面，加利利贝都因人所拥有的土地比较肥沃，其生活方式更多地受到其周边的定居农业社团的影响，比闭塞的内盖夫贝都因人更早地进入农业和游牧混合的生活模式。
② 本部分内容首次发表于《世界民族》，本书中有删改。参见张瑞《走出游牧：以色列境内贝都因部落的现代化之路》，《世界民族》2018 年第 6 期。
③ 参见 http://www.oxforddictionaries.com/definition/americanenglish/Bedouin。另外，不列颠百科全书将贝都因人定义为生活在阿拉伯半岛、埃及、以色列、伊拉克、叙利亚、约旦及北非的沙漠地带，说阿拉伯语的游牧民族。虽分布广泛，但贝都因人的整体比例很小，2013 年，全世界只有 5.7%（约为 2120 万人）的人口被认为是贝都因人。参见 http://www.britannica.com/EBchecked/topic/58173/Be-douin。
④ Penny Maddrell and Yunis Al-Grinawi, *The Bedouin of the Negev*, Minority Rights Group, First Edition, December 1990, p. 3.

一些定居在沙漠最北部的犹太人及生活在贝尔谢巴（Beer-Sheva）城镇中的阿拉伯人。1947 年，在从迦特镇（Kiryat Gat）及阿什杜德（Ashdod）向南延伸到加沙地带及西奈地区的沙漠中，生活着超过 6.5 万名贝都因人，他们来自 96 个不同的次部落、族系，并在各自部落的领土范围内以放牧及季节性农耕为生。① 贝都因部落的具体人口分布见表 1 - 1。

表 1 - 1　1947 年内盖夫贝都因部落人口分布

单位：千人

部落名称	地区分布	人口
阿萨斯姆（Azazmah）	贝尔谢巴及以南地区	11.7
哈那哥拉（Hanagrah）	塔拉宾部落西部及加沙西南地区	5.2
古巴拉特（Gubarat）	蒂亚哈部落北部及西北地区	5.85
塔拉宾（Tarabin）	西南地区	22.1
哈瓦德（Ahewat）	阿萨斯姆部落南部及埃拉特地区	0.65
萨埃丁（Saidi'in）	蒂亚哈部落的东南地区	0.65
蒂亚哈（Tiaha）	中部地区	18.85
总　计		65

资料来源：Helmut Victor Muhsam, *Bedouin of Negev, Eight Demographic Studies*, Jerusalem: Eliezer Kaplan School, The Hebrew University, 1966, p. 9。

以色列建国后，政府对贝都因人进行了重新安置，贝都因人的人数及部落范围发生了较大变化。但总的来说，贝都因人基本隶属于上述 7 个部落，其中，阿萨斯姆、塔拉宾、蒂亚哈三大部落的人口较多。受阿拉伯文化及游牧文化的影响，贝都因人的人口自然增长率较高，2013 年甚至达到了 3.7%。② 受限于游牧特性，贝都因人的具体人口数量难以统计，以色列中央统计局数据显示，2013 年南部地区贝都因人的人口总数约为 22 万人，约占以色列总人口的 2.8%，③ 分布在城市、城镇、村庄及未被政府承认的贝都因人村庄中。其中，城镇总人口约超过半数；村庄总人口约为 1.51 万

① Deborah F. Shmueli and Rassem Khamaisi, *Israel's Invisible Negev Bedouin Issues of Land and Spatial Planning*, Switzerland: Springer International Publishing, 2015, p. 32.

② 同时期内盖夫地区犹太人的人口增长率为 1.4%，以色列总人口的增长率为 1.9%，而以色列阿拉伯少数族群的人口增长率为 2.2%。Central Bureau of Statistics (CBS), *Statistical Abstract of Israel*, No. 65, Jerusalem: Central Bureau of Statistics, table 2. 13, 2014, p. 119.

③ *Fact Sheet about the Rights of the Bedouin in the Negev*, Truah: The Rabbinic Call for Human Rights, http://www.truah.org/wp-content/uploads/2017/01/Bedouin Fact Sheet. pdf, p. 2.

人，由政府设立的市政局统一管理；另有 6.7 万人居住在贝尔谢巴、阿拉
德（Arad）或耶鲁姆（Yeruham）城市中，剩余的 5.57 万人则居住在未被
政府承认的 35 个贝都因人村庄中。① 1948～2013 年以色列南部地区贝都因
人口与以色列阿拉伯人口、以色列总人口的对比情况见表 1-2。

表 1-2　1948～2013 年以色列南部地区贝都因人口与
以色列阿拉伯人口、以色列总人口对比情况

人口	1948 年	1961 年	1972 年	1983 年	1995 年	2008 年	2012 年	2013 年
以色列总人口（千人）	872.7	2179.5	3147.8	4037.4	5612.3	7412.2	7984.5	8134.5
以色列阿拉伯人口（千人）	156.0	247.2	461.0	687.6	1004.4	1498.6	1647.2	1683.2
以色列阿拉伯人占以色列总人口的比例（%）	17.9	11.3	14.6	17.0	17.9	20.2	20.6	20.7
南部地区贝都因人占以色列总人口的比例（%）	1.5	0.85	0.97	1.1	1.5	2.5	2.7	2.8
南部地区贝都因人占以色列阿拉伯人口的比例（%）	8.33	7.52	6.59	6.54	8.6	12.3	13.1	13.3
南部地区贝都因人口（千人）	13.0	18.6	30.4	45.0	86.8	185.5	216.2	224.2

资料来源：Central Bureau of Statistics, *Statistical Abstract of Israel*, No. 65, p. 119。

"Bedouin" 一词较好地诠释了贝都因人的游牧特性，沙漠中的游牧生
活赋予了其独特的生活方式及风俗习惯。贝都因人的游牧生活共分为三种
形式：其一，饲养骆驼，在沙漠及定居区域边缘活动，他们严格遵守部落
规定，除被强制性定居之外，一般不会选择永久定居；其二，饲养骆驼及
绵羊，介于游牧与半定居之间，同沙漠边缘地带的乡村及城镇保有联系；
其三，饲养绵羊、山羊及少量的骆驼，生活在沙漠边缘，或临近乡村、城
镇居住，活动区域也以这些地区为主，处于半永久定居状态。② 作为一个
传统的、父权制度下的游牧民族，以色列贝都因部落的历史始于公元 7 世
纪的伊斯兰扩张时期。他们以氏族部落为基本单位，在沙漠旷野过游牧生

① Deborah F. Shmueli and Rassem Khamaisi, *Israel's Invisible Negev Bedouin Issues of Land and Spatial Planning*, p. 34.
② Jibrail S. Jabbur, *The Bedouins and the Desert: Aspects of Nomadic Life in the Arab East*, Albany: State University of New York Press, 1995, pp. 30-31.

活，多数会逐水草而居，在多雨的冬季搬迁至沙漠地带，在干旱的夏季则重新回到农耕区边缘地带推售畜产品。在奥斯曼帝国统治时期，政府实施坦齐马特（Tanzimat）①制度，并制定了土地登记政策以增加帝国的税收，但多数贝都因人为逃避税收及兵役，拒绝进行登记。19 世纪后期，受奥斯曼帝国定居政策及法律、法令的影响，贝都因人开始转变生活方式，从游牧向半定居生活过渡。为加强对内盖夫地区及贝都因人的控制，1900 年奥斯曼土耳其帝国在该地区建立了贝尔谢巴分区（Beer Sheva Sub-district），隶属于耶路撒冷区（Jerusalem District）②，并将贝尔谢巴城作为该分区的都城，鼓励贝都因人定居此地，为其提供了若干基础设施，拉开了贝都因人定居的序幕。1917 年，英国占领巴勒斯坦地区，开始了其对巴勒斯坦地区长达 30 年的委任统治。委任统治期间，英国委任统治当局利用部落法庭及国际法庭，并通过吸收贝都因人加入警察军队、设立骑兵，改善定居点的教育、道路及医疗卫生等基础设施的方式，促进了贝都因人定居进程的进一步发展。因此，在以色列建国前，该地区的贝都因部落在某种程度上处于半游牧半定居状态。

作为游牧民族，贝都因人对部落集体有着强烈的依附性，部落制度在其生活中占据重要地位。在部落内部，贝都因人按规模大小被划分为不同的群体（如图 1-2 所示）。这些群体的大小会随着部落群体的扩张、时间的流逝发生改变，即小家庭可能发展成为大家庭，小的氏族可能发展成为部落，但大的部落不会发生根本性的变革，若没有大的战乱纷争，大部落会随着时间的推移被继承保留下来。在以色列政府的重新安置政策影响下，相比之前，原有部落的领土范围已经发生了变化。在贝都因社会中，处于最底层的小家庭（同住一个帐篷）——霍姆拉（humula）——是贝都因部落制度的基本单位，因此，贝都因部落也常被学者称为"家庭社会"。对贝都因人来说，他们最大的渴望是拥有众多子孙，因为当这些后代长大成人并各自成立大家庭之后，他们就成为这些大家庭的家长，既获得了其

---

①　坦齐马特（Tanzimat），土耳其语意为"改革、改组或整顿"，它指的是 19 世纪中叶，土耳其封建统治集团内的改革派为巩固奥斯曼帝国统治而推行的效仿西方、以欧洲为模型的改革运动，亦称"仁政改革"，客观上具有资本主义倾向，促进了土耳其资本主义的发展。

②　在该时期，奥斯曼帝国所建立的四大区分别为：雅法区（Jaffa District）、希伯伦区（Hebron District）、耶路撒冷区（Jerusalem District）及加沙区（Gaza District）。

成员及亲属的尊重，又拥有了权力和力量，更有甚者成为一个大的氏族的长者。这种家长式的管理模式使得贝都因部落内部异常团结，部落成员对其自身历史有着明确记忆，认为彼此流着相同的血液，在文化、宗教信仰、语言或方言、生理特征等方面相同或相似，因此，不管对错，无条件地忠诚于氏族同胞及团结一致就成了每个贝都因人的共同信念。

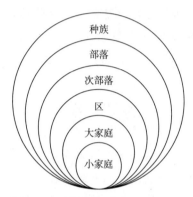

图 1 - 2　贝都因部落内部群体划分

资料来源：Jibrail S. Jabbur, *The Bedouins and the Desert: Aspects of Nomadic Life in the Arab East*, New York: State University of New York Press, 1995, pp. 287 – 289。

　　这种强烈的团结及忠诚信念使得贝都因人将其自身利益与部落利益紧密联系在一起，并视后者高于一切，即部落可以决定个人的利益及权利，并为每个成员负责，而成员则对酋长、部落集体充满了依赖。根据贝都因部落传统，每个部落都拥有自己的领土范围，可居住，亦可放牧，除此之外还管理着一些公共用地。[①] 因此，当有足够的水源时，对部落或氏族有强烈依附关系的贝都因人都会选择居住在一起，其成年后的子孙后代也会选择在其原生家庭周边搭建起新的帐篷，与其父母、祖辈生活在同一区域。在这些居住区域内，呈线性排列的帐篷、成群结队的骆驼成了一道道靓丽的风景。

（二）以色列政府对贝都因部落的重新安置工作

　　贝都因部落的现代化是以色列政府对贝都因人实施重新安置政策的直

---

①　Dan Boneh, "Facing Uncertainty: The Social Consequences of Forced Sedentarization among the Jaraween Bedouin, Negev, Israel,"Ph. D Dissertation, Brandeis University, 1983, p. 92.

接结果。以色列建国之父本－古里安曾说："内盖夫地区是以色列最大的弱点也是其所获得的最可贵的奖赏……没有南部及沙漠地区，以色列的国家安全及经济独立就无法保障。"[①] 因此，自1948年建国时起，以色列政府就对该地区的贝都因人进行了重新安置，并根据具体情况做了相应调整，开始积极地将其纳入以色列的发展规划之中，而贝都因人也开始积极回应并提出反映其需求及利益的要求。出于国家发展、储备土地及改善贝都因人生活状态等方面的考虑，以色列政府对贝都因人的安置政策主要分为三个阶段。

1. 区域集中阶段（1948～1966年）

受1948年战争的影响，多数贝都因人逃离原有土地，或成为流落在周边阿拉伯国家的难民，或逃亡至以色列境内其他贝都因部落，其人口下降到1.3万人左右。[②] 对新成立的以色列政府来说，广袤的内盖夫沙漠地带是国家的一部分，基于地缘政治及军事上的考虑，政府鼓励犹太人移民并定居此地，以实现犹太人口占多数，巩固新生政权。因此，1948年后，以色列政府对未逃离的及从其他地方搬迁而来的贝都因人内部难民实行了军事管制，将其安置在亚格（Syag）[③] 地区，并派军事长官进行集中管理。[④] 为了加强对贝都因人的管理，以色列政府要求贝都因人未经许可不可搬到其他地区居住，但考虑到贝都因人的部落特征，政府将亲属或部落、宗派等关系亲近的人安置在了同一片区域。

虽然实行集中管制，但以色列军事政府准许了贝都因人要求回到其原居住地区的部分请求。根据1952年以色列《公民法》的规定，任何在1952年7月14日之前居住在此地的非犹太人（包括阿拉伯人、德鲁兹人

---

① David Ben-Gurion, *The Significance of the Negev*, 1955, http://www. haluzasmartcity. org/smartcity-en-inspired_by_ben_gurion_ – inspired_by_ben_gurion_.

② Central Bureau of Statistics(CBS), *Israel Statistical Yearbook*, No. 1, Jerusalem: Central Bureau of Statistics, 1949. 1951年，生活在内盖夫沙漠中的贝都因人数将近1.274万人，约隶属于19个部落。

③ 亚格（Syag），音译，其意思为军事管制区，这里指的是以色列政府所规划的、用来安置贝都因人的区域。

④ 以色列政府采取该项措施的目的在于：1. 减少阿拉伯人与犹太人在人烟稀少地区的人口比例差；2. 为定居点及未来发展项目提供足够的土地；3. 解放贝都因人劳动力以更好地为犹太人的经济服务。但亚格的区域范围现已发生了变化。

当代以色列：多元表达与社会张力

及贝都因人）在符合若干条件后都将被赋予以色列公民身份。[1] 因此，1954 年，以色列政府赋予了贝都因人公民权，并根据部落依附关系对他们的住址进行了登记注册。作为回报，很多贝都因人自愿加入了以色列国防军。1963 年，由摩西·达扬（Moshe Dayan）主导的以色列农业发展部实施了一项政策：将贝都因人集中安置在内盖夫地区的某几个村庄里，并主张将三分之二的贝都因人迁往中部地区的城镇或乡村中，如拉姆拉（Ramla）、卢德（Lod）、法尔·卡希姆（Kfar Qasem）及泰比（Taybe），[2]但该政策遭到了贝都因人的反对。在集中管制时期，对土地依附感较弱、没有土地诉求的非土著贝都因人被迁往了以色列北部或中部区域居住。

2. 地方城市集中阶段（1966~1989 年）

在部落传统的影响下，高生育率成为贝都因人的一大特征。快速增长的人口对以色列政府的安置工作形成了巨大挑战，政府不得不出台新的安置政策。1966 年，以色列政府结束军事管制，并于 1967 年建立了第一个贝都因城镇——塔勒谢巴（Tel Sheva），但贝都因人并不愿意接受，原因在于：第一，定居点及公寓面积太小，无法满足贝都因人大家庭的需求；第二，对那些有着尊贵地位的土著贝都因人来说，已经定居城镇的农民社会地位较低，土著贝都因人不愿也不屑与他们生活在一起；第三，由于与政府在土地归属权等一系列问题上纷争不断，害怕丧失土地的贝都因人酋长并不愿意与政府合作，更不鼓励其部落成员搬迁至城镇；第四，同在沙漠中的散居、低密度生活相比，塔勒谢巴城镇的高密度居住模式并未获得贝都因人的认可。[3] 为了改善这种情况，在将贝都因人自身的部落依附感、部落社会文化考虑在内的前提下，1970 年以色列政府建立了第二个贝都因

---

[1] 1952 年以色列《公民法》规定获得以色列国籍共有四种依据，分别为符合《回归法》、出生地、居住地、归化入籍。就居住地而言，在 1948 年阿以战争前已在该地居住生活的非犹太人，包括阿拉伯人、德鲁兹人、贝都因人都可以获得以色列公民身份。另外，只要符合下列三种条件之一，非犹太人也可以获得以色列公民身份：（1）1952 年 3 月 1 日在政府制定的《居民登记条例》上登记注册的；（2）在《公民法》生效之日已获得以色列公民身份的；（3）在 1948 年 5 月 14 至 1952 年 7 月 14 日，已居住在该地，或在此期间通过合法途径进入以色列的。参见 https://jewishvoiceforpeace.org/wp-content/uplo-ads/2016/06/Citizenship-Law-1952.pdf。

[2] Deborah F. Shmueli and Rassem Khamaisi, *Israel's Invisible Negev Bedouin Issues of Land and Spatial Planning*, p. 57.

[3] D. H. K. Amiran, "Sedentarization of Bedouin in Israel," in 21st International Geographical Congress, Proceedings of Symposium on Arid Zions, Calcutta, India, 1971, p. 111.

城镇拉哈特（Rahat）：将城镇划分为不同的社区，并将不同阶层的贝都因人（土著贝都因人、农民、奴隶）分离开，使其在各自的社区范围内居住生活。同部落或具有相近宗族属性的贝都因人生活在同一个社区内，每个社区面积约为 1～2 杜纳姆。另外，政府在城镇内进行了社区划分，并专门为外来部落或者群体规划了固定的区域，避免其影响其他社区的生活。因此，拉哈特城镇在事实上被分成了 36 个小的社区。拉哈特城镇模式获得了政府及贝都因人的认可，较为成功。20 世纪 80 年代后期，为了修正前期规划时的失误做法，在学习借鉴了拉哈特的成功经验后，以色列政府对塔勒谢巴城进行了重新规划，效果显著。因此，这种改进后的"地方城市集中化"模式相继在新的规划城镇塞盖夫沙洛姆（Segev Shalom）、阿拉拉巴内盖夫（Arara BaNegev）、卡塞法（Kaseifa）、拉齐亚（Laqiya）及霍拉（Hura）中实行。①

在规划之初，政府的本意是将这些城镇作为南部城市贝尔谢巴的"卫星城"。但事与愿违，该地区经济基础薄弱，其所提供的就业岗位数量与快速增长的人口不相匹配。而且，虽然政府在规划时将部落群体意识考虑在内，但忽视了土著贝都因人对土地的执着依附心态，也未意识到重新安置政策给贝都因人所造成的重大心理影响，迁往城镇的一部分贝都因人，尤其是老一辈贝都因人，在加速进行的城镇化进程中出现了"被围困"心理状态。因此，执着于获取土地所有权的土著贝都因人不愿搬迁到政府规划的城镇中，反而倾向于生活在未被政府认可的村庄中。② 为寻求政府对这些村庄的认可，贝都因人于 1996 年成立了内盖夫地区未被承认村庄区域市政局（the Regional Council for the Unrecognized Villages of the Negev），以与以色列政府协商解决相关事宜。

3. 重新规划及承认贝都因人村庄阶段（1990 年至今）

20 世纪 90 年代后期，鉴于内外环境及贝都因人内部的变化，以色列政府开始重新规划贝都因人安置方案。就以色列政府内部而言有如下方面

---

① Deborah F. Shmueli and Rassem Khamaisi, *Israel's Invisible Negev Bedouin Issues of Land and Spatial Planning*, p. 48. 拉齐亚及霍拉原属于自发形成的贝都因人定居点，分别于 1985 年、1989 年获得以色列政府的官方认可，被纳入政府的规划城镇体系。阿拉拉巴内盖夫，也被称为阿罗尔（Aroer）。

② Kathrin Koeller, "The Bedouin of the Negev: A Forgotten Minority," *Forced Migration Review*, Vol. 1, No. 26(2006), pp. 38 – 39.

的考量。第一，在国家规划层面，以色列地域狭长，中部及北部人口较为
密集，而内盖夫地区地广人稀，可以作为国家基础设施建设、军事基地、
污染性工业、机场等储备用地，意义重大，重新规划贝都因人定居地、改
造内盖夫地区是国家的重要战略之一。第二，在地理位置层面，内盖夫地
区位居以色列南部，而人口占多数的贝都因人的村庄距离约旦河西岸及加
沙地带相对较近，随着埃以和平条约的签订，贝都因人与其在埃及等阿拉
伯国家中的亲戚之间的联系对以色列造成了潜在威胁，这需要政府加强对
贝都因人的关注。第三，在国际层面，国际组织，尤其是国际媒体对原生
居民较为关注，它们逐渐与内盖夫地区的贝都因人取得联系，通过支持其
进行土地申诉、呼吁获取合法权利等各种方式，对以色列政府的贝都因人
安置政策施加影响。就贝都因人内部而言影响因素如下。第一，自第一个
贝都因城镇塔勒谢巴建立后，以色列政府先后建立了城镇、市政当局，承
认贝都因人自发形成的两个定居点，并设立了相关机构对贝都因人进行管
理，改变了贝都因部落的传统社会结构。原本基于部落、宗派、血缘关
系、土地上的依附关系逐渐消逝，个人意识、小家庭观念不断增强。第
二，以色列经济结构的不断变革、经济繁荣为贝都因人带来了可观的经济
收入，教育体系的不断完善使得接受教育的贝都因人不断增多，他们对自
身权利的呼声越来越高，也逐渐意识到了自身在社会变革中所承担的领导
者责任，开始参加市政及议会选举，主动参与到政府的安置进程中。

　　在这一阶段，政府的安置政策主要包含两种模式：第一种模式是地方
城市集中阶段政府政策的延续，即继续规划 7 个贝都因城镇；第二种模式
则是承认一些既存的贝都因人村庄及定居点，并为其配备诸如水电、垃圾
处理、学校、医疗诊所、邮局等基本设施。① 另外，为满足贝都因人的特
定需求，以色列政府在某些村庄及定居点外围规划了农耕区或用来蓄养家
禽的预留地。面对贝都因人要求政府承认 45 个自发形成的村庄及定居点的
诉求，2003 年以色列政府决定承认、发展其中 10 个村庄，并通过了 881
号决议，建立阿布巴斯马区域市政局（Abu Basma Regional Council），以管

---

① Deborah F. Shmueli and Rassem Khamaisi, "Bedouin Communities in the Negev, Models for Planning the Unplanned," *Journal of the American Planning Association*, Vol. 77, No. 2 (2011), p. 113; "Unrecognized Bedouin Villages in Israel," https://en. wikipedia. org/wiki/Unrecognized_Bedouin_villages_in_Israel#cite_note-MMI-10.

理逐渐被承认的贝都因人村庄。该市政局的主要任务是：发展及促进有关居民住宅、服务及基础设施等规划的实施，并培养那些被政府任命的村庄负责人，为该区域未来的市政独立做准备。

随后，以色列政府又采取了一系列举措，力求解决贝都因人的安置及发展问题（见表 1 - 3）。

表 1 - 3　2007 年以来以色列政府为解决贝都因人安置及发展问题采取的举措

时间	政府举措	内容
2007 年	成立戈德堡委员会（Goldberg Commission）	就内盖夫贝都因人的安置问题及既存的法律补充案进行了商讨，并建议政府：承认多数贝都因人村庄，允许其合法，成立听取及处理传统土地诉求的委员会
2009 年	成立贝都因定居点管理当局（the Authority to Regulate the Settlement of Bedouin in the Negev） 成立普若尔委员会（Prawer Committee）	规划新定居点，处理各种土地诉求问题，为既存村庄及新定居点提供基础及公共设施服务，在就业、教育、福利及社区发展方面提供服务等； 政府要求普若尔委员会根据戈德堡委员会提交的建议制定具体的实施政策
2011 年	以色列政府通过了 3707 号决议，即普若尔计划（Prawer Plan） 3708 号政府方案（Government Resolution 3708）：第一个贝都因人五年发展计划（2012～2016 年）	决定采用戈德堡委员会执行团队提交的建议报告以解决贝都因人问题； 五年计划旨在促进内盖夫地区的经济增长及发展，并责令负责贝都因人定居及经济发展的相关部门监管该方案的实施
2013 年	贝京计划（Begin Plan）	政府决定下拨 800 万新谢克尔，以改善贝都因人所面临的一系列社会、经济、生活条件问题，及长久未解决的土地问题
2014 年	1146 号政府方案（Government Resolution 1146）	政府责令农业部实施贝都因人定居计划，贝都因人事务规划局也规划了一项旨在将贝都因人融入以色列社会的项目，并负责及监管该项目的具体执行
2017 年	2397 号政府方案（Government Resolution 2397）	投入 30 亿新谢克尔继续推进内盖夫贝都因人社区的社会经济发展

资料来源：Deborah F. Shmueli and Rassem Khamaisi, *Israel's Invisible Negev Bedouin Issues of Land and Spatial Planning*, pp. 57 - 60; "Begin Plan," http://embassies. gov. il/washington/NewsAndEvents/Pages/The-Bedouin-in-the-Negev-and-the-Begin-Plan. aspx; Inter-Agency Task Force on Israeli Arab Issues, "Government Resolution 2397," *Socio-Economic Development Plan for Negev Bedouin: 2017 - 2021*, March 3, 2017。

　　在政府安置政策的影响下，贝都因人从游牧走向定居，逐渐向现代社会转型。随着以色列政府投资的不断加大，贝都因人的教育、就业及收入等情况大为改善。在教育方面，随着规划城镇的不断完善及各项措施的实施，贝都因人的整体受教育水平相比建国前有了巨大提升，教育体系相对完善。首先，贝都因人教育包含了幼儿园、小学、中学及高中教育的全部内容，高中毕业后，若成绩合格，贝都因人可以获取大学入学考试资格证书，凭实力上大学，继续接受高等教育。其次，具备读写能力的贝都因人占比呈现上升趋势，年龄在 15～34 岁的贝都因人几乎都具有基本的读写能力。[①] 最后，在政府规划的贝都因城镇中，21 世纪以来，顺利完成高中学业、获得大学入学考试资格及顺利大学毕业拿到学位的贝都因人占比相比之前有了明显增长；在就业方面，2014 年，贝都因人男性与女性的就业率分别为 56%、24%，其人均收入为 1180 新谢克尔，生活水平相比定居之前有了明显提高。[②]

　　虽然安置政策取得了部分进展，但贝都因人与以色列政府之间也不可避免地出现了一些问题。首先，在土地所有权方面，贝都因人的习惯法规定：无论是以长期占有，还是以继承、馈赠、购买方式获得（土地），（他）都可以拥有该土地。[③] 因此，作为世代居住在这里并耕种这些土地的人，贝都因人认为土地毋庸置疑地应归自己所有。以色列独立战争后，贝都因人成为以色列公民，由于缺乏证明文件（贝都因人的土地大多没有进行登记），以色列政府并未承认贝都因人对土地的所有权。因此，从政府实施安置政策时起，贝都因人就开始对土地的所有权问题进行申诉。为解决贝都因人的重新安置与土地诉求问题，以色列政府相应颁布了土地法，出台了相关政策，并于 1975 年成立阿尔贝克委员会（Albeck Commission）。截止到 2007 年底，以色列政府共处理了 380 件土地诉求案，约占全部诉求案的

① The Galilee Society, RIKAZ and Al-Ahali, *The Palestinians in Israel: Socio-Economic Survey 2007*, Shfar'amr, 2008, p. 189.

② Hagit Sofer Furman, Yonatan Eyal and Suzan Hssan-Daher, *Program to Promote Economic Growth and Development for the Bedouin Population in the South of Israel(Government Resolution 3708)*, First Report, Jerusalem: Myers-JDC-Brookdale Institute, Aug. 2016, pp. 1 – 21.

③ Noa Kram, "The Naqab Beduion: Legal Struggles for Land Ownership Rights in Israel, "in Ahmad Amara, Ismael Abu-Saad and Oren Yiftachel, eds. , *Indigenous (In)Justice: Human Rights Law and Bedouin Arabs in the Naqab/Negev*, International Human Rights Clinic Human Rights Program Series, Harvard Law School, 2012, p. 130.

12%，合计涉及约 21 万杜纳姆土地，[①] 但土地所有权问题至今尚未得到解决。其次，在逐渐定居及现代转型的进程中，贝都因人自身的族群认同与以色列国家认同之间出现了冲突。部落文化及少数群体的处境决定了贝都因人对族群、部落有着强烈的依附关系，政府的安置政策非但没有斩断、反而在一定程度上强化了他们彼此间的依附关系，进一步强化了他们的族群认同。

不同于根深蒂固的部落及族系认同，贝都因人对以色列国家的认同源自其以色列公民身份，源自以色列政府所实施的一系列政策，如规划发展贝都因人城镇、为定居点提供各种基础服务设施、赋予公民身份、准许贝都因男性服兵役等。但生活习性及对土地的依赖使得贝都因人拒绝接受这样的安排，他们认为这些土地是"家族历史的基地"，他们称："早在以色列建国之前，我们就生活在这里，我们创造了这里的一切，这里也塑造了我们，我们并不需要金钱，我们只想生活在这里，因为这是我们的父辈和祖辈曾经生活的地方，也是埋葬他们的地方。"他们还认为自身在经济、医疗、教育、社会服务等方面都遭受着种种不公待遇。由于人口基数较大，"大家庭，小房屋"对贝都因人来说较为普遍，在面对传染性疾病时，贝都因儿童的生病率、住院率及死亡率远高于犹太儿童。而且，由于缺乏足够的教育资源，贝都因儿童的辍学率较高，受教育程度、接受高等教育的机会远远低于其他获得以色列公民身份的阿拉伯人及犹太人。这些不公待遇及对游牧部落的认同心理使得贝都因人一直处于"异文化心理状态"，保存和坚持着自己的文化身份、文化记忆，从而与以色列国家认同相冲突，存在着离心倾向。

（三）贝都因部落社会的内部结构变革

以色列政府实施的安置政策极大地促进了贝都因部落的内部结构变革，直接推动了其现代转型的发展，并在政治、经济、文化、生活方式等方面对其产生了重大影响：政治上获得了选举权及被选举权，且可以服兵役；经济模式从游牧向定居农业、市场经济模式转变，在促进经济增长、增加家庭收入的同时，也改善了自身的公共服务及医疗卫生现状；教育机

---

① The Regional Council for the Unrecognized Villages in the Negev-RCUV, *Goldberg Commission's Recommendations*, 2007, p. 15.

会增加，尤其是女性受教育的机会增多；宗教信仰和传统的影响力有所减弱，社会流动性增加；原有的部落生活模式发生变化，长者①及女性的社会地位、身份观念都发生了变化。

1. 部落集体主义及长者地位的弱化

在传统上，在以父权制为主要特征的游牧及半游牧贝都因部落中，长者处于中心地位，地位神圣不可侵犯。根据贝都因人文化及传统，长者因年龄、智慧及经验而备受尊重，而且是最高规格的尊重，并被安拉赋予了传播文化价值观及规范行为的责任，负责处理社区内部及社区之间的各种问题。就家庭内部来说，一方面，他是行为的引导者，引导家庭成员的行为方式，负责传承贝都因部落历史文化遗产；另一方面，根据家庭及个人所需，长者负责管理及分配家畜、土地、水源及劳动力等资源。在婚姻等事宜上，家庭成员需听从长者的意见和建议。就外部而言，由于贝都因部落的分散性，长者被视为大家庭或者部落之间的纽带，充当与外界沟通交流的媒介，并负责调停各部落内部之间、部落与政府之间的冲突。

随着部落定居化的发展，部落出现了一些新变化。其一，长者的角色发生了变革。随着劳动的分工，在政府的帮助下，贝都因部落青年掌握了希伯来语，能较好地适应以色列经济及社会体系，而这些对长者来说比较陌生，因此，他们逐渐丧失了经济方面的角色，身份由产品生产者转变为消费者，其活动领域也主要局限在家庭之内，无法再适应以市场、劳工为导向的现代社会。而且，游牧及干旱农业经济模式的崩塌、家庭劳工力量向市场经济的转变促进了传统小家庭经济的独立，年轻父亲及受过教育的贝都因人通过从事农业或加入雇佣市场来维持一个家庭的基本开销，他们开始掌握主动权，在经济、社会等事务上有一定的决定权，长者不再掌管家庭资源，几乎丧失了在家庭中的支配地位，这就导致年轻一代在新环境中的作用更为突出。正规教育体系的发展也使长者在某种程度上逐渐丧失了其行为规范的引导者及历史遗产的传承者角色。而且，在城镇中，政府建立了包括市政局、当地委员会等在内的相关分支机构，负责处理以色列

---

① 在贝都因人社会中，长者包含两层含义：酋长和大家庭的家长。受家长式社会结构的影响，两者所扮演的角色及职能具有很大的相似性，在某种程度上有一定的重合，即有时某个大家庭的家长有可能是整个部落的酋长。因此，在论述过程中，本书并未对两者进行区别划分，将其统称为长者。

公民的各种事务，直接与贝都因人接触，使得长者逐渐丧失了政府与部落之间的调停人角色。①

其二，贝都因人传统家庭经济结构及长者社会地位的变化直接引起了贝都因人养老体系及福利政策的变化。在传统上，贝都因人养老体系的稳定及正常运行与整个家族的稳定及经济实力较强有直接关系。在传统社会，贝都因人生育率较高，大家庭成员较多，他们顺理成章地承担了父母（或长者）的养老问题。因此，在 45 岁（或 50 岁）之后，父母（或长者）的各种开销会由大家庭成员集体负责。② 但随着定居化及城市化的发展，传统的干旱农业经济及放牧经济逐渐走向衰落，贝都因人不得不投身市场赚取所需。由于政府规划的贝都因城镇经济后发力不强，提供的就业岗位极为有限，贝都因人传统上的集体劳动惯例被打破，贝都因人被分散到了不同的地方，从事不同的工作，直接影响了传统上的家族成员集体负责的惯例。以色列建国后，政府颁布社会保障法，对包括贝都因人在内的公民给予了基金支持，一方面减少了长者在经济上对贝都因人内部体系的依赖，另一方面也强化了他们对包括社会保障基金等在内的国家福利政策的依赖。20 世纪 80 年代以来，相较于游牧时期，长者的死亡年龄已经由平均 68 岁变为平均 73 岁，这在一定程度上对政府的社会基金政策及内容提出了更多的要求。除了发放社会保障基金外，以色列政府还出台了福利法，以保证身体有残疾的长者不论民族及种族都可以获取社会保障部门所发放的补助。随着时间的不断推进，政府所提供的补助及保障基金逐渐成为长者的主要经济来源，而长者也逐渐将政府及公共机构视为获取养老服务及福利的主要阵地，逐步加大了对国家福利政策的依赖。

2. 贝都因女性角色地位的变化

有学者认为，贝都因女性处于双重边缘地位：作为贝都因人，她们居住在犹太人占主体的国家里，人口数量较少；作为女性，她们生活在男女不平等的贝都因人社会里。③ 在传统的父权制社会中，女性多从事一些体

---

① Bogumila Hall, "' Bedouins' Politics of Place and Memory: A Case of Unrecognized Villages in the Negev, "p. 149.

② Dan Boneh, *Facing Uncertainty: The Social Consequences of Forced Sedentarization among the Jaraween Beoduin, Negev, Israel*, p. 256.

③ Anat Pessate-Schubert, "Changing from the Margins: Bedouin Women and Higher Education in Israel," *Women's Studies International Forum*, Vol. 26, No. 4, p. 285.

力劳动，如搭建帐篷、打扫卫生、汲取水源、做饭等。贝都因部落律法规定女性不能脱离男性单独行动，她们的地位及话语权来源于其所充当的母亲、姐姐、女儿或妻子角色，由儿子的数量、自身的能力及智力、个人成就（生产工艺品的技能）、其配偶的地位、年龄等共同决定。在传统的贝都因社会中，婚姻是女性的全部，要求女性对两性关系或者性行为持冷淡态度，不能体现"性感"，以远离羞耻，保持家族荣誉。① 随着现代化及市场经济的发展，贝都因部落的现代转型对女性的影响主要表现在两个方面。

其一，部落传统与现代之间的冲突缩小了部分女性的空间活动范围。一方面，定居前，贝都因女性通过从事诸如挤羊奶、做饭及搭建帐篷等活动承担着一定的家庭责任，有一定的家庭地位。这种情况在定居后发生了改变，现代化家电及机器的使用虽然解放了女性劳动力，但也使得无一技之长、缺乏工作技能的部分女性被迫在家待业，无法再像之前那样承担一定的责任。另一方面，贝都因人传统文化规定女性不能出现在公共区域，因为这会影响她们的名誉。因此，受道德规范的影响，贝都因女性不能和男性有包括眼神在内的任何交流和接触。但事实上，随着贝都因城镇的建立，自带神秘面纱的贝都因人及其部落文化吸引了越来越多的外来游客，这就导致贝都因女性的活动范围只限于家中，公共区域如公园、银行及城镇中心成为她们无法踏入的禁地。因此，从本质上说，年龄较大、无一技之长的贝都因女性在现代转型进程中受到了较大冲击。

其二，部分贝都因女性开始寻求进步、接受教育，积极融入以色列现代化生活。家庭收入方式的改变促使在城镇中居住的部分贝都因女性在打理家务的同时，进入工厂工作，以贴补家用。在这一时期，以色列政府也采取了一些帮助贝都因女性尽快适应现代生活的措施，如针对 15～17 岁女孩，政府开设了"女性新身份认同"课程，其中包括一些两性教育课程，学员可以自由、私密地讨论关于月经周期、怀孕及其他相关问题；1993 年夏天，政府在塞格夫沙洛姆（Segev Shalom）开设了一个小服装作坊，主要生产贝都因人传统服装；政府还开设了缝纫培训课程，② 以帮助贝都因女性掌握一门技能，适应市场经济导向下的新的生活模式。在教育方面，

---

① Kressel Gideon, "Shame and Gender," *Anthropological Quarterly*, Vol. 65, No. 1 (1992), p. 43.

② Steven C. Dinero, *Human Settlement of Social and Economic Transformation in Segev Shalom, Israel*, Illinois: A Bell & Howell Information Company, 1995, p. 15.

贝都因女性接受教育的人口比例相较父辈时期有了明显提升，有不少女性
甚至进入大学深造。数据显示，截至 2014 年，接受高中教育的贝都因女性
占 43%，获得学术教育、拿到大学文凭、拿到大专文凭的贝都因女性占比
分别为 6.9%、3.8%、2.8%。[①] 教育机会的增加不仅强化了贝都因女性的
自我认知能力，扩大了其视野，而且加速了她们融入以色列现代化社会，
在经济、政治领域占有一席之地的进程。贝都因女性的自主意识也不断增
强，在婚姻及家庭问题上的看法发生了变化，开始敢于挑战部落传统中的
一夫多妻制、妻子应服从丈夫等观念，绝大多数被调查的贝都因女性大学
生认为应该由夫妻共同制定家庭规则，而不是由男性直接决定。如图 1 - 3
所示 98 名被调查者中有 97 人认为"女性可以自己选择是否工作"，有 47
人甚至认为"即使丈夫不同意，女性也应坚持己见"。"女性是家庭的一部
分，而家庭又是社区的一部分，女性角色、态度及现实的改变都会对其周
围的环境造成巨大影响。"[②] 同主流社会中的其他新时代女性一样，贝都因
女性的角色定位不再仅局限于家庭，相反，她们开始加入劳工市场，赚取
薪水，参加选举，利用知识走在改变自己、改变社会的道路上。

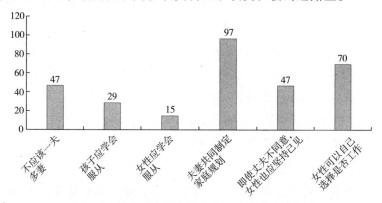

图 1 - 3 贝都因女性大学生认同这些看法的比例

注：2002 年，伊斯梅尔（Ismael Abu-Saad）对本 - 古里安大学的 98 名贝都因女性本科生进行
了关于传统认知、身份等方面的问卷调查，在调查中，被调查者可以有多项选择。

资料来源：Kathleen Abu-Saad, Tamar Horowitz and Ismael Abu-Saad, *Weaving Tradition and
Modernity: Bedouin Women in Higher Education*, Negev Center for Regional Development, Ben Gurion
University of Negev, 2007, p. 161。

---

① The Central Bureau of Statistics: http://www.cbs.gov.il/publications15/yarhon0215/pdf/b1.
pdf, http://www.cbs.gov.il/shnaton65/st0215x.pdf, 2014, p. 14.

② Suha Sabbagh, ed., *Arab Women: Between Defiance and Restraint*, New York: Olive Branch Press,
1996, p. 56.

3. 贝都因人的身份困惑问题

安东尼·吉登斯（Anthony Giddens）将身份分为社会身份、个人身份两种，认为前者是帮助人们理解自己是谁、什么对自己最有意义，而后者则指的是在自我发展过程中所形成的对自身、对自身与他人之间关系的一种独特的意识。[1] 作为生活在以色列境内的少数族群，贝都因人在长久的游牧生活中形成了对自身、对族群的认同。1954 年，贝都因人被赋予了以色列公民权，既是贝都因人，又是以色列公民，双重身份使得部分贝都因人充满了荣誉感。这种荣誉感一方面使得他们越来越重视贝都因文化及价值观，另一方面则使他们越来越认可自己不同于其他阿拉伯族群的身份。"随着和平进程的发展，贝都因人是一种新型的阿拉伯人，'我们'所能感知的更多的是'以色列性'，我是以色列人，这是我们的地方、我们的家园……我们和他们的区分更为明显，（当然）他们指的是巴勒斯坦人，而不是犹太人。"[2] 但与此同时，部分贝都因人也对自己的身份表示了困惑。在对贝都因人身份认同所做的调查中发现，对"以色列人""巴勒斯坦人"等身份，贝都因人在不同时期有不同的反应。在建国初期，当问及他们的身份认同时，毫不意外，他们将自身视为国籍为以色列的巴勒斯坦人。"我们是巴勒斯坦人，这是历史决定的、无法选择的事实。当然我们可以为了生活而否认这一事实，但这么一来我们就是撒谎了。即使他们（政府）迫使我们承认自己不是巴勒斯坦人，也改变不了这个事实。"[3] 1998 年，针对内盖夫地区中学生的身份认同问题进行问卷调查时，伊斯梅尔发现：当被问及"用'以色列人'形容你的身份是否合适"这一问题时，56% 的被调查中学生选择了"合适"，认为用"巴勒斯坦人"一词形容自己身份"合适"的学生占 61%（见表 1-4），这一现象说明了贝都因中学生对自身的身份并未有统一认知。当被问及"如果可以选择身份，你会怎么选择"时，被调查的中学生中 33% 选择了"阿拉伯巴勒斯坦人"，26% 选择了"阿拉伯以色列人"，只有 7% 的被调查者选择了"巴勒斯坦以色

① Kathleen Abu-Saad, Tamar Horowitz and Ismael Abu-Saad, *Weaving Tradition and Modernity: Bedouin Women in Higher Education*, p. 183.
② Sammy Smooha, *Arabs and Jews in Israel: Conflicting and Shared Attitudes in a Divided Society*, Boulder: Westview Press, 1989, p. 56.
③ Penny Maddrell and Yunis Al-Grinawi, *The Bedouin of the Negev*, p. 19.

列人"（如图 1 - 4 所示）。2002 年，伊斯梅尔就这个问题对接受过高等教育的女性进行了问卷调查，结果显示被调查女性更看重自身的宗教属性，92% 的被调查女性首先认为自己是一个穆斯林，然后再考虑自身的一些其他属性，如 79% 的被调查者认同自身的阿拉伯属性，只有 12% 的被调查者认为自己是以色列公民（如图 1 - 5 所示）。另外，受教育的影响，在宗教属性之外，83% 的被调查者认为自己是一个"有教养的人"。

表 1 - 4   内盖夫地区中学生身份认同问题的问卷调查结果

问题	比例（人数）
用"以色列人"形容你的身份是否合适？	
合适	56%（293）
不合适	44%（236）
用"巴勒斯坦人"形容你的身份是否合适？	
合适	61%（324）
不合适	39%（205）

注：1998 年春，伊斯梅尔针对内盖夫地区中学生的身份认同问题进行了问卷调查，调查对象为 529 名年龄在 15 ~ 16 岁的中学生。

资料来源：Ismael Abu-Saad, Yossi Yonah and Avi Kaplan, "Identity and Political Stability in an Ethnically Diverse State: A Study of Bedouin Arab Youth in Israel," *Social Identities*, Vol. 6, No. 1 (2000), p. 56。

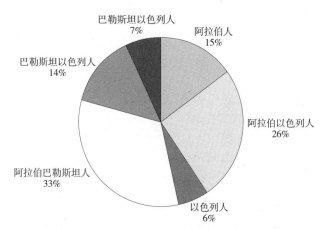

图 1 - 4   贝都因中学生关于"如果可以选择身份，你会如何选择"的选择分布

资料来源：Ismael Abu-Saad, Yossi Yonah and Avi Kaplan, "Identity and Political Stability in an Ethnically Diverse State: A Study of Bedouin Arab Youth in Israel," *Social Identities*, Vol. 6, No. 1 (2000), p. 57。

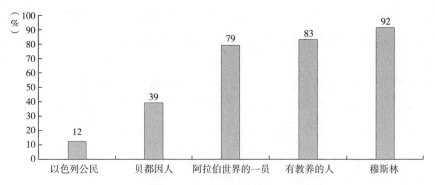

图 1 - 5 　贝都因女性大学生对其主导身份的认知比例

资料来源：Kathleen Abu-Saad, Tamar Horowitz and Ismael Abu-Saad, *Weaving Tradition and Modernity：Bedouin Women in Higher Education*, p. 187。

随着定居化进程的不断推进，宗教属性及多重身份使得贝都因人逐渐发现自身处于一种两难境地：传统意义上的贝都因人身份与现代化意义上的以色列公民身份无法完全契合，阿以之间悬而未决的冲突使得因家族关系而与巴勒斯坦阿拉伯人保持联系的贝都因人处境更为尴尬。作为阿拉伯少数族群精英，赛义德·齐达尼（Said Zidani）在以色列建国 50 周年时写道："我是介于公民及奴隶之间的灰色地带的阿拉伯以色列公民，我是这个国家的半个公民，从我的角度来说，这个国家也只有一半是属于我的……我的一半已融入这个国家，但还有一半处于被隔离状态。"[1] 作为一名接受了高等教育的贝都因女性，莱拉（Lila）说道："突然之间我进入了以色列社会，事情开始变得复杂起来，我站在（部落与以色列社会之间的）边界线上，但又不知道自己到底在哪里。"[2]

（四）曲折前行的现代转型之路

作为内盖夫地区的主要人口，贝都因人的安置及未来发展将对该地区甚至以色列的发展形成巨大挑战。对以色列政府来说："内盖夫地区的面积几乎占国家的一半，但只居住了 8% 的人口。我们不想将任何人视为二等公民，所以政府投资上亿资金以发展内盖夫地区，消除差异，使生活在

---

[1] Kathleen Abu-Saad, Tamar Horowitz and Ismael Abu-Saad, *Weaving Tradition and Modernity: Bedouin Women in Higher Education*, p. 185.

[2] Anat Pessate-Schubert, "Changing from the Margins: Bedouin Women and Higher Education in Israel,"p. 289.

此的贝都因人同样享受到发展带来的便利。"① 但受社会现实、传统部落结构及文化等因素的影响，贝都因人融入以色列现代社会的过程非常曲折。

首先，虽然政府与贝都因人都以发展内盖夫地区为目标，但双方目的不同。对以色列政府来说，在实现贝都因部落现代化的同时，力求减少贝都因人用来居住或放牧的土地面积，将土地转换为国有土地，强化犹太人在内盖夫地区的人口多数地位，并将各种基础设施迁移至该地区，以促进国家的未来发展。而贝都因人的目的则是保留其承继祖先的土地，保存自身传统、文化及社会结构，获得与其他以色列人同等的权利，将发展内盖夫地区视为获取市政服务、经济机会、基础设施及保存其土地的一种手段。因此，双方之间在土地所有权问题、重新安置等方面的冲突在所难免。

其次，无论是从文化上还是人数上来说，贝都因人都是居住在以色列境内的、阿拉伯群体中的一员，属于弱势群体，其对以色列的国家认同心理受阿以冲突影响巨大，由来已久的阿以冲突加深了贝都因人的身份困惑。以服兵役为例，客观来说，虽然部分贝都因人在服兵役方面表现积极，但多重身份使得他们在某种程度上产生了被围困心态：一方面，因公民义务或为了获得政府所提供的教育福利、家庭补助，他们选择参军入伍，或者加入一些非军事性的服务社团；另一方面，一旦服兵役，他们会遭受到其他非犹太人的排挤，被排挤到边缘地带。②

最后，传统与现代的矛盾与冲突根深蒂固地充斥于贝都因人的生活中。虽然贝都因人不再局限于原有的居住及生活模式，但根深蒂固的部落传统及文化并未彻底消失，基于血缘基础之上的部落文化及观念不可避免地与现代思想发生冲突：家族荣誉、女性羞耻感等传统部落价值观成为制约女性出入公共场合、接受现代教育的枷锁；在传统上，部落律法是部落成员做人做事的一种评判标准，约束着人们的行为及思想，有利于维持部落秩序的稳定及其长久发展，但它过于维护父权至上信念、压抑了个人的自由及发展，阻碍了女性获取更大的权利及自由。因此，传统与现代两种价值观之间的冲突使得贝都因人陷入一种迷惘与怀疑状态，不知该如何选择。

① *Israel's Policy on the Negev Bedouin*, an interview with Mark Regev, 1st, Dec., 2013, http://www.bicom.org.uk/analysis/17581/.
② Mansour Nasasra, *The Naqab Bedouins: A Century of Politics and Resistance*, New York: Columbia University Press, 2017, p. 178.

　　整体看来，贝都因部落社会的现代化与以色列政府的安置政策息息相关，当前贝都因人社会生活模式已与 20 世纪 50 年代时期的半游牧模式大为不同。随着政府投资发展内盖夫地区力度的不断加大，未来内盖夫地区将呈现新的面貌，而生活在其中的贝都因部落也将面临更大的变革。因此，从这个角度来说，无论是主动还是被迫，贝都因人改变其原有的部落生活及经济模式，逐渐融入主流社会，实现现代转型并非遥不可及，目前所遭遇的一些困境只是游牧部落现代化转型中所必须经历的一些问题，以色列境内贝都因部落的现代化之路虽然曲折坎坷，但成效显著、未来可期，他们的现代转型之路对其他游牧部落的转型发展具有一定的借鉴意义。

第二章

沙斯党与以色列社会

自 20 世纪 80 年代以来，在自由主义氛围的影响下，以色列社会的文化多元主义趋势越发明显，宗教与世俗、东方与西方等文化现象在以色列交融与碰撞。沙斯党的崛起是透视以色列多元化社会的三棱镜。沙斯党成立于 1984 年，至今已是以色列宗教阵营中颇具影响力的一支力量，它既注重塑造塞法尔迪正统派的宗教身份，也致力于提升东方犹太社群的经济与政治地位。自成立以来，沙斯党深刻地影响了以色列的政治生活、社会生活与宗教生活，在历届议会选举与内阁政治中举足轻重，在重塑东方犹太社群社会生活的实践中成绩斐然，在引领以色列犹太社会回归宗教的运动中独树一帜。沙斯党之所以能在政治、社会与宗教领域取得令人瞩目的业绩，缘于宏观的以色列社会历史背景。首先，以色列国家的犹太性决定了犹太教在以色列社会具有独特地位，特别是《现状协议》①奠定了犹太教正统派在以色列社会发挥持久性影响的历史基础。而且，依托单一比例代表制的议会选举，捍卫犹太教价值观的宗教政党时常活跃于以色列政坛，沙斯党亦不例外。其次，为融合多元的犹太移民社群，工党政府（1948～1977 年）奉行国家主义的"熔炉政策"，但未能达到理想效果。在某种程度上，沙斯党是东西方犹太社群融合失败的产物。为整合碎片化的东方犹太社群，沙斯党建构了具有独

---

① 《现状协议》（*Status Quo*），泛指 1947 年 6 月至 1949 年 4 月，本－古里安通过犹太代办处执委会与以色列正教党执行委员会之间的若干通信，双方就未来国家如何处理各类犹太宗教事务交换了意见，最终达成妥协。参见 Itamar Rabinovich and Jehuda Reinharz, *Israel in the Middle East: Documents and Readings on Society, Politics and Foreign Relations, Pre-1948 to the Present*, Waltham: Brandeis University Press, 2007。

立色彩的依持主义（clientelism）① 自治体系。最后，在社会现代化的进程中，宗教的社会影响并未因世俗化的愈演愈烈而褪色，相反，传统宗教的复兴滥筋于现代社会的迅猛变迁，以色列社会亦是如此。在此背景下，沙斯党在以色列社会高举"回归宗教"的大旗，试图通过引领犹太教回归运动消解部分以色列犹太人面临的现代化精神困顿。毋庸置疑，沙斯党的异军突起不仅与以色列政党政治直接相关，也与以色列东方犹太社群的社会经济窘境紧密相连，还与以色列社会犹太教的发展状况密不可分。

一　以色列的政教关系与沙斯党的建立

沙斯党是由以色列正教党（Agudat Yisrael）内部分化而出的一个宗教政党，它的崛起是以色列社会多重因素综合作用的逻辑结果。追根溯源，协合式（consociational）政教关系②的制度性安排赋予了沙斯党能够在以色列社会与政坛活跃的法理基础。因此，考察沙斯党的成立背景不仅要梳理以色列政教关系史的演变，审视犹太世俗势力与宗教势力的博弈，还要具体把握犹太教正统派阵营内部不同派别的矛盾运动。

（一）现代性与以色列政教关系

现代性是塑造以色列政教关系的核心，它直接催生了犹太启蒙运动③，促成了犹太教在近代的蜕变。17~18 世纪启蒙思潮席卷欧洲大陆后，理性主义日渐盛行，它旨在宣扬现代性的世俗文化，祛魅神圣的宗教文化。由

---

① 依持主义是政治行为体与公民社会互动的模式之一，即特定政治行为体为获得政治支持而以实际的物质与服务回报特定社群，此种利益互换的条件既存在明确性，也包含隐晦性。参见 Susan C. Stokes, Thad Dunning, and Marcelo Nazareno, *Brokers, Voters and Clientelism: The Puzzle of Distributive Politics*, New York: Cambridge University Press, 2013。

② 协合式政教关系的理论源于美国学者阿伦·利普哈特（Arend Lijphart）提出的协合式民主理论，他在著作《多元社会中的民主：一项比较研究》中对奥地利、比利时、荷兰、以色列、瑞士等国政府结构和权力配置进行了比较研究，认为协合式民主包含四大特征：大联合政府、社会多元化的区块自治、比例代表制的权力分配和少数派的否决权。该理论强调包容而非排斥，认为在异质性较强的多元社会，尽管宗教、民族、语言、文化和意识形态等方面深度分裂，但对立群体可以通过协商、合作而达成共识，进而分享权力，形成一个兼容并蓄且比较稳定的民主政体。

③ 犹太启蒙运动亦称哈斯卡拉运动，是 18~19 世纪欧洲犹太人开启的一场旨在吸收启蒙运动的价值，以推动犹太社群更好地融入欧洲社会。此运动标志着欧洲犹太人与世俗世界开始广泛地接触，为近现代犹太解放运动奠定了基础。

此，宗教关涉个人私事，与国家、公共生活无关的理念开始大行其道，开启了人类社会的世俗化进程。长期沉浸在欧陆文明圈的犹太文明无法回避理性主义浪潮的冲击与挑战，犹太教不得不经受诸如反神圣性、个人自由与世俗化等现代价值观的洗礼。

犹太启蒙运动最先在德国兴起。犹太启蒙主义者旨在通过此运动对传统的犹太教和犹太人进行改造，以实现传统的犹太社会与现代的欧洲社会接轨的愿望，这揭开了近现代犹太史上宗教与世俗论战的序幕。犹太启蒙运动时期，摩西·门德尔松参照新教理念对犹太教进行了新的诠释。[①] 他运用理性主义与自然神论诠释犹太教，旨在调和传统犹太宗教文化与现代西方世俗文化，强调犹太教不仅关涉行为，更与人的信仰有关。他主张政教分离："国家进行控制与强制，宗教进行训导与劝导；国家颁布法律，宗教颁布戒律。"[②] 在他看来，国家权力应着眼于处理世俗事务，宗教阶层只需引导民众的精神世界。门德尔松的政教观首开犹太人政教分离认识论的先河，此后西奥多·赫茨尔也宣扬政教分离的理念。赫茨尔在其著作《犹太国》中阐明未来的犹太国家应在政教关系上拒绝神权政治，践行政教分离。伴随犹太复国主义运动的兴起，伊休夫（Yishuv）[③] 接纳了五次大规模移民潮，是犹太宗教势力与世俗群体就神圣与世俗展开交锋论战的主要阵地，对以色列政教关系的形成产生了直接影响。

尽管现代性的世俗价值观酿成并激化了宗教与世俗的矛盾，但现代性的民族国家与政党政治却为以色列协合式政教关系的形成与延续提供了框架。民族国家是现代化的有机载体，尽管民族主义在本质上具有强烈的世俗主义色彩，但它又不得不携带特殊宗教文明的印记。因此，政教关系是民族国家建构进程中务必予以妥善解决的问题。伴随犹太复国主义运动付诸实践，伊休夫得以稳健发展。世俗劳工犹太复国主义尽管主导着犹太民族家园的发展朝向，但在某种程度上对犹太教传统力量持保留态度。以世

---

① Leora Batnitzky, *How Judaism Became a Religion*, Princeton: Princeton University Press, 2011, pp. 32 – 33.

② 〔德〕摩西·门德尔松：《耶路撒冷：论宗教权利与犹太教》，刘新利译，山东大学出版社，2007，第 10 页。

③ 伊休夫，希伯来语字面意思为屯垦区、居住区，特指以色列建国前，巴勒斯坦的犹太人社区。伊休夫包含老伊休夫与新伊休夫，老伊休夫指在 1882 年犹太复国主义运动实践之前的巴勒斯坦犹太社区；新伊休夫指 1882 年犹太移民潮之后到以色列建国前移居巴勒斯坦的新犹太人建立的犹太社区。

俗劳工犹太复国主义者为主体的第二次移民潮（1904～1914 年）为例，其中绝大多数犹太人保留着对犹太文明的认同，将犹太教节日视为犹太民族的身份标识。本－古里安等劳工领袖尽管"在个人生活中抵制传统犹太教，但对犹太人的传统则保留着一种强烈的、绝对肯定的思想感情，他们也没有人变得像崩得（bund）分子那样恶毒地反对宗教"[①]。因此，20 世纪 30 年代初期，当劳工领袖作为犹太复国主义运动的决策者而活跃于历史舞台时，他们之于犹太教的宽容态度深刻地影响了以色列民族国家建构进程中政教关系的制度性设计。

此外，现代性的犹太政党与比例代表制的形成与运作是以色列能够确立协合式政教关系的重要机制性保障。伊休夫时期，犹太政党已派别林立且极为活跃，其活动范围涉足经济、文化、社会、移民等方方面面；按比例代表制运作的伊休夫代表大会是承载各政党角力的平台。可见，以色列政党政治发展史的独特性在于政党先于国家而建立，进而由其创建了国家。其中，政教关系的确立即直接体现了这一特征。早期犹太政党政治赋予了宗教政党合法的参政权。正是在伊休夫政党政治的框架内，世俗政党主动选择了与宗教政党协调、合作的交往方式，世俗与宗教之间的矛盾才免于走向激化，最终奠定了协合式政教关系的基础。

（二）以色列政教关系的确立

基于世俗劳工领袖对犹太教秉持的宽容态度，犹太正统派对犹太复国主义的态度演变是以色列能够最终确立协合式政教关系的必要条件。1949年，伊休夫的世俗势力与宗教势力最终达成了妥协性的《现状协议》，奠定了以色列政教关系的框架，长期以来以色列的政教关系在此基础上稳健地发展。协合式政教关系的具体运作表现为宗教势力通过组建政党的方式参与议会民主政治，进而在政党政治的博弈进程中与世俗政党谈判、协商与妥协，最终实现宗教政党与世俗政党在"现状"框架下的和解。

1. 犹太正统派与犹太复国主义

犹太复国主义兴起后，犹太宗教阵营对其褒贬不一。但在以色列建国

---

① 〔美〕沃尔特·拉克：《犹太复国主义史》，徐方、阎瑞松译，上海三联书店，1992，第379 页。

前后，部分犹太正统派组织对犹太复国主义的态度有所转变，即由最初的排斥，继而接纳，最终转变为与之妥协的态度。

20 世纪初，犹太正统派强化了自身的政党组织化倾向，旨在抵制世俗主义价值观对犹太教的解构性影响，抑制欧洲犹太人的同化潮。以色列正教党和精神中心党是两个成立时间最早且组织化程度较高的犹太正统派政党。为应对 19 世纪中后期犹太传统社区在同化潮流冲击下的崩溃局势，它们以捍卫犹太传统价值观为己任，对世俗主义嗤之以鼻，认为只有神权政治模式合乎法理。[①]

尽管精神中心党和以色列正教党不遗余力地宣扬神权主义价值观，但最终它们都在不同程度上接纳了世俗犹太复国主义。首先，就精神中心党而言，它始终以相对温和的视角审视犹太复国主义，以求在未来的犹太国中为正统派谋取利益。秉持独特的弥赛亚神学理念是精神中心党不与犹太复国主义针锋相对的根本原因，它认为实践中的犹太复国主义运动不会解构传统犹太教的弥赛亚信仰。譬如，精神中心党领袖伊萨克·雅各布·雷恩斯（Isaac Jacob Reines）拉比认为，"犹太复国主义同救赎问题无关，这一观念的全部要旨仅仅是改善我们可怜的教友的生存条件"[②]。由此，精神中心党高举宗教犹太复国主义的旗帜参与世界犹太复国主义大会，主张在犹太复国主义的框架内维护犹太人的正统信仰，强调要在未来犹太国中发挥犹太教的进步作用；但该党却坚称应发挥《托拉》指导犹太人日常生活的作用，所有国家机构与官方组织都应接受犹太教的律法约束。简而论之，精神中心党没有将世俗犹太复国主义视为歪曲传统犹太教弥赛亚救赎信仰的异端邪说，反而认为它是解决犹太人在政治、经济及文化等领域备受困扰的务实主义。此般折中态度表明精神中心党默认了世俗劳工犹太复国主义执掌伊休夫领导权的现状，这为宗教与世俗之间最终达成协合关系奠定了坚实基础。

与精神中心党最初即对犹太复国主义持的温和态度不同，以色列正教党的态度则经历了由顽固抗拒到勉强接纳的转变。自成立之日起，以色列正教党就将捍卫正统派的犹太教视为该党的中心工作，坚决抵制犹太复国

---

① Robert D. Lee, *Religion and Politics in the Middle East: Identity, Ideology, Institutions and Attitudes*, Boulder: Westview Press, 2014, p. 121.

② 刘精忠：《宗教与犹太复国主义》，中国社会科学出版社，2010，第 193 页。

当代以色列：多元表达与社会张力

主义运动的世俗性影响。该党领袖伊萨克·布罗伊尔（Isaac Breuer）拉比认为，犹太复国主义将犹太教排挤出犹太民族复兴框架之外的做法与同化改宗者相比无本质区别。毋庸置疑，以色列正教党极力谴责并抵制犹太复国主义，它安于接受犹太人流散世界各地的现状，认为回归圣地的"救赎"律令只能来自上帝，而将任何加速完结散居生活的人为行动都批判为渎神性质。

当然，以色列正教党针对犹太复国主义的敌视态度也并非一成不变，尤其当犹太正统派的生存处境骤然恶化时，其顽固立场渐向现实主义靠拢。早在《贝尔福宣言》默认犹太人在巴勒斯坦拥有定居权时，以色列正教党对犹太复国主义的敌视态度开始渐趋缓和。以 1929 年巴勒斯坦大暴动①为标志，以色列正教党对犹太复国主义的敌视态度开始发生转变，"在希伯伦、采法特和耶路撒冷的反犹太复国主义的正统派犹太人被杀害一事使正教党成员感到震惊，并使他们在某些领域更倾向于与犹太复国主义者合作"②。20 世纪 30 年代，东欧犹太正统派处于纳粹德国反犹主义风暴肆虐的时期，悲惨的现实迫使以色列正教党急于寻觅一条解决生存危机的出路。1939 年，以色列正教党声明当前行动应与犹太人的生存状况相呼应，认同犹太复国主义在巴勒斯坦建立犹太国的愿望，但强调必须以犹太律法为立国根基。当纳粹对犹太人实施大屠杀时，以色列正教党选择了一条默认犹太复国主义的务实主义道路。这为伊休夫的宗教势力与世俗势力最终达成妥协提供了必要条件，规范以色列政教关系的《现状协议》也应运而生。

2. 《现状协议》规范下的政教关系

在世俗主义价值观流行的现代社会，政教关系一般指"世俗权力集团与宗教权力集团基于相互间的利益和力量对比状况所形成的、能够支配国家政权及其统治方式的一种客观态势，并由此决定一个政权所采取的统治模式"③。依据宗教势力与国家政权结合程度的强弱，政教关系的模式可大

---

① 1929 年巴勒斯坦大暴动指 8 月 23～29 日阿拉伯人与犹太人之间爆发的一系列骚乱性事件。当犹太人游行至西墙时升级为阿拉伯人袭击犹太人的暴力事件，并迅速蔓延至巴勒斯坦多个城市，英国委任统治当局出面镇压，最终 133 名犹太人死亡，多名犹太人受伤；116 名阿拉伯人死亡，至少 232 名阿拉伯人受伤。参见 Stewart Ross, *Causes and Consequences of the Arab-Israeli Conflict*, Evans Brothers, 2004, p. 22。
② 〔美〕沃尔特·拉克：《犹太复国主义史》，徐方、阎瑞松译，第 504 页。
③ 王林聪：《中东国家政教关系的变化对民主实践的影响（上）》，《西亚非洲》2007 年第 6 期，第 21 页。

致分为：宗教组织同国家政权合一的政教合一型；大体上服从于国家政权的国教型以及宗教组织与国家政权各司其职的政教分离型。其中，国教型介于政教合一与政教分离之间，政教双方彼此依赖，即国家政权独立于教权之外，但政权又亟须倚赖宗教而确立统治权威与合法性；反之，就教权而言，它已然无法凌驾于政权之上，只能通过契合政权的需求而谋取自身的生存空间。① 此外，政教分离的核心特征在于它认为宗教和政权应享有各自互不干涉的活动场域，假定宗教只能解决关涉私人化与主观性的内心世界的难题，而世俗政权则管辖与社群生存有关的外在事务。然而，在各国现代化进程的具体实践中，"完全的政教分离从未实现过，它纯粹是一种理论上的可能性"②。近现代以来，各国均以具有宪法性质的法律文本规范了处理政教关系的基本原则，从中可窥探各国政教关系实践的具体类型。

　　长期以来，鉴于以色列缺乏一套成文宪法，《独立宣言》始终承载着宪法功能，定格国家的总体发展朝向。其中，关于宗教问题的表述，《独立宣言》明示："以色列地……塑造了犹太人的精神、宗教与政治身份……以色列国……将基于以色列先知设想的自由、公正与和平（等原则）；不论宗教、种族与性别，以色列国将确保境内所有居民平等的社会与政治权利；保证宗教自由……保护所有宗教的圣地。"③《独立宣言》虽然缺乏规范政教关系的实质性内容，但它在某种程度上肯定了犹太教在未来国家中的地位，同时也表明国家会满足公民的信仰需求，暗示国内的多元宗教社群均享有平等的信仰自由权利。窥视《独立宣言》可知，以色列政教关系的独特性在于："如果说犹太教没有被确立为以色列的国教，那么宗教和国家之间也没有被明确规定为'分离'关系。"④ 换言之，以色列的政教关系既非通常意义上的国教型，也非严格意义上的政教分离型，而是独特的协合式政教关系。这种协合式的政教关系酝酿于以色列建国前世俗劳工犹太复国主义领袖与犹太正统派宗教领袖的政治互动，他们围绕犹太教的相关问题展开了一系列的利益博弈与协调，最终于 1949 年达成了《现状协议》，为未来

① 张践：《论政教关系的层次与类型》，《宗教学研究》2007 年第 2 期。

② 〔美〕罗纳德·L. 约翰斯通：《社会中的宗教——一种宗教社会学》，袁亚愚、钟玉英译，四川人民出版社，2012，第 235 页。

③ David Ben-Gurion, *The Declaration of the Establishment of the State of Israel, Provisional Government of Israel*, Tel Aviv, 1948, https://www.knesset.gov.il/docs/eng/megilat_eng.htm.

④ 〔英〕诺亚·卢卡斯：《以色列现代史》，杜先菊、彭艳译，商务印书馆，1997，第 408 页。

当代以色列：多元表达与社会张力

国家政教关系的进展奠定了基调，即确立了世俗与宗教双方通过协调与妥协的方式处理政教关系的基本要旨。

在《现状协议》的确立过程中，本－古里安的态度与抉择发挥了影响全局的关键性作用。这主要缘于本－古里安以及劳工犹太复国主义肯定了某些犹太教元素应在民族国家建构中发挥作用。在民族国家建构方面，劳工犹太复国主义试图将世俗主义与民族主义融为一体，主张未来犹太国在塑造集体身份认同时要摒弃宗教仪式与拉比律法等宗教性元素，强调同一性的民族主义认同联系，即犹太人对"以色列地"（Eretz Yisrael）的历史联系的记忆。[1] 在信奉"劳动征服论"的劳工犹太复国主义看来，开拓土地等世俗性活动是实现民族家园理想的根基，而传统的犹太教则不能为民族复兴提供助力，"将犹太正统派注重尊奉宗教仪式与犹太律法研究的超自然倾向视为犹太民族在流散生活中滋生的一种功能失调型症状，这与犹太人走向独立自主与自立自强是不相适应的"[2]。其中，本－古里安认为经定居者劳作开垦的"以色列地"应取代《托拉》成为犹太人心中新的根基，"对于这一代犹太人来说，巴勒斯坦的这片土地比宗教的神圣性更为神圣，因为土地的神圣性是通过我们的汗水、劳动和鲜血来圣化的"[3]。

然而，劳工犹太复国主义并非彻底地与犹太教传统决裂，而是推崇其中蕴含的犹太基本价值观，将之视为犹太民族的道德与文化基础。例如，劳工犹太复国主义否认希伯来《圣经》的神启性色彩，将之视为一项犹太民族伟大的文化成就，认为其中蕴含的犹太价值观既是极具约束力的道德规范，也是展现犹太民族特质与民族精神的范本。本－古里安曾袒露心声："即便作为一名世俗犹太人，在内心深处我依旧尊重那些犹太教的基本价值观；而那些对犹太教缺乏敬重之情的犹太人则属于历史虚无主义者。"[4] 简而论之，本－古里安将犹太教的核心价值观视为塑造国民集体身份的基本内核，这为世俗与宗教之间能达成妥协意向提供了潜在可能。

---

[1] Robert D. Lee, *Religion and Politics in the Middle East: Identity, Ideology, Institutions and Attitudes*, p. 124.

[2] Robert D. Lee, *Religion and Politics in the Middle East: Identity, Ideology, Institutions and Attitudes*, p. 124.

[3] Robert D. Lee, *Religion and Politics in the Middle East: Identity, Ideology, Institutions and Attitudes*, p. 124.

[4] Robert D. Lee, *Religion and Politics in the Middle East: Identity, Ideology, Institutions and Attitudes*, p. 125.

　　此外，本－古里安还正确地预判了宗教势力在未来国家的政治生活中所扮演的角色，进而促成劳工犹太复国主义领袖在建国前主动与正统派政党进行协商。本－古里安认为犹太拉比将继续在社区发挥强力的黏合作用，预判正统派宗教政党的利益诉求将仅局限于宗教领域，他们既不会触及外交政策也不会染指经济事务。① 如此看来，犹太教正统派政党必然是世俗主义政党在未来国家政治博弈进程中争取笼络的盟友。而且，就犹太正统派政党的自身实力与影响力而言，建构犹太神权政治体制的理想既扑朔迷离又遥不可及。毕竟，犹太宗教势力既缺乏现代意义上的国家管理经验，又不愿全面地挑起整个国家行政管理的重担。他们唯一心系的是"如何保存历史意义上的犹太教，并使之不受到现代世俗力量的负面影响"②。

　　如前所述，当阻挠以色列建国的最大正统派势力——以色列正教党的态度软化后，劳工犹太复国主义领袖抓住机遇与其反复沟通，最终以 1947 年 6 月至 1949 年 4 月的通信为基础达成了《现状协议》，初步确立了协合式政教关系。综合分析若干通信文本，《现状协议》主要包含两方面内容：确保犹太正统派的宗教权益并明确世俗犹太人在日常生活中应遵守的犹太教规范。譬如，依据《1949 年 4 月 24 日时任以色列总理本－古里安致伊扎克·梅厄·列文拉比的信》，以色列政府总理本－古里安向以色列正教党承诺："根据以色列国的法律，安息日和犹太节日为以色列的法定休息日；政府开办的每一个为犹太人服务的供餐厨房将遵守犹太饮食洁净法；国家将通过国家机关、市政当局等官方机构满足公众的宗教需求，但国家不会干涉宗教事务；宗教信仰自由将得到保障；政府不会在以色列国推行关于民事婚姻缔结和解除的法律；已被认可的（宗教）教育体系将继续享有自治权。"③

　　简而论之，《现状协议》的最终达成是以色列的世俗集团与宗教集团进行政治博弈的逻辑结果。这将世俗政党与宗教政党共置于一个双赢的格局内：以有限让渡宗教管理权为条件，世俗犹太复国主义政党得以在未来的政治进程中不受干扰地践行国家主义的发展路线；在认可世俗犹太复国主义政党执掌国家最高统治权的同时，犹太正统派宗教政党合法地获取了

　　① Anita Shapira, *Israel: A History*, Waltham: Brandeis Vniversity Press, 2012, p. 183.
　　② 刘精忠：《宗教与犹太复国主义》，第 393 页。
　　③ Itamar Rabinovich and Jehuda Reinharz, *Israel in the Middle East: Documents and Readings on Society, Politics and Foreign Relations, Pre-1948 to the Present*, p. 59.

宗教事务的管辖权。显然，以色列协合式政教关系的实质是宗教势力与世俗势力都被纳入了以色列国家建构的总体框架内，"每一个社群都会就与自身利益攸关的事情行使表决权"①。

（三）沙斯党的成立

犹太正统派宗教政党是以色列民族国家建构进程中不可忽视的一支重要力量。一系列上层建筑的制度性安排逐渐强化了宗教政党在以色列社会与政坛的重要地位。《现状协议》确立的协合式政教关系为宗教政党奠定了施展强大社会影响力的法理基础；成熟运作的议会民主制为宗教政党提供了参政议政的制度性保障。这是确保宗教政党在以色列政党政治发展史上绵延不绝的逻辑前提。追根溯源，当代以色列的宗教政党体系是伊休夫时期四大宗教政党——以色列正教党、以色列正教工人党、精神中心党与精神中心工人党——分化与重组的产物。其中，强调塞法尔迪正统派身份认同的沙斯党即于1984年脱离以色列正教党而独立建党。

以色列正教党内部各派别的分化与斗争，尤其阿什肯纳兹正统派与塞法尔迪正统派在宗教教育领域引发的矛盾是沙斯党成立的根本原因。准确定位、分析以色列正教党的党派性质与组织原则是窥探沙斯党成立背景的必要基础。1912年，以色列正教党成立于波兰的卡托维兹（Kattowitz），它由来自波兰和立陶宛地区的哈西德派拉比以及来自德国的正统派宗教领袖共同领导。正统派犹太教与阿什肯纳兹身份是维系以色列正教党发展的两大核心元素。首先，在意识形态方面，以色列正教党奉行保守的宗教主义，坚决捍卫正统派犹太教义，抵制世俗犹太复国主义，抨击人为地建立以色列国是渎神行为。它针对犹太复国主义运动的定居实践予以回应，一方面认为犹太人定居以色列地应仅为纯宗教性目的，未来能否复国应静待弥赛亚降临；另一方面强调弥赛亚降临不仅取决于犹太人的宗教性定居行为，也与犹太民族的精神状况直接相关。② 以色列正教党还认为世俗犹太复国主义全面效仿现代西方民族主义是邯郸学步，恐将丧失犹太民族的文化内核；相应地，它倡导犹

---

① Asher Cohen and Bernard Susser, *Israel and the Politics of Jewish Identity: The Secular-Religious Impasse*, Baltimore: The Johns Hopkins University Press, 2000, p. 20.

② Ezra Kopelowitz and Matthew Diamond, "Religion That Strengthens Democracy: An Analysis of Religious Political Strategies in Israel," *Theory and Society*, Vol. 27, No. 5(1998), p. 688.

太人要恪守《托拉》，践行由正统派拉比诠释的犹太律法。

　　为此，20 世纪初期，以色列正教党开始在东欧地区创建宗教教育机构。其中，1917 年成立于波兰克拉科夫（Cracow）的贝·雅科夫女子学校（Bais Ya'akov Schools）和西奈山男子学校（Horev）最为著名。① 宗教学校实行男女分校制，授课内容主要为宗教课程，而且要求为数不多的世俗课程内容不得与犹太教的正统观念相抵触。但在纳粹德国统治期间，欧洲的犹太正统派教育系统被摧毁殆尽。二战结束后，以色列正教党在巴勒斯坦地区开始重建宗教教育系统。以色列建国后，依据《现状协议》赋予宗教政党经营宗教教育的自主权，以色列正教党逐渐恢复并建构了隶属于自己的宗教教育体系，主要包括哈西德派宗教学校和立陶宛派宗教学校。

　　此外，在组织架构方面，以色列正教党及其宗教教育体系凸显阿什肯纳兹宗派主义。伴随以色列建国后大批塞法尔迪正统派的涌入，阿什肯纳兹宗派主义在以色列正教党系统内尤为明显。实质上，这是西方犹太人在以色列民族国家建构进程中发挥支配性地位的逻辑结果。作为新兴犹太国的缔造者，西方犹太人在政治、经济与文化等领域主导着国家的发展方向。在宗教领域，具体到以色列正教党，亦是如此。自以色列建国至 20 世纪 80 年代，以以色列正教党为代表的阿什肯纳兹正统派垄断了以色列的犹太宗教教育，犹太宗教学校的办学模式与领导架构均由立陶宛派和哈西德派支配，而塞法尔迪正统派处于依附性地位。

　　长期以来，塞法尔迪正统派在巴勒斯坦地区缺乏独立的宗教教育机构是其依附阿什肯纳兹正统派的主要原因。至 19 世纪下半叶，巴勒斯坦地区尚不存在专职培训拉比的塞法尔迪经学院，若干宗教学术机构仅是年长者闲暇时聚集讨论研习犹太教学问的场所。及至以色列建国前，巴勒斯坦地区仅有一家著名的塞法尔迪犹太经学院，即位于耶路撒冷老城的波尔特·优素福（Porat Yosef）经学院。其毁于 1948 年第一次阿以战争，1967 年"六日战争"后得以重建，但被改造为阿什肯纳兹正统派的立陶宛式经学院。② 自以色列建国至 20 世纪 80 年代，由于缺乏声名显赫的塞法尔迪经

---

①　Deborah Weissman and Lauren B. , "Granite, Bais Ya'akov Schools, "*Encyclopedia*, *Jewish Women's Archive*, https://jwa. org/encyclopedia/article/bais-yaakov-schools% 20.

②　Dovid Rossoff, *Where Heaven Touches Earth: Jewish Life in Jerusalem from Medieval Times to the Present*, Jerusalem: Guardian Press, 1998, p. 458.

学院，移民以色列的东方犹太家庭不得已而将其孩子送入公认的阿什肯纳兹经学院等宗教教育机构。

然而，塞法尔迪正统派却在以色列正教党的宗教教育系统内遭受同化、排挤与歧视的不公正待遇。长期以来，阿什肯纳兹经学院选择性地挑选塞法尔迪学员，贬低塞法尔迪派温和性的律法诠释范式。在课程安排与教学内容方面，经学院从未尊重塞法尔迪派的独特性，不仅教授塞法尔迪学员遵循阿什肯纳兹派严苛性的犹太律法研习路径，也要求他们接受阿什肯纳兹派的其他传统，例如着装标准与学习意第绪语。① 毋庸讳言，这是以色列建国初期国家主义"熔炉政策"延伸到宗教领域的一个反映，期望塞法尔迪正统派融入阿什肯纳兹式的宗教话语体系。至 20 世纪 80 年代初，由阿什肯纳兹派经学院培育的塞法尔迪拉比已被纳入东欧范式的犹太学术体系，塞法尔迪正统派由此在很大程度上被烙上了阿什肯纳兹派的印记，多仿效立陶宛派开办经学院。②

除在宗教领域受阿什肯纳兹正统派的影响与支配外，塞法尔迪派也在政治生活中无奈地向阿什肯纳兹派的宗教政党靠拢。移民以色列前，世代生活在西亚北非地区的塞法尔迪派未经受近现代犹太启蒙运动的冲击，他们未被分化为"世俗的""社会主义的""改革派"等犹太群体。总体而言，移民自伊斯兰世界的犹太人被视为"传统主义者"，他们恪守所谓虔信主义的犹太生活方式，即在日常生活中保持犹太文明的传统。此外，塞法尔迪派精英认同以色列正教党呼吁的"反现代性"的正统派犹太教理念，乐于接受以色列正教党系统提供的宗教教育及各种资助。③ 显然，对移民之初的塞法尔迪派而言，拥护并加入以色列正教党的确是一种在"世俗性"国家内寻求犹太教慰藉的恰当举措。

尽管如此，但宗教性利益引发的共鸣无法彻底消弭以色列正教党内部两大派别的利益纠葛，处于强势地位的阿什肯纳兹派对处于弱势地位的塞法尔迪派的惯性歧视最终导致了正教党的分裂与沙斯党的建立。以色列建

① Tilde Rosmer, *Shas: The Sephardi Torah Guardians and Their Construction of the New Jewish Israeli Identity*, Ph. D Dissertation, Institute of Culture Studies, University of Oslo, 2002, p. 38.

② Norman A. Stillman, *Sephardi Religious Responses to Modernity*, Luxembourg: Harwood Academic Publishers, 1995, p. 77.

③ Ezra Kopelowitz and Matthew Diamond, "Religion That Strengthens Democracy: An Analysis of Religious Political Strategies in Israel,"*Theory and Society*, Vol. 27, No. 5(1998), p. 688.

国后，阿什肯纳兹正统派摆脱了纳粹大屠杀的阴影，人口总数日趋回升。
尤其在 20 世纪七八十年代，以色列阿什肯纳兹正统派与塞法尔迪正统派之
间的力量对比差异日益明显，平等性社会地位的缺失是双方集体力量不对
等的逻辑结果。具体而言，在以色列正教党的宗教教育系统内，塞法尔迪
派在诸如婚配、学员录取与教育资金分配等方面均遭受歧视性待遇。原则
上，成绩优异的经学院学员可留任教职岗位，且可迎娶名门望族之女，继
而有机会最终成为经学院领袖，但塞法尔迪学员却无权享有此类待遇。而
且，正教党系统的经学院针对塞法尔迪学员实施"配额封闭制"（Numerus
Clausus），即无视人口比例而限定招收塞法尔迪学员的名额。[1] 然而，正教
党内部两派之间的矛盾焦点是宗教教育的资金分配比例问题。这与学员录
取比例不公如出一辙，以色列正教党从未向塞法尔迪派合理分配用于建立
并维持经学院运营的资金。至 20 世纪 80 年代初起，以奥维迪亚·优素福
（Ovadia Yosef）大拉比为核心的塞法尔迪正统派领袖欲予以坚决回击，认
为创建不依赖阿什肯纳兹正统派资助的宗教教育系统乃当务之急。[2]

经年累月的歧视性政策最终致使以色列正教党分裂，"拉比 10 年任期
法案"的延续是诱发塞法尔迪正统派独立建党的直接原因。1983 年 3 月，
全国宗教党领袖与时任全国阿什肯纳兹派首席大拉比什洛莫·格伦
（Shlomo Goren）就首席大拉比任期产生分歧，最终全国宗教党敦促议会投
票否决（47 票否决、40 票赞成、33 票弃权）了贝京政府提议延续首席大
拉比任期的法案。[3] 由此，奥维迪亚·优素福无法继续担任第三个任期的
全国塞法尔迪首席大拉比，他与他的塞法尔迪派同僚一致认为他们在政治
参与方面也遭受阿什肯纳兹派的压制与干预。加上长期积累的怨恨感触，
优素福拉比将延续大拉比任期的否决案视为阿什肯纳兹派助推塞法尔迪人
建构自主性政治生活的关键性步骤。

1983 年夏季，优素福拉比决定率众脱离以色列正教党，以此抗议阿
什肯纳兹派主导的宗教教育系统对塞法尔迪派的各类歧视。意料之外的

[1] David Lehmann and Batia Siebzehner, "Self-exclusion as a Strategy of Inclusion: The Case of Shas," *Citizenship Studies*, Vol. 12, No. 3(2008), p. 239.

[2] Liliy Weissbrod, "Shas: An Ethnic Religious Party," *Israel Affairs*, Vol. 9, No. 4(2003), p. 89.

[3] "Israel's Two Chief Rabbis to End Their Terms in Office This Month," *Jewish Telegraphic Agency*, Jerusalem(March 9, 1983), https://www.jta.org/1983/03/09/archive/israels-two-chief-rabbis-to-end-their-terms-in-office-this-month.

是，以色列正教党内部不同派别之间的政治斗争直接促成了沙斯党的成立。优素福拉比的独立意愿得到了以色列正教党立陶宛派领袖埃利泽·沙赫（Eliezer Schach）拉比的支持。立陶宛派与哈西德派在以色列正教党内部的矛盾由来已久。1973 年，贝内布拉克①（Bnei Brak）举行地方议会选举，哈西德派领袖私下与持犹太复国主义立场的以色列正教工人党达成选举联盟，沙赫拉比对此颇为不悦。为去除哈西德派与犹太复国主义性质的政党接触而酿成的消极影响，同时旨在笼络塞法尔迪正统派而维系自身作为拉比的强大社会影响力，沙赫拉比指示包括立陶宛派在内的追随者支持优素福拉比组建的新政党。② 鉴于沙赫拉比的鼎力相助，在 1983 年的耶路撒冷市议会选举中，优素福拉比领导的塞法尔迪新政党赢取了 3 个席位。1984 年，优素福拉比决定以独立政党的身份参加全国大选，这标志着沙斯党的正式成立。初出茅庐的沙斯党主要获取了塞法尔迪正统派选民的支持，赢得了 3.1% 的选票，相反以色列正教党却丢失了 2% 的选票。③ 最终，沙斯党在以色列议会占据了 4 个席位，由此开始长期立足以色列政坛。④

　　借助立陶宛派沙赫拉比的政治支持，沙斯党成立之初即在以色列政坛熠熠生辉，但优素福拉比与沙赫拉比就党的性质存有歧义，这是一个影响沙斯党未来发展趋向的重大问题。尽管他们都希望沙斯党在政治参与中能够充分争取东方犹太人特别是那些将践行犹太教戒律视为犹太身份象征的传统型东方犹太人的支持，但两人的出发点与侧重点不尽相同。就沙赫拉比而言，他意欲利用塞法尔迪正统派，认为沙斯党是帮助自己以及立陶宛派实现宗教利益的重要政治盟友。因此，沙赫拉比旨在引导沙斯党成为一个具有纯正东方色彩的塞法尔迪正统派政党。然而，优素福拉比认为沙斯党必须是一个凸显宗教色彩的东方犹太政党，建构独立自主的塞法尔迪派教育系统，敦促传统的东方犹太人由世俗生活转向宗教生活，进而争取东

---

① 贝内布拉克，以色列特拉维夫都会区东部卫星城，居民以犹太正统派为主，2016 年人口已达 188964 人，是以色列人口密度最高、贫困率最高的城市之一，是仅次于耶路撒冷的以色列第二大正统派聚居城市。参见 http://www.cbs.gov.il/ishuvim/reshimalefishem.pdf。

② 正统派社区政治生活组织纪律性较强，正统派选民通常追随拉比的训令投票。大多数塞法尔迪正统派曾在他领导的经学院系统学习、毕业，沙赫拉比由此期望新成立的沙斯党能够忠于自己。

③ Liliy Weissbrod, "Shas: An Ethnic Religious Party," *Israel Affairs*, Vol. 9, No. 4 (2003), p. 89.

④ David Lehmann and Batia Siebzehner, *Remaking Israeli Judaism: The Challenge of Shas*, Oxford: Oxford University Press, 2006, p. 134.

方犹太人的支持是沙斯党发展的终极目标。[1] 一言以蔽之，塞法尔迪正统派的宗教属性与东方犹太人的族裔身份是维系沙斯党立足以色列社会与政坛的两大支柱。

二 沙斯党的宗教话语与选民基础

沙斯党的崛起是以色列运用"熔炉主义"政策锻造国民集体身份失败的逻辑结果。沙斯党将宗教话语与族裔身份融为一体，试图为长期处于以色列社会边缘地位的东方犹太社群塑造一个新型的塞法尔迪集体身份。伴随 1993 年《奥斯陆协议》的签署，以色列人在政治身份认同上的裂痕越发明显。[2] 自此至 20 世纪末，以色列左翼与右翼政党的实力均有所衰退，相反，沙斯党在以色列社会与政坛却声势浩大。1992 年，沙斯党在全国议会选举中收获了 5% 的选票；及至 1999 年的全国大选，它赢得了 14.1% 的选票，成为议会第三大党。[3] 毋庸讳言，沙斯党已成为以色列国内关于犹太社会性质与集体身份认同等重大议题极具影响力的政党。就政党属性而言，沙斯党是典型的塞法尔迪正统派宗教政党，它坚决批判以色列社会弥漫的世俗主义价值观。同时，沙斯党也是一个凸显族裔色彩的政党，将争取东方犹太裔选民的支持奉为圭臬。在以色列的社会交往中，沙斯党的生存策略表现为宗教话语与族裔政治相互交织：依托重新塑造的塞法尔迪正统派宗教话语，进而恢复东方犹太社群的社会尊严。分析宗教话语与选民基础，是深入理解沙斯党在以色列参与民主政治与开展宗教运动的必要基础。

(一) 独特的塞法尔迪宗教话语

与以色列其他宗教政党相比，沙斯党具有独特的宗教与族裔特征。塞法尔迪正统派的宗教文化遗产是奠定沙斯党成长与发展朝向的文化基因。从沙斯党的全称——塞法尔迪圣经保卫者联盟 (Sephardic Association of

---

① Rebecca Kook, Michael Harris and Gideon Doron, "In the Name of G-D and Our Rabbi: The Politics of the Ultra-Orthodox in Israel," *Israel Affairs*, Vol. 5, No. 1(1998), p. 17.

② Lilly Weissbrod, "Israeli Identity in Transition," *Israel Affairs*, Vol. 3, No. 4(1997), p. 60.

③ Liliy Weissbrod, "Shas: An Ethnic Religious Party," *Israel Affairs*, Vol. 9, No. 4(2003), p. 79.

当代以色列：多元表达与社会张力

Torah Guardians）① ——可窥探它的本质属性，即作为塞法尔迪正统派宗教文化的传承者与捍卫者。在以色列的政治参与以及宗教运动中，援引并捍卫塞法尔迪正统派的宗教遗产是沙斯党始终坚持的生存策略与奋斗目标。一言以蔽之，沙斯党与塞法尔迪正统派之间存在着密不可分的联系。

就词源本意分析，"塞法尔迪"词源为希伯来语，意为"西班牙"。它起初仅是地域性名词，后世则引申出宗教性意义。塞法尔迪犹太人泛指曾生活在伊比利亚半岛以及 1492 年后被驱逐出西班牙和葡萄牙的犹太人及其后裔。② 自 15 世纪末开始，地中海与大西洋沿岸逐渐形成了散居且具有同质性宗教文化的塞法尔迪犹太社群。与流散在莱茵河流域（即德意志地域内）的阿什肯纳兹犹太社群一样，塞法尔迪犹太社群也追忆作为民族故土的以色列地，但其也恪守了世代相传的特殊性宗教文化传统，包括中世纪西班牙犹太人"黄金时代"的历史记忆、拉迪诺语言文化的传承以及温和宽容的塞法尔迪式犹太律法的践行。其中，日常生活中变通性的犹太律法践行方式是塞法尔迪犹太人与阿什肯纳兹犹太人两大社群最为根本的区别。虽说就犹太教的基本原则而言，两大犹太社群不存在本质性差异，都将《巴比伦塔木德》视为指引民众践行犹太教的最终权威，但两者却在遵行律法的具体细节方面存在显著差异，本质上体现了两大犹太社群的区别。

这种显著差异缘于塞法尔迪正统派与阿什肯纳兹正统派各自尊奉不同的犹太律法传统③（Halachah）。大流散时期，犹太人缺乏统一的政治权威，各地犹太社群生活的文化与社会背景不同，各地大拉比依据因地制宜的原则诠释犹太律法，由此形成了形式各异的祈祷范式、饮食与服饰律法规范、希伯来语发音准则以及《摩西五经》具体律令的具体原则。在西班牙遭受迫害被驱逐后，流散到奥斯曼帝国境内的塞法尔迪犹太人享有管理犹太社群宗教生活的自治权，得以在宽松自由的氛围下孕育独特的犹太教传统。这培育了塞法尔迪犹太社群温和、宽容与开放的心态，不仅表现为

① 沙斯党是塞法尔迪圣经保卫者联盟的希伯来语缩写音译。
② 1492 年 3 月，卡斯蒂利亚女王伊莎贝拉与阿拉贡国王费尔南多二世联合颁布敕令，宣布正式驱逐境内拒绝皈依基督教的犹太人，随即多达 25 万名塞法尔迪犹太人移居北非、意大利、法国、希腊、土耳其、巴勒斯坦等地中海沿岸地区。参见 Alan D. Corre, "Sephardim," in Michael Berenbaum and Fred Skolnik, eds., *Encyclopaedia Judaica*, Second Edition, Vol. 18, Detroit: Macmillan Reference, 2007, p. 294.
③ 犹太律法传统即犹太教口传律法，特指《摩西五经》中的律法条文、礼仪与行为规范如何在实际生活中践行的说明，经口传、注解的方式而流传，作为犹太人的日常守则。

塞法尔迪犹太人对外界文化与异己之见奉行友好的不排斥与接纳态度，而且塞法尔迪拉比也更易在不违背犹太教基本原则的前提下突破"四肘之律"（four cubits of the law）的限制。[①] 此外，塞法尔迪犹太人还继承了厚重的历史文化遗产，最终得以塑造区别于阿什肯纳兹犹太人的文化传统。10～12世纪，受益于后倭马亚王朝在伊比利亚半岛的宗教宽容政策，塞法尔迪犹太人开创了犹太流散史上唯一的文化繁荣发展的"黄金时代"，孕育了迈蒙尼德、犹大·哈列维、伊本·以斯拉等著名的犹太宗教文化巨匠。他们不仅为塞法尔迪犹太人奠定了引以为豪的文化与精神遗产，也塑造了遗传塞法尔迪犹太社群文化的模式。

16世纪，约瑟夫·本·以法莲·卡罗（Joseph Ben Ephraim Caro，1488－1575）拉比是塞法尔迪犹太教律法典籍编纂的集大成者，被尊称为塞法尔迪"圣贤"（Maran）。《布就之席》（Shulhan Arukh）是卡罗拉比最重要的著作，也是现今塞法尔迪正统派日常生活效仿的权威律法典籍。卡罗拉比编纂该书的目的是"消解犹太律法在长期历史变迁中演化出的繁杂多样性，创设统一性的规范"[②]。《布就之席》主要分为4个部分。

1. 生活之路：讲犹太人每日的责任，如神圣礼拜、安息日、节日、斋戒……

2. 知识的教导：主题中有屠宰法、饮食法、尊敬父母教师的伦理责任、慈善和《托拉》经卷等。

3. 帮助的基石：介绍有关婚姻的所有方面。

4. 审判的胸甲：论民法。[③]

《布就之席》完善了塞法尔迪犹太人在日常生活中应尊奉的律法范式，反映了塞法尔迪正统派的宗教文化特征，是最能体现塞法尔迪正统派与阿什肯纳兹正统派有所差异的律法文本。17世纪时，《布就之席》已在塞法尔迪世界占据了支配性地位，成为影响塞法尔迪正统派日常生活的权威性

---

① Norman A. Stillman, *Sephardi Religious Responses to Modernity*, p. 20.

② Annette B. Fromm, "Hispanic Culture in Exile: Sephardic Life in the Ottoman Balkans," in Zion Zohar, ed., *Sephardic and Mizrahi Jewry: From the Golden Age of Spain to Modern Times*, New York: New York University, 2005, p. 172.

③ 黄陵渝：《犹太教》，中国社会科学出版社，2008，第78页。

律法大典。塞法尔迪派的埃利胡·哈姆（Eliahu bar Haim，1530 - 1610）拉比明确指出，"我们都致力于遵循卡罗的律法裁决意见"[1]。就犹太律法诠释的张弛程度而言，与阿什肯纳兹"圣贤"大拉比摩西·以色列（Moses B. Isserles）诠释律法的严苛性相比，卡罗拉比的律法诠释代表了一种更为自由、宽松的生活方式。譬如，塞法尔迪正统派允许在逾越节食用米饭，也允许使用烹饪肉类的炊具来烹饪蔬菜，甚至允许同时食用肉类与奶制品。[2] 此外，在衣着服饰、节日习惯、犹太会堂布局以及宗教专用术语等方面，塞法尔迪犹太人都具有独特性。简而论之，在犹太大流散史的总体进程中，塞法尔迪正统派的宗教身份渐趋固化为两个特征：一是独特的塞法尔迪传统；二是以松弛、变通的方式践行犹太律法。

由此可见，在现代以色列社会的多元化格局中，特别是宗教与世俗泾渭分明的时代背景下，相应地演绎出两对具有明确指向性意义的术语：在宗教意义上，塞法尔迪正统派与阿什肯纳兹正统派这对术语彼此呼应；在世俗意义上，探讨社会经济状况时西方犹太社群与东方犹太社群这对术语相互对应。作为正统派宗教政党，沙斯党认为"塞法尔迪"的称谓适用于所有非阿什肯纳兹犹太人，它拒绝采用"东方"的称谓，同时将其斥为人为杜撰的话语。毕竟，沙斯党希冀包括阿什肯纳兹犹太人在内的犹太人能够回归塞法尔迪派的犹太教，即那个"最好、最真实可靠的犹太教"[3]。换言之，"塞法尔迪"是沙斯党塑造新型集体身份并进行政治动员时运用的核心话语。在以色列的社会交往中，沙斯党主要依托《起源》（Shorashim）与《日复一日》（Yom Le Yom）这两份党报来阐述塞法尔迪话语，为繁杂多元、社会经济地位普遍低下的东方犹太社群建构塞法尔迪集体身份的凝聚点。沙斯党建构"塞法尔迪"话语主要侧重两个方面的叙述内容：其一，宣扬塞法尔迪犹太人的古老荣誉，为东方犹太社群塑造同一的塞法尔迪归属感；其二，沙斯党阐明其奉行"塞法尔迪"式的温和性政治观念，

---

[1] Zvi Zohar, "Sephardic Jurisprudence in the Recent Half-Millennium," in Zion Zohar, ed., *Sephardic and Mizrahi Jewry: From the Golden Age of Spain to Modern Times*, p. 172.

[2] Alan D. Corre, "Sephardim," in Michael Berenbaum and Fred Skolnik, eds., *Encyclopaedia Judaica*, Second Edition, Vol. 18, p. 295.

[3] Sammy Smooha, "Mizrahim,"in Norman A. Stillman, ed., *Encyclopedia of Jews in the Islamic World*, Brill Online Reference Works, http://referenceworks. brillonline. com/entries/encyclopedia-of-jews-in-the-islamic-world/mizrahim-edot-ha-mizrah-names-of-mizrahim-in-israel-SIM_000144.

意欲在以色列社会树立宗教活动与世俗参与完美融合的典范。

具体而言，首先，为整合以色列社会碎片化的东方犹太社群，沙斯党强调东方犹太社群共同的历史遭遇，为培植塞法尔迪集体身份进行铺垫。在《起源》与《日复一日》这两份党报的宣传中，沙斯党再三强调东方犹太社群是不得已而背弃了塞法尔迪传统，这主要缘于东方犹太人在移民以色列之初即陷入极端贫困、亟待融入主流社会的窘境。换言之，在阿什肯纳兹当权派奉行"熔炉主义"政策的强制主导下，东方犹太社群无可奈何地偏离了固有的塞法尔迪传统价值观。

> 我们陷入了衰败。我们出于饥饿被迫如此行事，与雅各及其子孙一样，人人都会因为一块面包而陷入罪恶。只有注册入党①，塞法尔迪犹太人才可以在劳工介绍所得到工作……而且，正统派政党毫无作为。没有救世主。②

此外，在沙斯党看来，塞法尔迪犹太人之所以日渐疏远了自身传统，不仅因为世俗性质的工党政府奉行国家主义的熔炉政策，而且也缘于其潜在的政治盟友，即以以色列正教党为代表的阿什肯纳兹正统派政党以蔑视、同化的态度凌驾于塞法尔迪犹太人之上。因此，沙斯党认为，要扭转东方犹太社群被边缘化与塞法尔迪宗教遗产丧失殆尽的危局，根本出路就在于建构、叙述同一的"塞法尔迪"话语。

其次，重提塞法尔迪犹太人的宗教文化记忆是沙斯党致力于整合碎片化的东方犹太社群，塑造塞法尔迪集体身份的主要途径。这主要表现为沙斯党通过宣扬在当今以色列社会被遗忘的塞法尔迪文化遗产，强调塞法尔迪犹太人之于犹太文明的伟大贡献，旨在撕碎粘贴在东方犹太人身上的"原始""落后""边缘"等有色标签。

> 塞法尔迪犹太社群是过去以色列人最重要的遗产。它的贡献比其

---

① 以色列建国初期，工党期望新移民加入其附属的劳工联盟，新移民依附工党的象征就是填写红色注册表。公众一致认为加入执政党可以帮助移民在公务员系统找到工作。工党通过这种机制吸引移民的支持并维持政治优势。

② Rabbi Mazuz, "The Glory of the Sephardic Jewry," *Yom LeYom*, May 3, 1993, quote from Guy Abutbul-Selinger, "Shas and the Resignification of the Intersection between Ethnicity and Religion," *Journal of Ethnic and Migration Studies*, Vol. 43, No. 9(2017), p. 1624.

他任何犹太社群都要伟大。但这类贡献从未被承认。是谁创造了希伯来语词汇，又是谁确定了希伯来语语法？是我们塞法尔迪犹太人！！！是谁赐予以色列人美妙的诗歌，使数以千万计的人民饱含回归犹太教的热忱，若非伊本·盖比鲁勒（Ibn Gavirol）和伊本·以斯拉（Ibn Ezra），又是谁呢？是所有的塞法尔迪圣贤。①

沙斯党通过追溯西班牙"黄金时代"的塞法尔迪文化遗产，旨在反击以色列国家将东方犹太社群定性为停滞不前的霸权话语。毋庸讳言，沙斯党对塞法尔迪文化遗产的积极评价是依托想象的过去界定了一个想象的地缘性群体。借此，沙斯党将东方犹太社群叙述为中世纪西班牙犹太社群的直系后裔，那些被伊比利亚基督政权驱逐后流散至摩洛哥、伊拉克、土耳其等中东地区的东方犹太人享有共同的文化渊源。一言以蔽之，塞法尔迪宗教文化遗产清晰地彰显了东方犹太社群集体身份的特殊性，这与沙斯党一再重申"修复古代荣光"的话语构成了紧密相关的逻辑联系。

最后，沙斯党秉承温和性的塞法尔迪宗教观，维持着践行宗教与参与世俗事务的平衡关系。如前所述，松弛而变通的犹太律法践行路径是塞法尔迪正统派的典型特征，这奠定了沙斯党不排斥世俗事务的文化基因。尽管沙斯党的终极目标是修复古老的塞法尔迪宗教遗产，在以色列社会扛起回归宗教的大旗，但这并不意味着它要退出参与任何世俗事务与机构。实际上，这缘于塞法尔迪正统派能够以务实主义的视角审视世俗事务。塞法尔迪正统派认为优秀的拉比是那些同时能够精通科学、商业与公共事务的杰出专家。

（塞法尔迪犹太）社区拉比领袖在世俗职业中表现优异。参与这些职业使他们成为所居城市的关键人物。以撒·以色列·本·约瑟夫拉比曾是哈里发宫廷御医。他的著作被翻译为罗曼语在欧陆流传。千百年来，他撰写的文章成为医学的基本支柱。②

---

① Rabbi Mazzuz, "The Glory of the Sephardic Jewry," *Yom LeYom*, May 3, 1993, quote from Guy Abutbul-Selinger, "Shas and the Resignification of the Intersection between Ethnicity and Religion," *Journal of Ethnic and Migration Studies*, Vol. 43, No. 9(2017), p. 1625.

② Ephraim Hadad, "The Center of Kiruan," *Yom LeYom*, July 11, 1994, quote from Guy Abutbul-Selinger, "Shas and the Resignification of the Intersection between Ethnicity and Religion," *Journal of Ethnic and Migration Studies*, Vol. 43, No. 9(2017), p. 1626.

沙斯党对世俗事务秉持温和性的态度是彰显塞法尔迪正统派独特性的最纯粹表现。不言而喻的是，沙斯党重新评价塞法尔迪正统派温和性的宗教观并非偶然驱使，而是与其自身在以色列社会的利益博弈直接相关。作为深度植根宗教的政治行为体，沙斯党在推动以色列社会回归宗教的同时，也热忱地参与世俗事务，这被以色列极端正统派以及世俗犹太人视为非典型的另类群体，但这却为沙斯党积极地在以色列公共领域开拓经营空间提供了合法性。因此，笃信宗教与现世活动的良性结合不仅是沙斯党领袖奉行的行为准则，而且也是追随沙斯党的民众喜闻乐见的行为方式，这意味着他们可以在原有的生活社区践行回归宗教的活动，而无须隐居修行。

然而，在运用塞法尔迪话语时，沙斯党内部曾对如何界定它的具体边界有所讨论，譬如也门犹太人是否适用于塞法尔迪话语。毋庸讳言，不同的概念模型直接影响着想象中的塞法尔迪集体身份的建构。在奥维迪亚·优素福拉比的主导下，沙斯党运用整合性的塞法尔迪话语，创设了能够兼容东方犹太人[①]、也门犹太人，甚至埃塞俄比亚犹太人等多元族裔的体系。换言之，沙斯党的塞法尔迪身份属性基于族裔与宗教两大元素的相互交织。

（二）贫弱化的东方犹太选民群体

"政党是在国家政治生活中，争取政治权位的结合。"[②] 在政党与选民的结合过程中，存在诸多可以利用的元素，诸如地域认同、族裔背景、宗教信仰及经济利益等。通常是一种或两种元素发挥支配性作用，但促成结合的元素越多，政党的选民基础也就越深厚。不同的政党结合元素决定了政党性质的差异，也自然而然地圈定了不同的选民群体。沙斯党与选民群体的结合彰显了政党政治发展的普遍性规律。它调用多种元素与选民进行结合，在注重宣扬塞法尔迪式的犹太宗教遗产的同时，也善于利用贫弱化的东方犹太社群在以色列社会的边缘化境遇。因此，沙斯党典型的族裔色彩不容抹杀，东方犹太社群构筑了其坚实的选民基础。纵观以色列政党政

---

① 此为狭义的东方犹太人，亦称米兹拉希，仅指以色列建国前，特别是老伊休夫时期，由伊斯兰国家移居巴勒斯坦，抑或是自"巴比伦之囚"起世代定居以色列地的犹太人以及其后裔。东方犹太人在宗教生活上受塞法尔迪正统派的影响与熏陶。参见 Torag Talmon, "The Integration of an Old Community within an Immigrant Society: The Sephardi Community in Israel," Ph. D Dissertation, Hebrew University of Jerusalem, 1980。

② 周淑真：《政党政治学》，人民出版社，2011，第 58 页。

治发展史，沙斯党的崛起终止了族裔性政党无法在以色列政坛长期立足的尴尬记录。与以往凸显东方犹太族裔身份的政党相比，沙斯党取得成功的关键在于它塑造了一种整合性的犹太身份而非分裂性的东方身份，即诉诸犹太教对以色列社会贫弱化的东方犹太社群进行整合。诚然，沙斯党意欲塑造一种反击"他者"的社会集体身份，"他者"并非仅指一般意义上的阿什肯纳兹正统派，而且也包括世俗犹太复国主义者，特别是在巴勒斯坦地区开展犹太复国主义运动以来将东方犹太人边缘化的劳工犹太复国主义当权派。[1]

　　社会经济话语在以色列的政党政治活动中发挥着重要作用，各政党围绕着经济、文化与社会空间等议题进行选举动员，他们时常将住房与就业等民生大计与特定族裔群体相联系。沙斯党的崛起就与以色列东方犹太社群的社会经济境遇之间具有密不可分的历史逻辑关系。长期以来，东方犹太社群被贴上了"第二以色列"（second Israel）的标签，被排除在以色列主流的政治、经济与文化活动之外。追根溯源，大多数东方犹太人主要在20世纪50～60年代由西亚北非地区的伊斯兰国家移民以色列，未能成为创建以色列民族国家的先驱者与主力军。为了有效吸纳、整合东方犹太移民，以色列工党政府实施了文化熔炉与人口分散两大政策。"熔炉政策"的主要旨意是劳工犹太复国主义当权派鼓励新移民融入建构中的现代、欧式、世俗的以色列身份，进而消融流散地的传统遗风。相比之下，对东方犹太社群而言，强制性的人口分散政策更具有持久的消极影响。其人为地建构了族裔地理（ethnic geography），直接地在以色列社会塑成了移民社群与社会阶层紧密相连的状况。

　　选民群体聚居的地理位置及其社会阶层是直接影响沙斯党进行政党结合的重要因素，而聚居在新兴城镇的贫弱化的东方犹太社群则是沙斯党的选民基础。在人口分散政策的引导下，东方犹太社群主要聚居在以色列偏远地区的新兴城镇；相比，西方犹太人享有以色列建国前5次早期移民潮的先发优势，他们主要定居在大中型城市与开垦成熟的农业定居点。新兴城镇多为小型的城镇定居点，散布在以色列国家外围偏远地区，主要建于

---

[1]　Yoav Peled, "Towards a Redefinition of Jewish Nationalism in Israel? The Enigma of Shas," *Ethnic and Racial Studies*, Vol. 21, No. 4 (1998), p. 720.

20 世纪 50 年代中期至 60 年代中期，用于安置来自西亚北非地区的东方犹太移民。具体而言，东方犹太社群内部因各移民群体抵达以色列的时间存在先后差异而被安置在不同区域。20 世纪 50 年代早期，以伊拉克和也门地区为主的西亚犹太人移居以色列，他们主要被安置在以色列中央大区的新兴城镇；20 世纪 50 年代末至 60 年代早期，主要是以摩洛哥裔犹太人为主的北非移民抵达以色列，他们被普遍安置在偏远区域，尤其是南部内盖夫地区的新兴城镇。绝大多数新兴城镇地处偏远地带，远离经济繁荣地带与政治权力中心，经济活动起步晚，发展滞后，居民受教育机会有限，这为东方犹太社群的边缘化地位埋下了伏笔。可以说，自东方犹太人移民以色列之初，他们就被排除在经济整合进程之外。此外，据民调显示，来自不同地域的移民群体也自愿选择在文化相对同质性的社区环境中生活。

> 新移民倾向于和拥有相似文化传统的居民共同生活，这也是促成新移民集中的主要原因。的确，来自不同流散地的移民有强烈的意愿聚居在同一社区，进而形成能够足以维持各自地域特色的犹太教传统、学校以及报纸等正常延续与运转的社区人口规模……因此，各移民社群聚居地在产业人员构成方面存在着显著差异。[①]

移民社群的聚居加剧了东西方犹太人在社会经济生活方面的不平等地位。经年累月，以色列全国经济资源分配的不均衡在地理空间上表现得越发明显。特别是在居民工作、住房、学校以及政府拨款的分配中，均呈现以一种正式或非正式、明确或隐晦的方式突出的不平等现象，这是强化不同移民社区不平衡发展趋势的主要因素。[②] 这最终导致以色列形成社会阶层与移民背景相互关联的特殊现象，即中产阶级聚居地的典型特征是西方犹太人占人口多数，而低薪阶层聚居地则主要以东方犹太人为主，这在移民背景更为多元的都市社会更为突出。[③] 如前所述，贫穷的东方犹太人主要聚居在以色列各地的新兴城镇。在 20 世纪 90 年代，苏联和俄罗斯犹太

---

① Jack Habib and Seymour Spilerman, "Development Towns in Israel: The Role of Community in Creating Ethnic Disparities in Labor Force Characteristics,"*American Journal of Sociology*, Vol. 81, No. 4(1976) , p. 808.

② Calvin Goldsheider, *Israel's Changing Society*, Boulder: Westview Press, 1996, p. 32.

③ Amiram Gonen, *Between City and Suburb: Urban Residential Patterns and Processes in Israel*, Aldershot: Avebury, 1995, p. 2.

当代以色列：多元表达与社会张力

人移民以色列之前，新兴城镇约75%的居民为东方犹太人，这占以色列全国东方犹太社群的1/4～1/3。[①] 新兴城镇的经济部门主要以劳动密集型产业为主，其经济运转的典型特征是低薪水、高失业率。自20世纪70年代以来，新兴城镇的失业率普遍居高不下，有时甚至是全国平均水平的两倍。此外，在劳动力结构方面，以1983年为例，新兴城镇有53%的劳动力受雇于低薪产业，远远高于全国43%的总体比例。其中，有逾27%的新兴城镇劳动力受雇于薪水最低的纺织业，该比例高于全国犹太劳动力市场的15%。就平均工资水平而言，以1992年为例，新兴城镇的平均薪资仅是以色列全国平均水平的75%。[②]

全球化进程的推进恶化了东方犹太社群在经济生活方面的处境。第三产业在大都市区域的聚集是经济全球化的典型特征。自20世纪70年代初期始，以色列日渐升级的制造业以及金融服务业等第三产业开始日渐向大都市区聚拢。在人才与资金等资源捉襟见肘的窘境下，新兴城镇越发自我封闭，凸显了移民社群的东方色彩与社会经济贫弱困境相吻合的特征。换言之，在新移民融入以色列经济与社会的进程中，相伴而随的是东西方犹太社群各自在以色列社会的经济处境出现明显的持续性分化的趋势，尽管部分东方犹太人的社会经济处境有了某种程度的改善，但微弱性的"社会流动性并不一定促成更大程度的社会平等，同时也并不一定能泯灭不同社群之间的经济差距"[③]。一言以蔽之，经济全球化酿成了以色列经济地理显性的贫富分化格局，移民社群与贫富状况相互关联的特征表现得淋漓尽致，东方犹太人陷于经济贫弱的深渊不言自明。

具体而言，一项1974年展开的以色列社会阶层流动性调查研究表明，几乎70%的东方犹太人（男性）集中在无技能或低端技工行业、农业与低端服务业等领域工作，西方犹太人的相应比例则为45%；在高技术领域，约1/3的西方犹太人从事相关工作，而东方犹太人（男性）从事相关的比

---

①　Efraim Ben-Zadok, "Oriental Jews in Development Towns: Ethnicity, Economic Development, Budgets and Politics," in Efraim Ben-Zadok, eds., *Local Communities and the Israeli Polity: Conflict of Values and Interest*, Albany: State University of New York Press, 1993, pp. 91 – 122.

②　Yoav Peled, "Towards a Redefinition of Jewish Nationalism in Israel? The Enigma of Shas," *Ethnic and Racial Studies*, Vol. 21, No. 4(1998), pp. 711 – 712.

③　Calvin Goldsheider, *Israel's Changing Society*, p. 146.

例仅为 1/10。① 随后，伴随利库德集团执政开启了经济自由化改革，以色列境内②的所有族裔群体都在不同程度上提升了各自的社会经济水准。然而，有限的改善程度并未弥补以色列东西方犹太社群之间显著的贫富差距。也就是说，与第一代移民相比，第二代东西方犹太人在社会经济方面的差距并未缩小，特别是与 20 世纪 70 年代相比，东西方两大犹太社群之间的贫富差距似乎还有拉大的趋势。据统计，1988 年，约 40%的第一代西方犹太移民的职业为专业性技能人才、经理管理人与技术研发人员；而第一代东方犹太移民的相应比例仅为 20%。但若对比第二代东西方犹太移民的工作状况，两大群体之间的差距明显正在逐渐地拉大，东西方犹太社群供职于上述三类高级职业的就业比例为 21∶50。1995 年，在第二代西方犹太人中，白领职工占比为 72%，而蓝领职工占比仅为 28%；但在第二代东方犹太人中，白领工作者的比例只有 46%，而蓝领工作者的比例则高达54%。就失业率而言，1993 年，第二代西方犹太人的比例为 4.9%，而东方犹太人的比例高达 13.2%。就收入而言，东方犹太家庭的平均收入水平约为西方犹太人平均收入水平的 80%，人均收入更是仅占 64%。此外，就工薪阶层的收入状况而言，东西方犹太社群之间的差距日益扩大：1975年，以色列本土出生的东方犹太人收入是西方犹太人的 79%；1982 年，该数据降为 70%；1992 年，又跌至 68%。③ 1992 ~ 1996 年，东西方犹太人之间的收入差距又继续拉大，反映了以色列社会收入分配不公的日益加剧。此外，就失业率而论，1987 年，以色列全国 40%的失业人口归属东方犹太社群；1989 年，东方犹太人的失业比例为全国平均水平的两倍。④ 毋庸讳言，不公平且日趋失衡的社会经济生活在东西方犹太社群之间产生了裂痕，经济矛盾的不可调和促成了东方犹太社群对国家政权的反抗。

在融入以色列社会的进程中，东方犹太社群始终期望着他们贫弱化的社会经济生活能得到改观。在此过程中，东方犹太人表达不满的途径经历了两个模式，即由议会外的反抗模式转换为议会内的反抗模式。东方犹太

① Vered Kraus and Robert W. Hodge, *Promises in the Promised Land: Mobility and Inequality in Israel*, New York: Greenwood Press, 1990, p. 68.

② 指 1967 年战争前的边界线以内。

③ Yoav Peled, "Towards a Redefinition of Jewish Nationalism in Israel?The Enigma of Shas," *Ethnic and Racial Studies*, Vol. 21, No. 4(1998), p. 709.

④ Gershon Shafir and Yoav Peled, *Being Israeli: The Dynamics of Multiple Citizenship*, p. 81.

社群为寻觅争取社会公正的正确斗争方式探索了近 30 年。瓦迪萨利布
（Wadi Salib）① 骚乱标志着东方犹太人开始公然表达其对社会处境不满的
情绪。此次骚乱以集体暴动的形式抗议工党政府的歧视举措。由于东方犹
太人并未在以色列国家的初创时期发挥主导性力量，而且他们在移民之初
也未能及时组建一支维护自身权益的政党力量，不得已而依靠工党政府。
然而，工党政府在移民安置、经济发展的资源分配方面却未能及时地兼顾
东方犹太社群的利益。1959 年 7 月 9 日，一名醉酒的东方犹太人在斗殴事
件中被警察开枪击伤。随后，数百名东方犹太人聚集抗议，后演变为投掷
石块、封锁道路、点燃汽车、抢劫商店的暴力行径，其中瓦迪萨利布区工
党与犹太工总的会所也成为袭击目标。7 月 11 日，在太巴列（Tiberiade）、
贝尔谢巴、米格达勒埃梅克（Migdal HaEmek）等北非犹太人聚居社区也
发生了类似骚乱。最终，在政府派出大批警力后才得以平息，此次骚乱引
发了国际性关注，摩洛哥国王对以色列北非犹太人的生存处境表达了深切
关怀。瓦迪萨利布骚乱表明东方犹太社群开始向以色列主流社会抗议其处
境不公的现状，但当时的反抗模式主要是脱离政治权力而在议会之外采用
民众自发组织的暴力型反抗模式。

　　瓦迪萨利布骚乱不仅引发了以色列政府的反思，开始在教育和经济方
面给予东方犹太人以优惠政策，而且也在东方犹太社群内部形成了共鸣，
唤醒了他们的公民权利意识。自 20 世纪 70 年代起，东方犹太人表达不满
情绪的方式发生了明显变化，即由自发性无组织的暴力性骚乱转变为自觉
性有组织的温和性抗议，主要表现为以独立自主的意愿参与议会民主政
治，标志着东方犹太人政治意识的觉醒。首先，在全国议会大选中，东方
犹太社群改换门庭地放弃工党而支持利库德集团。在以色列建国最初的 20
余年间，东方犹太人是工党的坚定支持者，但伴随东西方犹太社群之间贫
富差距的拉大，东方犹太人心生怨恨而对工党政府的离心倾向越发明显。
这集中表现为东方犹太人在全国议会大选中对工党的支持率日趋降低：
1969 年，东方犹太社群投票支持工党的比例为 55%；1973 年，这一数据

---

① 瓦迪萨利布区坐落于以色列海法市的中心区域。20 世纪 30 年代之前以阿拉伯居民为主，
1948 年战争后大批阿拉伯人逃离。1948 年 5 月至 1949 年 3 月，瓦迪萨利布区被安置了
24000 余名大屠杀幸存者。20 世纪 50 年代，大批摩洛哥裔犹太人被安置在此。

骤降为 38%；待到 1977 年，仅为 32%。① 最终，东方犹太社群对工党政府的离心力转变为利库德集团首次执政的推动力。

此外，早期政党性组织的建立是东方犹太社群政治觉悟提升的另一个主要表现，其中黑豹党（Black Panthers）是一个典型案例。1971 年初，黑豹民权运动由耶路撒冷穆斯拉拉区（Musrara）② 的第二代年轻的东方犹太人发起，汲取了美国黑人民权运动的灵感。在黑豹党看来，犹太当权者给予苏联犹太移民优待，东方犹太人则遭受着各种歧视，因而要抗议"当权者对东方犹太社群面临艰难社会问题的无视，欲为美好的未来进行战斗"③。然而，与 20 世纪 50 年代的暴力反抗模式不同，黑豹运动不诉诸暴力，他们利用游行集会、新闻媒体与公众舆情表达心声，抗议以色列鸿沟式的贫富差距。此后，黑豹民权运动转型为政党活动，参与 1973 年全国议会大选。这是以色列东方犹太人第一次主动参与国家政权的博弈，但收效甚微。黑豹党仅赢得 0.9% 的选票率，低于政党有资格进入议会的最低门槛（1% 的选票率）。最终，黑豹党由于内部领导人之间的意见分歧而自行解散，党员分别并入新党（Hadash）、泰米党（Tami）和沙斯党。尽管如此，黑豹党不仅将富有争议的"东方问题"引入以色列社会的公众视野，而且也为东方犹太人参与政治生活积累了经验与教训，深刻地影响了日后沙斯党与东方犹太社群的政治结合。

沙斯党的崛起是东方犹太社群政治智慧成熟与参政意识提升的最突出表现。沙斯党与东方犹太社群之间的结合形成了利益共同体。在经历了政治上支持工党与利库德集团的失意后，贫弱化的东方犹太社群转而寄希望于沙斯党，视其为东方犹太人的喉舌；作为宗教政党，沙斯党主要关切如何调动东方犹太社群的政治积极性以捞取政治资本，从而恢复塞法尔迪正统派的身份自豪感，同时在以色列社会散发广泛的塞法尔迪吸引力。沙斯党突出宗教性的动员话语可谓有的放矢，不仅在东方犹太社群中引发了情

① 〔英〕阿伦·布雷格曼：《以色列史》，杨军译，第 164 页。

② 穆斯拉拉区，由巴勒斯坦基督徒于 19 世纪晚期创建，坐落在耶路撒冷老城外。1948 年战争，巴勒斯坦人躲避战乱出走他乡。20 世纪 50 年代初期，东方犹太移民被安置在巴勒斯坦人留下的房屋内。直至 20 世纪 90 年代，穆斯拉拉区都面临着严重的社会、经济与住房问题。参见 "Musrara," Jerusalem Municipality, https://www.jerusalem.muni.il/en/CapitalofIsrael/neigh-borhoods/Pages/PageSite_2273.aspx。

③ Eric Herschthal, "Israel's Black Panthers Remembered," *The New York Jewish Week*, June 29, 2010, http://jewishweek.timesofisrael.com/israels-black-panthers-remembered/.

感共鸣，而且也不违背以色列政府融合移民社群的基本国策。这实质上是东方犹太社群在长期政治实践中的反思。20世纪70年代，以黑豹党和泰米党为代表的东方犹太政治运动过于凸显"东方"的族裔性话语，而族裔性话语极易在以色列滋生不稳定因素，是以色列社会的高风险因素。因此，族裔性话语在以色列社会的实践中效果欠佳，它不仅受到官方意识形态的打压，而且被部分东方犹太人漠视。

虽说沙斯党扛起鼓吹犹太教话语的大旗，这与长期在以色列社会处于支配性地位的世俗劳工犹太复国主义意识形态相左，但符合以色列自由主义新时期文化多元主义的趋势。此外，塞法尔迪特性的犹太教话语更易于吸引东方犹太人，毕竟他们在宗教生活方面较为虔诚，恪守犹太教传统。① 显然，沙斯党启用非分裂性的宗教话语以整合选区，这符合东方犹太社群的身份定位。在绝大多数东方犹太人看来，"他们内心蕴含着犹太性（Jewishness），而没有将任何特定的犹太复国主义或'以色列'的价值观、态度和行为方式内化于心"②。毋庸讳言，沙斯党启用宗教话语动员东方犹太社群，旨在重新塑造蕴含塞法尔迪文化传统性与特殊性的新型犹太身份，这在很大程度上与劳工犹太复国主义主导建构凸显现代性价值观的以色列身份针锋相对。

然而，沙斯党并不是彻底否定犹太复国主义定义的以色列犹太民族主义，而是试图重新予以修正，补充新内涵，从而建构能够有效整合聚居于广大新兴城镇的东方犹太社群，即它主要依托传统的塞法尔迪宗教话语，抚慰那些沦落为以色列社会半边缘地位的、贫弱的东方犹太选民在社会经济与宗教文化方面的委屈情感。当然，在沙斯党运用塞法尔迪宗教话语时，它强调东西方犹太社群之间的共性，而不是差异。因此，在沙斯党的政治结合中，尽管它以东方犹太社群为主，但也不排斥与阿什肯纳兹正统

---

① 据2016年皮尤研究中心调查，关于以色列社会的宗教信仰状况，东方犹太社群中有11%的无神论者、32%的世俗主义者、42%的传统主义者、18%的宗教主义者、8%的极端正统派、49%的东方犹太人认为宗教应与政府政策分离；反观西方犹太社群，35%的无神论者、66%的世俗主义者、15%的传统主义者、8%的宗教主义者、12%的极端正统派、70%的西方犹太人认为宗教应该与政府政策分离。参见 Alan Cooperman, Neha Sahgal, Anna Schiller, *Israel's Religiously Divided Society*, Pew Research Center, March 8, 2016, http://www.pewforum.org/2016/03/08/israels-religiously-divided-society/。

② Erik Cohen, "Ethnicity and Legitimation in Contemporary Israel," *The Jerusalem Quarterly*, No. 28 (1983), p. 121.

派合作。沙斯党的政治智慧在于它能够正确地引导选民不将怒火烧向阿什肯纳兹正统派，而是反对当今以色列社会主流的世俗主义。

三　沙斯党与以色列政治

在现代议会民主政治的运转机制中，政党是以参与政权、取得政权乃至维护政权为主要目的的政治行为体。在结合选民参与角逐国家权力的政治博弈时，政党领袖发挥着凝聚选民、设定政纲的中枢作用，而政党纲领则发挥着动员与组织选民的宣传性作用。沙斯党之所以能在以色列政坛崛起为一支有生力量，关键在于它具备独特的领导体制与包容性的政党纲领。

（一）沙斯党的政党领袖

领袖是政党的中枢力量，他们"对外代表政党，对内率领全体党员，统一党员的观念与行动，策划、监督政党政策的制定与执行，发号施令，并可以按党的规章对所属成员进行调处和制裁"[①]。政党若缺乏核心领袖，将难以维持其内部的统一，酿成涣散分离的恶果。20世纪90年代至21世纪第一个10年，沙斯党在以色列政坛与社会的影响力可谓声势浩大，这与其独特的领袖架构具有密不可分的逻辑关系。其间，沙斯党的领导架构清晰地表现为精神领袖与行政领袖相互区分的二元体制，精神领袖享有绝对权威，负责裁定大政方针，聚拢选民的社会凝聚力；相比，行政领袖处于依附地位，执行既定方针政策，调动选民的参选积极性，但二者彼此协调，共同领导沙斯党的政治与社会活动。

1. 精神领袖

沙斯党在领导架构上符合宗教社会学的普遍性规律，即宗教性的精神领袖作为宗教团体的核心代表，受到其成员的崇拜。在沙斯党的社会"场域"[②]内，因精神领袖超凡魅力而引发的崇拜表现为一种"追随者与领袖的依附性关系，追随者认为非凡的品质、天赐的恩惠、神性的特殊体验，

---

① 周淑真：《政党政治学》，第70页。
② "场域"，是法国社会学家布迪厄提出的观点，它通常指具有相对自主性与独立性的社会空间。关于"场域"理论，参见〔法〕皮埃尔·布迪厄、〔美〕华康德《实践与反思：反思社会学导引》，李猛、李康译，中央出版社，2004。

以及对神圣文本的深刻而完整的理解都归于那位伟大的拉比……即超尘拔俗的那个人"①。因此，尽管沙斯党的领导机制看似以《托拉》圣贤委员会（Council of *Torah* Sages）为核心的集体领导模式，但奥维迪亚·优素福拉比在党内享有唯一的支配性地位和不可挑战的权威，他的决定对沙斯党高层领导及《托拉》圣贤委员会的其他拉比具有约束力。简言之，作为精神领袖，优素福拉比在党内享有至高无上的绝对权威，而崇敬优素福拉比与信仰上帝共同被视为沙斯党的核心灵魂。

2013 年 10 月 7 日，奥维迪亚·优素福拉比去世，享年 93 岁，来自全国各地约 80 万民众参加了他的葬礼，这是以色列历史上规模最大的一场葬礼。② 优素福拉比强大的感召力可见一斑。他的社会影响力不囿于沙斯党，而被认为是"当代最具号召力的拉比以及犹太历史上最有影响力的拉比之一，他为背景各异的犹太人所敬仰"③。优素福拉比卓越的人格魅力主要由正统派犹太生活的社会情境所塑造。在正统派犹太社会，遵行犹太律法是犹太人基本的生活原则，而因行称义则是犹太人要达到的终极目标。由是，作为犹太律法的诠释者与宗教仪式的主持者，拉比的社会地位自然备受仰慕。自拉比犹太教时期以来，各犹太社群的大拉比都被尊奉为精神领袖。优素福拉比之所以能成为沙斯党内贵为至尊的精神领袖，主要缘于他自青少年时期起选择了拉比职业，至中年时期已晋升为声名显赫的大拉比，在以色列的塞法尔迪正统派社会树立了极高威望。

1920 年 9 月 23 日，奥维迪亚·优素福出生在巴格达的一个正统派犹太家庭，其父亲雅科夫·本·奥维迪亚（Yaakov Ben Ovadia）因致力于钻研托拉而被尊为贤者。1924 年，优素福全家移居耶路撒冷。10 岁时，他进入塞法尔迪正统派的波尔特·优素福经学院学习。19 岁时，奥维迪亚·优素福被授予拉比职位。1947 年，他前往埃及并担任开罗的首席拉比。3 年后，优素福携全家返回以色列并在佩塔提克瓦的犹太教法庭供职。其间，

① Gabriel Almond, Emmanuel Sivan and R. Scott Appleby, "Fundamentalism: Genus and Species, "in Martin E. Marty and R. Scott Appleby, eds. , *Fundamentalisms and the State*, Chicago: University of Chicago Press, 1993, p. 408.

② Gavriel Fiske, "Rabbi Ovadia Yosef Buried in Largest Funeral in Israeli History,"*The Times of Israel*, 2013, http://www. timesofisrael. com/jerusalem-closes-down-for-rabbi-ovadia-yosefs-funEral/.

③ Yehuda Azoulay and Rabbi Haim Ravia, *The Legacy of Maran Hacham Ovadia Yosef*, Lakewood: Israel Bookshop Publications, 2013, p. 18.

他出版了数本诠释犹太律法的著作，最著名的是两卷本的《律法诠释》（*Yabia Omer*），借此优素福拉比开始在托拉学术界声名鹊起。此后，优素福拉比仕途顺利，接连升迁。1968 年，他担任特拉维夫塞法尔迪正统派首席大拉比。1972 年，他赢得以色列全国塞法尔迪正统派首席大拉比的职位。[①] 由此可见，优素福拉比的沙斯党精神领袖地位基于塞法尔迪正统派最高权威的身份，它也借此赢得了东方犹太社群的尊崇。

作为精神领袖，优素福拉比主要依托宗教话语来释放他的社会影响力与政治感召力。在社会影响力方面，优素福拉比认为，修复塞法尔迪犹太文化的价值观与自豪感事不宜迟，继而对以色列社会东方犹太社群衰微的日常生活予以矫正与指引。在经受世俗工党政府推崇 30 余年的"熔炉主义"政策的侵蚀之后，塞法尔迪式的宗教范式与托拉学问在以色列社会的延续状态已是糟糕透顶。"熔炉主义"政策的错位与失效致使东方犹太社群陷入了传统文化价值观断裂的迷茫之中，尤其在东方犹太人聚居的新兴城镇与破败社区中，民众的精神面貌萎靡不振，失落绝望感溢于言表，毒品犯罪频发，家庭暴力率不减。由此，有效整合碎片化的东方犹太社群与修复塞法尔迪式的文化价值观密切相关。优素福拉比将"恢复古老遗产应有荣誉"（Restoring the Crown to Its Ancient Glory）设定为沙斯党基本的宣传口号。为此，优素福拉比将卡罗拉比的《布就之席》指定为指导东方犹太人日常生活的权威性律法典籍。这一决定表面上具有回归宗教传统的性质，实则是有的放矢地为处在以色列社会现代化进程中深陷彷徨的东方犹太社群提供一套解决问题的具体方案。此外，为在以色列社会增强动员东方犹太社群的凝聚力，优素福拉比极其注重树立社会权威，打造圣人形象。优素福拉比深入民众，体恤民情，通过大规模的布道讲经活动与民众亲切交流。"以民为本"的作风博得了东方犹太社群的尊重。可以说，优素福拉比锻造了东方犹太社群与塞法尔迪宗教传统之间的再联结，有效地塑造了东方犹太社群之于塞法尔迪文化身份的认同。不可否认，沙斯党以东方犹太社群为根基的群众基础，在很大程度上得益于优素福拉比依托宗教话语对东方犹太社群进行的有效整合。[②]

---

① Yehuda Azoulay and Rabbi Haim Ravia, *The Legacy of Maran Hacham Ovadia Yosef*, p. 21.
② Yehuda Azoulay and Rabbi Haim Ravia, *The Legacy of Maran Hacham Ovadia Yosef*, p. 21.

当代以色列：多元表达与社会张力

　　在政治感召力方面，优素福拉比精神领袖的作用主要体现在两方面，首先，在全国议会大选中，他具有宗教领袖的神圣光环发挥着凝聚选民的动员性作用。优素福拉比将沙斯党视为"恢复古老遗产应有荣誉"的政治工具，反之沙斯党以优素福拉比为宣传核心而拉选票。优素福拉比经常被置于沙斯党竞选活动的中心，依托精神领袖的神圣光环吸引选民。譬如，在 2003 年的全国大选中，沙斯党发布的竞选视频即宣称"优素福拉比是上帝的代言人"，"优素福拉比当之无愧地作为所有塞法尔迪犹太人的领袖"。① 此外，在 2013 年全国大选中，沙斯党资深要员提醒其选民，沙斯党不仅仅是一个政党，也是备受崇敬之人"奥维迪亚·优素福拉比在尘世间缔造的项目"；进贝内布拉克市区的路口旁的巨型广告牌上写着："我们爱圣者，为他祈福，为上帝的使者优素福拉比投票。"② 一言以蔽之，沙斯党通过将精神领袖置于公共空间，释放出强大的政治感召力，不仅凝聚了正统派犹太选民，也拉拢了在某种程度上遵守律法的传统犹太选民。

　　此外，在党纲政策制定方面，优素福拉比的精神领袖作用体现为他是沙斯党的指路明灯。他坚持以宗教价值观为纲的基本准则，将自身的思想与观念直接性地灌输给了沙斯党。如前所述，沙斯党是优素福拉比推行自己思想，实现复兴塞法尔迪宗教遗产的政治工具。优素福拉比高度重视在当前世俗化倾向明显的以色列社会打造宗教价值观复兴与传播的渠道。他将沙斯党视为一个创新型的传播《托拉》与《布就之席》价值观念的媒介，而沙斯党的各类内政外交主张都蕴含着《托拉》精神。③ 由此，在沙斯党的政务建设中，优素福拉比发挥着统领全局的作用：精神领袖的身份价值体现在他既为沙斯党制定各项符合犹太律法的政党政策，又对看似不符合传统犹太律法的政党政策进行合理的诠释。简言之，精神领袖优素福拉比是沙斯党的灵魂所在，党的纲领与理念都透露着他本人对犹太教的理解与认知。④

---

① Etta Bick, "A Party in Decline: Shas in Israel's 2003 Elections," *Israel Affairs*, Vol. 10, No. 4 (2004), p. 119.
② Nissim Leon, "An Uneasy Stability: The Haredi Parties' Emergency Campaign for the 2013 Elections," *Israel Affairs*, Vol. 21, No. 2(2015), p. 240.
③ Rabbi Pinchos Lipschutz, *Rav Ovadiah Yosef*, New York: Yated Ne'eman, 2013, p. 17.
④ 优素福拉比去世之后，沙洛姆·科亨（Shalom Cohen, 1931 - ）拉比继任沙斯党的精神领袖。科亨拉比曾担任波尔特·优素福经学院的最高负责人。他与塞法尔迪正统派拉比和阿什肯纳兹正统派拉比都保持着密切的联系，在以色列社会的影响力巨大。

2. 行政领袖

作为沙斯党的精神领袖，奥维迪亚·优素福拉比头顶至尊的光环统筹全局，他虽不出任具体职务但赋予党内行政领袖以组织领导力与决策合法性。在优素福拉比去世之前，沙斯党的行政领袖接受他的提拔与任免，负责在以色列社会与政坛动员民众，执行具体的党纲政策。简言之，沙斯党的行政领袖是优素福拉比在以色列社会推动并"恢复古老遗产应有荣誉"的得力助手。行政领袖服从优素福拉比的权威，其在政治与社会工作中运用恰当的行动策略尽力地落实精神领袖的裁决。1984~2022年，沙斯党共有过三任行政领袖，他们既是党纲政策的执行者，也是群众队伍的营建者，更是犹太教传统价值观的捍卫者。

沙斯党的第一任行政领袖是伊扎克·佩雷茨（Yitzhak Peretz）拉比。他于1938年出生在摩洛哥，1950年移民以色列，1962~1984年担任赖阿南纳① （Ra'anana）的首席拉比。佩雷茨拉比是沙斯党的初创者之一。因优素福拉比决定其在结束全国塞法尔迪首席大拉比的10年任期后不再担任任何行政职务，遂推举塞法尔迪正统派内资历较深的佩雷茨拉比出任沙斯党的行政领袖。此后，佩雷茨拉比领导沙斯党参加1984年全国议会大选，加入了利库德集团组建的联合政府，他在内阁担任内政部部长。佩雷茨拉比以正统主义著称于政坛，他坚定地捍卫正统派犹太教的价值观与生活方式。虽说佩雷茨拉比担任沙斯党的行政领袖时间较短，但任内其相关言论却激化了以色列社会世俗与宗教之间的矛盾。1987年，佩雷茨拉比辞去内政部部长一职，缘由是以色列最高法院裁定一位遵照改革派仪式皈依犹太教的妇女为犹太人。他还将一起造成22名小学生去世的车祸归咎于学校正门美祖扎赫②摆放不当，这在以色列社会掀起轩然大波。此外，佩雷茨拉比时常对世俗精英阶层冷嘲热讽。在沙斯党的竞选视频中，他宣称一位饱含泪水亲吻《托拉》的塞法尔迪妇女比40位相信人类由猿进化而来的大学教授更值得尊重。佩雷茨拉比的言论集中体现了沙斯党的正统派宗教

---

① 以色列中央大区的城市，毗邻卡尔萨巴和赫兹利亚。2017年，该市人口为72810人，绝大多数居民为土生以色列人，但移民主要来自美洲和欧洲。

② 美祖扎赫（Mezzuzah，意为"祝福"）作为随时提醒犹太人上帝存在与上帝诫命之物，是犹太人家的标志。美祖扎赫圣卷是一个仅有几厘米见方的长方形小羊皮卷，其中写有表达犹太人一神论的上帝观的经文。参见黄陵渝《犹太教》，第173页。

政党的特性，即与沙斯党维护犹太教的正统信仰与生活方式的基本信念与终极目标相吻合。在世俗与宗教两大阵营激烈碰撞的以色列社会，沙斯党的行政领袖站在了双方交锋的最前沿，毫无顾忌地以犹太正统派价值观代言人与捍卫者的角色向世俗主义精英发起挑战，进而引导普罗大众回归犹太教。

阿耶·德瑞（Aryeh Deri）是沙斯党的第二任行政领袖。自沙斯党成立起，德瑞即博得了优素福拉比的青睐与信任[①]；优素福拉比去世后，他当之无愧地成为当前沙斯党最具领导力的领袖。德瑞于 1959 年出生在摩洛哥，1968 年随父母移民以色列，1988 年接替佩雷茨拉比任内政部部长，正式担任沙斯党的行政领袖，同时也是以色列历史上最年轻（29 岁）的部长。出任行政领袖后，德瑞将自己描述为优素福拉比的"使者"与忠实的仆人，坚称面对拉比的裁决必将恪守不渝。[②] 德瑞对优素福拉比的谦逊服从态度在很大程度上符合正统派宗教政党的政治观念。毕竟，在塞法尔迪正统派的沙斯党选民看来，大拉比具有上帝恩赐的神圣权威，无论其政治裁决意见是否受欢迎，但他们都希望行政领袖能够表现出对精神领袖的敬意。除了在公众场合[③]礼节性地表达对大拉比的敬意之外，德瑞也致力于实现优素福拉比的终极理想。为此，作为行政领袖，德瑞可以自主选择在以色列政坛与社会开展各类具体活动所需的策略。

与首任行政领袖佩雷茨拉比相比，德瑞在以色列政坛强调务实主义，这主要表现为他引导沙斯党积极进取地参政议政。1989 年，德瑞曾言明："我们正统派政党要参与国家的任何决策，也应当成为国家权力中心的一部分。"[④] 在德瑞看来，沙斯党在以色列的政治参与中不应仅关注宗教事务，还要全面地涉足社会、经济与外交等多方面事务。实质上，德瑞积极

[①] 优素福拉比与德瑞之间的亲密关系可追溯至德瑞在犹太经学院求学期间。那时，德瑞与优素福拉比之子大卫结为密友，同时德瑞也担任优素福拉比幼子的导师。德瑞早年间即精通犹太学术与政治活动，完全忠于优素福拉比。两人结为政治知己，共同策划了沙斯党的成立。参见 Etta Bick, "The Shas Phenomenon and Religious Parties in the 1999 Elections," *Israel Affairs*, Vol. 7, No. 3 (2000), p. 73。

[②] Etta Bick, "The Shas Phenomenon and Religious Parties in the 1999 Elections," *Israel Affairs*, Vol. 7, No. 3 (2000), p. 75.

[③] 譬如在沙斯党的电视竞选广告中，德瑞总是恭敬地向优素福拉比鞠躬，亲吻他的手，大拉比则热情地接纳德瑞的敬意。此外，德瑞小心翼翼地在所有公开声明中附加上免责声明，申明他并非沙斯党的（真正）领导人，而只是优素福拉比的仆人。

[④] David Lehmann and Batia Siebzehner, *Remaking Israeli Judaism: The Challenge of Shas*, p. 136.

的参政意向与优素福拉比试图依托恢复塞法尔迪正统派的犹太价值体系进而重塑东方犹太社群的终极目标相契合。[①] 然而，若要实现优素福拉比复兴塞法尔迪正统派宗教体系的理想，基础即在于营建一套独立且系统的宗教教育体系，但此庞杂的社会工程需依托实在的政治权力。换言之，德瑞之所以领导沙斯党积极地参与以色列政治，根本目的在于通过参与联合政府为沙斯党旗下各机构的顺利建设提供便利。[②]

此外，在以色列社会动员群众参与选战时，德瑞在20世纪90年代中后期为沙斯党确立了民众主义[③]的行动路线。民众主义是德瑞精心设计的用以吸引贫弱化的东方犹太社群拥护沙斯党的竞选策略，旨在唤起东方犹太人在以色列社会遭受不公与歧视待遇的愤恨心理，进而引导东方犹太人脱离对世俗精英以及阿什肯纳兹正统派的依赖与支持。譬如，1999年，德瑞将关涉其自身腐败案件的审判结果[④]推向民间舆论，在东方犹太社群中引发了"高等法院量刑过重，世俗主义精英对塞法尔迪正统派怀有偏见"的不满情绪。德瑞"自毁形象"的策略在短期内确实有效，民众主义路线收揽了广大东方犹太选民的同情；但长远来看，德瑞腐败案着实将使沙斯党陷于以色列政坛的被动局面，引发右翼宗教政党与左翼世俗政党的共同攻讦。[⑤] 因此，当沙斯党在以色列政坛面临危机时优素福拉比挺身而出，证明精神领袖在沙斯党具有至尊地位。为避免德瑞腐败案在以色列社会继续发酵，也为防止此案件进一步亵渎《托拉》声誉，同时更为了坚决捍卫沙斯党在联合政府内业已捞取的政治与经济资本，进而保护并扩大沙斯党营建的宗教教育系统，优素福拉比不得已免除了德瑞的党主席职位，任命

① David Lehmann and Batia Siebzehner, *Remaking Israeli Judaism: The Challenge of Shas*, p. 133.
② David Lehmann and Batia Siebzehner, *Remaking Israeli Judaism: The Challenge of Shas*, p. 135.
③ 民众主义（populism）认为政治精英与民众是彼此对立的两种政治力量，为推动国家的民主化进程，有必要提升民众的政治地位，强化其参政意识。德瑞启用民众主义路线的主旨，一方面是意在削弱以色列社会世俗精英的势力范围，另一方面旨在缩小以色列社会的不公平。关于民众主义参见江时学《别混淆了"民众主义"与民粹主义》，《环球时报》2017年1月17日，第14版。
④ 德瑞在1985~1989年担任内政部长时贪污受贿15.5万美元，这笔公共资金本应用于犹太经学院，他被指责动用这些款项在耶路撒冷购置豪宅。2000年，德瑞被终审判决3年监禁，同时剥夺其10年参政权。但由于他在狱中表现良好，仅服刑22个月后于2002年被释放出狱。参见 "Former Shas Leader to Leave Prison," *BBC News*, July 11, 2002, http://news.bbc.co.uk/2/hi/middle_east/2122057.stm。
⑤ David Lehmann and Batia Siebzehner, *Remaking Israeli Judaism: The Challenge of Shas*, p. 137.

埃利·伊沙（Eli Yishai）担任沙斯党的行政领袖（2000～2013 年）。①

伊沙掌管党务期间，其手中的行政权完全地受到了优素福拉比的限制。相比，在德瑞掌管党务期间，优素福拉比的党务干预度仅限于宗教事务。在德瑞被逐出政坛后，优素福拉比直接总揽沙斯党的行政事务，伊沙仅是其意志的忠实执行者。然而，优素福拉比此举旨在以其精神领袖的权威平息沙斯党内部德瑞派与伊沙派之间的派系斗争。譬如，在沙斯党参与组建巴拉克内阁（1999～2001 年）时，优素福拉比即向所有沙斯党籍议员和党内活跃分子表明态度全力支持伊沙，同时也坚决地压制试图挑战伊沙权威的德瑞派小团体。② 总而论之，在沙斯党的权力体系内，优素福拉比居于权力金字塔的顶层，作为宗教领袖，他以精神领袖的人格魅力统领沙斯党在以色列社会开展复兴塞法尔迪宗教传统的宏大工程，行政领袖在精神领袖与普通民众之间扮演联络者的角色，他们通过悉心地动员群众参与政治，引导民众回归宗教的渠道而忠实地落实精神领袖的意愿。

（二）沙斯党的政治主张

政党的政治纲领是根据"政党所奉行的主义，为适应时代与国家环境的需要，针对现实存在的各项内政、外交、经济、军事、文化等问题，所制定的应对方案和努力目标，它是一个政党政策主张和指导方针的具体体现"③。任何政党都必须设定指导自身行动的政治主张或政治纲领，它具有明显的意识形态倾向。其中，"党的名称是它的最高纲领，是引导政党前进的旗帜"④。显而易见，全名冠为"塞法尔迪圣经保卫者联盟"的沙斯党的终极目标是在以色列社会捍卫犹太正统派的宗教文化与价值观，复兴并传承塞法尔迪犹太遗产。沙斯党在各领域的政治纲领都围绕着犹太教价值观来叙述，而精神领袖优素福拉比则为沙斯党的党纲和政策提供法理性的诠释。具体而言，沙斯党的政治主张主要体现在其内政策略和在巴以问题上的立场两个方面。

---

① 2012 年底，德瑞在 10 年参政禁期结束之后重回沙斯党，党内排位仅次伊沙位列第二位。2013 年 5 月，他重新被优素福拉比任命为党主席。截至 2022 年 5 月，沙斯党仍由德瑞掌管。
② Etta Bick, "A Party in Decline: Shas in Israel's 2003 Elections," *Israel Affairs*, Vol. 10, No. 4 (2004), p. 107.
③ 周淑真：《政党政治学》，第 91 页。
④ 周淑真：《政党政治学》，第 91 页。

1. 沙斯党的内政策略

如何应对犹太复国主义是以色列所有政治组织都无法回避的一个基本问题，而对犹太复国主义的认知态度则直接框定了各政党在其他内外事务方面出台何种性质的党纲政策。如前所述，面对犹太复国主义，正统派犹太教政党阵营中既有严苛的反对派，又有温和的支持者。但在某些拥护犹太复国主义的宗教政党看来，以色列国家发展的基本原则应不违背《托拉》，他们主张以色列社会要弘扬传统的犹太教价值观，公民应遵行犹太律法。与母党以色列正教党非犹太复国主义的性质不同，沙斯党是归属犹太复国主义阵营的宗教政党。2010 年，沙斯党认同《新耶路撒冷纲领》（New Jerusalem Program）[1] 所宣称的以色列国在全世界犹太民族中具有向心性以及耶路撒冷是以色列国不可分割的首都等原则，由此成为第一个加入世界犹太复国主义组织（WZO）的正统派宗教政党。[2] 但沙斯党秉承宗教犹太复国主义的理念。因此，优素福拉比既认可现代以色列国家的存在价值，又宣称犹太律法具有不可撼动的神圣地位。就现代以色列民族国家建构应秉持何种理念而言，"优素福拉比将犹太律法视为塑造以色列犹太集体身份的基本原则，认为它才是以色列作为犹太国家的合法根基"[3]。依据优素福拉比的裁决，沙斯党坚定地认为以色列民族国家建构的终极目标应是塑造一个正统的犹太社会，即践行犹太教的生活方式，传承犹太人的传统价值观。不可否认，沙斯党是以正统犹太价值观为基准审视以色列社会事务。

总体而言，沙斯党在以色列内政方面关注两大议题，它既倡导捍卫犹太教传统又关切社会经济问题。全面理解犹太教的内涵是深入认识沙斯党政治主张的必要基础。"犹太教"（Judaism）一词源于西方基督教学术背景，本意指犹太人的神学思想体系。显然，此内涵极为狭隘，颇为不妥。在犹太人看来，除宗教神学的含义之外，"犹太教"更为强调日常行为而

---

① 《耶路撒冷纲领》最初于 1951 年第 23 届世界犹太复国主义大会通过，后于 1968 年第 27 届世界犹太复国主义大会修订，现行版本于 2004 年 6 月在世界犹太复国主义总理事会上进行了修订。《耶路撒冷纲领》主要内容为全世界所有犹太复国主义者就在以色列地建立犹太民族家园所一致认同的基本原则与终极理想。参见 "Zionism and the Jerusalem Program," American Zionist Movement, https://www.azm.org/zionism-and-the-jerusalem-program。

② Hilleh Fendel, "Hareidi Party Joins WZO, Former MK Yigal Bibi Will Represent," *Arutz Sheva*, January 20, 2010, http://www.israelnationalnews.com/News/News.aspx/13561.

③ Shlomo Fischer, "The Rulings of R. Ovadiah Yosef," *Cardozo Law Review*, Vol. 28, No. 1 (2006), p. 232.

非教义本身，即重视行为准则与生活方式。简言之，犹太教包括了犹太民族全部的思想文化以及深刻影响犹太人内在生活的现象。[①] 在犹太正统派看来，犹太人在日常生活中是否践行犹太律法是甄别犹太身份的重要依据，但倘若去除了犹太教，犹太民族只是一个没有灵魂的躯壳。作为正统派宗教政党，沙斯党认定犹太教必须成为犹太复国主义的核心，它期望着以色列社会能够回归犹太教，在国家政治、社会乃至私人生活中都要遵循正统派的犹太律法。

在以色列社会事务中，复兴犹太价值观、捍卫犹太教传统是沙斯党关注的永恒主题。但它在以色列社会推动复兴正统派犹太传统的实际宣传中，沙斯党既体现了犹太正统派宗教政党的普遍特征，又彰显了塞法尔迪正统派的独特性。与其他宗教政党一样，沙斯党也号召犹太人在日常生活的各方面都要遵行犹太律法的基本原则，抨击任何违逆犹太传统价值观的现代社会怪象，严苛地指责不践行犹太律法的世俗主义者。譬如，沙斯党极力谴责同性恋，它通过议员组织活动及尝试议会立法的方式来抵制违背犹太传统价值观的同性恋。正统派犹太教认为结婚组建家庭并生育子女是人人都应遵行的宗教义务。优素福拉比认为，婚姻家庭承载着犹太民族延续与发展的神圣义务，倘若男子不结婚并逃避繁衍后代的义务与杀人犯无异。在沙斯党看来，同性恋者违背了人类生育繁衍的自然规律，从而对此大加批判。沙斯党籍议员尼西姆·兹维（Nissim Ze'ev）指责同性恋将以色列社会和犹太民族带上了自我毁灭的轨道。2008 年，沙斯党议员还联同全国宗教党议员提出修订《耶路撒冷城市基本法》的议案，以阻止同性恋者在耶路撒冷市域辖区内进行光荣大游行。[②] 反同性恋是沙斯党在以色列社会捍卫犹太传统价值观的典型案例。在以色列的社会交往中，现代世俗价值观与宗教政党秉持的犹太教正统理念彼此排斥。

然而，在审视服兵役问题时，沙斯党又凸显了塞法尔迪正统派的温和灵活性。如前所述，与阿什肯纳兹正统派严苛地践行犹太律法不同，塞法尔迪正统派在践行犹太律法时掌握宽容适度的原则。面对现代性新生事

---

① 张倩红、艾仁贵：《犹太文化》，第 20 页。
② Ilan Shahar, "Shas MK: Gays Are Causing Israeli Society to Self-destruct," *Haaretz*, January 29, 2008, https://www.haaretz.com/news/shas-mk-gays-are-causing-israeli-society-to-self-destruct-1.238216.

物，塞法尔迪正统派通常以温和且务实的观点予以审视。以如何看待服兵役为例，沙斯党的政治主张就体现出塞法尔迪正统派的务实主义，既反对强制犹太经学院学生服兵役的立法，但又在一定程度上支持宗教学生服兵役。《现状协议》赋予犹太经学院学生豁免服兵役的"特权"，这为犹太极端正统派逃避服役提供了法理依据。诸多正统派拉比更是认为服兵役有碍于宗教学生集中精力钻研《托拉》，使其无法严格地遵行律法并破坏他们与上帝的直接交流。由此，以《现状协议》为渊源，犹太正统派经学院学生享有兵役豁免权已演变为以色列社会不成文的传统，是宗教势力与世俗势力之间不可回避的斗争焦点。2002 年，以色列议会通过《塔尔法》（*Tal Bill*），第一次用国家法律的形式规定犹太经学院学生在求学期间可豁免兵役，包括沙斯党在内的所有宗教政党投票支持。① 该法案导致越来越多的宗教学校学生拒绝服兵役，这在以色列社会引发了持续至今的争议，世俗政党与宗教政党就此争论不休。2012 年，以色列最高法院裁定《塔尔法》违宪。对此，时任沙斯党主席、以色列内政部部长的伊沙表示："我们将与国防部和司法部共同商讨起草一份规范犹太经学院学生地位的新法律，对犹太教信仰者而言，经学院学生之于犹太民族和以色列国的贡献不言自明。"② 围绕是否应强制犹太经学院学生服兵役这一问题，至今以沙斯党为代表的正统派宗教政党仍坚决地反对讨论此议题。2018 年 7 月，未来党（Yesh Atid）③ 议员在议会推动正式规范经学院学生服兵役的法案，该法案规定国防军针对正统派经学院学生制定年度征兵目标，未能满足征兵目标的经学院将依据法律接受经济处罚。意料之中的是，现任沙斯党主席兼内政部长德瑞对该立法文本表示反对。④

由此看来，沙斯党貌似坚决抵制经学院学生服兵役，但实际上它在宗

---

① Gideon Alon, "Knesset Plenum Passes Tal Bill on Second, Third Readings," *Haaretz*, July 23, 2002, https://www.haaretz.com/1.5191733.

② Aviad Glickman, "High Court Rules against Extending Tal Law," *Ynetnews*, February 22, 2012, https://www.ynetnews.com/articles/0,7340,L-4193034,00.html.

③ 未来党是由亚尔·拉皮德（Yair Lapid）于 2012 年创立的中间派政党，秉持自由主义与世俗主义，在巴以问题上支持两国方案，在以色列社会代表世俗中产阶级利益，它主要关注民生、社会经济与社会治理等问题，目前重点关切政府改革和结束超正统派的兵役豁免权等问题。

④ Raoul Wootliff and Stuart Winer, "Knesset to Vote on Ultra-Orthodox Draft Bill, Splitting Coalition and Opposition," *The Times of Israel*, July 2, 2018, https://www.timesofisrael.com/knesset-to-vote-on-ultra-orthodox-draft-bill-splitting-coalition-and-opposition/.

当代以色列：多元表达与社会张力

教学生是否应服兵役的问题上表现为务实主义。党的精神领袖优素福拉比以辩证视角审视正统派宗教学生服兵役的问题。一方面，他认为正统派宗教学生的职责是集中精力研习犹太律法，传承犹太传统文化与价值观，为保卫民族的生存提供精神武器。优素福拉比曾言："《革马拉》的每一页都是枪杆子，《圣经·诗篇》中的每一章节都是导弹。"[1] 他将宗教学生的学术钻研与军队的搏命战斗视为同等价值的存在，也强调研习《托拉》能为战斗中的国防军带来好运。言外之意，优素福拉比赞成保留对正统派宗教学员的兵役豁免权。[2] 另一方面，优素福拉比将以色列参与的战争定性为犹太律法认可的防御性战争。这表明他并不拒斥正统派宗教学生参与服兵役，在他看来，服兵役虽说不是宗教学生的首要工作，却是紧急状态下的必需任务。2002 年逾越节期间，以色列国防军在西岸地区执行"防御盾行动"，优素福拉比向沙斯党旗下所属经学院学生发布紧急召集令："他们将要战斗，你们还要继续度假吗？"[3] 与圣经犹太教联盟（United Torah Judaism）[4] 相比，沙斯党能够务实地审视宗教学生服兵役的问题，这与阿什肯纳兹正统派严苛死板的态度形成了鲜明对比。以第 20 届议会为例，所有沙斯党现任议员都有服兵役的记录，但仅有 2 位服过兵役的圣经犹太教联盟议员。[5] 德瑞曾表明正统派宗教学生拥有是否服兵役的自主选择权，但那些重新践行犹太律法的宗教回归者应继续留在军中服役。[6] 简而论之，在服兵役的问题上，沙斯党坚持温和的中立态度，他们不反对宗教学生服兵役，但坚决反对国家通过立法的强硬形式要求正统派宗教学生服役。

除了倡导捍卫犹太教传统之外，沙斯党在内政方面的另一个重要纲领是关注社会贫困弱势群体。这是沙斯党与贫弱化的东方犹太社群相结合的必然要求与逻辑结果。社会公正与回归宗教是沙斯党奋斗的两大终极目

① David Lehmann and Batia Siebzehner, *Remaking Israeli Judaism: The Challenge of Shas*, p. 54.

② Rabbi Pinchos Lipschutz, *Rav Ovadiah Yosef*, p. 34.

③ Shahar Ilan, "The Haredi Security Doctrine, "*Haaretz*, July 21, 2002, https://www. haaretz. com/ 1. 5203246.

④ 圣经犹太教联盟，1992 年由以色列正教党与摩西五经旗帜党合并而成，是当今以色列政坛典型的阿什肯纳兹正统派宗教政党，致力于维护阿什肯纳兹正统派利益，捍卫正统派犹太律法，秉持非犹太复国主义与宗教保守主义的意识形态。

⑤ "Knesset Members by Parliamentary Group, "Current Knesset Members of the Twentieth Knesset, The Knesset, https://knesset. gov. il/mk/eng/mkindex_current_eng. asp?view = 1.

⑥ David Lehmann and Batia Siebzehner, *Remaking Israeli Judaism: The Challenge of Shas*, p. 88.

标。自利库德集团执政以来，自由资本主义主导以色列经济的航向，全球化、自由竞争以及福利机构私有化等理念在以色列酿成了诸如贫困率与日俱增、两极分化日趋严重等社会问题。沙斯党就此认为以色列的社会经济秩序应彰显平等、慈善、同情以及互助等犹太教的基本价值观。[①]

为解决以色列社会的不公平，沙斯党一方面积极推动相关立法，另一方面也批评政府消极不作为。沙斯党倡导为贫困家庭提供经济援助的社会保障性立法，为此它寻求极端正统派政治盟友的支持。2000年，沙斯党与圣经犹太教联盟共同促使议会通过了《大家庭法》（the Large Families）。该法案规定，拥有5个甚至更多子女的家庭将从国民保险机构领取额外补助，用于抚养家中排行第五及之后的子女。[②] 2002年，鉴于以色列经济形势不景气，最终工党领袖本雅明·本·埃利泽（Binyamin Ben-Eliezer）施压沙龙政府废除了《大家庭法》。时任沙斯党主席伊沙声称工党蛊惑人心，指责"工党正竭力撤销国家财政预算依然囊括的社会福利支出，而不是争取征收资本所得税以减少社会差距"[③]。显然，沙斯党主张通过提高对富裕阶层的征税率而推进社会财富的再分配。当贫弱家庭的应得利益受损时，沙斯党据理力争，甚至以对抗、威胁政府为手段。在《大家庭法》被废止后，沙斯党认为以色列政府"正在伤害贫穷无力的家庭"，社会不公有增无减。2013年，以色列财政部决定削减儿童补助金数额，规定每个家庭只能为2003年后出生的每个子女每月领取140新谢克尔（约40美元）的补助金；但新规出台之前，每个家庭可为第二、第三、第四个子女每月领取263新谢克尔（约74美元），而第五个及之后的子女可每月领取175新谢克尔（约50美元）。[④] 党主席德瑞对该政策极为不满，认为它不顾及每个家庭的子女数量与收入水平，这将致使东方犹太家庭尤其是正统派家庭陷

① Dani Filc, *The Political Right in Israel: Different Faces of Jewish Populism*, Abingdon: Routledge, 2010, p. 97.

② 具体而言，《大家庭法》将为家中排行第五及之后的子女提供补助。例如，一个拥有5个子女的大家庭每月领取的补助由1959新谢克尔增长为2232新谢克尔，而拥有8个子女的家庭每月领取的补助由3799新谢克尔增长为4799新谢克尔。法案还规定生育5个及更多子女的母亲领取的个人补助增加两倍。参见 Etta Bick, "A Party in Decline: Shas in Israel's 2003 Elections," *Israel Affairs*, Vol. 10, No. 4(2004), p. 113。

③ Moti Bassok and Zvi Zrahiya, "Labor Again Affirms Budget Compromises," *Haaretz*, January 25, 2002, https://www.haaretz.com/1.5334711.

④ Attila Somfalvi, "Deri: We Won't Forgive PM for Child Stipend Cuts," *Yentnews*, August 20, 2013, https://www.ynetnews.com/articles/0,7340,L-4420037,00.html.

入贫困。德瑞极力谴责内塔尼亚胡政府邪恶无德，欠缺同情心，乃至丧失了继续存在的合法性。近二三十年，以色列社会贫富差距在自由主义经济危机的周期性冲击下越发扩大，沙斯党呼吁国家应探求一条惠及贫弱群体的包容性经济发展模式。

除了在联合政府与议会等国家机关内推动社会公正以外，沙斯党还独立提出"社会路线图"计划，旨在消除以色列社会的贫困与不公。沙斯党借助自身坐拥某些内阁部长之利，授权相关部门出资在新兴城镇和贫穷城市社区，尤其集中在因工厂倒闭而严重失业的衰败地区设立一系列囊括教育、宗教与慈善等机构的社会福利协会。协会具体的管理工作由沙斯党志愿者负责，主要为处于社会弱势地位的东方犹太人提供改善生活水平、提升就业技能的机遇。① 譬如，福利协会通常在新兴城镇和城市社区设立施舍处，为生活于贫困线以下的居民提供服务，而需要救济的老年人，施舍处会每天为他们提供一次营养餐；还在逾越节前，通过"逾越节面粉"（Flour for Passover）基金为 2 万余户家庭提供慈善服务；每周向急需生活救济的穷人发放食物篮。此外，沙斯党还在其位于耶路撒冷的党总部设立专职的公共援助办公室，每年会收取数千份希望获取工作、住房、医疗和福利等各方面援助的申请。最终，此类申请文件将交付给沙斯党控制的相关政府部门，或直接通过政府得到帮助，或转移至隶属沙斯党的福利协会。然而，当沙斯党掌控劳工与社会福利部时，它重新划定了政府为福利协会提供资助的标准，以使隶属自身的协会受益。② 沙斯党主张建构服务于劳苦大众的福利体系，广泛地编织了沙斯党与贫弱化的东方犹太社群相互依赖的关系网，实际上无形中宣传了反世俗精英的民众主义话语。

综上所述，沙斯党在内政事务中主要突出捍卫犹太教传统与社会公正两大议题。其中，虽说捍卫正统派犹太教的传统价值观是沙斯党最核心的利益诉求，但它烙有塞法尔迪正统派的温和性印记；尽管社会公正符合犹太传统价值观，但沙斯党体恤民情的策略在很大程度上是为全国大选的政治博弈储备群众基础而有意为之。

---

① Omar Kamil, "The Synagogue as the Civil Society, or How We Can Understand the Shas Party," *Mediterranean Quarterly*, Vol. 12, No. 3(2001), p. 138.
② Etta Bick, "A Party in Decline: Shas in Israel's 2003 Elections," *Israel Affairs*, Vol. 10, No. 4 (2004), p. 114.

2. 沙斯党在巴以问题上的立场

在沙斯党的政治纲领中，宗教与社会议题占据主导地位，涉外事务则退居次席。① 关于涉外事务，沙斯党只关注巴以问题。面对巴以问题的动态走向，沙斯党能够根据以色列所处的具体战略环境，提出相对灵活性的主张与策略，沙斯党也因此间或地被誉为温和"鸽派"，其在巴以问题的灵活性立场缘于精神领袖优素福拉比温和性的犹太律法观念。

在巴以问题上，沙斯党的关注点主要集中于巴勒斯坦被占领土及犹太人定居点问题。这也是以色列宗教政党在涉外事务方面表现出的共同特征，宗教政党的介入导致巴以问题的解决前景扑朔迷离。1967 年"六日战争"后，以色列占领了西奈半岛、加沙地带、戈兰高地、耶路撒冷老城，以及被犹太人称为犹地亚和撒玛利亚的西岸地区。② 犹太教"应许之地"的理念召唤着正统派民众奔赴巴勒斯坦被占领土建立定居点。为有效改善国家的安全局势，以色列政府准许在巴勒斯坦被占领土建立大批具有战略价值的定居点。由此，巴勒斯坦被占领土及犹太定居点问题不仅成为阻碍巴以和谈的棘手问题，也成为以色列国内各派政治斗争关注的永恒焦点。以 1993 年《奥斯陆和平协议》为分水岭，以色列政坛围绕巴勒斯坦被占领土议题明显地分化为强硬"鹰派"与温和"鸽派"两个立场截然相反的阵营，正统派宗教政党无一例外地都卷入进这场争论的旋涡中。由于"应许之地"理念根深蒂固的影响，同时又因定居点给宗教政党及其选民带来了实际利益，宗教政党几乎都归属"鹰派"阵营。

然而，与其他宗教政党相比，沙斯党却独树一帜，它时常以温和的视角审视巴以问题，适时地赞成"以土地换和平"。③ 这种"另类"立场的渊源在于精神领袖优素福拉比理性地根据以色列具体的国家地缘局势，适时地援引"保护生命"④ 的犹太律法，从而为沙斯党奠定了务实主义的理论基础。《塔木德》将"保护生命"的律法诠释为犹太人应当依据《托

① Ephraim Yuchtman-Yaar and Tamar Hermann, "Shas: The Haredi-Dovish Image in a Changing Reality," *Israel Studies*, Vol. 5, No. 2(2000), p. 32.
② 犹地亚和撒玛利亚地区为犹太教"应许之地"——"迦南地"的核心部分。
③ 这与阿什肯纳兹派主导的全国宗教党对巴立场形成了鲜明对比，全国宗教党的历任大拉比裁定在任何情况下禁止自愿将巴勒斯坦领土移交给非犹太人。
④ "保护生命"的律法源自《利未记》第 18 章第 5 节："你们应当恪守我制定的律法和准则，如果人们遵行，便得以生存：我是上帝。"

拉》律法而生，而不是因《托拉》律法而死。换言之，"保护生命"强调
个体生命的得救比遵行其他任何律法都重要且更有意义，不能因遵行律法
而丧失性命。在此基础上，优素福拉比拓展性地诠释了"保护生命"的律
法内涵，他认为个人在面对生命威胁时，可以放弃遵行除禁止偶像崇拜以
及禁止通奸与谋杀以外的所有律法。① 优素福拉比将"保护生命"的律法
迁移运用到巴以问题，他认为"由于保护人类生命是最高的宗教义务，应
该用土地换取可持续的和平。以色列有义务保护国民……如果以色列不归
还巴勒斯坦被占领土，随即存在阿拉伯邻国（发动战争的）危险；如果将
这些土地予以归还，就可避免战争危险，并可能赢得永久和平……没有什
么比拯救生命更重要"②。1979 年，时任全国塞法尔迪首席大拉比的优素福
第一次将"保护生命"的律法运用到政治实践，在很大程度上安抚了以色列
正统派群体接受撤离西奈半岛的现实，得以推动埃以签署《戴维营协议》。③

沙斯党成立后，党在结合选民与谋取政治利益等现实目标的驱使下以
"保护生命"的律法为准则具体地调适它对巴以问题的主张。换言之，沙
斯党不得不在持强硬立场的选民与参与联合政府对巴方让步谈判的意愿之
间小心行事。毕竟在以色列社会，就巴勒斯坦问题持强硬立场的鹰派选民
群体主要为塞法尔迪极端正统派与阿什肯纳兹极端正统派。总体而言，拥
护沙斯党的选民群体大多在政治光谱中明显地偏右，大多数反对《奥斯陆
和平协议》。据泰米·施泰因梅茨中心（Tami Steinmetz Cetre）发布的和平
研究报告（1994~1999 年），只有 18% 的沙斯党选民支持《奥斯陆和平协
议》，但全国总人口中却有 44% 的比例支持和平协议；71% 的沙斯党选民
认同以色列无法承担建立独立巴勒斯坦国的后果这一观点，而全国人口中
的相应比例为 52%。④ 个人犹太教价值观的践行程度与其对巴勒斯坦问题
的强硬倾向呈明显的正相关，该数据分析符合沙斯党以塞法尔迪正统派选

---

① Ezra Kopelowitz and Matthew Diamond, "Religion That Strengthens Democracy: An Analysis of Religious Political Strategies in Israel," *Theory and Society*, Vol. 27, No. 5(1998), p. 691.

② Lazar Berman and Stuart Winer, "5 of Ovadia Yosef's Most Significant Halachic Rulings," *The Times of Israel*, October 9, 2013, https://www.timesofisrael.com/5-of-ovadia-yosefs-most-significant-halachic-rulings/.

③ Ephraim Yuchtman-Yaar and Tamar Hermann, "Shas: The Haredi-Dovish Image in a Changing Reality," *Israel Studies*, Vol. 5, No. 2(2000), p. 32.

④ Etta Bick, "A Party in Decline: Shas in Israel's 2003 Elections," *Israel Affairs*, Vol. 10, No. 4 (2004), p. 115.

民为主体的现实状况。20 世纪 90 年代中后期，在沙斯党吸纳了大批传统的、世俗的东方犹太选民后，其选民群体的鹰派指数又略有降低。总体而言，沙斯党的选民在政治立场上比工党和利库德集团的选民群体更为鹰派，但与全国宗教党和圣经犹太教联盟的支持者相比却又偏向鸽派。面对以强硬派为主体的选民，优素福拉比与沙斯党不得不隐晦性地践行"保护生命"的律法，进而灵活自如地加入左派或右派联合政府。

　　作为宗教政党，沙斯党是利库德集团亲密的政治盟友，它从未缺席利库德集团组建的联合政府。而且，沙斯党也是为数不多能够加入工党联合政府的宗教政党。① 这主要缘于它在巴以问题上的温和立场。在冷战终结以及 1991 年海湾战争结束后地区安全局势趋于缓和的大背景下，中东和平进程再次被提上了政治议程。沙斯党赞成拉宾总理倡导的"以土地换和平"策略，支持工党政府同巴解组织进行和谈。然而，为避免招致其鹰派选民的不满，沙斯党以谨慎隐晦的方式助力工党政府推行"以土地换和平"的进程。1993 年 9 月，以色列政府与巴解组织签署《奥斯陆协议（第一阶段）》（*Oslo I Accord*）。在议会的表决投票中，沙斯党在不影响协议通过的情况下投出弃权票。对此，《国土报》② 时评高度赞扬："德瑞的沙斯党不是一个左翼政党，但它……克制不要去毁坏《奥斯陆协议（第一阶段）》。"③ 然而，沙斯党赞成的"以土地换和平"策略基于一个先决条件，即"和平"是指日可待的且能建立在巴以双方互有诚意的基础之上。优素福拉比坦言："只有在充分的国际保证下，在阿拉伯人彻底地放弃骚乱而与我们共建真正和平的前提下，我们才有撤离被占领土的意愿。"④ 实质上，在优素福拉比看来，"以土地换和平"要基于以色列能够确保得到较高的安全保障系数，沙斯党在巴以问题上的主张与"以安全换和平"的理

---

① 自 1992 年至今，工党共组阁 2 次，分别是伊扎克·拉宾（1995 年 11 月拉宾遇刺后，西蒙·佩雷斯接任总理）组建的第 25 届（1992～1996 年）联合政府，以及埃胡德·巴拉克组建的第 28 届（1999～2001 年）联合政府。沙斯党参与了这两届工党联合政府。在第 25 届联合政府中，沙斯党是唯一的宗教政党；在第 28 届联合政府中，除沙斯党之外，宗教政党阵营中只有全国宗教党参与组阁。参见以色列议会官网，https://www.knesset. gov. il/govt/eng/GovtByNumber_eng. asp? govt = 25。

② 《国土报》（*Haaretz*），创刊于 1918 年，是目前以色列刊行时间最长的报纸。它在以色列国内与国际问题上均持中左翼立场，与工党立场接近。

③ Hillel Fendel, "Deri's Oslo Record Comes Back to Haunt Him," *Israel National News*, September 10, 2008, https://www.israelnationalnews. com/News/News. aspx/127568.

④ Rabbi Pinchos Lipschutz, *Rav Ovadiah Yosef*, p. 31.

当代以色列：多元表达与社会张力

念颇为接近。这预示着沙斯党会依据国家具体的安全形势出台理性务实的巴以问题主张。

然而，《奥斯陆协议（第一阶段）》的签署并未按部就班地推进中东和平进程。1995年11月，拉宾总理遇刺身亡后，巴以和谈渐趋陷于停滞，西岸地区的犹太定居点几乎暴增两倍，巴勒斯坦激进组织哈马斯的自杀式袭击以及以色列军方开展的报复行动致使和谈难以为继。中东和平进程似乎陷入了"和平果实越大，反和平的逆流就越盛"①的怪圈，这为巴以和谈的前景蒙上了阴影，优素福拉比不得不对巴以问题的出路做出新的判断。他认为在巴以和谈中，以色列如果没有可以信赖的谈判方，盲目地撤出被占领土将酿成苦果。他在写给约旦河西岸犹太人定居者的信中写道："由于局势突变，《奥斯陆协议》已失效，若此时将军事力量从圣地撤离，那将对犹太人的生命产生极大威胁。"②优素福拉比话锋一转，沙斯党在巴以问题上的立场随即回归右翼，反对任何在约旦河西岸冻结犹太人定居点的议案。1996年，沙斯党常规性地入驻利库德联合政府。然而，加入右翼 - 鹰派联合政府并不意味着沙斯党在巴以问题上彻底地摒弃了温和性态度，优素福拉比依然援引"保护生命"的律法协助内塔尼亚胡政府适时地展开和谈。沙斯党支持议会通过了内塔尼亚胡政府与巴勒斯坦权力机构签署的《希伯伦协议》和《怀伊备忘录》，两项协议均涉及以色列从约旦河西岸撤军的内容。不可否认，沙斯党在此进程中发挥了重要作用，正如德瑞所言："工党意欲缔结和约，但不可能；利库德能够打造和平，但不清楚是否需要。这就是我们加入联合政府的原因所在。我们一直鼓励内塔尼亚胡去缔结和约。"③然而，在2000年第二次因提法达爆发，以及2005年以色列从加沙单边撤离而引发哈马斯火箭弹袭击时，优素福拉比又依据现实的威胁而裁定禁止沙斯党倡议的对巴方让步主张。

纵观沙斯党在巴以和谈进程中的立场演变，不难发现它频繁地在左翼温和派与右翼强硬派之间灵活地切换身份。实质上，德瑞对此进行了诠释："沙斯党既非右翼，亦非左翼，只是（我们的）政治观点源于优素福拉比裁定的犹太律法……我们秉持的不是政治意识形态，而是基于犹太律

① 张倩红：《以色列史》（修订本），第429页。

② David Lehmann and Batia Siebzehner, *Remaking Israeli Judaism: The Challenge of Shas*, p. 131.

③ Graham Usher, "The Enigmas of Shas," *Middle East Report*, No. 207(1998), p. 35.

法的意识形态，即它信奉人类的神圣性高于土地的神圣性。"①

（三）沙斯党的政治参与

政党是特定社会群体的利益代言人，它与群众的结合使其成为高度组织化的政治行为体。在议会民主制度的框架内，政党通过议会选举的方式进入政治过程，继而参与国家权力的运作以主导或影响政治过程。② 在以色列，比例代表制③造就了议会党派林立的繁杂局面。就小党而言，参与联合政府是其影响国家政治过程的有效渠道。自 1984 年成立以来，沙斯党积极地参与历届议会大选并多次参与联合政府。依托议会民主制，在全国议会大选中，贫弱的东方犹太人通过投票支持沙斯党以表达自身的利益诉求；在联合政府中，沙斯党通过把持与自身利益攸关的部门而谋取宗教利益。

1. 议会选举与竞选策略

哈全安教授在分析中东政治的现代化进程时，敏锐地提出了"统治模式决定民众的反抗模式"的重要论断。稳定开放的议会民主体制为以色列社会各阶层提供了可以自由表达政治意愿的渠道。如前所述，20 世纪七八十年代，贫弱的东方犹太人摒弃了议会外的暴力反抗模式，转而选择了议会内的和平反抗模式，旨在有效地表达其长期陷于以色列社会边缘地位的愤恨情绪。沙斯党与东方犹太社群相辅相成、彼此成就的现象依托议会民主体制展现得淋漓尽致。这具体表现为在新兴城镇与城市衰败社区，沙斯党运用依持主义的策略与东方犹太人互动，由此为东方犹太社群建构了"区块自治"④式的社会福利体系，最终东方犹太人通过在议会大选中以选票的形式反哺沙斯党。

沙斯党的成立缘于阿什肯纳兹正统派针对塞法尔迪正统派的歧视，但它

① Asher Zeiger, "Shas Will Support Territorial Concessions in Future Peace Deal, Asserts one of Party's Leaders,"*The Times of Israel*, January 3, 2013, https://www. timesofisrael. com/shas-will-support-territorial-concessions-in-future-peace-deal-asserts-one-of-partys-leaders/.

② 孙关宏、胡雨春、任军锋主编《政治学概论》，复旦大学出版社，2003，第 269 页。

③ 比例代表制，即议会民主政治中通过选举分配政党议席方法。它以每个参选政党所得选票占全部选票的百分比分配政党应得议会席位，从而保证反映多元社会的不同意见。

④ "区块自治"是美国学者阿伦·利普哈特在《多元社会中的民主：一项比较研究》中提出的概念，即在族群多元化的国家，各族群会以自组织地方式形成文化同质、移民背景趋同、经济状况接近的社群区块，每个区块则会在经济生活、文化活动乃至政治参与过程中体现出高度的自治性，而国家的大联合政府通常由重要区块的政治领袖组织形成。

当代以色列：多元表达与社会张力

的发展壮大则是贫弱的东方犹太人对其社会处境不公而愤然反抗的结果。换言之，决定沙斯党在议会选举中能否取得成功的关键因素是它能聚拢多少东方犹太选民。需予以注意的是，沙斯党的核心选民群体是在日常生活中践行犹太律法的塞法尔迪正统派，他们视优素福拉比为拥有绝对权威的精神领袖，严格地遵从他依据犹太律法进行政纲裁定的权威意见，但该群体人口数量较少。他们是 1984 年沙斯党成立时的原始支持者。显然，选民规模有限的塞法尔迪正统派不足以支撑沙斯党在以色列政坛的崛起。1999 年，沙斯党处于鼎盛时期（见表 2 – 1、表 2 – 2），据其发言人伊扎克·苏迪瑞（Itzik Sudri）透露该群体贡献的选票数量约为 6 万张。① 由此可见，传统的，抑或是世俗的东方犹太人，特别是聚居于新兴城镇的贫弱的东方犹太人是沙斯党在议会大选中极为倚赖的选民群体。总体而言，在 20 世纪 90 年代的三次全国议会大选中，东方犹太人为沙斯党贡献了 74.6% 的选票。② 其中，在1999 年议会大选中，以色列全国约 1/3 的东方犹太选民投票支持沙斯党。③

表 2 – 1　1984 ~ 2020 年以色列宗教政党议会席位一览

单位：席

年份	1984	1988	1992	1996	1999	2003	2006	2009	2013	2015	2019	2020
全国宗教党	4	5	6	9	5	6	9					
犹太家园党								3	12	8	4	
沙斯党	4	6	6	10	17	11	12	11	11	7	9	9
以色列正教党	2	5										
以色列正教工人党	2											
圣经旗帜党		2										
圣经犹太教联盟			4	4	5	5	6	5	7	6	7	7

注：全国宗教党在 2009 年大选时更名为犹太家园党；圣经犹太教联盟在 1992 年大选时由以色列正教党和圣经旗帜党联合组成。

资料来源："Knesset Elections Results," http：//knesset. gov. il/mk/eng/mkindex_current_eng. asp? view = 1。

---

① Etta Bick, "The Shas Phenomenon and Religious Parties in the 1999 Elections," *Israel Affairs*, Vol. 7, No. 3(2000), p. 59.

② Ephraim Yuchtman-Yaar and Tamar Hermann, "Shas: The Haredi-Dovish Image in a Changing Reality," *Israel Studies*, Vol. 5, No. 2(2000), p. 32.

③ Etta Bick, "The Shas Phenomenon and Religious Parties in the 1999 Elections," *Israel Affairs*, Vol. 7, No. 3(2000), p. 56.

表 2 - 2　沙斯党在历届以色列全国议会得票率一览

年　份	政党进入议会门槛（％）	有效得票数（张）	得票率（％）	议会席位（席）
1984	1.0	63605	3.1	4
1988	1.0	107709	4.7	6
1992	1.5	129347	4.9	6
1996	1.5	259796	8.7	10
1999	1.5	430676	13.0	17
2003	1.5	258879	8.22	11
2006	2.0	299054	9.5	12
2009	2.0	286300	8.5	11
2013	2.0	331868	8.75	11
2015	3.25	241613	5.74	7
2019	3.25	330199	7.44	9

资料来源：以色列议会官网，"Knesset Elections Results," *The Knesset*, https://knesset.gov.il/description/eng/eng_mimshal_res.htm。

　　新兴城镇是保证沙斯党崛起的重要票仓。如表 2 - 3 所示，以 1992 年、1996 年、1999 年、2003 年 4 次全国议会大选为例，沙斯党在新兴城镇的得票率几乎是其全国总得票率的两倍。20 世纪 90 年代至 2013 年是沙斯党在以色列政坛崛起的黄金时代，这实质是新兴城镇的东方犹太社群抛弃利库德集团，改换门庭投靠沙斯党的逻辑结果。新兴城镇原属利库德集团的选战大本营，但自 20 世纪 90 年代中后期至 1999 年，利库德集团在此类选区丧失了逾 50% 的选票，虽说其丢失的选票被各政党瓜分，但主要受益者是沙斯党（见表 2 - 4）。以 1999 年全国大选为例，沙斯党风靡绝大多数新兴城镇，其在新兴城镇的平均得票率约为 30% ~ 40%，但它在全国范围内的总体得票率仅为 13%。在新兴城镇集中的南部大区，沙斯党无可争议地成为第一大党，沙斯党赢得了 18% 的选票，第二大党"一个以色列"（One Israel）① 的选票率为 15.6%，而第三大党利库德集团仅获得了 11.7% 的选票。在新兴城镇，沙斯党已成为能够直接挑战利库德集团吸引选民的有力

---

　　①　"一个以色列"党，由前工党领袖埃胡德·巴拉克于 1999 年大选前成立，旨在创造一个更靠近中间派色彩的新工党，从而在东方犹太选民群体中弱化原工党的世俗主义色彩与精英主义的理念。

当代以色列：多元表达与社会张力

竞争者，这在很大程度上缘于新兴城镇的东方犹太选民给予了沙斯党压倒性优势的支持。然而，在除耶路撒冷以外的大城市，特别是特拉维夫和海法都会区，以及基布兹和莫沙夫等社会经济发达且世俗主义价值观占主导的地区，沙斯党的支持率微乎其微。①

表 2 - 3 1992 ~ 2003 年沙斯党在新兴城镇的全国议会大选总体得票率及变化趋势

单位：%

地　区	1992 年得票率	1996 年得票率	1992 ~ 1996 年得票率增长趋势	1999 年得票率	1996 ~ 1999 年得票率增长趋势	2003 年得票率	1999 ~ 2003 年得票率增长趋势
沙斯党全国得票率	4.9	8.74	78.4	13.0	61.3	9.2	- 29.2
沙斯党在全国新兴城镇得票率	9.2	16.0	73.9	23.5	47.0	15.7	- 33.2
奥法基姆（Ofakim）	18.0	24.0	33.3	31.3	30.4	21.8	- 30.4
阿什杜德（Ashdod）	10.1	16.8	66.3	24.1	43.5	14.3	- 40.7
阿什克隆（Ashkelon）	6.0	10.7	78.3	21.3	99.1	12.4	- 41.8
夏琐（Hazor）	2.7	8.0	196.3	12.2	52.5	7.4	- 39.3
奥尔阿基巴（Or Akiva）	10.9	21.0	92.7	21.3	1.4	12.3	- 42.3
奥尔耶胡达（Or Yehuda）	16.4	28.9	76.2	31.9	10.4	20.8	- 34.8
埃拉特（Eilat）	1.3	11.1	753.8	11.8	6.3	7.1	- 39.8
贝特谢梅什（Beit Shemesh）	13.7	19.5	42.3	26.3	34.9	18.4	- 30.0

---

① Etta Bick, "The Shas Phenomenon and Religious Parties in the 1999 Elections," *Israel Affairs*, Vol. 7, No. 3 (2000), pp. 56 - 57.

续表

地　区	1992 年得票率	1996 年得票率	1992~1996 年得票率增长趋势	1999 年得票率	1996~1999 年得票率增长趋势	2003 年得票率	1999~2003 年得票率增长趋势
贝尔谢巴（Beer Sheva）	6.5	13.0	100	22.7	74.6	11.7	−48.5
贝特谢安（Beit Shean）	9.7	21.1	117.5	40.6	92.4	25.4	−37.4
迪莫纳（Dimona）	10.9	27.3	150.5	33.7	23.4	17.0	−49.6
太巴列（Tiberiade）	12.4	20.4	64.5	26.5	29.9	20.1	−24.2
耶鲁姆（Yeruham）	16.6	22.0	32.5	30.1	36.8	15.9	−47.2
亚夫内（Yavne）	7.5	14.5	93.3	22.9	57.9	14.6	−36.2
耶胡德（Yehud）	4.1	10.8	163.4	12.2	13.0	6.9	−43.4
卡尔米埃勒（Karmiel）	2.0	6.2	210	6.6	6.5	3.5	−46.2
卢德（Lod）	5.5	13.0	136.4	21.0	61.5	9.2	−56.2
密支佩拉蒙（Mitzpe Ramon）	3.2	7.3	128.1	11.7	60.3	3.7	−68.4
米格达勒埃梅克（Migdal Hahemek）	10.6	11.5	8.5	22.2	93.0	13.8	−37.8
内提沃特（Netivot）	24.9	26.2	5.2	43.5	66.0	35.7	−17.9
上拿撒勒（Natzeret Illit）	1.3	2.4	84.6	5.8	141.6	2.1	−63.8
纳哈里亚（Nahariya）	5.8	11.6	100	15.4	32.8	7.4	−51.9

当代以色列：多元表达与社会张力

续表

地　　区	1992 年得票率	1996 年得票率	1992～1996 年得票率增长趋势	1999 年得票率	1996～1999 年得票率增长趋势	2003 年得票率	1999～2003 年得票率增长趋势
阿拉德（Arad）	1.7	4.1	141.8	6.1	48.8	3.3	-45.9
阿克（Akko）	6.0	13.3	121.7	20.8	56.4	10.0	-51.9
阿富拉（Afula）	3.4	8.1	138.2	17.1	111.1	8.6	-49.7
采法特（Safed）	11.2	20.4	82.1	27.4	34.3	20.5	-25.2
马拉奇城（Qiryat Malakhi）	7.2	18.9	162.5	34.6	83.1	18.8	-45.7
迦特镇（Qiryat Gat）	6.9	13.9	101.4	26.1	87.8	14.4	-44.8
谢莫纳城（Qiryat Shmona）	6.1	14.5	137.7	22.2	53.1	12.7	-42.8
雷哈沙姆（Rekhasim）	23.7	27.4	15.6	35.3	28.8	34.9	-1.1
罗什艾因（Rosh Hayn）	14.5	15.9	9.7	29.8	87.4	14.4	-51.7
拉姆拉（Ramla）	9.8	19.5	99.0	28.4	45.6	16.0	-43.7
什洛米（Shlomi）	5.5	17.5	218.2	31.6	80.6	8.5	-73.1
斯德洛特（Sderot）	12.6	19.3	53.2	22.6	17.1	14.6	-35.4

资料来源：Myriam Charbit, "Shas between Identity Construction and Clientelist Dynamics: The Creation of an' Identity Clientelism' ,"*Nationalism and Ethnic Politics*, Vol. 9, No. 3(2003), p. 118.

表 2 – 4　1992~1999 年利库德集团与沙斯党在新兴城镇的选民支持率

单位：%

地　区	利库德集团			沙斯党		
	1992 年	1996 年	1999 年	1992 年	1996 年	1999 年
贝特谢安 （Beit Shean）	42.0	34.0	19.2	9.6	21.1	40.6
迪莫纳 （Dimona）	42.0	33.1	14.6	11.0	27.3	33.7
马拉奇城 （Qiryat Malakhi）	47.1	31.3	16.1	7.2	18.9	34.6
内提沃特 （Netivot）	35.1	31.0	19.2	24.9	26.2	43.5
奥法基姆 （Ofakim）	34.0	23.7	11.0	18.8	24.0	31.3
奥尔阿基巴 （Or Akiva）	51.0	33.7	15.9	11.0	21.0	31.0
奥尔耶胡达 （Or Yehuda）	42.8	36.2	25.1	16.3	28.9	31.9
太巴列 （Tiberiade）	45.3	38.1	24.1	12.4	20.4	26.5

资料来源：Etta Bick, "The Shas Phenomenon and Religious Parties in the 1999 Elections," *Israel Affairs*, Vol. 7, No. 3(2000), p. 57.

　　因而，决定沙斯党在全国议会大选取得成功的关键在于新兴城镇的东方犹太选民的支持程度。为此，沙斯党精心谋划吸引东方犹太选民的策略：一方面，它建构依持主义的"区块自治"体系；另一方面，它制定关注平民利益的民众主义路线。

　　依持主义是沙斯党谋求与东方犹太选民结合时诉诸的长久之计，这主要表现为通过营建为东方犹太社群提供服务的社会福利体系，进而实现最大限度地聚拢选票的政治利益。沙斯党启用侍丛主义的社会组织策略，结果塑造了独立的"区块自治"体系。这是以色列多元社会背景下协合式民主体制正常运转的逻辑结果，即多元化的犹太社群彼此"尊重各自分立并自足的阵营，这些阵营都有着广泛的组织网络"①。沙斯党建构的"区块自治"福利体系实则为贫弱化的东方犹太社群提供了一条回应当地经济衰退的解决机制。20世纪80年代初起，以色列政府开始集中在以特拉维夫、海法、耶路撒冷等大都会区域投资高科技产业，却忽视了新兴城镇的经济发展，未能推出解决诸如奥法基姆、贝特谢安、迪摩纳等贫穷蓝领工人的失业问题。事实上，在20世纪八九十年代，以色列社会的贫富差距日趋拉大。与此同时，沙斯党却是唯一致力于为贫弱的东方犹太社群提供实质性帮助的政治行为体。② 如前所述，它建构了一套隶属沙斯党旗下的服务性功能齐全的社会福利体系，主要包括宗教教育、超市、丧葬服务机构、残疾人服务机构、慈善机构、日用品配给中心以及卫生健康服务咨询中心等机构。③ 此类社会福利机构散布在全国各地的新兴城镇，南部大区与北部大区尤为密集，它是沙斯党"区块自治"系统的基石。沙斯党的"区块自治"系统不仅向贫弱低薪的东方犹太人开放，甚至也将俄裔犹太移民以及一些贝都因人纳入其中。④ 依托这样一个包容性的"区块自治"系统，沙斯党与特定选民群体形成了依持主义的互动关系，它有效地将惠及民生的福利资源转化为丰厚的选票资源。历经多年经营，沙斯党在完善社会福利体系的同时，在议会大选时也收获了稳定的选票数量。由表2-2可见，沙斯党在1996~2013年的5次大选中所获全国议会得票率基本稳定。以社会福利机构为基础的"区块自治"体系是沙斯党统筹依持主义政治生态的有机链条，由此在贫弱化的东方犹太社群与沙斯党之间维系着稳定的党派认同关系。

此外，民众主义路线也是沙斯党在议会大选时吸引选民的主要策略，实质上这与贫弱化的东方犹太社群长期以来处于以色列社会边缘地位有着密不可分的逻辑关系。民众主义认为普通民众的利益被社会精英压制，要求国家摆脱精英阶层的独自掌控而转型为全民共治；同时国家要去除为精

---

① 〔美〕阿伦·利普哈特：《多元社会中的民主：一项比较研究》，刘伟译，上海人民出版社，2013，第107页。

② Etta Bick, "The Shas Phenomenon and Religious Parties in the 1999 Elections," *Israel Affairs*, Vol. 7, No. 3(2000), p. 67.

③ Dani Filc, *The Political Right in Israel: Different Faces of Jewish Populism*, p. 82.

④ Don Peretz and Gideon Doron, "Sectarian Politics and the Peace Process: The 1999 Israel Elections," *Middle East Journal*, Vol. 54, No. 2(2000), p. 266.

英谋利益的弊病，为改善全民福祉而有所作为。在沙斯党的政治哲学中，"人民"（People）是一个重要理念，它将"人民"理解为"普通基层民众"，认为基层平民百姓的利益比政治实体的利益更重要。① 人民利益至上的民众主义话语使沙斯党在结合选民时开拓了一条反世俗主义精英的道路。20 世纪 90 年代末，时任党主席的德瑞身陷腐败丑闻的泥淖，崛起中的沙斯党面临着世俗主义精英的攻讦。为备战 1999 年全国大选，德瑞首次抛出了吸引草根（grassroots）阶层的民众主义话语。除了以往侧重于宣扬"恢复古老遗产应有荣誉"的宗教话语外，沙斯党又增添了鼓动社会阶层对立进而反精英当权派的"社会抗议"型话语。借此，沙斯党批驳世俗精英放任自流的自由主义价值观不仅使以色列社会陷入精神贫瘠的窘境，而且也导致社会贫富差距日益拉大；相反，以色列社会亟须重塑犹太传统价值观，通过健全民众个体的精神品质而维持以色列社会的健康运转。如前所述，德瑞借助腐败案的不公平审判，将民众主义话语渲染至极致，他甚至通过鼓吹民众主义而影射以色列社会的"族裔歧视"。这种"社会抗议"型话语宣传在失业率居高不下、教育水平不高、居民生活水平低下的新兴城镇极具营销力，吸引了大批心怀怨恨特别是生活在贫困线以下的东方犹太人。此外，1999 年议会大选前，优素福拉比指责阿什肯纳兹当权派主导的最高法院审判不公，认为这是针对所有东方犹太民众的隐性歧视。② 数以万计的东方犹太人甚至发出了"德瑞遭受攻讦，犹如我们每人都受到攻击一样"③ 的呼声。毋庸置疑，在沙斯党处于巅峰期的 1999 年议会选举中，正是缘于它借助"德瑞案"而打出一张悲情牌，调用民众主义话语激发了普通东方犹太选民的悲愤情绪，结果在原本属于利库德集团传统选票大本营的新兴城镇赢得了多数支持。

2. 联合政府与内阁博弈

以色列议会大选实行单一比例代表制，即全国划为单一选区，规定任

---

① Dani Filc, *The Political Right in Israel: Different Faces of Jewish Populism*, p. 83.
② Don Peretz and Gideon Doron, "Sectarian Politics and the Peace Process: The 1999 Israel Elections," *Middle East Journal*, Vol. 54, No. 2(2000), p. 268.
③ Don Peretz and Gideon Doron, "Sectarian Politics and the Peace Process: The 1999 Israel Elections," *Middle East Journal*, Vol. 54, No. 2(2000), p. 268.

当代以色列：多元表达与社会张力

何政党只要在全国所有选票中的得票率超过门槛比例①即可在议会获取相应席位。由议会多数党领袖出任总理并负责组阁。虽然比例代表制度能充分地反映以色列社会多元化的民意，但造成议会政治党派林立的繁杂现象。以色列"大党不大、小党不小"的政治生态造就了多数党议席不足半数而无法单独组阁的既定事实，多党联合政府由此成为以色列政坛的常态现象。历届联合政府的党派组合真实地反映着各政党在议会的实力存在。为超过法定组阁所需的 60 个议席，多数党在组阁计划中优先拉拢实力处于次强地位的宗教政党。由于宗教政党极少在意识形态或国家核心利益方面与占议会多数席位的工党联盟或利库德集团形成极端对立，这也奠定了宗教政党能够加入联合政府的基础。时至今日，大党为组阁而拉拢宗教政党已在以色列政坛约定俗成，这自然地增加了宗教政党在历届联合内阁博弈中的权重。就联合政府的组织与运转而言，宗教政党的政治重要性体现在两方面，一方面它是多数党组建联合政府时不可或缺的重要组成部分；另一方面在内阁政治的博弈中，宗教政党是影响联合政府能否平稳运转的最大变数。

　　沙斯党在参与联合政府时充分地显现了宗教政党之于以色列内阁政治具有的双重意义。沙斯党自 1984 年建党至 2021 年 6 月新一届政府组建仅缺席过 14 届联合政府中的 3 次组阁。沙斯党在以色列内阁政治中的地位可见一斑。无论是工党还是利库德集团负责组阁，沙斯党都是它们在宗教阵营中予以重点拉拢的组阁盟友。1984 年，沙斯党第一次参加议会大选，赢得 4 个议会席位。这看似力量微弱，但它却决定着是届联合政府能否如期成立。沙斯党之所以能在内阁博弈中占据一席之地，实质上是工党联盟与利库德集团两大政党在以色列政坛势均力敌且激烈竞争的结果。20 世纪 80 年代中期始，以色列经济的通货膨胀率居高不下，外事方面的中东和平进程依旧难有突破。围绕着应如何解决这两大棘手难题，工党联盟与利库德集团争执不休，双方为在联合政府中赢得发言权而竞相寻觅政治盟友，并协助盟友谋取政治利益。沙斯党是利库德集团的亲密盟友。为在联合政府中提升决策影响力，利库德集团不遗余力地助推沙斯党挤进联合政府。其中，在利库德集团的强力支持下，沙斯党将传统上归属全国宗教党的内政

---

① 1988 年以前的历届议会大选门槛比例为 1%，1992 年、1996 年、1999 年、2003 年比例为 1.5%，2006 年、2009 年、2013 年的比例为 2%，2015 年起比例提升至 3.25%。

部部长一职收入囊中。在角逐内政部部长的过程中，出自利库德集团的副总理兼住房和建筑部部长大卫·利维曾扬言，若沙斯党无法收获某部部长职位，利库德集团将退出联合政府。利库德集团主席沙米尔则声称："找不到满足沙斯党要求的解决办法，全国联合政府的生存将严重地受到威胁。"① 最终，沙斯党如愿以偿，首开它参与联合政府的先河。此后，至2013年优素福拉比去世前，沙斯党基本能在议会大选中保持以色列第一大宗教政党的地位。凭借在议会的强势存在，沙斯党能屡次在联合政府获取多个职务各异的部长职位（见表2-5）。借助频繁地参与联合政府，以德瑞为核心的塞法尔迪正统派由此触及能够助其营建"区块自治"福利体系的权柄，他们曾在历届内阁中获取了诸如劳工和社会福利部、宗教事务部、住房与建设部等主管社会事务的相关部门的部长职位，无疑有效地为沙斯党落实优素福拉比"恢复古老遗产应有荣誉"的终极目标提供了权力后盾。

表 2 - 5　1984～2021 年历届联合政府中的沙斯党籍阁员

联合政府届数	任职时间	部长职位	姓　名
第 21 届 （1984.9～1986.10）	1984.9～1984.12	不管部部长	伊扎克·佩雷茨
	1984.12～1986.10	内政部部长	伊扎克·佩雷茨
	1985.12～1986.10	劳工和社会福利部副部长	拉斐尔·平哈斯
第 22 届 （1986.10～1988.12）	1986.10～1987.1	内政部部长	伊扎克·佩雷茨
	1986.10～1988.12	劳工和社会福利部副部长	拉斐尔·平哈斯
第 23 届 （1988.12～1990.6）	1988.12～1990.6	移民部部长	伊扎克·佩雷茨
	1990.1～1990.6	内政部副部长	拉斐尔·平哈斯
第 24 届 （1990.6～1992.7）	1990.6～1992.7	通信部部长	拉斐尔·平哈斯
	1990.6～1992.7	移民部部长	伊扎克·佩雷茨
	1990.7～1992.7	财政部副部长	约瑟夫·埃扎兰
第 25 届 （1992.7～1995.11）	1992.7～1993.5	内政部部长	阿耶·德瑞
	1992.7～1993.9	教育文化部副部长	摩西·玛亚
	1992.8～1992.12	财政部副部长	拉斐尔·平哈斯
	1992.7～1993.9	住房和建设部副部长	阿耶·伽马利
	1992.12～1993.9	宗教事务部副部长	拉斐尔·平哈斯

---

①　阎瑞松主编《以色列政治》，第 197 页。

当代以色列：多元表达与社会张力

续表

联合政府届数	任职时间	部长职位	姓 名
第27届 (1996.6～1999.7)	1996.6～1999.7	劳工和社会福利部部长	埃利·伊沙
	1996.8～1999.7	卫生部副部长	什洛莫·本尼兹
	1996.8～1997.8	宗教事务部副部长	阿耶·伽玛利
第28届 (1999.7～2001.3)	1999.7～2000.7	卫生部部长	什洛莫·本尼兹
	1999.7～2000.7	劳工和社会福利部部长	埃利·伊沙
	1999.7～2000.7	国民基础设施部部长	埃利胡·苏萨
	1999.7～2000.7	宗教事务部部长	伊扎克·科亨
	1999.8～2000.7	通信部副部长	伊扎克·维科尼
	1999.8～2000.7	教育部副部长	蒙舒拉·纳哈瑞
	1999.8～2000.7	财政部副部长	尼西姆·达汗
第29届 (2001.3～2003.2)	2001.3～2002.5	卫生部部长	尼西姆·达汗
	2001.3～2002.5	内政部部长	埃利·伊沙
	2001.3～2002.5	耶路撒冷事务部部长	埃利胡·苏萨
	2001.3～2002.5	劳工和社会福利部部长	什洛莫·本尼兹
第29届 (2001.3～2003.2)	2001.3～2002.5	教育部副部长	蒙舒拉·纳哈瑞
	2001.5～2002.5	财政部副部长	伊扎克·科亨
	2001.5～2002.5	内政部副部长	大卫·阿佐莱
	2001.5～2002.5	劳工和社会福利部副部长	伊扎克·维科尼
第31届 (2006.5～2009.3)	2006.5～2009.3	副总理	埃利·伊沙
	2006.5～2009.3	通信部部长	阿瑞·阿提斯
	2006.5～2009.3	工贸和劳工部部长	埃利·伊沙
	2008.1～2009.3	宗教事务部部长	伊扎克·科亨
	2006.5～2009.3	不管部部长	蒙舒拉·纳哈瑞
第32届 (2009.3～2013.3)	2009.3～2013.3	副总理	埃利·伊沙
	2009.3～2013.3	住房和建设部部长	阿瑞·阿提斯
	2009.3～2013.3	内政部部长	埃利·伊沙
	2009.3～2013.3	宗教事务部部长	雅科夫·马基
	2009.4～2013.3	财政部副部长	伊扎克·科亨

联合政府届数	任职时间	部长职位	姓　名
第34届 （2015.5~2020.5）	2015.5~2018.10	宗教事务部部长	大卫·阿佐莱（任内去世）
	2018.10~2018.12	宗教事务部部长	阿耶·德瑞
	2019.1~2020.5	宗教事务部部长	伊兹哈克·瓦金宁
	2015.5~2020.5	内盖夫与加利利发展部部长	阿耶·德瑞
	2015.5~2015.11	经济与工业部部长	阿耶·德瑞
	2016.1~2020.5	内政部部长	阿耶·德瑞
第34届 （2015.5~2020.5）	2015.5~2020.5	财政部副部长	伊扎克·科亨
	2015.5~2016.1	福利与社会福利部副部长	蒙舒拉·纳哈瑞
第35届 （2020.5~2021.6）	2020.5~2021.6	内政部部长	阿耶·德瑞

注：1993年，沙斯党主席阿耶·德瑞和宗教事务部副部长拉斐尔·平哈斯因腐败和财政上的不正当行为受到指控，按照最高法院的裁决结果，两人被迫辞去政府职务。9月9日，沙斯党所有阁员宣布退出工党联合政府。2020年5月17日，在历经半年之内（2019年9月至2021年6月）的多次全国大选之后，利库德终与左翼蓝白党妥协而组建联合政府。

资料来源："All Governments of Israel," http://knesset.gov.il/govt/eng/GovtByNumber_eng.asp。

　　毋庸置疑，为推动"区块自治"福利体系的构建，沙斯党需要尽可能地在联合政府获得相关的部长职位，从而谋取有利于己的现实利益。为此，它不仅能务实灵活地选择加入左翼或右翼主导的联合政府，而且也会在其既定利益无法实现的情况下动用退出内阁的方式要挟联合政府。以埃胡德·巴拉克组建的第28届联合政府为例，可以清晰地显现沙斯党在内阁博弈中的利益诉求与平衡作用。1999年，沙斯党在第15届议会大选中的成绩令人瞩目，获取17个议席，成为议会第三大党。与此同时，德瑞腐败案已被推至以色列社会舆论的风口浪尖。时任沙斯党主席的德瑞何去何从在当时成为影响联合政府能否顺利组建的关键问题。巴拉克意欲在中东和平进程取得突破性成果，从而排斥右翼强硬派的利库德集团，组建中左翼的联合政府。鉴于沙斯党在中东和平问题上秉持务实的温和性立场，巴拉克有意将其纳入新一届联合政府。然而，就在大选结束之后，反宗教政党急先锋的左翼梅雷兹党（Meretz）① 举行反对沙斯党的大型集会，告知巴

---

① 梅雷兹党成立于1992年，是以色列典型的世俗主义政党，强调宗教自由、社会公正、环境保护，以及注重保障人权特别是性少数群体的权利，在巴以问题上主张两国解决方案。

拉克若沙斯党领导人德瑞担任政府职务，梅雷兹党将不会参加组阁。与此同时，巴拉克也公开声明："若德瑞继续执掌沙斯党，联合政府就不会纳入沙斯党。"① 对此，优素福拉比深谋远虑地认为如果沙斯党不加入联合政府，那么他们在议会大选中收获的成果将付诸东流，不仅未来若干年将在以色列社会丧失政治影响力，重点在于他们将无法获取政府资金，用以扩建其"区块自治"体系内的各种宗教教育与社会福利等机构。在优素福拉比看来，牺牲德瑞个人而维持沙斯党旗下各自治机构的发展与扩建至关重要。最终伊沙顶替德瑞担任沙斯党主席，携沙斯党加入巴拉克内阁，在其中担任劳工与社会福利部部长。

显然，最大限度地影响国家资源的调配权是沙斯党积极参与内阁政治的直接驱动力，它时常在激烈的内阁博弈中有条件地换取既定利益。巴拉克政府运转伊始，伊沙就与担任教育部部长的梅雷兹党员尤西·萨礼德（Yossi Sarid）展开高频率的激烈交锋。双方争论的焦点主要集中于四类问题：是否立即通过紧急拨款支付教师薪水；是否应规范为沙斯党旗下学校提供资助的公认标准；是否遵从教育部制定的行政与财务标准以管理沙斯党开办的学校；是否应为沙斯党的宗教教育系统设置监管机构。围绕着这些问题，伊沙与萨礼德每日在媒体面前彼此指控、谩骂与反击。历经沙斯党与教育部相关专家长达逾 6 个月的谈判与调停后，争论逐渐平息。此外，巴拉克总理为保住沙斯党留在联合政府内，进而获得其全力支持与巴勒斯坦人和谈的长远规划，也同意向急需资金的沙斯党宗教学校提供财政补助。最终，时任劳工与社会福利部部长伊沙得以宣布："将向目前遭受财政赤字的宗教学校拨款 7000 万新谢克尔（1650 万美元）。此外，2000 年宗教学校的预算拨款将提升 25%，增加到 16200 万新谢克尔（3850 万美元）。"②

总而论之，以色列的多党议会制为沙斯党通过大选参与内阁政治提供了制度性保障，沙斯党通过坐拥相关内阁部长职位而在内阁政治的博弈中影响调配国家资源分配去向。追根溯源，正是沙斯党具备影响联合政府平稳运转的平衡器作用，它才能够在内阁政治博弈的夹缝中收获自

---

① Etta Bick, "A Party in Decline: Shas in Israel's 2003 Elections," *Israel Affairs*, Vol. 10, No. 4 (2004), p. 106.

② "Shas Signals Israeli Coalition Deal," *BBC News*, December 29, 1999, http://news.bbc. co.uk/ 2/hi/-middle_east/580962. stm.

身谋求的利益，直接将国家资源注入其"区块自治"系统内的宗教教育与社会福利机构。

（四）沙斯党的政治与社会影响

沙斯党缘于多元化的以色列社会结构，它的崛起得益于以色列议会政治的比例代表制的权力分配模式。基于此，沙斯党在历届议会大选以及内阁参与时都能展示强劲的竞争力与深厚的影响力，迄今已成为一支发展态势较为稳健，政坛地位举足轻重的政党力量。特别是自20世纪90年代中期后，它的发展势头尤为迅猛。如果说沙斯党的发展脱胎于以色列社会的多元性，那么它的崛起则在一定程度上更为清晰地凸显了刻画以色列多元社会的裂纹。从这个角度审视，沙斯党是以色列政坛第三阵营的典型代表，归属于除秉持劳工犹太复国主义的工党联盟与信奉修正派犹太复国主义的利库德集团这两大政党以外的小党集团。这个笼统意义上的第三阵营是以色列社会的多元性映射到政党政治领域的具体存在。虽说小党集团各政党的理念纷繁复杂，但每个政党却不外乎只具备宗教性或世俗性或族裔性特征，即要么是宗教性政党，要么是世俗性政党，抑或是族裔利益的代表。其中小党之间宗教性与世俗性的身份差异可谓针尖对麦芒。近二十余年来，沙斯党无疑是以色列小党集团的翘楚。作为塞法尔迪正统派的宗教政党，沙斯党的崛起在异质性繁杂的以色列社会与政坛产生了重大影响，这主要表现为它与世俗性小党存在着的各类利益纠葛与矛盾斗争。沙斯党崛起后，以梅雷兹党、变革党（Shinui）[1] 和以色列移民党（Yisrael BaAliyah）[2] 为代表的三个世俗性政党成为以色列政坛反沙斯党的急先锋。总体而言，双边矛盾主要围绕着世俗与宗教对立这条主线索，而斗争战线波及议会大选、内阁政治、最高法院（政教关系）以及新兴城镇四个方面。

首先，崛起中的沙斯党增添了以色列议会大选的激烈程度，它屡次成为世俗左翼政党的众矢之的。其中梅雷兹党和变革党视沙斯党为选战的主要对手，时常对世俗选民群体鼓吹沙斯党崛起的威胁，以此吸引选民的支

---

① 变革党成立于1974年，是世俗性质的犹太复国主义政党，主张反宗教，倡导自由主义市场经济以及公民自由主义等意识形态。

② 以色列移民党成立于1996年，最初是代表俄国犹太移民的中间派政党，后转入右翼，最终于2003年并入利库德集团。

持。作为以色列政坛的极左翼政党，梅雷兹党强调抑制宗教势力的扩张，反对拉比日益过多地侵蚀公民社会的日常生活，倡导国家法制与司法的完整性。在 20 世纪 90 年代中期至 2020 年的历届大选，沙斯党是梅雷兹党在选战动员中攻击的主要目标。以 1999 年大选为例，梅雷兹党的竞选标语反映了它在意识形态上与沙斯党对立的倾向，并有意在以色列社会遏制沙斯党崛起的势头。梅雷兹党打出的竞选标语是"自由地生活在我们国家"，"谁将成为第三大党，沙斯党还是梅雷兹党？你来决定"。① 显然，在极左翼世俗派看来，崛起中的沙斯党不仅威胁了长期以来主导以色列社会的世俗主义价值观，而且还时常操纵联合政府的运转，危及以色列社会与政治的稳定。除梅雷兹党以外，20 世纪 70 年代兴起的变革党也在选战中强调反宗教的主旨。变革党指责沙斯党攫取国家资源支持自身的福利机构与教育体系，严重有损于公民社会与国家经济。在 2006 年大选中，变革党直言："变革，即联合政府中没有沙斯党。"② 此外，变革党主席汤米·拉皮德（Tommy Lapid）还屡次尖刻地抨击沙斯党，由此升级了其与沙斯党在选战中激烈对峙的程度。面对世俗小党的抨击，沙斯党也不甘示弱，德瑞直言以梅雷茨党和变革党为代表的世俗左翼威胁了塞法尔迪犹太人的传统价值观。

其次，联合政府时常因沙斯党与世俗小党之间的斗争而引发内阁危机。在内阁政治的博弈中，斗争的主要当事者依然是小党集团中的宗教政党与世俗政党，博弈主题围绕着宗教政党的利益所得是否合理。作为宗教政党，沙斯党毫不妥协地捍卫既定利益。如前所述，沙斯党屡次参与联合政府。沙斯党是决定以色列内阁政治全局性稳定的平衡器，它是否支持联合政府将直接影响它的成与败。以第 25 届（1992.7 ~ 1995.11）拉宾组建的工党联合政府为例，沙斯党与梅雷兹党之间的矛盾斗争引发了险些导致联合政府垮台的重大内阁危机。作为反沙斯党的急先锋，梅雷兹党在联合政府内始终反对宗教机构获取过多的财政拨款，敦促国家强制性地废止经学院学生免服兵役的特权。在拉宾内阁担任教育部部长的舒拉米特·阿洛

---

① 《以色列的政治标语》（希伯来语版），维基百科，https://he. wikiquote. org/wiki/סיסמאות_בפוליט
אלית קה_הישר。

② 《以色列的政治标语》（希伯来语版），维基百科，https://he. wikiquote. org/wiki/סיסמאות_בפוליט
אלית קה_הישר。

尼（Shulamit Aloni）义无反顾地向沙斯党发起挑战，频繁发表违背犹太教传统的言论，如"以色列的非正统孩童正在被强制灌输《圣经》""应改变为亡者祈祷的文本，要略去对上帝的提及"等。沙斯党由此觅得了剔除死敌的天赐良机，阿洛尼担任教育部部长后，她在教育经费分配方面极大地钳制了沙斯党旗下的宗教教育系统，沙斯党对此颇为不满。在阿洛尼发表不当言论后，德瑞表示谴责："这不是事关联合政府的政治斗争，而是关涉整个国家的氛围，是国家犹太价值观的问题。"① 沙斯党顺势威胁退出联合政府。为维护完整的联合政府，进而顺利实现中东和平进程，拉宾总理出面频繁调解，最终将阿洛尼调任科技部部长，教育部部长由同属梅雷茨党的阿姆农·鲁宾斯坦接任。窥探阿洛尼教育部部长之争这一案例，沙斯党在联合政府内的影响力可见一斑。沙斯党之所以能在内阁博弈中保持比较稳定的地位，主要原因在于它的某些政论尤其是涉及巴以和谈问题的温和性立场正是左翼工党政府所急需的，由此作为小党集团的沙斯党自然而然地成为工党构建框架稳定的联合政府所不可或缺的支柱性力量。

再次，就基于《现状协议》的以色列政教关系而言，沙斯党为维护"现状"而坚定地与世俗党派斗争。从政教关系审视以色列社会，存在明显的悖论现象：它具备自由世界中最具限制性与强制性的国家宗教管理体系，但同时世俗犹太人也能够在这个西方自由的社会中生活。② 自建国以来，以色列政教关系的钟摆逐渐地偏向世俗派。事实上，自 1993 年通过禁止以色列进口非可食（non-Kosher）肉类的宗教性法律后，正统派再也未增添"强制性"的犹太教立法，而仅是立足于维持"现状"。③ 当前，对世俗犹太公民而言，只有诸如皈依犹太教等个人身份问题，以及结婚、离婚等婚姻问题是基于《现状协议》的强迫性宗教规范。然而，近 20 余年，长期维系以色列政教关系微妙平衡的《现状协议》似乎有被打乱的趋势。在世俗派法官阿哈龙·巴拉克（Aharon Barak）的领导下，以色列最高法

---

① David Landau, "Minister's Remarks Precipitate a Crisis in Israel Government, "*Jewish Telegrap-hic Agency*, September 28, 1992, http://pdfs. jta. org/1992/1992 – 09 – 28_186. pdf?_ga = 2. 105453 507. 1133766587. 1537651239-575031361. 1536756578.

② Haviv Rettig Gur, "Are Israelis Facing a Tightening of Religious Restrictions?" *The Times of Israel*, July 10, 2015, https://www. timesofisrael. com/are-israelis-facing-a-tightening-of-religious-restrictions/.

③ Yair Sheleg, "The Scarecrow of Religious Coercion," *Haaretz*, January 22, 2003, https://www. haretz. com/opinion/1. 4810614.

院的世俗激进主义日益抬头，高等法院开始裁决诸类冲击政教关系的争议性话题，譬如对犹太经学院学生征兵，认可同性恋伴侣领取养老福利的权利，接纳改革派或保守派拉比认定的犹太教皈依者，允许基布兹购物商场在安息日营业，等等。与此同时，为抵制世俗派对“现状”的破坏，围绕最高法院对相关问题的裁决，宗教政党与世俗政党展开了持续性论战，沙斯党的崛起为宗教政党参与博弈增添了砝码。梅雷兹党、变革党、未来党等世俗派小党主要成员都持“反正统”观点，认为国家的司法机构是诠释与实施法律的正当机构，国家应在尊重世俗法律与法治的原则下处理具体问题。在他们看来，沙斯党与圣经犹太教联盟不仅是民主体系的敌人，又是破坏法治的威胁。① 相反，正统派领袖直言高等法院缺乏民主，不具代表性，指责高等法院没有正统派法官，他们几乎都秉持世俗观点。沙斯党主席德瑞即表明，高等法院实际是世俗阿什肯纳兹犹太精英的堡垒，塞法尔迪犹太人的代表性极为不足；优素福拉比在电视广播中也对法院法官进行了攻击，谴责他们不遵守犹太律法，称他们“鲁莽而徒劳”；优素福拉比之子大卫·约瑟夫拉比也将巴拉克谴责为“犹太民族的压迫者”。② 围绕着政教关系问题，以色列世俗派与正统派之间诸如此类的争吵无休止，但沙斯党之于世俗派政党的激烈回应在某种程度上符合以色列政教关系的平衡，它仅仅是出于重申《现状协议》的基本原则而维持“现状”。此外，近年来，沙斯党以其在议会与内阁的实力维持着以色列政教关系的平衡。诸如 2015 年沙斯党与圣经犹太教联盟共同推动议会通过了两项至关重要的决议，促成正统派政党重新收回了对国家宗教机构的控制权。其一，取消了 2014 年通过的将国家认可的主持犹太教皈依仪式的权利由犹太教法院（Bet Din）移交给地方拉比的改革；其二，将规范与监督拉比法庭的权力由司法部移交给沙斯党控制的宗教事务部。③ 鉴于以色列缺乏准宪法性质的文本规范，《现状协议》规范下的政教关系能否长久地在世俗派与正统派之间维持平衡尚不得而知，但强大起来的沙斯党必然会利用现有政治体

---

① Evelyn Gordon, "The Creeping Delegitimization of Peaceful Protest," *Azure*, No. 7 (1999), http://www. daat. ac. il/daat/ezrachut/english/gordon2. htm.

② Etta Bick, "The Shas Phenomenon and Religious Parties in the 1999 Elections," *Israel Affairs*, Vol. 7, No. 3 (2000), p. 70.

③ Haviv Rettig Gur, "Are Israelis Facing a Tightening of Religious Restrictions?" *The Times of Israel*, July 10, 2015, https://www. timesofisrael. com/are-israelis-facing-a-tightening-of-religious-restrictions/.

系在触及核心宗教规范的情形下尽可能地维持"现状"。

最后，伴随沙斯党的强势崛起，正统派与世俗派之间的争执还延伸到了新兴城镇。在新兴城镇，沙斯党激化了东方犹太社群与来自原苏联地区的新移民社群之间的博弈。20 世纪 90 年代初起，大批来自原苏联地区的犹太人移居以色列，他们主要选择聚居在北部大区、中部大区、南部大区等新兴城镇（如表 2 - 6、表 2 - 7 所示）。新兴城镇的人口结构由是发生了巨大变化，东方犹太人所占人口比例由 20 世纪 90 年代之前的 75% 降为 61%。[1] 虽然新老移民混居在同一社区，但两大社群依然保持"区块自治"，继而引发了双方在政治领域的激烈竞争。为备战 1999 年全国大选，旨在最大限度地聚拢新兴城镇来自原苏联地区的新移民的选票，以色列移民党主席纳坦·夏兰斯基（Natan Sharansky）塑造了能够清晰界定本党利益诉求与身份归属的话语，直接将沙斯党设定为选战的攻击目标。沙斯党与以色列移民党针锋相对的根源在于新犹太移民的身份合法性问题。依据 1970 年修订的《回归法》，凡是当事人的父母、祖父母，甚至配偶为犹太人，他们也可搭便车地享有移民以色列的权利。[2] 21 世纪初，约有 25 万名移居以色列的原苏联地区移民受惠于"祖父条款"，这预示着近 1/4 的以色列俄裔移民在犹太人身份问题上不符合犹太律法。[3] 伊沙屡次呼吁撤销"祖父条款"，强调《回归法》应符合犹太律法的原则。鉴于沙斯党长期掌管负责裁定公民身份的内政部，它频繁地以怀疑犹太身份的真实性为借口而试图阻止苏联犹太移民携亲属进入以色列。沙斯党设置的诸类障碍被以色列俄语媒体大肆渲染，致使苏联移民社群普遍地认为必须改变内政部的权力配置结构。为此，以色列移民党将竞选标语设定为："内政部将在沙斯党的控制下？不！要由我们控制！"[4] 沙斯党予以还击，声称若内政部由以色列移民党控制，那么"售卖猪肉的商店将永不关闭"，也会轻而易举

---

[1] Yoav Peled, "Towards a Redefinition of Jewish Nationalism in Israel?The Enigma of Shas,"*Ethnic and Racial Studies*, Vol. 21, No. 4(1998), p. 711.

[2] *Law of Return*(Amendment No. 2), The Knesset, https://knesset.gov.il/laws/special/eng/return.htm.

[3] "As More Non-Jews Come to Israel, Israelis Reexamine Russian Aliyah," Jewish Telegraphic Agency, September 11, 2002, https://www.jta.org/2002/09/11/archive/as-more-non-jews-come-to-israel-israelis-re-examine-russian-aliyah.

[4] 《以色列的政治标语》（希伯来语版），维基百科，https://he.wikiquote.org/wiki/סיסמאות_בפוליט אלית קה_הישר。

当代以色列：多元表达与社会张力

地"召唤（俄国）女孩"非法地进入以色列。① 在新兴城镇的大选动员过程中，夏兰斯基广泛地煽动针对东方犹太社群的族裔性愤恨，而沙斯党则呼吁东方犹太选民投票支持沙斯党而全力阻止俄裔政治力量的崛起。沙斯党与以色列移民党的针锋相对营造了紧张对立的社群关系，这在客观上促使两党各自集聚了比以往更为丰厚的选票资源（见表2-8）。简而论之，沙斯党与以色列移民党之间的对立表面上看似族裔性群体之间的矛盾，本质上却是宗教与世俗之间的尖锐对立。由德瑞在1999年大选前动员选民的电视讲话中可透视这一矛盾斗争的实质。

表2-6 1990~2001年来自原苏联地区的犹太移民人数统计（按安置区域）

区　　域	1990	1991	1992	1993	1994	1995	1996	1997	1998	1999	2000	2001
（单位：千人）												
全国	184.3	329.7	386.1	441.2	494.4	552.6	601.2	645.6	681.6	738.9	780.4	805.2
耶路撒冷大区	11.3	21.2	25.0	26.4	27.7	29.7	30.6	32.5	32.5	35.4	37.7	38.8
北部大区	23.1	46.8	53.0	59.1	67.5	76.7	84.0	89.8	93.4	99.0	102.6	103.9
海法大区	38.7	59.6	66.4	75.9	84.7	95.7	105.6	115.0	120.3	130.0	136.5	140.6
中部大区	43.8	73.3	85.8	92.5	100.1	111.4	122.1	134.8	144.9	160.2	170.4	178.0
特拉维夫大区	44.1	76.8	85.3	88.6	91.1	92.6	96.2	99.5	105.3	114.8	124.6	129.4
南部大区	21.9	47.9	65.3	91.5	114.8	136.6	151.5	161.9	172.3	185.4	193.7	198.7
犹地亚与撒玛利亚大区	15.7	15.1	14.2	13.0	12.1	11.1	9.9	8.4	7.2	5.5	4.0	1.5
（单位：%）												
全国	100	100	100	100	100	100	100	100	100	100	100	100
耶路撒冷大区	6.1	6.4	6.5	6.0	5.6	5.4	5.1	5.0	4.8	4.8	4.8	4.8
北部大区	12.5	14.2	13.7	13.4	13.7	13.9	14.0	13.9	13.7	13.4	13.1	12.9
海法大区	21.0	18.1	17.2	17.2	17.1	17.3	17.6	17.8	17.6	17.6	17.5	17.5
中部大区	23.8	22.2	22.2	21.0	20.2	20.2	20.3	20.9	21.3	21.7	21.8	22.1
特拉维夫大区	23.9	23.3	22.1	20.1	18.4	26.8	16.0	15.4	15.5	15.5	16.0	16.1

① Elissa Cooper, "The Road to Israel's Elections Campaign Has a Russian Accent as Immigrants Flex Their Muscle," *Jewish Telegraphic Agency*, May 11, 1999, https://www.jta.org/1999/05/11/life-religion/features/the-road-to-israels-elections-campaign-has-a-russian-accent-as-immigrants-flex-their-muscle.

续表

区　　域	1990	1991	1992	1993	1994	1995	1996	1997	1998	1999	2000	2001
	（单位：%）											
南部大区	11.9	14.5	16.9	20.7	23.2	24.7	25.2	25.1	25.3	25.1	24.8	24.7
犹地亚与撒玛利亚大区	0.8	1.2	1.4	1.6	1.7	1.8	1.8	1.9	1.9	1.9	1.9	1.9

注：在以色列出生的移民子女不计入统计数据。

资料来源："Immigrant Population from the USSR (Former), by District (1990 – 2001)，"*Immigrant Population from the Former USSR: Demographic Trends 1990 – 2001*, Central Bureau of Statistics, http://www. cbs. gov. il/www/publications/migration_ussr01/pdf/tab02. pdf。

表 2 – 7　来自原苏联地区的犹太移民的主要聚居地（2014 年）

城　　市	居民总数（千人）	来自原苏联地区的犹太移民数量（千人）	移民占比（%）
巴特亚姆	128.5	38.5	30
阿什克隆	126.8	31.6	25
阿什杜德	218.0	51.5	24
贝尔谢巴	201.1	44.9	22
海法	277.1	53.9	19
内塔亚	202.4	34.9	17
佩塔提克瓦	225.4	35.3	16
里雄来锡安	240.7	35.9	15
特拉维夫 – 雅法	426.1	33.6	8
耶路撒冷	849.8	26.8	3

资料来源：《（原）苏联地区移民潮 25 周年纪念》（希伯来语版），以色列中央统计局，2016，http://www. cbs. gov. il/statistical/immigration_ussr_h148. pdf。

表 2 – 8　1996～1999 年大选以色列移民党与沙斯党选票对比

单位：%

城　　市	以色列移民党		沙斯党	
	1996 年	1999 年	1996 年	1999 年
阿什杜德	18.0	22.6	16.8	24.1
阿什克隆	16.5	21.0	10.6	21.3

续表

城　市	以色列移民党		沙斯党	
	1996 年	1999 年	1996 年	1999 年
迪摩纳	6. 6	13. 8	27. 3	33. 7
迦特镇	15. 1	20. 5	14. 0	26. 1
米格达勒埃梅克	12. 2	19. 4	11. 5	22. 2
内提沃特	9. 1	18. 2	26. 2	43. 5
奥尔阿基巴	18. 3	24. 9	21. 0	31. 0
斯德洛特	9. 8	21. 5	19. 3	22. 6
什洛米	12. 2	20. 4	17. 5	31. 6

资料来源：Etta Bick, "The Shas Phenomenon and Religious Parties in the 1999 Elections," *Israel Affairs*, Vol. 7, No. 3(2000), p. 72。

在过去的几个星期里，你们已然听闻，相比塞法尔迪选民，世俗左派政党更喜欢俄裔选民为其投票。你们也得知（世俗左派）针对犹太教的仇恨与敌视，他们反对传统，反对我们所代表的一切，反对我们从流散地带来的一切，反对我们的精神遗产。

世俗左派想要让我们的生存状态蜕化至 20 世纪 50 年代；那时我们天真；那时我们也不谙世事，因此我们俯首听命。当前，我们已识破真相。今天，我们不会让他们（对我们）为所欲为。沙斯党即是（塞法尔迪犹太人）对世俗左派的回应。

沙斯党不属于我个人——它属于整个犹太民族。它是代表所有人的政党。它是唯一属于普通民众的政党……当沙斯党在选举之夜力量倍增时，我们就会知道，在上帝的帮助下（塞法尔迪犹太人）已经将真实的答案回馈给了世俗左派，即沙斯党以及一个巩固了的塞法尔迪犹太教。①

总而论之，沙斯党的崛起在一定程度上反映了以色列社会世俗与宗教、东方犹太人与西方犹太人之间的矛盾。在当前的以色列社会，族裔身份、宗

① Etta Bick, "The Shas Phenomenon and Religious Parties in the 1999 Elections," *Israel Affairs*, Vol. 7, No. 3(2000), p. 72.

教传统、政治诉求的差异相互交织不仅固化着以色列社会的多元性，而且也在政治博弈中撕裂以色列社会。换言之，以色列社会已经"跨坐在多元文化主义与党派主义撕扯而出的缝隙上"①。然而，宽容的多元文化主义，以及包容的多党议会政治却将这个缝隙始终维持在可控制的范围之内。

四　沙斯党与犹太教回归运动

宗教话语是宗教政党吸引选民的核心元素，依据宗教政党所奉行的意识形态和政党纲领可将其划分为四个类别：以宗教道德和原则为政治哲学基础的政党，宗教民族主义政党，以宗教复兴为目的的宗教型政党，以建立政教合一国家为目的的宗教政党。② 沙斯党应被归类为以宗教复兴为目的的政党。就沙斯党而言，它在经济、社会和政治等领域的利益诉求只是助推其实现宗教目标的战略性步骤，而推动以色列社会回归犹太教则是它的终极目标。总体而言，沙斯党是推动犹太教回归运动③的主要力量，这既缘于当代以色列社会的宏观历史背景，也归因于东方犹太社群在以色列社会面临精神遗产缺失的现实危机。

（一）犹太教回归运动的兴起及其原因

20 世纪 70 年代以来，全球范围内的宗教发展出现了悖论性态势，一方面几乎所有发达的工业社会都更为趋向世俗化进程；另一方面各国社会重拾传统价值观的民众与日俱增。当前，在人类社会的现代化进程中，宗教复兴与世俗化可谓两股并行不悖的发展潮流。其中，当犹太教在以色列社会经历世俗化洗礼的同时也涌动着回归宗教的潮流。据 1963 年、1969

---

① Joel Greenberg, "The World: A Land of Tribes, Again,"*The New York Times*, May 9, 1999, https://www. nytimes. com/1999/05/09/weekinreview/the-world-a-land-of-tribes-again. html.

② 周淑真：《政党政治学》，第 345 ~ 351 页。

③ 犹太教回归运动（Baal Teshuva Movement）指世俗犹太人回归正统派犹太教，重新选择践行犹太律法的过程，该运动兴起于 20 世纪 60 年代，80 年代发展为普遍的社会现象。拉比犹太教时期（70 ~ 640 年），拉比从《圣经》选取"回归"（teshuva）一词来解决上帝的要求与人们行为之间的矛盾，认为"上帝指望我们遵守他的律法，但是当我们未能遵守时，我们必须认识自己的错误，用最诚实的态度进行忏悔，并返回上帝及他的《托拉》"。在当今世界，犹太教回归运动特指世俗犹太人回归到遵行犹太律法的生活道路上。参见〔美〕伯纳德·J. 巴姆伯格《犹太文明史话》，肖宪译，商务印书馆，2013，第 140 页。

年、1973 年的调查结果，被调查的以色列犹太公民中认为他们是信奉宗教的或守犹太传统的只占 30%，而 1983 年的调查则显示，有 56.5% 的被调查者认为他们是信奉宗教的或守犹太传统的。[1] 至 20 世纪 90 年代，以色列犹太社会回归宗教的趋势尤为明显，44% 的被调查者认为他们比父辈更为宗教化，16% 的被调查者为子女的犹太教教育增加了开支，50% 的认为宗教回归是必需的。[2] 现阶段，以色列社会依然在世俗化的宏大潮流中掺杂了回归宗教的逆向支流。据皮尤研究中心的调查报告，尽管正统派或传统犹太家庭中有 8% 的犹太人在成年后进入了世俗世界，但同时世俗家庭中也有 4% 的犹太人在成年后回归了正统派或传统的犹太生活。[3] 显然，犹太教回归运动是以色列社会现代化进程中不可回避的一个话题。

现代以色列社会的犹太教回归运动缘于深刻的历史根源与现实原因。就历史根源而论，犹太教回归运动在本质上是针对近现代以来犹太教世俗化进程的回应。对犹太人而言，"宗教"[4] 一词并非古而有之，长期以来希伯来语也缺乏与"基督教"相对等的"犹太教"概念。直到近代，流散欧洲的犹太人深入地与西方文明进行交往时，内在自我意识的觉醒与外部西方现代文明的压力迫使他们对自身文明体系进行必要合理的诠释，犹太人才在希伯来语中将所谓的"犹太教"称为"雅哈杜特"（Yahadut, יַהֲדוּת）。在犹太人的文化语境中，"雅哈杜特"实则包含三层含义：宗教神学意义的犹太教（Judaism）、犹太性（Jewishness）和犹太人（Jew）。在犹太人看来，宗教传统与民族特性不可分割，特意"区分神圣与世俗的做法是对犹太教的误解"[5]。然而，犹太启蒙运动却革命性地将世俗与神圣的二分法引入犹太文明，世俗化的欧式现代化理论强有力地冲击着传统犹太文明的壁垒，如何建构新的犹太文明体系以适应世俗化进程的西方社会是欧洲犹太人面对的重大问题。围绕着怎样诠释天启律法，如何对待现代主义以及怎

---

① 王彦敏：《以色列政党政治研究》，人民出版社，2014，第 183 页。

② Dov Elbaum and Anna Maria Tremonti, "Israel: A House Divided," *International Journal*, Vol. 53, No. 4(1998), p. 616.

③ Alan Cooperman, Neha Sahgal, Anna Schiller, *Israel's Religiously Divided Society*, p. 69.

④ 在希伯来语中，דָּת 意为"宗教"，它在《圣经》中意为"律法"或"判决"。近现代以来，当宗教被赋予一整套律法观念集合的含义时，יַהֲדוּת 开始用于指代"宗教"。参见 "How to Say 'Religion' in Hebrew," Ulpan Lalnyan, https://ulpan.com/how-to-say-religion-in-hebrew/。

⑤ 周燮藩、刘精忠：《犹太教概论》，中国社会科学出版社，2012，第 9 页。

样认识犹太民族等问题，犹太教文明最终衍生出改革派、保守派和正统派三大分支。不仅如此，一种纯世俗主义的犹太思想也在 19 世纪应运而生，它认为是否践行犹太律法并非认同犹太身份的唯一凭证，而犹太血缘也可作为评判个人犹太身份的依据。

19 世纪末兴起的犹太复国主义更是将世俗主义的意识形态发扬光大。以本－古里安为核心的劳工犹太复国主义将世俗主义、集体主义以及民主自由视为锻造未来犹太社会稳健发展的基石，这代表了"世俗犹太文化的最高水平及最新形态"[1]。尽管劳工犹太复国主义精英为现代犹太国家预设了世俗主义的基调，但民族属性与宗教传统水乳交融的犹太文明特质决定了犹太教根本无法割裂其与以色列现代民族国家建构之间的联系。毕竟犹太教在维系民族认同，制定《回归法》以及选定国家象征符号等方面发挥了巨大作用，是塑造国民集体身份的重要元素。事实上，绝大多数非宗教犹太人（non-religious Jews）对犹太教及其在公共生活中所扮演的角色持一种矛盾态度，但同时他们也对似乎会危及犹太社会发展的世俗主义心存疑虑。[2] 值得注意的是，据皮尤研究中心调研，以色列犹太人中并非所有的世俗派都对犹太教及其传统持鄙夷不屑的态度。譬如在如何看待宗教在生活中的重要程度、在多大程度上信仰上帝、是否在家外恪守犹太饮食洁净法、是否举行逾越节家宴，以及是否遵行任何犹太传统问题上，都有不同比例的世俗派表露出了积极态度（详见表 2 - 9、表 2 - 10、表 2 - 11、表 2 - 12、表 2 - 13）。毋庸讳言，当以色列国内外环境遽变，世俗主义价值观无法满足部分国民的心理需求时，犹太教得以借机回归那些亟须慰藉的空虚心灵深处。

表 2 - 9　以色列犹太人如何看待宗教在生活中的重要程度

单位：%

	非常重要	在某种程度上重要	不太/一点也不重要
所有犹太人	30	26	44
极端正统派	96	4	0
宗教/正统派	85	14	1

---

① 张倩红、艾仁贵：《犹太文化》，第 243 页。

② Guy Ben-Porat, *Between State and Synagogue: The Secularization of Contemporary Israel*, Cambridge: Cambridge University Press, 2013, p. 214.

当代以色列：多元表达与社会张力

续表

	非常重要	在某种程度上重要	不太/一点也不重要
传统派	32	51	16
世俗派	2	19	79

资料来源：Alan Cooperman, Neha Sahgal and Anna Schiller, *Israel's Religiously Divided Society*, p. 92。

表 2 - 10　以色列犹太人在多大程度上信仰上帝

单位：%

	绝对肯定地信仰	不太确定地信仰	不信仰
所有犹太人	50	27	23
极端正统派	98	2	0
宗教/正统派	91	9	0
传统派	70	25	4
世俗派	18	38	44

资料来源：Alan Cooperman, Neha Sahgal and Anna Schiller, *Israel's Religiously Divided Society*, p. 97。

表 2 - 11　以色列犹太人是否在家外恪守犹太饮食洁净法（Kosher）

单位：%

	是	否	依具体情况而定
所有犹太人	52	42	6
极端正统派	100	0	0
宗教/正统派	100	0	0
传统派	69	22	9
世俗派	21	73	6

资料来源：Alan Cooperman, Neha Sahgal and Anna Schiller, *Israel's Religiously Divided Society*, p. 107。

表 2 - 12　以色列犹太人是否举行逾越节家宴

单位：%

	是	否	依具体情况而定
所有犹太人	93	7	0
极端正统派	100	0	0
宗教/正统派	99	1	0
传统派	97	3	0
世俗派	87	13	0

资料来源：Alan Cooperman, Neha Sahgal and Anna Schiller, *Israel's Religiously Divided Society*, p. 110。

表 2 – 13 以色列犹太人是否遵行任何犹太传统

单位：%

	遵行所有/大部分传统	遵行某些传统	不遵行任何传统
所有犹太人	39	34	26
极端正统派	>99	0	0
宗教/正统派	98	1	0
传统派	57	38	4
世俗派	3	47	50

资料来源：Alan Cooperman, Neha Sahgal and Anna Schiller, *Israel's Religiously Divided Society*, p. 117。

若追溯历史，应该说 1967 年"六日战争"全方位、多角度地激活了引发以色列社会犹太教回归运动的因子，具体而言，残酷的战争迫使退伍士兵通过接触宗教以寻回内心的安宁；战后经济腾飞夹杂着物欲横流的空虚感催促成功人士借助宗教以充实空虚的精神世界；大规模的领土扩张唤醒了部分正统派犹太人希冀于弥赛亚救赎的强烈愿望。

具体而言，"六日战争"的胜利将以色列推入了经济繁荣发展的黄金期："生产以每年 10% 的比例增长，出口以 17% 的比例增长，投资增长 25%"。[1] 然而，富足的物质生活难掩民众内心精神世界的空虚，繁荣的经济生活"似乎将以色列社会推进一个充斥着物质主义、享乐主义及贪婪资本主义的时代"。[2] 早期参与犹太教回归运动的著名艺术家伊卡·以色列（Ika Israeli）声称："成功带来的仅仅是一种空虚感，我不再想追逐金钱，而是要探求人生的深层意义。"[3] 就成功的世俗派精英而言，回归犹太教是填补其内心世界空虚感的恰当路径，因为宗教正是一种通过对上帝、超自然力量和彼岸世界的追求而探寻人生终极关怀的精神工具。

如果说回归犹太教是世俗精英充实心灵的精神之旅，那么普通世俗民众则是诉诸宗教在内心深处寻觅精神庇护的港湾。尽管"六日战争"的胜利成为战后以色列社会津津乐道的话题，但战争的腥风血雨给众多参战士兵留下了刻骨铭心的悲伤记忆。"解甲归田"的年轻士兵长期陷于的忧郁

---

① 〔英〕阿伦·布雷格曼：《以色列史》，杨军译，第 122 页。

② Anita Shapira, *Israel: A History*, p. 321.

③ M. Herbert Danzger, *Returning to Tradition: The Contemporary Revival of Orthodox Judaism*, New Haven: Yale University Press, 1989, p. 231.

心境，他们并未因目睹敌军四处逃散而乐于其中，反倒是对因战火而破散
的家庭愧疚万分。[1] 源于对生命的敬畏，部分青年人选择了回归宗教，通
过每日祈祷、忏悔、潜心默思等宗教行为寻回内心的宁静。此外，虽说
"六日战争"促成的控制范围扩张使以色列国家保有战略性回旋余地，又
为国民构筑了心理上的安全屏障，但并不足以彻底消除国民内心的焦虑
感。1967 年后，巴解组织频繁经由约旦境内进入以色列发动武装袭击；
1969～1971 年埃及纳赛尔政府发动的消耗战造成以色列南部局势风声鹤
唳。经年累月的战争使部分以色列国民的心理日渐暴露出脆弱性：面对无
休止的冲突心生厌倦、目睹生命易逝而心怀感伤，以及预感和平无期而心
灰意冷。一言以蔽之，缘于现实生活的焦虑感与无助感催促着某些以色列犹
太人将内心世界寄托在了宗教上，宗教具备超越现实与自我的特性时常能够
"淡化人对现实的关注，松动人心中的死结，逐渐通过超脱来求得解脱"[2]。

通过 1967 年"六日战争"，以色列控制了包括西墙在内的耶路撒冷老
城，占领了对犹太人具有深厚历史与宗教意义的犹地亚与撒玛利亚。面对
犹太民族的振兴，无论是世俗派犹太人还是传统派犹太人都启用宗教性话
语与行为来表达欢喜之情。本 - 古里安头戴基帕[3]在西墙合影；时任国防
部部长摩西·达扬声称，"无论是否信仰宗教，今日我们都是犹太教徒"[4]。
犹太民族复兴的表征为正统派宗教学者阐述新的"弥赛亚"学说提供了现
实依据。其中，兹维·耶胡达·库克（Zvi Yuhudah Kook，1891 - 1982）
拉比提出的神性救赎"层次渐进说"最具代表性，认为犹太人实现复国只
是民族重建和民族最终救赎的开始；为实现犹太教意义上的神性终极救
赎，犹太人要完全控制犹太教"圣地"。如果说"收复"应许之地的事实
唤醒了某些世俗犹太人深埋内心的宗教情感的话，那么小库克拉比新阐述
的弥赛亚救赎学说则激励了包括某些世俗派在内的犹太群体投身于定居点
建设的运动中。一言以蔽之，"六日战争"后基于宗教因素的犹太身份认
同清晰地体现在诸多世俗犹太人身上。

---

[1] Anita Shapira, *Israel: A History*, pp. 313 - 314.
[2] 戴康生、彭耀主编《宗教社会学（第二版）》，社会科学文献出版社，2007，第 131 页。
[3] "基帕"为希伯来语"Kippali"的音译，是一种针织或钩编的无边浅底小圆帽片。大多数
犹太人在祈祷、宗教节日时佩戴，以示对上帝的敬畏，它是犹太教信仰的标志。参见黄
陵渝《犹太教》，第 176 页。
[4] M. Herbert Danzger, *Returning to Tradition: The Contemporary Revival of Orthodox Judaism*, p. 79.

如果说"六日战争"揭开了以色列社会犹太教回归运动的序幕，那么"赎罪日战争"则掀起了它的狂潮。以色列在"赎罪日战争"中损失相对惨重：以军2687人阵亡，7251人负伤，经济耗费超过了70亿美元。[①] 这次"浩劫使整个国家深陷严重危机，致使以色列社会搭建多年的自信心大厦轰然倒塌，堪称一场以色列现代史上的精神地震"[②]。"赎罪日战争"后，挫败感与压抑感充斥着整个以色列社会。雪上加霜的是，1975年联合国大会将犹太复国主义认定为种族主义，以色列社会沮丧至极。在此大背景下，部分民众表现出"对世俗犹太复国主义的幻灭感"[③]，这促使他们将内心精神世界的维护寄托在了宗教上。"赎罪日战争"后，犹太教在以色列社会充当着"人们可在其庇护下生活的解释疑虑和消除恐惧的神圣帷幕"[④]。

此外，贫困问题也促成了社会边缘群体将改变命运的希望诉诸宗教。20世纪70年代末，利库德集团开始执政，它致力于推行经济自由化改革，旨在拆除工党在之前半个世纪内营建的社团主义劳资关系。[⑤] 至20世纪80年代中期，经济自由化收获的唯一可视效果却是以色列年度通货膨胀率在1984年达到了445%。[⑥] 为抵御高通货膨胀率，利库德与工党联合政府于1985年推出了"经济稳定计划"（Economic Stabilization Plan），虽然该计划稳定了通货膨胀率，但代价却是经济增长率放缓、工资低下和高失业率。"经济稳定计划"不仅奠定了以色列经济自由化进程的基础，也为以色列顺利地融入全球经济一体化铺设了道路。然而，日渐开放的自由市场经济对已然沦为社会边缘地位的东方犹太社更加不利。在这种情况下，宗教自然而然地充当了贫弱化的东方犹太社群应对全球化挑战的重要文化资源，沙斯党由此通过重申独特的塞法尔迪宗教文化遗产而塑造新的集体身份，独树一帜地引导以色列社会回归犹太教。

---

① 〔英〕阿伦·布雷格曼：《以色列史》，杨军译，第154页。

② M. Herbert Danzger, *Returning to Tradition: The Contemporary Revival of Orthodox Judaism*, p. 159.

③ M. Herbert Danzger, *Returning to Tradition: The Contemporary Revival of Orthodox Judaism*, p. 338.

④ 〔美〕罗纳德·L.约翰斯通：《社会中的宗教——一种宗教社会学》，袁亚愚、钟玉英译，第24页。

⑤ 社团主义劳资关系主要由公会、私营资本与政府之间达成的三方协议所主导，旨在更为公平地为社会成员分配经济利润。

⑥ Michael Shalev, *Labour and the Political Economy in Israel*, Oxford: Oxford University Press, 1992, p. 240.

（二）沙斯党犹太教回归运动的特点

兴起于 20 世纪六七十年代的犹太教回归运动缘于以色列国内外环境的遽变；20 世纪 80 年代以来犹太教回归运动在以色列社会的迅速推进则是犹太宗教力量强力参与组织的结果，以沙斯党为代表的正统派组织致力于在以色列社会推动犹太教回归运动。为此，沙斯党一方面竭力建构独立的"区块自治"体系，另一方面又在"区块自治"体系的庇护下通过宗教教育等方式募集追随者并培养核心活动家。[①] 然而，不可否认的是，沙斯党组织犹太教回归运动实则与它参与以色列政治相辅相成，即沙斯党将宗教话语视为一种高效动员民众的政治手段，随后它利用在政坛谋取的资本反哺宗教事业。显然，沙斯党将宗教话语融入政治生活是行之有效的动员策略。毕竟在谋求融合的以色列犹太社会，犹太教无疑比"阶级"和"族群"等隐含对峙与分裂的话语更具合法性与整合性。换言之，沙斯党广泛地开展犹太教回归运动的终极目标是在以色列社会锻造新的集体身份。与其他宗教政党相比，沙斯党推动的犹太教回归运动具有如下独特性。

首先，最为重要的是它注重发挥犹太教的整合功能。沙斯党通过犹太教将社群、宗教和家庭三个维度恰当地整合在一起。犹太教是以家庭为核心的宗教，家庭是犹太人践行宗教律法与象征性仪式的重要场所。换言之，"家庭是犹太教保存下来以及犹太生活方式得以延续的一个重要的因素"[②]。因此，家庭是沙斯党开展并推广犹太教回归运动的主要载体，而且，回归犹太教又被视为重塑家庭的有效手段。大多数塞法尔迪正统派与东方犹太家庭在移民以色列后聚居在贫穷的新兴城镇，不仅在经济生活上沦为以色列社会的边缘群体，而且诸多家庭也因世俗价值观的解构而问题丛生。受世俗劳工犹太复国主义价值观的长期支配，东方犹太家庭忽视了传统的犹太教育，导致个体在日常生活中频出离经叛道的行为，诸如对父母蛮横无理以及滥用大麻等怪象层出不穷。沙斯党将东方犹太家庭遭遇的紊乱生活归咎于世俗犹太复国主义精英，它由此呼吁东方犹太家庭应优先通过犹太教整合家庭进而修正个体的不良行为，而不应依赖世俗的教育机构与福利体系提供的救济。[③] 总

① David Lehmann and Batia Siebzehner, *Remaking Israeli Judaism: The Challenge of Shas*, p. 78.
② 宋立宏、孟振华主编《犹太教基本概念》，江苏人民出版社，2013，第 217 页。
③ David Lehmann and Batia Siebzehner, *Remaking Israeli Judaism: The Challenge of Shas*, p. 80.

之，家庭是沙斯党开展犹太教回归运动时最为关切的基本单位。

其次，沙斯党推崇温和渐进型的宗教回归路径。据贝特谢梅什的一所宗教学校领导人声称，沙斯党避免在推行宗教回归运动时撕裂家庭，而归属其他派别的回归者通常与家人形同陌路。[1] 这表明沙斯党在推广犹太教回归运动时并不主张个体被强制地拽回宗教，它提倡回归者应通过其日常行动渐进地影响家人或朋友。生活方式的转变是宗教回归者个人所经历的最根本变化，这主要表现为日常穿戴与饮食习惯的改变以及新的作息规律的遵行。参与犹太教回归运动意味着回归者进入了一个迥异于往常的社会文化环境，同时他又必然会对家庭与邻里的生活方式造成不同程度的影响。[2] 在沙斯党主导的犹太教回归运动中，最为典型的模式就是经由儿童回归宗教而对父母产生直接性影响。由于沙斯党"区块自治"体系内的宗教学校在运营时间以及资助方面优于其他学校，还负责接送学生，此等优势吸引着工薪家庭将子女送入沙斯党旗下的学校。然而，若家长意欲长期地将子女留在沙斯党旗下的学校学习，校方要求家长必须监督子女践行符合犹太教价值观的日常行为，尤其是遵行安息日和犹太饮食洁净法。长此以往，父母也在监督子女的过程中重新习得如何遵行犹太律法。由此可见，部分成年犹太教回归者是由于子女择校而无意识地重温犹太律法。[3]

再次，沙斯党开展的犹太教回归运动也是一场组织性极强的社会运动。回归者日常生活方式的变更根本上需要依托犹太律法的践行，但犹太律法的遵行却并非仅靠个人或家庭就能正确地完成，它必须借助拉比等专职宗教人员的悉心指导。此外，回归者还需积极参与各种学习研讨班、周末研讨会以及一系列的宗教仪式和集体性的宗教纪念活动。可见，沙斯党主导的犹太教回归运动以多样的宗教组织机构和宗教活动为基础，各单位在发挥互补性功能的同时彼此紧密联结。换言之，建构多元性与专业性的宣教与组织机构是高效推动犹太教回归运动的基础，毕竟"犹太教回归运动是一个涉及多元社会阶层、社群、年龄以及地域等多维度的热衷于传道的运动"[4]。因此，为促成宗教回归运动的顺利推行，沙斯党建构了相对完善

---

[1] David Lehmann and Batia Siebzehner, *Remaking Israeli Judaism: The Challenge of Shas*, p. 81.

[2] David Lehmann and Batia Siebzehner, *Remaking Israeli Judaism: The Challenge of Shas*, p. 81.

[3] David Lehmann and Batia Siebzehner, *Remaking Israeli Judaism: The Challenge of Shas*, p. 82.

[4] David Lehmann and Batia Siebzehner, *Remaking Israeli Judaism: The Challenge of Shas*, p. 82.

当代以色列：多元表达与社会张力

且彼此协调的组织体系：党的官方机构负责组织民众集会，回归志愿者组织分发宣传磁带与宗教文集，党属电台则负责犹太教传统价值观的宣传工作。

复次，沙斯党推动犹太教回归运动的途径多种多样，主要分为两大类：其一，它通过组织各类公共集会促使回归宗教的理念在以色列犹太社会流行；其二，它发挥"区块自治"体系的作用，通过各类教育与福利机构全面地促成回归者实现人生蜕变。在社会活动方面，沙斯党主要通过开展公共集会的方式向以色列社会传播回归宗教的理念。集会形式通常是数千人聚集在体育场或数百人聚集在剧院，抑或若干人在家中漫谈回归宗教的经历。在大型集会中，某些著名的回归者会讲述自身回归宗教的体验与感悟，同时沙斯党的核心活动家也会宣讲回归宗教的意义。此外，优素福拉比也时常深入民间布道，宣讲犹太教的基本价值观。在一系列集会宣讲中，沙斯党呼吁民众寻回被遗弃的文化传统，教导他们作为犹太人有义务捍卫自身的文化遗产，警示他们若背离犹太传统则趋近罪恶。① 周末研讨会是沙斯党推广犹太教回归运动的另一种方式，它面向饱受精神困顿以及生活贫穷的普通民众。研讨会组织方以宗教的终极关怀启示参会人员，重点探究人生的终极意义，引导民众摒除过于注重追逐物质与金钱等世俗欲望。为稳固地维系并扩展回归者群体，沙斯党还将潜在的宗教回归者编名造册，周期性地召集他们参与回归运动的相关研讨会。

除公共集会之外，沙斯党还依托"区块自治"体系建构的公共服务机构推动犹太教回归运动。沙斯党建构的公共服务体系囊括犹太经学院、教育俱乐部、犹太会堂和妇女净身池等犹太教机构。宗教教育机构的网络化与体系化为民众参与犹太教回归运动提供了机制保障，也为塞法尔迪正统派传承其犹太文化传统搭建了坚实平台。其中，"回归源泉"（El Ha-ma'ayan）是沙斯党推动犹太教回归运动的骨干组织，它主要包括犹太经学院、初级学校以及妇女研讨班等教育机构。

"回归源泉"教育体系创建于 1985 年，1988 年开始接收国家特设基金。1988 年，它已拥有包括青少年与成人教育班和老年俱乐部在内的 350 家活动中心。② 至 1996 年，"回归源泉"已发展为庞大的教育网络，包括

---

① David Lehmann and Batia Siebzehner, *Remaking Israeli Judaism: The Challenge of Shas*, p. 83.

② David Lehmann and Batia Siebzehner, *Remaking Israeli Judaism: The Challenge of Shas*, p. 135.

86 家日托中心、782 家幼儿园、162 所中小学和 7 所妇女学习班；1999 年，教育部统计该体系内的注册学生总数高达 3 万人。① 顾名思义，"回归源泉"的主旨是在以色列社会更为广泛地推动犹太传统文化与价值观的培育与传承。由此，它组织的各种活动都会以传承犹太传统的名义得到国家的资助。为有效引导民众回归宗教，沙斯党极为重视打造宗教领袖与宗教回归者之间的互动关系。沙斯党通过其附属的"塞法尔迪遗产保护基金会"（Foundation for the Preservation of Sephardi Heritage）出版《回归源泉手册》（The El HaMa'ayan Pamphlet），并发放至旗下的犹太会堂和学习中心。《回归源泉手册》载有优素福拉比撰写的专栏文章，内容多是他就回归者如何在当今社会践行犹太律法的指引性文章。尽管"回归源泉"教育体系的主旨是引导回归者"尊重上帝、遵行《托拉》"，但并非采取墨守成规的教学方式，而是倡导传统文化与现代性相结合的原则。从"回归源泉"的儿童版教材《一起学习》（Learning Together）的封面可窥探其教育理念的独特性，教材封面由内容截然相反的两张组图构成：其一为二战前东欧《塔木德》儿童学习中心的黑白图画，学员头戴黑色毡帽，面色凝重，惶恐不安地凝视教师；其二是一副彩色照片，当代以色列儿童身着艳丽服装，无拘无束地端坐在桌前研讨犹太教经典。② 由此可见，与传统阿什肯纳兹正统派严苛死板的教育范式相比，沙斯党的教育更强调师生的协同参与，这种特征对宗教回归者而言极具吸引力。法国教育学家也对此予以高度评论，"回归源泉"在教育上鼓励把外部世界的现代元素引入有教师监管的课堂中进行思辨性批判，这种包容性的教学方式能够促使回归的学员在内心深处塑造出具有批判精神的温和型宗教观。③

最后，沙斯党推动犹太教回归运动的独特性还表现为它秉持务实的运动策略。鉴于"每一个场域都构成一个潜在开放的游戏空间，其疆界是一些动态的界限"④，政治行为体在社会动员与政治博弈时圈定各自场域范围的大小取决于它选定的运动策略。沙斯党开拓广阔场域的重要策略主要表现

① Etta Bick, "A Party in Decline: Shas in Israel's 2003 Elections," *Israel Affairs*, Vol. 10, No. 4 (2004), p. 110.
② David Lehmann and Batia Siebzehner, *Remaking Israeli Judaism: The Challenge of Shas*, p. 141.
③ David Lehmann and Batia Siebzehner, *Remaking Israeli Judaism: The Challenge of Shas*, p. 141.
④ 〔法〕皮埃尔·布迪厄、〔美〕华康德：《实践与反思：反思社会学导引》，李猛、李康译，第 142 页。

为实用主义。这种实用主义的宗教观缘于塞法尔迪正统派的文化基因，与阿什肯纳兹正统派相比，塞法尔迪正统派倾向于灵活地遵从犹太传统而非严苛地遵行犹太律法。19 世纪下半叶，当世俗主义与西方现代化对中东地区进行强烈冲击时，散居中东地区的塞法尔迪正统派拉比大多以宽容温和的调和方式处理文明冲突。① 此外，优素福拉比在某些与现代价值观相抵触的律法裁决方面与老一辈拉比相比更为温和，这为沙斯党在犹太教回归运动中践行实用主义路线提供了法理性支持。如沙斯党发言人伊扎克·苏迪瑞所言："尽管沙斯党的目的是促成回归者更加虔诚地遵循塞法尔迪派的犹太律法，但不赞成强迫任何人都遵守律法式的生活方式……每个人都可以做他想做的事情……但如果他在安息日去犹太会堂并守犹太饮食洁净法的话，情况会更好……沙斯党希望通过诸类（'回归源泉'）机构帮助人们更好地遵循塞法尔迪派的犹太律法。"② 因此，积极与现代价值观相调和的温和态度使沙斯党能够有效地吸引回归者，使其成为当代以色列社会推行犹太教回归运动不可或缺的重要力量。

（三）沙斯党犹太教回归运动的影响

当代以色列社会犹太教回归运动根源于特定的历史环境，但它的顺利推进得益于多党议会政治的实践以及以色列社会多元化"区块自治"体系的固化。沙斯党正是利用这两大渠道推动犹太教回归运动的开展，一方面通过参与内阁政治争取用于建构"区块自治"体系的国家资金；另一方面依托完善的"区块自治"体系向东方犹太社群灌输宗教教育。在"区块自治"体系的作用下，沙斯党通过弘扬塞法尔迪正统派的文化遗产为东方犹太社群重塑了集体身份，在新型集体身份建构的基础上，既推动了塞法尔迪犹太文化的复兴，又促成了东方犹太社群的振兴。

总体而言，通过犹太教回归运动，沙斯党在以色列社会塑造了一种不排斥现代性的塞法尔迪式的新型以色列犹太身份。这种身份基于捍卫并传承塞法尔迪犹太教的文化、传统与律法。就以色列东方犹太社群而言，这可谓对劳工犹太复国主义诉诸文化熔炉政策建构世俗、西化的"新以色列"身份的

---

① Norman A. Stillman, *Sephardi Religious Responses to Modernity*, p. 21.
② Tilde Rosmer, *Shas: The Sephardi Torah Guardians and Their Constructions of the New Jewish Israeli Identity*, Ph. D Dissertation, University of Oslo, 2002, p. 47.

替换。正如伊扎克·苏迪瑞表明的："沙斯党希冀于打破本－古里安创办的工程，因为他的道路自始至终都是错误的，毕竟不存在能够将个人完全彻底改造的社会机制。"① 在沙斯党看来，本－古里安倡导建构同一的"世俗新以色列"身份与多元化的以色列社会结构不相适应，而"熔炉主义"的同化政策则是基于欧式、西化的世俗主义价值观。在国家"熔炉主义"政策的作用下，东方犹太人在移民以色列后经受着多重性困顿：既有为摆脱贫困生活而奔波的辛酸艰苦，也有因自身文化传统断裂而伴生的无所适从。因此，东方犹太社群长期徘徊在以色列社会的边缘地带。为此，沙斯党始终奉行"恢复古老遗产应有荣誉"的理念，通过全方位的犹太宗教教育引导东方犹太人重拾塞法尔迪正统派的宗教遗产。从表象上看，这是单纯地回归宗教；但实质上，这是沙斯党通过重塑东方犹太人的本源文化而塑造塞法尔迪社群认同身份的政治革新运动。换言之，沙斯党将开展犹太教回归运动与整合东方犹太社群的两大使命紧密地结合在一起，从而为贫弱化与碎片化的东方犹太社群提供了整合集体身份的有利契机。

此外，伴随塞法尔迪式犹太集体身份的塑造，以色列社会也兴起了一场复兴塞法尔迪宗教遗产的文化运动。在沙斯党主导的政治与社会运动中，回归宗教与社群身份的话语彼此交织，沙斯党巧妙地运用贫弱的东方犹太人对其社会处境不满的怨恨情绪，从东方犹太社群中吸纳回归宗教的新生力量。当饱受生活困苦的东方犹太人在回归宗教的道路上找到最终的精神归宿时，也意味着参与犹太教回归运动的个人将在日常生活中受到某种宗教文化的支配，譬如践行塞法尔迪式的宗教律法、宗教价值观以及宗教仪式等。然而，权威性的圣化元素只有在体系化的框架规范下才能对回归者形成强大的塑造力。在推进犹太教回归运动的进程中，沙斯党筹建的"区块自治"体系为回归者提供了完备的框架，由此宗教回归者通过系统地学习而日渐熟习特定的塞法尔迪式的行为范式、衣着搭配以及日常宗教用语。简而论之，沙斯党借助自组织的"区块自治"系统开展犹太教回归运动，成功地在东方犹太社群中重塑了塞法尔迪式的宗教文化体系。②

而且，新型塞法尔迪集体身份的塑造直接地推动了以色列东方犹太社

① Tilde Rosmer, *Shas: The Sephardi Torah Guardians and Their Constructions of the New Jewish Israeli Identity*, p. 46.

② David Lehmann and Batia Siebzehner, *Remaking Israeli Judaism: The Challenge of Shas*, p. 81.

群的振兴。"社群振兴"既是沙斯党开展犹太教回归运动的目的之一，又是运动成功推广的成果体现。如前所述，社会的碎片化与经济的贫弱化是东方犹太社群的两大突出特征。沙斯党在致力于解决东方犹太社群贫困问题的同时，注重对碎片化的东方犹太社群进行整合。因此，通过犹太教回归运动，沙斯党为碎片化的东方犹太人设定了一套需要统一践行的日常规范。它基于古老悠久的塞法尔迪正统派的宗教遗产，其中以卡罗拉比的《布就之席》为主要内容。值得注意的是，温和宽容的塞法尔迪正统派在宗教律法的诠释方面能够更好地与现代性相契合，这为沙斯党顺利地开展外向型的传教运动提供了便利，以此将大批东方犹太人纳入了犹太教回归运动。伴随犹太教回归运动的推进，沙斯党在与世俗犹太阵营划清界限的同时，也在犹太正统派阵营内部塑造了一个新型的以塞法尔迪正统派为核心的东方犹太社群共同体。①

沙斯党依托犹太教回归运动打造的新型共同体在构筑形态上呈同心圆的圈层模式，它主要包含三个圈层。首先，核心圈由大约6万余名塞法尔迪极端正统派组成。② 他们是拥护沙斯党的中坚力量，视优素福拉比的律法裁决为绝对权威。与阿什肯兹极端正统派一样，他们也全身心地投入《托拉》和《塔木德》等犹太教经典的研究中。其次，中间圈层是认同于沙斯党精神领袖，抑或是赞成以犹太律法原则治理国家的传统犹太人，他们是沙斯党推动犹太教回归运动的主力军。尽管沙斯共同体中的传统犹太人在律法践行方面不及极端正统派严格，但他们却是犹太教回归运动的觉醒者与传道者，他们频繁地活跃在街头巷尾及大众媒体中以传播"回归"的真谛。③ 此外，外围圈层是认同于东方犹太人的社群身份，为争取更大政治、经济利益而支持沙斯党的世俗犹太人。尽管他们在日常生活中较多地突出世俗性，但在很大程度上弥留着塞法尔迪先祖的民间信仰。④ 部分世俗，特别是贫弱的东方犹太人在主观情感上认可宗教性的沙斯党，他们构筑了沙斯党在以色列参与议会政治的群众基础，是投票支持沙斯党的主体力量。

① David Lehmann and Batia Siebzehner, *Remaking Israeli Judaism: The Challenge of Shas*, p. 105.
② 沙斯党发言人伊扎克·苏迪瑞在1999年的个人访谈中提及。参见 Etta Bick, "The Shas Phenomenon and Religious Parties in the 1999 Elections," *Israel Affairs*, Vol. 7, No. 3 (2000), p. 59。
③ David Lehmann and Batia Siebzehner, *Remaking Israeli Judaism: The Challenge of Shas*, p. 105.
④ David Lehmann and Batia Siebzehner, *Remaking Israeli Judaism: The Challenge of Shas*, p. 189.

俯瞰以色列社会，东方犹太社群中的传统派参与犹太教回归运动意味着"沙斯党在极端正统派与世俗派之间的中间地带成功地汲取了有生力量"①。此外，犹太教回归运动还吸纳了世俗派东方犹太人，清晰地表明沙斯党将社群振兴与宗教复兴的两大使命交织为一体。就恪守传统文化程度较高的社群而言，宗教通常是他们解决现实社会与经济困境所要依托的主要话语。基于此，沙斯党成功地将犹太教回归运动嵌入了一场振兴东方犹太社群的宏伟浪潮。② 亦有学者指出："沙斯党引领的宗教运动使广大的东方犹太社群在以色列社会探索出了属于自己的场域，这是对西方阿什肯纳兹犹太人歧视态度的坚决反击。"③ 东方犹太社群成功地探寻立足于以色列社会的场域，这也催化着新型塞法尔迪式以色列犹太集体身份的塑成。可以说，正是借助犹太教回归运动，沙斯党才成功地将"恢复古老遗产应有荣誉"的口号落实到位，传统的塞法尔迪宗教遗产历经与现代性的调适后得以传承，遗失已久的塞法尔迪文化价值观也得以重塑，这极大地提升了塞法尔迪正统派的精神面貌与社会安全感。④

简而论之，借助犹太教回归运动，沙斯党成功地发挥了"区块自治"体系的社会功效，重建了塞法尔迪正统派宗教文化的传承体系，在以色列社会塑造了一种相对同质性的文化氛围，即一种塞法尔迪式的亚文化类型。宏观地审视以色列社会，沙斯党通过推动犹太教回归运动以重塑塞法尔迪派宗教文化体系，这实际上是 20 世纪 80 年代以来以色列社会多元化进程的逻辑结果。

作为万花筒般的多彩国家，宗教与世俗、东方与西方、传统与现代等各种类型的亚文化在以色列彼此交织，共同发展。20 世纪 80 年代以来，文化多元主义在以色列社会大行其道，各类文化在多元社群"区块自治"体系的庇护下呈现百花齐放的发展态势。虽说沙斯党的崛起与以色列社会文化多元主义的时代潮流相契合，但它的成立、发展与壮大与以色列社会长期以来各种矛盾的叠加与博弈密切相关。譬如，在宗教方面，受西方犹

---

① David Lehmann and Batia Siebzehner, *Remaking Israeli Judaism: The Challenge of Shas*, p. 193.

② David Lehmann and Batia Siebzehner, *Remaking Israeli Judaism: The Challenge of Shas*, p. 203.

③ Shlomo Deshen, "The Emergence of the Israeli Sephardi Ultra-Orthodox Movement," *Jewish Social Studies*, Vol. 11, No. 2(2005), p. 99.

④ David Lehmann and Batia Siebzehner, *Remaking Israeli Judaism: The Challenge of Shas*, p. 151.

太精英支配的"熔炉主义"政策的长期影响，塞法尔迪正统派的文化遗产已被冲击得七零八落，致使其不可避免地要挣脱阿什肯纳兹正统派的束缚；在社会经济方面，受自由主义市场经济理念的作用，以色列的贫富差距日益拉大，聚居于新兴城镇的东方犹太社群长期沦为社会边缘群体。对此，沙斯党设定了犹太教回归运动与重塑东方犹太社群两大奋斗目标。其中，在以色列社会推动犹太教回归运动是最高纲领；建构公正合理的犹太社会，重振东方犹太社群则是最低纲领，但两者之间却又相互交织，彼此辅助。在沙斯党看来，重塑东方犹太社群，构建平等公正的犹太社会的基础在于遵循犹太传统价值观。因此，回归宗教既是沙斯党为之奋斗的目标，也是沙斯党精挑细选的实用性策略。在回归宗教的具体实践中，沙斯党彰显着塞法尔迪正统派的独特性，这既表现为它致力于捍卫、传承塞法尔迪正统派的宗教文化遗产，也表现为它在处理具体的政治事务时能够诉诸塞法尔迪正统派的温和务实主义。

　　归根结底，多元化"区块自治"式的以色列社会是沙斯党赖以生存的土壤。20世纪80年代以来，以色列社会日益突出文化多元主义，包容而非排斥各区块自治，沙斯党主导下的塞法尔迪正统派文化区块由此能够自成一派。因此，与以色列国家强调社会包容的主旨相一致的是，沙斯党在多元性的以色列社会中并不鼓吹分裂性的"族群"话语。相反，它却通过调用宗教性话语最大限度地将贫弱化的东方犹太社群整合进以色列社会。并且，与死板严苛的阿什肯纳兹正统派宗教政党相比，沙斯党温和宽容的特性预示着它能在与世俗政党的交往中保有缓和的空间。因此，在政教关系频生对立的以色列社会，沙斯党频繁地扮演调和者的角色。沙斯党之所以能胜任教俗关系调和者的角色与其温和性的政党纲领有着密切的逻辑关系。与以色列正教党的反犹太复国主义、拒服兵役以及强硬推行宗教律法的行为有所不同的是，沙斯党对犹太复国主义持赞成态度，对服兵役持保留意见，在推销宗教产品时采取稳健性策略，并且在巴以问题的立场上灵活多变。一言以蔽之，沙斯党在宗教观念上不受阿什肯纳兹极端正统派那样的教条性束缚，它在行为方式上始终"寻求整合而非寻求分裂"①。

① 王彦敏：《以色列政党政治研究》，第241页。

第三章

以色列犹太宗教教育

犹太教是犹太民族共同的宗教信仰和生活方式，为犹太民族历史的发展提供了源源不断的精神滋养。无论是在犹太民族形成之初，还是在大流散时期，犹太教都发挥着凝聚民族之魂、传承民族文化的重要作用。在数千年的民族历史发展过程中，犹太民族主要通过教育的方式来传承本民族信仰和传统文化。以色列国建立后，虽然政府明确表示以色列将是一个世俗国家而非神权国家，但犹太教在以色列的政治、经济、文化和社会生活中的影响巨大。犹太教主要通过宗教教育的方式来向以色列社会传播犹太文化、灌输宗教思想，进而影响以色列社会的方方面面。

为了确保犹太教信仰和犹太文化的传承，以色列政府维持了犹太宗教教育的独立地位。从 1949 年开始，以色列议会通过了一系列法律将宗教教育纳入以色列国民教育的范畴，以规范犹太宗教教育的发展。犹太宗教教育对以色列的政治、文化和社会生活都产生了重要影响。一方面，犹太宗教教育有利于传承犹太民族的传统文化，增强民族的凝聚力，同时可以加速新移民融入以色列社会；另一方面，以色列作为世俗化、民主化和现代化的国家，犹太宗教教育实则淡化了国家的世俗性和现代性特征，强化了以色列的犹太属性，引起了以色列社会内部其他族群的普遍不满，由此引发了世俗政权与宗教政党、世俗社会与宗教社会的诸多矛盾。犹太宗教教育成为世俗力量与宗教力量相互争执的焦点，宗教教育的发展走向也成为以色列社会关注的敏感问题。

一 犹太宗教教育的历史溯源

自古以来，犹太民族就十分重视教育，尤为重视具有传承民族信仰和传统文化功能的"宗教教育"①。古代早期的犹太宗教教育主要是以家庭为场所，以《托拉》《塔木德》等犹太经典以及犹太传统习俗为内容的家庭教育。大流散期间，犹太宗教教育主要在犹太会堂和犹太经学院中进行，教育内容以宗教经典和犹太律法为主，教育目的是延续犹太民族的宗教信仰，培养犹太人的宗教精神。19 世纪末，随着民族主义浪潮的兴起和犹太复国主义运动的开展，犹太人的民族意识被激发，逐渐从世界各地来到巴勒斯坦地区。犹太移民在巴勒斯坦建立了犹太社团，社团内部也纷纷建立了独立的教育机构，开展宗教教育和世俗教育，最具代表性的是英国委任统治时期产生的"派别教育"。犹太宗教教育悠久的历史和丰富的教育内容为以色列建国之后的国民教育体系奠定了基础。

（一）传统犹太社会中的家庭宗教教育

在古代犹太社会中，犹太家庭作为犹太人生活的基本单位，是最基本的教育组织。犹太家庭教育的主要内容是学习《塔纳赫》和《塔木德》。《塔纳赫》，即《希伯来圣经》，包括《托拉》、《先知书》和《圣文集》。《托拉》又称《摩西五经》或者《律法书》，是《希伯来圣经》的主体，主要反映了创世、人类早期历史和犹太民族始祖的生活以及摩西带领犹太人出埃及的历史。《先知书》包括 8 卷，内容主要是依托基本史料，根据犹太教需要对历史人物和历史事件进行评判。《圣文集》包括诗歌、戏剧、历史故事、智慧书等方面，既带有宗教色彩又具有一定的文学性。《希伯来圣经》不仅构建了犹太民族的信仰体系，也展示了犹太思想的发展轨迹和犹太文化的核心，因而，在犹太人的家庭教育内容中占据核心地位。

犹太宗教教育涉及的另外一部宗教经典是《塔木德》。《塔木德》是犹太教口传律法总集，是仅次于《希伯来圣经》的主要经典，被称为"口传托拉"。该书共 250 万字，主要包括《密西拿》（Mishnah）和《革马拉》（Gemara）两部分。《密西拿》是公元 70 年至 200 年的拉比圣贤的言论汇

---

① 一般来说，宗教教育有广义和狭义之分。广义的宗教教育是指一切与宗教有关的教育制度和活动；狭义的宗教教育是指直接由宗教组织承办、以培养宗教神职人员为目的、以宗教神学知识为内容的教育制度。本部分所指的宗教教育是广义上的宗教教育，是指以色列政府在希伯来教育系统中开展的宗教教育内容，主要包括国立宗教教育、私立宗教教育和国立普通学校中的少量宗教教育。

编，主要是对《托拉》中包含的律法内容进行系统梳理和重新阐述，属于《塔木德》的核心部分。《革马拉》主要是围绕《密西拿》进行评注，其内容只涉及《密西拿》论题的一部分。《革马拉》没有固定的体例，多采用对话方式，记录一系列的问答、反对与反驳、驳斥与反驳斥。① 《塔木德》不仅是一本犹太口传律法集，还是一本关于犹太人的生活智慧经典，内容除了宗教训诫、道德说教和宗教礼仪之外，还包括大量的历史传说与民间习俗，甚至包括农业、建筑、天文地理、医学以及算术等。《塔木德》凝聚了犹太历史上诸多犹太学者对犹太民族历史、民族文化和民族智慧的思考与提炼，是犹太民族生活方式的指导图，也是支撑全体犹太人的精神支柱。② 书中还蕴含极深的思辨性，鼓励犹太人进行反复思考和争辩，进而培养他们独立思考的能力，锻炼他们的洞察力。

《希伯来圣经》和《塔木德》等犹太经典屡次强调父母及子女在家庭教育中的责任与义务。如"管教你的儿子，他就使你得安息，也必使你心里喜乐"③，"我儿，要听你父亲的训诲，不可离弃你母亲的指教"④，等等。犹太人认为，父亲是上帝委派给人的第一位教师，要承担教诲子女的义务，"父亲对儿子的教育是犹太文化与种族赓续的重要保证"⑤。父亲要教导儿子研读《托拉》和《塔木德》等宗教典籍，遵守犹太传统的节日、风俗习惯等，为其日后成为道德之民、律法之民和智慧之民创造条件。⑥

除了《希伯来圣经》和《塔木德》，父母还通过每年的宗教节日，对子女进行宗教性、民族性的文化教育，让后辈更为直观地认识民族信仰和民族历史。这一时期宗教教育的直接目的是培养犹太儿童对上帝的敬畏心理，以及身为犹太人的使命感，启发他们对公义和信仰的献身精神。正是这种浸沉着浓郁宗教气氛的家庭教育，使得每个犹太家庭都是一个个牢不可破的堡垒；正是这种把一切统摄在笃信上帝、充当上帝子女的教育之下，才使得犹太人在散居各地、客居他乡时，仍能继续保存、发展本民族传统文

---

① 张倩红、张礼刚、刘百陆：《犹太教史》，华夏文化出版社，2011，第 86 页。
② 〔美〕杰弗里·布拉尼：《犹太人的家庭教育》，厉志红、王燕编译，河南大学出版社，2003，第 10~11 页。
③ 《圣经·箴言》29：17。
④ 《圣经·箴言》1：8。
⑤ 梁工主编《圣经时代的犹太社会与民俗》，宗教文化出版社，2001，第 67 页。
⑥ 张倩红：《论以色列教育的特点》，《西北大学学报》（哲学社会科学版）2000 年第 1 期，第 155 页。

化和宗教信仰。① 家庭教育成为犹太人在异国他乡保存民族文化的典范，正是在每一个家庭的传统教育下，犹太文化和宗教信仰才得以传承不息。

（二）大流散时期的犹太宗教教育

公元 135 年，犹太人反抗罗马大起义失败后，失去了民族家园，被迫开始民族的大流散。此后，犹太人的生活无法依靠共同的地域来维系，只能依赖共同的文化传统和宗教信仰。圣殿被毁使他们失去了祭祀场所，流散中的犹太人开始定期聚集在一起，举行祈祷，定期聚集的场所后来逐渐发展成为犹太会堂。犹太会堂存在于每个犹太社团中，在正规学校诞生以前，它是犹太宗教教育开展的主要场所。每一所犹太会堂都设有两个学习班，一个是圣经班（bet sefer），主要学习《圣经》，另外一个是塔木德班（bet talmud）主要研习《密西拿》。拉比即是教师，在犹太会堂设置的班级中担任希伯来语和犹太律法的教导者。拉比备受社团的尊崇，主要向犹太人传授关于犹太教的基本教义、教规和经典文献，指导犹太人在日常生活中和特定节日的宗教实践。犹太会堂中安放有手抄的《摩西五经》，还设立图书馆，用羊皮纸抄写的书籍成为犹太儿童和成人学习犹太民族历史和犹太律法的教材。从犹太会堂毕业的优秀学生会被派遣到其他犹太会堂工作，经过一段时间的历练之后，他们便成为犹太会堂中的拉比。

对于犹太会堂在犹太宗教教育方面的贡献，犹太拉比米尔顿·斯坦伯格（Milton Steinberg）概括道："犹太会堂是一个学习的场所，是一座犹太教的学校，为犹太儿童和成人提供教育；或者可以这样说，如果犹太会堂不能作为正规的学校，那么可以说是学校的前身和支柱。"② 犹太会堂中不仅设立了犹太儿童的教育班级，也成为社团内犹太民众公共祈祷和学习的中心，人们在犹太会堂中宣读、听讲、研读《圣经》，在拉比的指导下，遵循犹太律法安分地生活。③ 犹太会堂中开展的宗教教育不仅为犹太教培养了宗教人士，也保障了希伯来语这一民族语言的延续。由于当时希腊化程度不断加深，懂得希伯来语的犹太人逐渐减少，拉比在犹太会堂中引导学生学习《圣经》，用希伯来语讲解犹太律法，使得犹太会堂不仅成为犹

---

① 戴本博主编《外国教育史》，人民教育出版社，2001，第 31 页。
② Milton Steinberg, *Basic Judaism*, New York: Houghton Mifflin Harcourt, 2001, p. 150.
③ 潘光、陈超南、余建华：《犹太文明》，福建教育出版社，2008，第 112 页。

太律法的研习基地，也成为学习希伯来语的场所。这一教学方式既传承了犹太教传统，又保障了希伯来语的传承与赓续。在圣殿被毁后，失去了政治独立的犹太人通过犹太会堂教育等方式维持了民族文化与宗教传统的双重延续。犹太会堂成为犹太人在背井离乡的状态下凝聚民族精神、坚持宗教教育的主要场所。

然而，犹太会堂只能为犹太人提供程度较低的宗教教育，无法满足众多学龄儿童上学的需求。为解决这一问题，犹太社团内部逐渐建立起一些专门学校，系统地指导犹太人学习宗教律法和经典文献。公元前3世纪起，犹太社团开设学校，开始招收犹太儿童进行基本的宗教教育。至公元前1世纪，犹太社团中出现了犹太会堂之外的专门学校，系统地讲授犹太经典文献。[1] 学校名为"和读"（Heder），希伯来语意为"房间"，是犹太初级宗教学校，主要招收4~13岁的犹太儿童，为他们讲授基本的犹太教知识，可以满足犹太人在日常生活中对宗教仪礼的需要。律法学校（Talmud Tora）与"和读"大约同时诞生，主要为贫穷人家的儿童开设。后来，律法学校逐渐正规化，教师增多，教学场所也日趋扩展，逐渐取代了"和读"。[2] "和读"和律法学校的优秀毕业生可以去更高级别的宗教学校耶希瓦继续深造。

耶希瓦（Yeshiva）也被称作犹太经学院，主要是培养《塔木德》学者和犹太教拉比的学院。耶路撒冷第二圣殿被毁以后，约翰南·本·扎凯拉比在巴勒斯坦的雅乌内创立了第一所耶希瓦，它会集了大批犹太学者，成为在缺少国家独立正常条件下，犹太人维持和发展民族文化传统的中心。[3] 耶希瓦的老师一般由有学问的拉比担任，教授学生《塔木德》和犹太律法。这些老师不仅熟知犹太宗教文献，而且能够根据文献进行新的解释。[4] 在大流散时期，耶希瓦逐渐成为培养犹太拉比、收集整理犹太典籍、传承犹太文化和宗教信仰的教育机构。[5] 耶希瓦内充满浓郁的犹太教传统氛围，为传播犹太教、传承犹太文化发挥了非常重要的作用。"和读"与

[1] 肖宪、张宝昆：《世界上最成功的教育：犹太教育揭秘》，工人出版社，2005，第51页。
[2] Joseph S. Bentwich, *Education in Israel*, Philadelphia: Jewish Publication Society of America, 1965, pp. 6 - 7.
[3] 黄陵渝：《当代犹太教》，东方出版社，2004，第67页。
[4] Jacob Katz, *Tradition and Crisis: Jewish Society at the end of the Middle Ages*, New York: Schocken Books, 1993, p. 161. 转引自张礼刚《德国犹太启蒙运动中的教育问题》，《世界历史》2010年第6期。
[5] 徐新、凌继尧主编《犹太百科全书》，第401页。

耶希瓦等宗教学校的产生，将犹太民族的传统宗教教育模式由家庭教育和犹太会堂教育革新为正规的学校教育。此后，犹太宗教教育逐渐步入正轨，发展为从初级"和读"到犹太经学院等一整套的教育体系。

近代以前，犹太民族的教育实际上就是以宗教经典为主要内容、以宗教场所为教育机构的宗教教育。随着启蒙运动的发展和解放时代的到来，犹太社会内一部分人开始寻求变革，逐渐将世俗教育引入犹太教育，以此来抗衡传统的犹太宗教教育。此举引起了犹太社会内部的分裂，各派在宗教教育与世俗教育的问题上纷争不断。犹太复国主义运动兴起以后，分散在世界各地的犹太人响应号召，移往巴勒斯坦地区。犹太移民在巴勒斯坦地区建立了犹太社团，并建立了相互独立的教育机构，到了英国委任统治时期逐渐发展成为独立的"派别教育"系统。

（三）英国委任统治时期的犹太宗教教育

犹太复国主义运动诞生之初，就有大批的犹太人从世界各地移往巴勒斯坦地区，被称为"阿利亚"①。犹太移民在巴勒斯坦逐渐形成一定规模后，子女能否接受正规教育成为犹太移民担忧的问题。奥斯曼帝国在巴勒斯坦实行"米勒特"②制度，允许宗教团体在宗教信仰、文化和教育上享有自主权。在此政策下，来自各异质文化背景下的犹太移民建立了各自独立的学校系统，例如一般犹太复国主义者建立的"一般派别"学校（the General form）、工党系统建立的"工党派别"学校（the Labour form），宗教犹太复国主义者建立的"米兹拉希派"（Mizrachi）学校以及阿什肯纳兹犹太人建立的"阿古达·以色列派"（Agudat Israel）学校。这些独立的学校没有得到政府的资助，基本都是依靠海外犹太人慈善捐款维持生存。

1917 年英国军事占领耶路撒冷。1922 年，国际联盟通过委任状，正式承认英国在巴勒斯坦建立的托管政府。此后，英国在巴勒斯坦开始了长达近 30 年的委任统治。委任当局延续了奥斯曼帝国的米勒特制度，实行自治

---

① 阿利亚（Aliyah），希伯来语原意"上升""攀登"，指犹太人通过去耶路撒冷的朝圣活动得到精神上的"升华"，后来泛指犹太人移居巴勒斯坦的活动，即移民运动。

② 米勒特（土耳其语：Millet）是指奥斯曼帝的宗教团体。在 19 世纪，奥斯曼帝进行坦志麦特改革，"米勒特"一词便被引申到除了具领导地位的逊尼派外的宗教族群。奥斯曼帝法规内的米勒特制度是近世宗教多元化的一个例子。

的教育政策，赋予犹太人开办学校的自主权。委任统治当局按照犹太人在巴勒斯坦地区中的人口比例，拨给犹太学校10%的教育经费，① 但附加条件是犹太学校要接受英国教育部门的监管。犹太复国主义组织经过讨论后决定要保留犹太教育自主权，放弃英国当局提供的资助。犹太学校的生存只能寄托于犹太复国主义组织的拨款和海外慈善捐款。同时，他们也在社团内部筹集资金，通过建立内部征税制度来维系学校的日常运转。

第一次世界大战爆发后，学校经费来源中断，犹太学校大多交由犹太复国主义组织管理。由于犹太人内部各派力量的教育理念不同，希伯来教育系统衍生出了四大教育派别。其中有三派属于犹太复国主义阵营，分别是普通犹太复国主义者控制的"一般派别"学校、工党掌握的"工党派别"学校和宗教犹太复国主义者掌控的"米兹拉希派"学校；第四派别是以色列正教党主办的"阿古达·以色列派"学校，属于非犹太复国主义组织。在上述四大派别学校中，"一般派别"学校和"工党派别"学校属于世俗性质的学校，而宗教犹太复国主义者经办的"米兹拉希派"学校和犹太教极端正统派建立的"阿古达·以色列派"学校属于宗教性质的学校。

"一般派别"学校的办学宗旨是为了犹太民族和犹太国家服务，其教学目标是让后世的犹太人都要忠心服务于犹太民族和犹太国家。② "一般派别"学校创办最早，影响最大，主要进行通识教育。希伯来文化和犹太民族的价值观念在这类学校的课程中占据核心位置，犹太教的传统观念可以在教学中有所体现，但不可在学校生活中实行严苛的宗教实践。相对而言，"工党派别"下属的学校则主要将一般的民族理念与"巴勒斯坦犹太工人总会"③ 运动结合一起，辅以《希伯来圣经》的相关知识。"工党派别"学校的一大特色是注重体力劳动教育，学校设置专门课程学习手工制作，特别是农业劳作，办学特色鲜明，宗旨是为犹太工总运动培养接班人。

宗教犹太复国主义学校最先是从"一般派别"学校中分离出来的，兼

① Shlomo Swirski, *Politics and Education in Israel: Comparisons with the United States*, New York: The Falmer Press, 1999, p. 46.

② Bernard Steinberg, "Education, Judaism and Politics in Israel: A Survey," *Jewish Social Studies*, Vol. 48, No. 3 – 4(1986), p. 237.

③ 1920年12月，在劳工联盟、青年工人党、青年卫士等组织的发起下，87名被推选出来的代表在海法集会，宣布建立"巴勒斯坦犹太工人总会"。以色列建国后，阿拉伯工人也可以取得参会资格，因而从1959年起，该组织改名为"以色列工人总会"，也称"犹太工总"。

顾宗教性和一定的世俗性，且着重强调犹太教和犹太传统的学习。该派学校的起源要追溯到一战时期，当时，大部分的"热爱锡安"运动者接受了西方文化的熏陶，认为大流散中的传统犹太教已然跟不上时代潮流，返回"应许之地"不仅是一种虔诚的信仰，也是复兴犹太民族的需要。因而，他们对传统的犹太宗教教育提出了质疑。当时大部分的犹太移民仍然选择将子女送往犹太初级学校"和读"学习，但另外一部分家长开始对"和读"的教育效果产生怀疑。他们希望子女在学习传统犹太教知识的同时，也学习一些世俗的课程，比如数学、科学甚至一门外语。在此背景下，第一所改革后的"和读"在雅法诞生。这所"和读"将普通课程与宗教知识结合起来，用希伯来语进行教学，学校中的老师，无论是负责世俗课程还是负责宗教课程，都必须是"守教的犹太人"（Observant Jews）。[1] 1904年，在米兹拉希宗教党派成立之后，这类将宗教与世俗课程相结合的宗教学校得到一定程度的推广。至 1920 年，宗教犹太复国主义者成立了将近25 所学校，学生人数达 2000 人之多。后来，这类宗教学校就组成了"米兹拉希派"教育系统，接受了犹太复国主义委员会监管，但仍享有较大自主权。"米兹拉希派"学校兼顾宗教课程与世俗课程的学习，实质上在精神领域依然遵从犹太教信仰，只是办学形式上采取半现代化的模式。

"阿古达·以色列派"一词含义众多，它既是指犹太教极端正统派的宗教教育系统，又是指参与政治的宗教政党——以色列正教党。"阿古达·以色列派"由来自德国、波兰和立陶宛的正统派犹太拉比于 1912 年成立。"阿古达·以色列派"成立的主要原因就是保护并支持犹太传统教育的自主权[2]，其宗旨是捍卫并传承犹太教极端正统派的价值观，在日常生活中谨遵律法，抵抗犹太社会的分裂和现代化。[3]

20 世纪 20 年代，随着犹太复国主义运动的深入发展，越来越多的犹太人移居巴勒斯坦地区，建立了许多希伯来学校。以色列正教党为了抵制巴勒斯坦地区犹太教育的世俗化，也改变了传统策略，开始将工作重点从

---

[1] Bernard Steinberg, "Education, Judaism and Politics in Israel: A Survey," *Jewish Social Studies*, Vol. 48, No. 3 – 4(1986) , p. 237.

[2] Gary S. Schiff, *Traditions and Politics: The Religious Parties of Israel*, Detroit: Wayne State University Press, 1977, p. 69.

[3] Jeremy Stolow, "Transnationalism and the New Religio-politics: Reflections on a Jewish Orthodox Case," *Theory, Culture & Society*, Vol. 21, No. 2(2004) , p. 112.

东欧地区转移到巴勒斯坦，成立办事机构，兴建多所宗教学校来开展犹太宗教教育，以此与世俗的犹太复国主义运动相抗衡。该派学校严格遵守犹太教律法，抵触与外界的交流，教学内容主要是研读犹太教经典《托拉》《塔木德》和学习犹太传统习俗。整个委任统治时期，"阿古达·以色列派"学校都拒绝加入官方认可的政治派别的教育体系，主要是为了抗议当局给予妇女选举权。他们也不愿同非正统派犹太人合作，因而将自身完全隔离于犹太复国主义运动主导的教育体系之外。[1] 该派学校主要限于犹太教极端正统派内部，学校数目和学生人数都很少，到 1948 年建国时，该派学校的学生约有 5000 人。[2]

整体而言，在英国委任统治时期，希伯来教育系统已逐渐形成各派独立办学的教育局面，传统的宗教教育也形成了一定规模。英国委任统治当局沿袭奥斯曼帝国的政策，赋予犹太学校较大的自主性，不主动干预其内部事务。希伯来教育系统的教学事务主要由巴勒斯坦犹太社区国民委员会管理，具体由国民委员会下属的教育局负责。教育局由各派别学校的党派代表、教师协会代表、地方政府代表组成，负责制定希伯来教育系统的教育政策，并对学校进行督导。[3] 但由于缺乏强有力的领导机构，政治力量较为分散，希伯来教育呈现强烈的党派附属特征，各派别学校独立发展，享有较大的自主性。宗教性质的学校也逐渐从普通学校中分离出来，虽然力量弱小，但也自成一派。这种派别分离的教育特征并未因以色列国的建立而消亡。以色列建国初期，为了维护社会稳定，保留了"派别教育"系统。直到 20 世纪 50 年代，通过颁布一系列法律法规，以色列政府废除了分裂的"派别教育"系统，将宗教教育系统纳入了以色列国民教育系统。

二　以色列犹太宗教教育系统的形成

从古至今，犹太教始终贯穿于犹太民族的教育之中。无论是从早期的家庭教育、大流散时期的犹太会堂和经学院教育，还是到近现代的希伯来学校教育，都受到犹太教的影响。近现代以来，随着哈斯卡拉运动和犹太

---

[1]　Shlomo Swirski, *Politics and Education in Israel: Comparisons with the United States*, p. 49.
[2]　邱兴：《以色列教育》，中国文史出版社，2004，第 134 页。
[3]　邱兴：《以色列教育》，第 62 页。

教改革运动的兴起与发展，犹太人逐渐走出隔都，开始寻求变革，表现在教育领域就是革新传统的宗教教育，开始接受西方的世俗教育，且将世俗教育与宗教教育进行结合，由此，具有现代性特征的犹太宗教教育应运而生。但是，每一次民族的变革都会引起内部传统势力的反对甚至扼杀，犹太教内部的正统派极力反对"马斯基尔"① 和犹太复国主义者进行的教育革新，他们固守传统，极力避免被外界同化，创建了宗教气息浓厚的正统派学校，坚持进行传统的犹太宗教教育。

（一）以色列建国初期的宗教教育政策

1948 年，以色列国建立。虽然本 – 古里安在《独立宣言》中宣称以色列是一个民主的、世俗的国家，但以色列社会与文化中所具有的浓厚的犹太属性不容置疑。《独立宣言》中宣称"犹太国对所有犹太人敞开大门"，加上犹太复国主义作为国家的主流意识形态，奠定了以色列国"犹太属性"的基调。以色列的犹太属性在教育方面有强烈的表现，带有浓厚犹太性的宗教教育在以色列的国民教育体系中占有重要位置，宗教教育被贯彻到国立学校和私立学校、世俗学校和宗教学校之中。通过传统的宗教教育手段，宗教势力把犹太教传统的价值观念灌输给全体民众，增强了犹太人对犹太文化和犹太民族历史的认知，强化了犹太人的民族认同感。为了改善教育分裂的状况，新生的以色列政府通过颁布一系列法律法规废除了英国委任统治时期残留的"派别教育"系统，将宗教教育纳入了国民教育体系，规范了对宗教教育的管理，建立了统一的国民教育体系。

1. 1949 年的《义务教育法》

《义务教育法》的出台是多种因素作用的结果。以色列建国前夕，为了争取犹太教极端正统派加入联合政府，以本 – 古里安为首的政治犹太复国主义者向以色列正教党做出妥协，承诺在建国后承认宗教教育的地位，宗教学校也由国家投资。以色列建国时，内外交困，社会矛盾复杂，世俗群体与宗教群体纷争不断。在教育问题上，世俗力量支持下的"一般派别"学校和"工党派别"学校，与宗教力量支持下的"米兹拉希派"学校和

---

① "马斯基尔"为希伯来语"Maskil"的音译，复数形式为"maskilim"，意为"启蒙运动倡导者"。

"阿古达·以色列派"学校在建立统一教育体系的问题上无法达成共识。以色列政府被迫妥协，承认"派别教育"体系，继续维持教育分裂的现状。

建国初期，以色列面临严峻的地缘政治环境，与邻国冲突不断。为了维护以色列社会内部的稳定，增强犹太人的凝聚力，团结国民一致对外，以色列政府采取了维稳政策，对宗教群体采取安抚政策，承认宗教学校的独立地位。但是，频繁的战争需要大量的军费开支，耗费了大部分海外犹太人的捐助和以色列本国的经济积累，导致教育方面资金短缺。实际上分裂的世俗学校和宗教学校也消耗了很多教育资源，这就迫切需要政府改革教育系统，对其实行规范化管理。

第一次中东战争爆发后，许多阿拉伯国家的犹太人移居以色列，导致以色列人口激增。1948 年 5 月以色列人口总数为 65 万人，1951 年底时人口总数达 140 万人，比建国时增加一倍。[①] 大量移民涌入导致社会、经济、文化等方面的诸多问题。各派政党控制下的"派别学校"对移民子女教育权的争夺愈演愈烈。本－古里安意识到，这些以争夺移民子女教育权为旗号实则争夺移民选票的政治斗争会对以色列的民族团结和移民融合构成严重威胁。[②] 他强烈要求消除"派别教育"的政治因素，收回各个派别学校的自主管理权，建立由政府资助和监督的统一的教育体系。但也有学者认为，本－古里安强烈要求废除"派别教育"还有自身的政治考量。以色列建国后，工党利用其政治影响以及在教育管理部门中的行政影响，扩充"工党派别"教育系统，逐渐占据了教育系统中的较大份额（详见表 3－1）。从表 3－1 中可见，在 1947～1948 学年，"工党派别"学校的小学生人数占整体小学生人数的比例为 24.8%，到 1952～1953 学年，"工党派别"学校的小学生占比飙升至 43.4%。[③]"工党派别"学校取代"一般派别"学校，成为"派别教育"系统中的执牛耳者。由此可见，工党政府试图通过建立统一的教育系统进一步扩充势力，扩大世俗学校的规模，压缩宗教教育的空间。

---

① Joseph S. Bentwich, *Education in Israel*, p. 33.

② Modechai Bar-Lev, "Politicization and Depoliticization of Jewish Religious Education in Israel," *Religious Education*, Vol. 86, No. 4(1991), p. 613.

③ Modechai Bar-Lev, "Politicization and Depoliticization of Jewish Religious Education in Israel," *Religious Education*, Vol. 86, No. 4(1991), p. 613.

当代以色列：多元表达与社会张力

表 3 - 1 1947 ~ 1948 学年、1952 ~ 1953 学年以色列各派别学校的小学生占比情况

单位：%

学年	1947 ~ 1948	1952 ~ 1953
一般派别	50. 1	27. 1
工党派别	24. 8	43. 4
米兹拉希派	25. 0	19. 1
阿古达·以色列派	—	8. 3
其他	0. 1	2. 1
总　　计	100. 0	100. 0

资料来源：Modechai Bar-Lev, "Politicization and Depoliticization of Jewish Religious Education in Israel,"*Religious Education*, Vol. 86, No. 4(1991), p. 613。

在上述背景下，以色列政府着手准备改革"派别教育"系统，规范政府对宗教学校和世俗学校的管理。1949 年，教育文化部开始负责起草《义务教育法》议案，《义务教育法》被搬上了以色列议会——"克奈塞特"的议事日程。

1949 年 9 月，以色列议会颁布的第一部教育法律《义务教育法》对国家宗教教育给出明确定位，该法包括如下内容。

第一，继续承认四大派别学校的合法地位。《义务教育法》第 1 条规定："'被认可的教育派别'包括：（a）一般派别；（b）工党派别；（c）米兹拉希派；（d）阿古达·以色列派。"[1] 尽管"阿古达·以色列派"学校的教育理念反对犹太复国主义运动，但以色列政府仍然赋予该派宗教学校以独立地位，这一方面体现了以色列现代国家的包容性，另一方面也体现了以色列所具有的强烈的犹太性特点。

第二，家长享有为孩子自由选择学校的权利。《义务教育法》第 10 条规定："父母向当地教育部门办理儿童或少年入学登记时，可以主动申报其希望子女进入的'教育派别'。如果未申报，视为父母希望子女就读离居住地最近的国立学校。"[2] 该规定表明家长有权决定送孩子去世俗学校或者宗教学校，其他任何机构或个人都无权干涉。这种安排主要是为了避免

[1]　"The Israel Compulsory Education Act, 1949,"*Jewish Education*, Vol. 21, Issue 3(1950), p. 62.
[2]　"The Israel Compulsory Education Act, 1949,"*Jewish Education*, Vol. 21, Issue 3(1950), p. 65.

宗教与世俗政府的冲突，保护宗教群体的利益。这实际上是以色列政府对犹太教势力做出的妥协。

《义务教育法》明确了宗教教育的定位，赋予"米兹拉希派"学校和"阿古达·以色列派"学校独立地位，实际上从法律上承认了犹太宗教教育系统，为以色列的宗教教育的发展奠定了法律基础，体现出以色列强烈的犹太性。同时，《义务教育法》规定不分民族、性别、宗教信仰，为以色列境内所有儿童提供免费的义务教育。但该法没有实现建立统一的教育系统的目标，而是继续维持英国委任统治时期的"派别学校"教育，进而刺激了各派学校为了争夺新移民展开激烈的争夺，宗教势力与世俗社会之间的冲突日剧，不仅导致教育部部长被迫辞职，也加速了联合政府的垮台。①

2. 1953 年的《国家教育法》

以色列建国初期，教育部实际上只能对阿拉伯人的教育系统进行有效管理，犹太教育系统的实际控制权仍然掌握在四大"派别学校"手中。"派别教育"在伊休夫时期，对巴勒斯坦地区的犹太教育发挥了重要的贡献。然而，此时各个"派别学校"针对移民子女教育权的争夺逐渐扩展至老移民群体中，由此引发的冲突日渐严重。②"派别教育"的存在有深远的政治和历史原因，还牵涉到宗教势力与世俗政权之间的关系问题，牵一发而动全身。

1951 年，教育部部长扎勒曼·夏扎尔（Zalman Shazar）辞职后，新任教育与文化部部长本锡安·迪努尔（Benzion Dinur）在议会中呼吁政府应当承担起对教育的责任，要尽快解决"派别学校"因对新移民子女教育权的争夺而引发的宗教势力与世俗政权斗争的问题。议会中的大部分成员表示赞同，当时持反对态度的主要是犹太教极端正统派和左翼的统一工人党（简称"马帕姆"）。犹太教极端正统派反对统一的教育体系意在保留其学校管理的自主权，而"马帕姆"反对的原因则是，废除"派别教育"体系就意味着"犹太工总"掌控教育系统的时代将正式结束。③ 在迪努尔部长

---

① Bernard Steinberg, "Education, Judaism and Politics in Israel: A Survey," *Jewish Social Studies*, Vol. 48, No. 3 – 4(1986), p. 240.

② Orit Ichilov, *The Retreat from Public Education: Global and Israeli Perspectives*, New York: Springer, 2009, p. 57.

③ Bernard Steinberg, "Education, Judaism and Politics in Israel: A Survey," *Jewish Social Studies*, Vol. 48, No. 3 – 4(1986), p. 241.

的努力下，《国家教育法》在议会经过一段时间的辩论后，最终于 1953 年 8 月以 36 票赞成 16 票反对的结果正式通过。

《国家教育法》中有关宗教教育的主要内容如下。

第一，建立统一的国家教育系统。《国家教育法》正式废除了"派别教育"体系，规定了国家教育分为国立普通教育和国立宗教教育两个子系统，国立普通教育系统主要由世俗的"一般派别"学校和"工党派别"学校组成，国立宗教教育系统主要由"米兹拉希派"学校改组而成。此外，《国家教育法》再次承认了"阿古达·以色列派"学校的独立地位，明确其为"私立宗教教育"，政府会给予一定的教育资金，条件是"阿古达·以色列派"学校要接受教育部规定的最低课程标准。

第二，明确国立宗教教育的性质。《国家教育法》规定："国立宗教教育系统隶属于国立教育系统，只不过其教育是以犹太教传统和宗教犹太复国主义理念为宗旨，有其独立的课程设置、教师和督导机构。"[1] 这不仅从法律上认可了宗教学校的合法地位，还将宗教犹太复国主义者控制的宗教学校纳入了国立教育体系之内，成立了国立宗教教育系统。法律中还明确赋予了国立宗教教育系统在课程设置、教师聘用和教学督导方面的自主管理权。

第三，成立国立宗教教育委员会，负责监管并保障国立宗教学校的课程设置，监督教师背景是否符合犹太教的宗教规范。[2]《国家教育法》第 13 条规定："政府成立国立宗教教育委员会，委员会成员必须由教育部部长任命，每届任期为 4 年。其中 2 名委员由教育部指定，6 名委员从宗教事务部部长提名的 12 名候选人中确定，3 名委员从宗教教师协会提名的 6 名候选人中挑选，另外 3 名由代表宗教教师利益的宗教教育事务委员会指定。"[3] 该法第 14 条规定："教育部部长在处理任何有关国立宗教教育方面的事务时，例如对宗教教育机构的校监、校长和教师的任命，都必须提前咨询该宗教教育委员会的意见。"[4] 由此可见，国立宗教教育实际上仍然具

---

[1] Asher Maoz, "Religious Education in Israel," *University of Detroit Mercy Law Review*, Vol. 83, Issue 5(2006), p. 688.

[2] Joseph S. Bentwich, *Education in Israel*, p. 42.

[3] *State Education Law, 5713 – 1953*, p. 114, https://main. knesset. gov. il/EN/about/history/documents/kns2_education_eng. pdf.

[4] *State Education Law, 5713 – 1953*, p. 115, https://main. knesset. gov. il/EN/about/history/documents/kns2_education_eng. pdf.

备相当大的自主管理权，教育部缺少实质性的监督管理。

《国家教育法》的颁布结束了"派别教育"分裂割据的局面，明确了国立宗教教育的合法地位，承认了私立宗教教育的独立地位，建立了国立宗教教育系统、国立普通教育系统和私立宗教教育系统并存的国民教育体系。此后，犹太宗教教育正式成为以色列国民教育系统的重要组成部分，在犹太传统文化的传承过程中发挥着重要作用。

（二）国立宗教教育系统的形成

以色列建国前夕，本－古里安为了争取犹太教正统派的支持，曾致函以色列正教党执行委员会，承诺未来国家将承认自主的宗教教育体系，[①]双方达成了《现状协议》。20世纪50年代，大规模的犹太移民进入以色列，这些新移民在数量上和身份认同上改变了以色列的社会人口结构。一部分新移民想要让子女接受宗教教育，保持犹太教信仰。"米兹拉希派"学校实行了接纳政策，放宽了限制条件，吸引了大量的新移民。这种不加限制的招生，使得"米兹拉希派"学校急速扩张，影响力与日俱增，他们甚至在偏远山区都建立了宗教学校。学校规模的扩大一方面增强了宗教犹太复国主义的影响力，但另一方面也削弱了学校的教学水平，学校中的宗教课程有所减少，这引起了学生和家长的不满。[②]此外，宗教犹太复国主义者拉拢新移民还有一定的政治目的，这也引起了各政治党派在新移民群体中的角逐。本－古里安总理为了摆脱政治派别对教育所施加的影响，力促议会商讨建立统一的国家教育体系的法律方案。经过世俗力量与宗教界人士的激烈讨论，1953年议会颁布了《国家教育法》，以色列建立了统一的国立教育系统。[③]

1953年，被纳入国立宗教教育系统的学校主要是"米兹拉希派"学校，当时国立宗教学校的在校生占犹太学生总数的19.1%，到了1968年这一比例飙升至28.8%。国立宗教学校学生入学人数的激增与1967年

① Charles S. Liebman and Eliezer Don-Yehiya, *Religion and Politics in Israel*, Bloomington: Indiana University Press, 1984, p. 32.
② Zehavit Gross, "State-Religious Education in Israel: Between Tradition and Modernity," *Prospects*, Vol. 33, No. 2(2003), p. 153.
③ 邱兴：《以色列教育》，第139页。

当代以色列：多元表达与社会张力

"六日战争"有直接关系。"六日战争"的巨大胜利，使得以色列社会整体的国民心理发生了很大转变，激发了以色列社会内部世俗力量和宗教人士的宗教热情。宗教犹太复国主义者不甘心沦为边缘群体，开始调整策略，极力维护以色列社会在意识形态方面的宗教神圣性，避免以色列社会过于世俗化的倾向。[1] 他们在教育方面的扩张表现在扩大国立宗教学校的规模和数量，增加学校课程中宗教课程的分量。宗教教育出现了一番繁荣发展的景象，劳伦斯·迈耶直言："在以色列的世俗教育中，教书已失去建国前伊休夫时代这项职业所特有的光荣感……但在宗教教育里，教书在社会地位的天平上，丝毫没有失去其价值和荣誉的分量。"[2]

到了20世纪70年代，以色列占领了约旦河西岸，并实际掌握了圣地控制权。以色列的犹太教信徒相信弥赛亚的降临近在眼前，为了顺应"救赎"的实现，他们认为必须要建立一个专门培养精英宗教人士的教育机构。此时，要求国立宗教学校实行全面彻底改革的呼声越来越高，有些激进人士甚至提出将国立宗教教育转化为宗教色彩十分浓厚的托拉教育。但是，国立宗教教育隶属于国民教育系统，必须要开展世俗的现代化课程。一些宗教群体要求强化宗教教育的呼声显然违背了国立宗教教育的办学宗旨，遭到了政府的反对。一些宗教犹太复国主义的支持者开始建立"诺姆"（Noam，男校）和"兹维"（Zvia，女校），抗衡国立宗教教育系统。这类宗教教育系统实行彻底的男女分校制，强化犹太教经典的学习，严格要求学生和老师的言行举止都要遵守犹太教律法。许多宗教背景浓厚的家庭都选择将子女送往诺姆和兹维，这导致国立宗教学校生源减少。

20世纪70年代末，以色列与埃及进行的和平谈判被视作国家梦的破碎，公众爆发了抗议政府的游行示威活动，引发了以色列社会内部的动荡。20世纪80年代，国立宗教教育系统经历了前所未有的危机。1982年以色列政府从西奈半岛撤离。宗教犹太复国主义者和国立宗教学校遭到了以色列社会的强烈指责，人们认为宗教学校逐渐沦为破坏活动的加工厂。"这一时期的国立宗教教育遭受到以色列社会的质疑。国立宗教学校的教学重点也发生了偏移，越来越强调加强以色列定居点的建设，灌输给学生

---

[1] Zehavit Gross, "State-Religious Education in Israel: Between Tradition and Modernity," *Prospects*, Vol. 33, No. 2(2003), p. 154.

[2] 〔美〕劳伦斯·迈耶：《今日以色列：一个不安宁国家的画像》，钱乃复等译，第379页。

们的思想也越来越倾向于争夺政治权力而不再是犹太复国主义……直到1997 年宗教管理委员会发布声明，为国立宗教教育洗脱了罪名，并一度重申国立宗教系统的毕业生为以色列社会做出了诸多贡献，才逐渐打消了人们对国立宗教教育的疑虑，再度稳固了国立宗教教育的地位。"[1]

进入 21 世纪以来，犹太教传统势力的影响力逐渐上升，越来越多的家长认为国立宗教学校的宗教教育能力下降，学校应该丰富宗教课程，为学生营造更加浓郁的犹太教正统派氛围。国立宗教学校许多学生转学到犹太教极端正统派所兴办的私立宗教学校。[2] 在此情况下，国立宗教教育系统逐渐革新教学内容，教学重点又转移到了宗教课程上。就这样随着以色列社会世俗与宗教力量的此消彼长，国立宗教学校也在世俗的现代性与宗教性之间寻找平衡，以适应以色列社会的发展需求。

国立宗教教育系统的形成具有多方面的原因。第一，国立宗教教育系统的形成是以色列政府出于弘扬传统犹太文化、加速新移民融合的考虑。代代相传的传统宗教教育使得犹太民族形成了统一的民族认同感，在异国他乡也保持"流而不散"。建国后，以色列政府通过兴建宗教学校，开展宗教教育，来传承犹太文化。但同时，以色列又是一个移民国家，二战后来自欧洲、苏联以及阿拉伯国家的犹太移民大批地移往以色列，为了满足新移民子女入学的需要，打破宗教学校对学生身份审核的限制，增强新移民对以色列社会的认同感，以色列政府才将建国前独立的宗教教育系统纳入国家教育系统范围内，建立了国立的宗教学校。

第二，国立宗教教育系统的形成是党派政治之争的后果。犹太复国主义内部的一般犹太复国主义者、工党派别和宗教犹太复国主义者三派政治势力以及非犹太复国主义的犹太教极端正统派宗教势力在建国前后的犹太教育领域都有各自的势力范围，他们积极参与以色列的教育和文化建设。新移民的大量涌入，刺激了各政治派别对新移民子女教育权的争夺，各方势力的激烈角逐使得以色列教育呈现四分五裂的局面，政府势要建立统一的教育体系，结束混乱的局面，但不得不依赖宗教政党的支持。以色列议

① Zehavit Gross, "State-Religious Education in Israel: Between Tradition and Modernity, "*Prospects*, Vol. 33, No. 2(2003), p. 156.

② Asher Maoz, "Religious Education in Israel, "*University of Detroit Mercy Law Review*, Vol. 83, Issue 5(2006), pp. 690 – 691.

会实行比例代表制，任何一个政党只有获得 120 个议席中的过半数席位才能单独组阁。各党派势力你争我夺，很难有一个政党实现单独组阁，因而大党不得不与其他小党特别是在政治方面无所求的宗教党派组成联合政府。宗教党派的关切点是政府中与教育相关的职位，这就为犹太宗教势力干预国家的教育政策提供了便利。宗教政党在党派之争中坐收渔翁之利，使得政府一步步妥协，建立了与世俗教育系统并行不悖的宗教教育系统。

第三，国立宗教教育系统的形成也是犹太教新正统派在面对现代化的挑战时，主动适应社会世俗化和宗教世俗化的趋势而做出的应对。犹太复国主义运动兴起后，犹太教新正统派逐渐意识到在现代化民族运动的浪潮中，一味被动地反对世俗化的犹太复国主义运动于事无补，不如积极主动参与到运动当中，通过自身宣传扩大犹太教在犹太社团和未来国家社会生活中的影响力，从而阻止犹太社会中日益扩大的世俗化倾向。① 在这种趋势下，宗教犹太复国主义者积极参与到教育事业中，通过将现代化的世俗课程与传统性宗教课程结合起来，兴建了新型的融合现代化与传统性的宗教学校，为国立宗教教育系统的形成提供了坚实的基础。

（三）私立宗教教育系统的形成

以色列的私立宗教教育系统主要是犹太教极端正统派所建立的学校系统，包括学前教育机构、小学、中学和高级神学院等。"学前教育机构主要招收 5 岁以下的幼儿；小学包括男校'塔木德托拉'（Talmud Torah）和女校（Shools for girls），主要招收 5~13 岁儿童；中学包括男校低级耶希瓦（Little yeshiva）和女校'雅科夫之家'（Beit Yaacov），主要招收 13~16 岁青少年；高级神学院只招收男性，包括招收 17 岁及以上未婚男性的高级耶希瓦（Higher yeshiva）和为婚后犹太男性提供学习场所的'科莱'（Kolel）。其中，低级耶希瓦和高级耶希瓦是寄宿学校。"② 犹太教极端正统派内部各派别复杂，各群体分别建立了隶属于各自社区的学校。本部分只阐述极端正统派内部两个占据主流、影响力较大的宗教学校系统，即阿

---

① 杨灏城、朱克柔主编《当代中东热点问题的历史探索：宗教与世俗》，人民出版社，2000，第 433 页。

② Varda Shiffer, "The Haredi Education System: Allocation of Public Funds," *Contemporary Jewry*, Vol. 20, No. 1(1999), p. 139.

什肯纳兹犹太人的"阿古达·以色列派"教育系统和塞法尔迪犹太人的沙斯党教育系统。"阿古达·以色列派"教育系统在建国前属于非犹太复国主义运动教育系统，1949 年《义务教育法》承认它为正式的"派别学校"之一。由于它拒绝加入国立宗教教育系统，以色列政府允许其保留私立宗教学校的地位。[①] 沙斯党教育系统起源于 20 世纪 70 年代，到 80 年代粗具规模，支持者是塞法尔迪正统派宗教政党——沙斯党。近年来，以色列社会的极端正统派势力不断扩张，私立宗教教育的影响力也不断上升，无论是小学、中学还是高级神学院，都呈现欣欣向荣的景象。

1. "阿古达·以色列派"教育系统

"阿古达·以色列派"教育系统在英国委任统治时期和建国后的以色列教育系统中是不可或缺的重要力量。建国前夕，为了团结包括宗教势力在内的一切力量，以本-古里安为首的政治犹太复国主义者和极端正统派"阿古达·以色列派"达成妥协，最终达成了《现状协议》。该协议承诺："在建国以后遵守安息日及其他犹太节日；遵守犹太教饮食法则……未来国家将承认独立自主的宗教教育体系。"[②] 由此，以色列正教党控制下的学校教育系统获得了法律上认可的独立地位，形成了一套适合于自身发展的宗教教育系统。

以色列建国后，"阿古达·以色列派"学校仍拒绝与世俗社会接触，力主保持自身独立。根据《现状协议》中的承诺，以色列政府在 1949 年颁布的《义务教育法》中正式承认了"阿古达·以色列派"学校的独立办学地位。1953 年教育改革之时，"阿古达·以色列派"为了保持极端正统派教育的宗教性质，强烈反对政府规定的基础课程（世俗课程），拒绝加入国立宗教教育体系，政府为了得到宗教界的支持，再次对极端正统派做出妥协，重新声明承认其为"独立教育"，明确其私立宗教教育的地位。至此，"阿古达·以色列派"学校的存在有了法律上的支撑。

自 1953 年被正式认可为私立宗教教育系统以来，阿什肯纳兹犹太人所主导的"阿古达·以色列派"教育系统在政府财政资金的支持下发展稳定，为极端正统派犹太教徒提供了良好的学习条件。但是，"阿古达·以

---

① Asher Maoz, "Religious Education in Israel,"*University of Detroit Mercy Law Review*, Vol. 83, Issue 5(2006), p. 698.

② Charles S. Liebman and Eliezer Don-Yehiya, *Religion and Politics in Israel*, p. 32.

当代以色列：多元表达与社会张力

色列派"教育系统自我封闭、强烈排斥现代性以及拒绝在学校开设一些基本世俗课程的做法，使得学生毕业后无法适应社会的需求。此外，"阿古达·以色列派"学校支持者认为，研习《托拉》等宗教经典是在精神层面上为国家服务，他们以此为借口，拒绝让极端正统派犹太青年服兵役，此举引起了世俗社会的不满。若想适应现代社会的需要，"阿古达·以色列派"学校有必要借鉴沙斯党教育系统的包容性、开放性特点，改革自身以达到长久繁荣。

2. 沙斯党教育系统

以色列国成立之初，私立宗教学校规模较小，教学设备和资金来源十分匮乏，缺少强有力的组织领导，条件十分艰苦。到了20世纪50年代，随着阿拉伯国家犹太移民的涌入，教育资源特别是宗教教育资源显然无法满足新移民的需要，大多数来自阿拉伯国家的犹太移民的宗教特征十分明显，都希望将子女送入宗教学校继续学习犹太教经典及传统文化。当时他们所能选择的学校只有国立宗教学校和以色列正教党控制的"阿古达·以色列派"学校。由于国立宗教学校大多开设有世俗课程，来自阿拉伯国家的犹太移民只能选择将子女送入"阿古达·以色列派"学校学习。但是，"阿古达·以色列派"学校是按照阿什肯纳兹犹太人的习俗建立的，教学内容和教学模式与塞法尔迪犹太传统有诸多差异，无法满足塞法尔迪犹太人的宗教学习需求，他们迫切需要建立属于自己的教育系统。阿什肯纳兹犹太人在以色列社会中一直处于主导地位，直到20世纪80年代，塞法尔迪犹太人才开始着手建立属于自己的宗教政治党派和教育系统，以此来捍卫他们的传统价值观和犹太教正统派理念，维护塞法尔迪犹太人的利益。1984年大选前夕刚成立的沙斯党是塞法尔迪犹太人政治觉醒的产物，代表着塞法尔迪犹太人的利益。

沙斯党学校的建立缘起于20世纪80年代，由一些塞法尔迪犹太拉比发起，旨在加强塞法尔迪犹太子女对犹太传统的学习，捍卫传统文化和宗教信仰。沙斯党学校为了保留独立管理权，拒绝接受政府规定的基础课程，因而未能得到政府的财政资助，学校运行举步维艰。为了解决学校的财政危机，当时的一位塔木德律法学校教师鲁文·丹戈尔拉比（Rabbi Reuven Dangor）建议接受《国家教育法》规定的条件，以此来获取政府的财政支持。然而，国家宗教教育系统却拒绝接受私立性质的宗教学校，教育部也未能给予塞法尔迪犹太人强有力的支持。无奈之下，拉比们意识到要想保护塞法尔迪犹太人的受教育权利，必须努力建立一整套的塞法尔迪教育系统。塞法尔迪拉比们成立了管理教育委员会，该委员会不仅是塞法尔迪教育系统的精神指引者，更是具体规划方案的制定者和学校运作的监管者。委员会发表了建立教育系统的声明，声明中详细阐释了独立宗教教育的目标："不仅要在精神层面还要在物质层面帮助塔木德律法学校的经营运作，争取在以色列境内建立更多的塔木德律法学校，完善学校的基础设施建设，培养更多的优秀教师。"① 由此可见，70 年代的沙斯党学校仍然处于起步阶段，学校的运营仅依赖少数拉比的精神指引，缺少专业性的指导。

沙斯党崛起之后，特别是 1990 年 4 月，在为期两年的利库德和工党组成的联合政府被迫解散后，利库德集团沙米尔争取到了沙斯党的支持，重新建立了联合政府。作为回报，沙米尔政府给予了"哈玛彦"教育系统以巨额的财政支持，这是以色列建国以来政府首次公开给予私立宗教学校政府拨款。利库德集团在《联合政府协议》中直言："政府和议会将尽全力减少各族群在教育方面的差距，废除任何歧视政策，争取在 2 ~ 3 年内实现所有学校（包括耶希瓦）的教育公平。"由于联合政府维持不到两年，这一承诺并未完全实现，但随着沙斯党政治势力的扩张，沙斯党教育系统也从政府财政支出中得到了前所未有的资金支持。

20 世纪 90 年代，沙斯党教育系统迎来了发展转型期。1992 年以前，沙斯党学校在以色列教育体系中的地位一直是"被政府承认的非官方学校"，其与教育部在有关拨款的讨价还价中力量较小，一直想要成为以色列第四派教育系统的计划也屡屡受挫。1992 年 7 月，拉宾领导的联合政府正式承认了沙斯党学校拥有与国立宗教学校平等的地位。沙斯党利用议会中的 6 个席位，为沙斯党学校赢得了政府的公开支持。工党在《联合政府协议》中明确表示："政府将确保所有教育系统的平等地位……将根据政府教育预算，为所有小学、中学和耶希瓦、塔木德律法学校提供公平的发展资金。"② 该协议

① Anat Feldman, "The Establishment of a Political-Education Network in the State of Israel: Maayan Hahinuch Hatorani, "*Israel Affairs*, Vol. 19, No. 3(2013), p. 533.

② Anat Feldman, "The Establishment of a Political-Education Network in the State of Israel: Maayan Hahinuch Hatorani, "*Israel Affairs*, Vol. 19, No. 3(2013), p. 533.

中公开声明政府将为沙斯党教育系统提供财政支持，但没有要求塔木德律法学校接受教育部规定的义务世俗课程。此外，教育部还成立了负责管理哈雷迪教育和文化的分支机构，该机构取得了与国立宗教教育机构平起平坐的地位。该分支机构的领导人必须由政府根据教育部内沙斯党派负责人的建议来进行任命，该分支机构的实际掌控权握在沙斯党手中。根据这一《联合政府协议》，沙斯党学校也正式成为"被政府认可的学校"，能够得到政府的专项拨款。10 年后，沙斯党教育系统正式成为以色列教育系统中不可或缺的第四股教育势力。

与阿什肯纳兹犹太人建立的"阿古达·以色列派"教育系统相比，塞法尔迪犹太人所建立的沙斯党教育系统出现较晚，但通过利用宗教政党沙斯党的政治影响力获得政府拨款和民众支持，发展势头迅猛，也逐渐形成了包括塔木德律法学校、中级耶希瓦和高级耶希瓦在内的一整套教育系统。与"阿古达·以色列派"学校强烈排斥现代性的理念不同，沙斯党教育系统更加注重现代性与传统性的结合，教育机构也逐渐对非极端正统派群体开放，学校规模越来越大。与沙斯党相互依赖的关系为沙斯党教育系统增添了浓厚的政治化色彩。沙斯党教育系统通过利用沙斯党的政治影响力来扩张势力，反过来又为沙斯党培养新生政治力量，二者相辅相成，意在引导东方犹太人重拾塞法尔迪正统派的宗教传统，提升塞法尔迪犹太人的自豪感和自信心，振兴以色列社会的传统犹太教信仰。

三　以色列犹太宗教教育的主要内容

以色列犹太宗教教育贯穿于国立宗教教育、私立宗教教育和国立普通教育系统之中。国立宗教学校的课程设置兼顾宗教性和世俗性，但主要以宗教课程为主。它们的教学事务、教学大纲和课程设置都由教育部统一领导和管理，但在宗教事务上受全国宗教党的制约。[①] 宗教课程的设置既要服从教育部规定的课程大纲，又要兼顾宗教界的意见，在具体的世俗课程与宗教课程的课时数分配上达到了一定的平衡。私立宗教学校由各宗教党派管辖，不受教育部的辖制，教学内容基本是犹太教经典文献和犹太律

---

① 邱兴：《以色列教育》，第 130 页。

法。国立普通学校的宗教课程设置为"文化遗产课程",宗教色彩稍弱,主要从世俗的角度来研究犹太教的相关经典,从犹太民族历史的角度来讲授犹太传统节日和风俗。三者在宗教教育的具体实施过程中,具有各自鲜明的特点。

(一) 国立宗教教育

1. 国立宗教教育系统的管理

国立宗教教育系统兼顾国立性质和宗教性质,接受世俗与宗教两界的双重领导。国立宗教学校在具体运作方面主要接受教育部和地方政府的财政支持,在宗教事务上听从全国最高拉比总署和宗教事务部的指引。1953年《国家教育法》第 13~18 条规定:教育部下设国立宗教教育委员会,负责监督、管理国立宗教学校系统,包括课程设置、教学大纲、教师聘任以及学校的其他活动。"如果未征得国立宗教教育委员会的同意,任何课程都不得被引入国立宗教学校。"① 由此可见,在国立宗教教育委员会中,宗教力量占据主导地位。该委员会掌握了国立宗教教育的实际管理权。

国立宗教教育视全国最高拉比总署为最高权威。全国最高拉比总署是以色列犹太教最高的权力机构,负责裁决有关犹太教的一切重大事务,如解释律法、制定新教法等。政府机构中的宗教事务部在涉及宗教方面的问题上也听取全国最高拉比总署的领导。宗教事务部负责管理各类宗教学校的宗教礼仪,部长一般由宗教政党成员出任,以确保维护宗教界利益。

国立宗教教育系统内部也设有一个执行委员会来负责国立宗教学校的具体运作。该委员会的职责就是评估国立宗教学校的教学计划是否符合犹太教现代正统派的理念要求。委员会内部设有两个副主任,一个负责教学,一个负责行政,此外,还有针对不同学校级别(幼儿园、小学、初中和高中)的督导员,以及专门负责宗教课程和世俗课程的督导员。② 这两类督导员为国立宗教学校的管理提供建议,他们实际上是国立宗教教育系统内的高级负责人。

① David Taub and Joseph Klein, "State Religious Education-Religion vs. State," *Journal of Church and State*, Vol. 42, No. 2(2000), p. 346.
② Helena Miller and Lisa D. Grant, *International Handbook of Jewish Education*, Dordrecht: Springer, 2011, p. 1225.

在行政管理和学校的具体运作中，国立宗教学校要听从教育部和宗教事务部的领导。但是在学校的财政资金筹集和教学设施的建设中却要依赖中央政府与地方政府的大力支持。中央政府与地方政府在国立宗教学校的管理上有具体分工，教育部主要负责学校的教师聘任、教职工薪资等，地方政府则负责学校建筑、教学设备等硬件设施的配置与维护等问题。"教育部和地方政府每年都会为国立宗教学校提供财政资金，中央政府不征收教育税，但地方政府有权向本地征收教育特别税。"① 以色列的国立宗教教育系统财政上主要依赖中央政府和地方政府的拨款，在管理上呈现分权制的趋势，逐渐从中央集权制走向学校分权和地方分权，这就提高了学校与地方合作管理学校的效率。

2. 学校的性质和基本原则

《国家教育法》将国立宗教教育定义为："国立宗教教育属于国立教育，只不过它的教育机构是宗教性质的，有其自己的学校生活方式、课程设置、教师和督导员。"② 这一方面规定国立宗教教育需要接受国立教育系统的领导，另一方面又赋予了国立宗教学校在行政和教学管理上的一定的自治权。国立宗教学校仍然属于国家统一管理的教育系统，只不过是以犹太教传统和宗教犹太复国主义理念为宗旨来指导学校的教学内容，引导学生遵守犹太律法。国立宗教教育系统主要为那些对世俗教育和宗教教育都感兴趣的人提供教育服务，这反映了其独特的宗教认同和教育优先理念，③具体表现在以下三项基本原则中。

第一，坚持以宗教教育为主的原则。国立宗教学校的管理权掌握在犹太教传统势力利益的维护者——宗教事务部和宗教管理局手中。学校开设的课程主要以宗教教育为主，包括研习《托拉》、《密西拿》、《革马拉》、拉比文献、犹太律法，以及那些塑造了犹太民族精神遗产的犹太先哲的作品。学校宗旨是培养学生信仰上帝、遵守律法的宗教精神。

第二，以必要的现代教育为辅的原则。国立宗教学校不倡导自我隔

① 顾明远主编《中国教育大百科全书》（第3卷），上海教育出版社，2012，第2165页。
② Asher Maoz, "Religious Education in Israel," *University of Detroit Mercy Law Review*, Vol. 83, Issue 5(2006), p. 688.
③ Zehavit Gross, "State-Religious Education in Israel: Between Tradition and Modernity," *Prospects*, Vol. 33, No. 2(2003), p. 150.

绝，主张将现代化世俗教育与传统教育进行融合，确保学生毕业后能够在世俗社会中发挥一定的建设性作用。学校开设的一些世俗必修课程主要包括数学、物理、英语等，以确保他们在完成学业后能够到大学继续深造，或者在进入社会后能有立足之地。

　　第三，坚持民族主义教育原则。该原则秉承了犹太复国主义运动的教育原则，旨在通过贯彻民族主义教育，维护犹太民族各群体的统一，强化他们的身份认同感以及对以色列的归属感，为以色列的民族国家构建贡献力量。

　　总的来说，国立宗教教育系统是一个融宗教教育、现代性教育和民族主义教育为一体的国立教育系统，其教学目标是让学生在接受现代性教育和民族主义的教育的同时，仍然能够从内心深处敬畏上帝，坚定信仰，时时刻刻信仰并遵奉《托拉》。"国立宗教学校的教育重点仍然是宗教教育，它们强调上帝赐予以色列的《托拉》和口传律法、上帝通过先知传达的话语以及诸多经典文献在犹太民族的生活中应占据核心地位，这些神圣的话语和文献所给予的指导必须要通过宗教教育贯彻到日常生活中，要恪守宗教信条，坚持宗教实践。"①

3. 课程设置

　　在以色列国立教育系统内部，国立宗教学校建立了从学前教育到高等教育的一整套较为完备的教育系统。截止到 2003 年，以色列国立宗教教育系统包括 1851 所幼儿园、404 所小学、256 所中学和 17 所师范学院。② 该系统享有一定的独立性，宗教教育在各个阶段都得到强有力的贯彻实施。

　　《国家教育法》规定的学生入学年龄为 5 岁，但是许多犹太家长在子女 3～4 岁时提前将其送入幼儿园。幼儿园主要教儿童认识数字和希伯来语字母。小学阶段正式设置宗教课程。教育部 1954 年的教学大纲规定，小学 1～4 年级的课程中必须要包含宗教律法和祈祷仪式等内容。据统计，该阶段学生将 46% 的时间用在犹太教相关经典和礼仪的学习。③ 在整个小学阶段，国立宗教学校的学生学习犹太学相关课程的时间约占 40%，其他现代

---

① Bernard Steinberg, "Education, Judaism and Politics in Israel: A Survey," *Jewish Social Studies: History, Culture, Society*, Vol. 48, Issue 3 - 4(1986), p. 242.

② Zehavit Gross, "State-Religious Education in Israel: Between Tradition and Modernity, "*Prospects*, Vol. 33, No. 2(2003), p. 162.

③ Bernard Steinberg, "Education, Judaism and Politics in Israel: A Survey," *Jewish Social Studies: History, Culture, Society*, Vol. 48, Issue 3 - 4(1986), p. 242.

性的世俗课程，例如数学、外语等约占 30%，社会学（包括公民教育）、科学和技能（运动、艺术和音乐）各占 10%。犹太经典的课程主要包括《希伯来圣经》、《塔木德》、《密西拿》和《革马拉》等内容。[①]

国立宗教中学包括国立宗教初中和国立宗教高中，二者的课程设置也有较大差别（详见表 3 - 2）。从表 3 - 2 中可见，在国立宗教初中和国立宗教高中的课程设置中，"《希伯来圣经》与犹太学"课程所占比例最大，希伯来文学、语言与表达以及英语所占比例也较大。在周课时总数基本相同的情况下，初中的数学，自然科学/技术，历史、地理和人文社会科学等世俗课程的周课时数都比高中多。高中预留了大部分时间来强化学习和加深学习，这部分时间基本上是学习与犹太教相关的课程。由此可见，国立宗教高中要比初中更加注重学生宗教性的培养，宗教气氛更为浓厚。

表 3 - 2　以色列国立宗教中学周课时

单位：课时/周

学科类别	国立宗教初中	国立宗教高中
希伯来文学、语言与表达	11	11
英语	11	9 ~ 11
阿拉伯语/法语	9	3（阿拉伯语）
数学	14	9
自然科学/技术	15	8
《希伯来圣经》与犹太学	24 ~ 26	20 ~ 26
历史、地理、人文和社会科学	12	8
艺术	3	
选修课		6
教育与公民	7	7
体育	3 ~ 5	6
作文	2	
强化学习和加深学习		16 ~ 24
总计	不少于 111	不少于 113

资料来源：Ministry of Education of Israel, *Facts and Figures of Israeli Education 2001*, Jerusalem: Publications Department, 2002, pp. 22 - 24。转引自邱兴《以色列教育》，第 146 页。

---

① 邱兴：《以色列教育》，第 145 页。

宗教性质的高等教育目标主要在一些高校和师范院校中实施。巴伊兰大学是高等院校中贯彻宗教教育的典范，也是一所融合宗教与世俗、传统与现代为一体的综合性大学。该校建于 1955 年，其指导思想深受犹太教正统派理念影响，但是在注重研究犹太教的同时也注重发展现代化的科学研究，实现了传统教育与现代教育的和谐共生。学校主要开设 8 个学科群，包括犹太研究、精密科学、生命科学、社会科学、人文科学、医学、工学和法律，还拥有研究犹太教律法、《圣经》、《塔木德》、数学、经济学、战略的多个研究所。2017 年，在校学生约 26800 人，教职工约 1350 人。① 巴伊兰大学的宗教气氛比较浓厚，学校规定在校学生要取得学位证书必须要完成四年的学业，在这四年的选修课程中必须要学习一门与犹太研究有关的综合课程，否则无法顺利毕业。

其实，除了巴伊兰大学之外，还有一些国立宗教性质的师范学院，它们主要为国立宗教中小学校培养师资力量。1995 年《高等教育法》赋予了国立宗教师范学院授予学士学位的权利。通过四年的学习，这些学校的毕业生就能拿到学士学位证书，可以到国立宗教中小学从事教育工作。

4. 教师与学生

国立宗教学校对教师招聘十分严格，要求教师必须要信奉犹太教，遵行犹太律法。例如，巴伊兰大学规定，教职工必须是犹太教徒，所有男教师要戴"基帕"，女教师的穿着必须符合犹太律法的规定，等等。但是随着学校发展规模的扩大，教职工也越来越多，很难确保每一位教职人员都是守教的犹太人。学校规定，不守教的犹太人只能作为学校的编外人员，不能享受与学校正式员工同等的福利。

与犹太教极端正统派的学校相比，国立宗教学校的入学门槛相对较低，在校生大多来自信奉犹太教的家庭，但也有许多来自世俗家庭的学生。世俗家庭的父母想要孩子能够同时得到现代化教育和传统的犹太教育，因而把孩子送入国立宗教学校学习。虽然国立宗教学校的宗教气氛没有极端正统派学校浓厚，但仍然要求学生在校内和校外都遵行犹太律法。学校规定，男孩必须戴"基帕"，女孩必须要穿着长裙，不得违反犹太律法而暴露身体部位。还要求学生无论校内校外都遵守犹太饮食法，不得食

① https://en.wikipedia.org/wiki/BarIlan_University，最后访问时间：2017 年 3 月 20 日。

用非洁净食品。

总而言之，国立宗教教育系统是以色列政府与正统派妥协的产物，也是犹太教正统派积极应对现代化和世俗化挑战的产物，同时也是以色列政府为了保持、弘扬犹太文化和传统的重要考量。国立宗教教育系统在传承传统文化的同时，也革新传统，将现代性与传统进行了有效的结合，是以色列宗教教育体系中的重要组成部分，为私立宗教教育系统适应现代化和世俗化提供了借鉴。

（二）私立宗教教育

"以色列目前有 112.5 万极端正统派犹太人，占以色列总人口的 12.5%"。[①] 他们毕生致力于"强化自身的传统犹太教的生活方式"，以此来抵抗现代化。[②] 犹太教极端正统派排斥国立的教育系统，他们在社团内部建立独立的教育系统——"阿古达·以色列派"教育系统和沙斯党教育系统。"阿古达·以色列派"教育系统可以追溯到 20 世纪初，是犹太教极端正统派为了抵制犹太复国主义者在文化教育领域的世俗化倾向而建立的教育系统。在以色列建国后，它一直保持着自主管理权，拒绝加入国立宗教教育系统。沙斯党教育系统作为后起之秀发展十分迅猛，它主要借助于沙斯党的政治影响，得到政府的多项资金支持，规模不断扩大。经过数十年的发展，"阿古达·以色列派"教育系统和沙斯党教育系统都建立了从学前教育到高级神学院教育的整套教育体系。

1. 私立宗教学校的管理

以色列的私立宗教学校的主体是犹太教极端正统派社区的学校。犹太教极端正统派是较为贫穷的群体，也是以色列国内人口增长速度最快的宗教群体，平均每个极端正统派女性育有 7.7 个孩子，而整个以色列社会犹太女性平均只生育 2.6 个孩子。只有 37% 极端正统派男性外出工作，但有一半的极端正统派男性在耶希瓦和科莱学校进行宗教学习，每月领取政府

---

① 宋立宏：《坚守与妥协：以色列极端正统派犹太人的基要主义》，《阿拉伯世界研究》2020 年第 5 期。

② Gila Stopler, "The Right to an Exclusively Religious Education—The Ultra-Orthodox Community in Israel in Comparative Perspective," *Georgia Journal of International & Comparative Law*, Vol. 42, No. 3(2014), p. 748.

津贴。① 为了维持日常生计，极端正统派女性不得不外出工作。她们还要花费大量时间照顾家庭，因而只能做小时工。庞大的家庭开支需求与少量的收入，使得这一群体生活水平十分低下，家庭更是无力承担孩子的教育费用，只能依赖政府的补贴和社会捐助。②

为了解决学校的财政危机，获得政府资助，私立宗教学校同意接受教育部规定的基础课程，并且接受教育部的管理和监督。但在具体的执行过程中，教育部的管理和监督往往会大打折扣，私立宗教学校在教师聘任、教材选取和课程时间安排上享有极大的自主权。1994 年初，教育部重新成立了哈雷迪文化管理局，代替之前的托拉文化管理局，主要负责推动哈雷迪教育系统的发展。教育部所雇用的负责监督私立宗教学校的督导员大多是极端正统派内部人士，他们在履行监督基础课程实施情况的任务时，不仅偏袒私立宗教学校，还竭力阻止教育部的干涉，致使外界很难真正了解私立宗教教育系统内部的情况。③

政府对私立宗教学校的财政资助根据学校级别的不同而有所差异，有些是直接资助，通过指定部门分发给学校和学生，还有一些是间接资助，通过地方政府将资金拨给学校，或者地方政府再通过一些组织将资金转给学校。④ 教育部规定，无论是私立学校还是国立学校，都有权利获得政府的资金补助。学校所得补助额度由多项因素决定，例如学生人数、学校性质、教师情况（教师资历、教育背景等）以及学校的硬件设备（有无图书馆和实验室）等。但是政府所拨款项只能满足学校最基本的开支，其他的费用就需要私立学校的出资人来承担。

私立宗教中学在该系统内所需开支最为庞大，按照男女分校制度，绝大多数的女生会选择参加高考，欲在日后成为一名教师。大多数男生选择

---

① Gila Stopler, "The Right to an Exclusively Religious Education—The Ultra-Orthodox Community in Israel in Comparative Perspective," *Georgia Journal of International & Comparative Law*, Vol. 42, No. 3(2014), p. 748.

② Gila Stopler, "The Right to an Exclusively Religious Education—The Ultra-Orthodox Community in Israel in Comparative Perspective," *Georgia Journal of International & Comparative Law*, Vol. 42, No. 3(2014), p. 749.

③ Varda Shiffer, *The Haredi Education in Israel: Allocation, Regulation, and Control*, Jerusalem: The Floersheimer Institute for Policy Studies Ltd., 1999, p. 35.

④ Varda Shiffer, "The Haredi Educational System: Allocation of Public Funds," *Contemporary Jewry*, Vol. 20, No. 1(1999), p. 143.

在寄宿制的耶希瓦内学习。寄宿制学校需要的资金支持比普通学校多，它要负责学生在校内的餐食和衣物，要付给教师、拉比和职工薪水，还要负责校舍和教学设施的维护等。学校的资金大部分是直接或间接地来源于政府补助，学生所交学费和外界捐款数量较少。名义上，私立宗教学校与其他世俗性质的寄宿制学校所得政府资助相同，但实际上私立宗教学校还享有额外的政府津贴。以 1997 年为例，教育部为每位普通学校的中学生提供的年资助是 1.1 万新谢克尔，但是给每位寄宿制学校中学生的年资助是 1.7 万新谢克尔。① 此外，私立宗教学校还能从宗教事务部获得额外补贴，这些补贴主要是为了增加学校的宗教学习时间，强化贯彻宗教课程。

科莱学校是极端正统派为成年犹太男性建立的宗教学校，学校只开设宗教课程，主要研习《托拉》和《塔木德》。科莱学校的学生从宗教事务部获得财政资助，条件是必须每天按时上课。政府对于科莱学校的资助与其他中小学校的资助形式不同，这些资助都是直接发放给学生本人。因为科莱学校的学生将全部精力都用在研读宗教经典上，无暇或者不愿去工作养家，政府的资助成为他们维持生计的唯一来源。表 3 - 3 展示了 1990 ~ 1997 年宗教事务部对私立宗教系统内耶希瓦和科莱学校的资助情况。科莱学校的学生人数和每月人均资助费不断上涨，由此产生的教学费用占据了更多的以色列国民教育经费。与世俗性质的普通高校相比，科莱学校得到了更多的政府补助。普通高校的学生每年要交数千新谢克尔的学费，而高级耶希瓦和科莱学校的学生却能得到稳定的生活津贴，虽然津贴数额不高，但能帮助学生将精力聚焦在学习上。如此差别的待遇引起了世俗社会的强烈不满，这是导致世俗与宗教矛盾激化的原因之一。

2. 课程设置与教学

私立宗教教育系统的学前教育主要是向犹太儿童灌输犹太教信仰，为他们提供一个宗教气氛浓厚的成长环境，让他们从小学就开始系统地学习《希伯来圣经》和《塔木德》。以色列建国初期，私立宗教学校中只有小学开设希伯来语和数学课，私立宗教中学往往开设一些程度较高的宗教课程，将学生的全部精力用于宗教学习。后来，在教育部强制干涉之下，私

---

① Varda Shiffer, "The Haredi Educational System: Allocation of Public Funds, "*Contemporary Jewry*, Vol. 20, No. 1(1999), p. 154.

立宗教中学同意开设一些世俗课程，包括以《塔木德》圣贤为时代背景的犹太历史课，以及在学习《革马拉》的时候补充希伯来文法课。至此，私立宗教中学的课程逐渐完备，课程内容中包含了高考的五个科目，即希伯来圣经、塔木德、希伯来语、希伯来文法和犹太历史。[①]

表3-3　1990年、1993年、1997年以色列宗教事务部对私立宗教系统内
耶希瓦和科莱学校的资助情况

学校类别	学生人数（人）			每月人均资助费（新谢克尔）		
	1990年	1993年	1997年	1990年	1993年	1997年
高级耶希瓦	12547	18075	31128	200	395	523
全日制科莱	19963	25499	35606	240	492	653
新守教耶希瓦	3470	3991	6102	220	440	510
总　计	35980	47565	72836			

注：1990年和1993年的数据来自 State Comptroller, *Annual Report for 1993*, No. 44；1997年数据来自 "Budget Proposal for FY 1998 and Explanatory Statements," Ministry of Religious Affairs。

资料来源：转引自 Varda Shiffer, "The Haredi Educational System: Allocation of Public Funds," *Contemporary Jewry*, Vol. 20, No. 1(1999), p. 158。

私立宗教学校从中学开始建立男校和女校，男校设置的课程几乎全部与犹太教相关，包括希伯来圣经、塔木德以及犹太传统节日等。相比之下，私立宗教中学女校在接受世俗课程方面相对开放，甚至开设了英语、计算机和会计等课程，并且鼓励女生参加高考。实际上，极端正统派内部对女性是否应该接受教育的问题有较大分歧。一方面，由于男性将全部精力致力于《托拉》学习，没有多余精力外出工作，科莱学校的补助不够维持家庭生计，妻子往往需要外出赚钱养家。因而，宗教学校会投入大量的资源提高女性的受教育水平，以此来帮助女性在社会中找到称心的工作，赚取薪资补贴家用。另一方面，极端正统派社区又担心女性外出工作之后，过多地暴露于世俗社会中，会抵抗不住外界诱惑；抑或是高等教育会激发女性的事业心，无法专心照顾家庭，这就与极端正统派以家庭至上的理念背道而驰。整体而言，目前极端正统派女性教育状况的确有所改观，

[①]　Varda Shiffer, *The Haredi Education in Israel: Allocation, Regulation, and Control*, p. 36.

社区内部接受高等教育的女性越来越多。①

学生从私立宗教中学毕业后，如果想继续学业，女生一般进入宗教性质的师范学院，毕业后进入宗教学校当教师。男生进入寄宿性质的高级耶希瓦学习宗教经典，学生从早到晚一直学习宗教课程。高级耶希瓦毕业的学生在结婚后可以进入成人的宗教学校——科莱学校学习，学校一周开课五天，一天 7 个课时。② 科莱学校没有任何学年限制，极端正统派的男子一般会在校内学习终生。他们被外界称为"以《托拉》为业"的人，不参与世俗社会的工作，全心全意研习《托拉》，依靠政府每月津贴度日。

私立宗教学校本质上是宗教性质的学校，努力遏制现代化世俗社会的影响，严禁学生接触外部世界。极端正统派认为，世俗物质对社区构成了严重威胁，为了防止年轻人"越过鸿沟"被同化，社团内部对外封闭，学校内也尽可能不开设世俗课程，或者是在宗教认可的范围内设定少量的世俗课程，以此来保护犹太教传统信仰和生活方式，形成自我封闭的保护圈。

3. 教师和学生

私立宗教学校的教师都是虔诚地守犹太教的犹太人和拉比，绝大多数毕业于巴伊兰大学、犹太经学院或者是宗教师范学院。政府为了拉拢宗教政党，基本不干涉宗教学校在教师聘用方面的自主管理权。学校要求教师必须信奉犹太教，按照犹太律法生活。老师们也都具有强烈的奉献精神，工作时间长，许多教师其实能在国立宗教学校找到更好的工作，但他们为了信仰依然选择留在私立宗教学校。③

以色列建国初期，极端正统派学校在校人数仅有 5000 人，至 2000 年却激增到了 20 万人，截止到 2006 年人数仍在持续增长，而国立普通学校和国立宗教学校的学生人数相应不断减少。④ 从表 3-4 中可见，以中小学为例，2000~2009 年，国立普通学校和国立宗教学校的生源都出现了明显下滑的趋势。2000 年，国立普通学校中小学生入学率为 52%，到 2009 年

---

① Nehami Baum, Tova Yedidya, Chaya Schwartz, and Ofra Aran, "Women Pursuing Higher Education in Ultra-Orthodox Society,"*Journal of Social Work Education*, Vol. 50, No. 1(2014), pp. 168 – 169.

② Varda Shiffer, "The Haredi Educational System: Allocation of Public Funds," *Contemporary Jewry*, Vol. 20, No. 1(1999), p. 157.

③ Joseph S. Bentwich, *Education in Israel*, p. 109.

④ Asher Maoz, "Religious Education in Israel,"*University of Detroit Mercy Law Review*, Vol. 83, Issue 5, 2006, p. 699.

下降为 44% ；同时期的国立宗教学校中小学生入学率则由 14.5% 下降为 14% ；极端正统派中小学生入学率则出现了明显上升，特别是小学生入学率在 2009 年增至 20% ，其超过国立宗教小学，成为以色列的第二大犹太小学教育系统。[①] 造成这一现象的原因是：在基础教育方面，随着以色列国内极端正统派势力的上升，极端正统派所掌控的私立宗教学校的学生也大幅增多。2015 年以色列中央统计局的数据显示，1970 年时，以色列极端正统派学校仅占宗教教育学校的 5% ，2006 年时增至 20% ，2012 年，极端正统派学校已占据宗教教育学校的 25% 。[②] 根据有关学者预测，未来国立普通中小学校学生人数将继续下滑，极端正统派中小学校学生人数将持续增长。

表 3 - 4　以色列教育系统内各类中小学校的入学率

单位：%

	2000 年 总计	2009 年		
		小学	中学	总计
国立普通学校	52.0	38.0	52.0	44.0
国立宗教学校	14.5	14.0	14.0	14.0
阿拉伯学校	21.5	27.0	25.0	26.5
极端正统派学校	12.0	20.0	9.0	15.5

资料来源：CBS, *Statistical Abstract of Israel*, No. 62(2011), Tables 8.11 & 8.21。转引自 Laurence Wolff, and Elizabeth Breit, *Education in Israel: The Challenges Ahead*, Maryland: The Gildenhorn Institute for Israel Studies, 2012, p. 5。

在高等教育方面，近年来越来越多的极端正统派学生高中毕业后选择继续进入大学接受高等教育，因为与过去相比，在现代化的劳动力市场中，教育水平对他们的就业前景和薪资的影响越来越大。以色列中央统计局的数据显示，2008～2014 年，极端正统派犹太人的高等教育入学率提高了 3 倍，登记的学生数从 1122 人增长至 3227 人，其中 2/3 是女性，1/3 是男性。尽管极端正统派犹太人高等教育入学率有所提高，但是 2014 年攻读一级学位的年轻人（年龄 25～35 岁）中极端正统派犹太人的比例仍然大

① Laurence Wolff, and Elizabeth Breit, *Education in Israel: The Challenges Ahead*, Maryland: The Gildenhorn Institute for Israel Studies, 2012, p. 5.

② CBS, *Statistical Abstract of Israel*, No. 66(2015), https://www.cbs.govil/en/publications/Pages/2015/Vital-Statistics-Statistical-Abstract-of-Israel-2015-No66.pdf.

大低于以色列的其他群体（见图 3 - 1）。

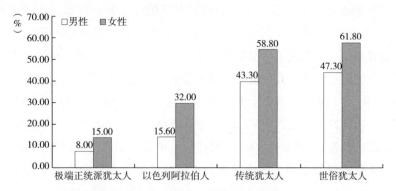

图 3 - 1　2014 年各群体攻读一级学位的年轻人（年龄 25 ~ 35 岁）的比例

资料来源：CBS, Unified Database of Multiple Administrative Datasets。

"阿古达·以色列派"学校的学生基本来自阿什肯纳兹犹太家庭，但在沙斯党教育系统诞生之前，"阿古达·以色列派"学校也招收东方犹太人，只是名额较少，且对处于社会底层的东方犹太人的歧视现象较为严重。1984 年塞法尔迪犹太人创办的沙斯党学校诞生，来自中东与北非地区的塞法尔迪犹太家庭的子女成为该教育系统的主要生源。以"阿古达·以色列派"学校和沙斯党学校为代表的极端正统派教育系统对学生和家长的要求十分严格，一旦入学，学生在校内和校外都要遵守犹太律法，并且要求家长也要谨遵犹太律法。学生在被学校录取时，家长必须与校方签署一份承诺书，内容大概是：保证按照哈拉哈①的要求经营家庭；父亲要经常学习《托拉》；母亲也要严格遵守哈拉哈的规定，佩戴头巾；孩子们禁止在父母不在场的情况下看电视。还有一项附加条款是，一旦家长不履行承诺，学校就有权将其子女开除。一所极端正统派小学就曾因为一个学生的母亲穿戴不合乎犹太律法而取消了该生的入学资格。② 此外，学校还禁止学生使用世俗社会的移动电话，只能使用经过处理的特殊手机，这类手机能够屏蔽互联网和色情信息。私立宗教学校要接受拉比委员会的领导。

① 哈拉哈（Halakhah），希伯来语意为"去""行走"，更确切的意思是"行为的方式"。"哈拉哈"一词表示拉比文献中一套独特的宗教律法，或者一套全面的宗教律法，也主要指拉比指导犹太教人日常生活的规则和仪式。

② Asher Maoz, "Religious Education in Israel," *University of Detroit Mercy Law Review*, Vol. 83, Issue 5(2006), p. 709.

2005年，拉比委员会发出声明："为了保障犹太教极端正统派社区的洁净，所有未经许可擅自使用世俗手机的家长将被从社区清除出去。"[1] 拉比委员会还要求家长必须签署一项承诺书，保证不私自使用"不洁净"的手机，以此作为孩子入学的前提条件。

私立宗教学校制定的一系列严苛政策旨在避免让年轻人受到世俗社会的诱惑，它们认为这会分散年轻人的注意力，导致他们无法专心研习《托拉》。学校内高强度的宗教课程的学习，实则带有强烈的灌输性质，目的是通过耳濡目染让学生树立起绝对的积极虔诚的信仰，做好为《托拉》奉献终身的精神准备。[2] 但这种自我封闭的教育模式，使得社区内的年轻人完全与外界社会脱节，毕业后无法融入现代化社会，只能继续在极端正统派社区内生存，形成了一种代际循环。

（三）国立普通学校的宗教教育

1953年《国家教育法》规定："国立教育的目标是将全国的基础教育建立在犹太文化和科学成就、爱祖国和忠于国家和犹太人民、实践农业工作和手工艺、开拓者培养和为建立自由、平等、忍耐、互助和热爱人类的社会而奋斗的价值观之上。"国立普通学校主要是由建国前的普通犹太复国主义派学校和"工党派别"学校组成，是世俗性质的国立学校，教学内容主要是现代化的科学课程，辅之以少量的"犹太文化遗产课程"。

国立普通学校设置的犹太教方面的课属于"文化遗产"类课程，名称为犹太学或者《托拉》。课程内容主要包括《托拉》、犹太民族的历史、以色列的文化遗产以及犹太传统。与宗教学校将《希伯来圣经》等经典文献视为圣书不同，普通学校的老师认为这些经典文本已经超出了本身所蕴含的宗教意义，内化成了犹太民族历史和文化中不可或缺的重要部分，有时也会从批判的角度来对文本进行解读。[3] 国立普通学校在犹太学课程时间的设置上与国立宗教学校也有较大差异。仅以高中为例，总体来说每周国

---

[1]　Asher Maoz, "Religious Education in Israel," *University of Detroit Mercy Law Review*, Vol. 83, Issue 5(2006), p. 709.

[2]　Varda Shiffer, "The Haredi Educational System: Allocation of Public Funds," *Contemporary Jewry*, Vol. 20, No. 1(1999), p. 139.

[3]　Asher Maoz, "Religious Education in Israel," *University of Detroit Mercy Law Review*, Vol. 83, Issue 5(2006), p. 683.

当代以色列：多元表达与社会张力

立普通高中的总课时数要比国立宗教高中少 6 个课时（见表 3 - 5）。在希伯来文学、语言和表达，数学，自然科学/技术，历史、地理、人文和社会科学等公共课程上，国立普通高中与国立宗教高中的周课时数基本相同，在希伯来文学课的时间安排上也没有太大差异。最显著的差别就在于《希伯来圣经》和犹太学的周课时设置上，国立宗教高中为 20 ～ 26 个课时，而国立普通高中仅有 9 个课时，与数学、英语、教育与公民等世俗课程的课时安排相同。国立普通高中将大多数的时间分配在"强化学习和加深学习"时间上，这个学习时间弹性空间较大，学生可以根据自身情况选择感兴趣的课程来加深学习，相比之下，宗教高中将"强化学习和加深学习"时间基本上用在宗教经典的学习上。国立普通高中的学生显然具有更多的自主选择性，学校的课时设置反映出普通学校的世俗性特点。

表 3 - 5　以色列犹太教育系统国立普通高中和国立宗教高中周课时

单位：课时/周

学科类别	国立普通高中	国立宗教高中
希伯来文学、语言和表达	12	11
英语	9 ～ 11	9 ～ 11
阿拉伯语/法语	3	3
数学	9	9
自然科学/技术	8	8
《希伯来圣经》与犹太学	9	20 ～ 26
历史、地理、人文和社会科学	8	8
选修课	6	6
教育与公民	7	7
体育	6	6
作文	2	
强化学习和加深学习时间	26 ～ 28	16 ～ 24
总　计	不少于 107	不少于 113

注：表中的课时数为高中三个年级的课时数。

资料来源：Ministry of Education of Israel, *Facts and Figures of Israeli Education 2001*, p. 24.

　　1967 年"六日战争"后，以色列社会的宗教热情高涨，教育体系内部也泛起了波澜。国立普通教育系统的传统势力乘机呼吁加强学校的宗教传统教育。为此，国立普通学校加强了对教师日常宗教祈祷的督促，并专门对他们进行犹太教传统节日的培训。[1] 20 世纪 80 年代，教育部专门成立了强化犹太教育司。该司推出了一系列强化犹太教育的方案，包括在国立普通高中加强犹太传统课程学习，在普通小学宣讲犹太传统宗教节日和习俗，为学生讲授成人礼及其含义，最重要的是组织老师参加犹太教研究的培训班，但执行效果不佳。从 90 年代起，国立普通学校的犹太教传统教育就十分低迷，教育部也曾成立专门调查委员会调查具体情况并制定相关方案。2007 年，身为世俗派人士的教育部部长尤里·塔米尔（Yuli Tamir）也表示了对以色列学校中犹太传统教育持续低迷情况的担忧。由于社会内部宗教与世俗矛盾的尖锐化，普通学校的学生对《希伯来圣经》学习日渐疏远，对犹太民族传统的学习也日益淡化。塔米尔部长公开称："《希伯来圣经》的美在于其所提出的道德困境和价值观……我相信《希伯来圣经》中关于道德问题的阐述可以帮助学生们树立正确的道德判断，塑造他们对明日之公民意识的构想。"[2] 在教育部的支持下，国立普通学校的犹太宗教教育状况有所改观。

国立普通学校是世俗性质的学校，学校在教学大纲中间接设置了宗教教育，例如犹太教经典文献和传统文化、宗教习俗是作为犹太民族历史文化遗产设置在教学内容中，目的是传承并弘扬犹太文化和传统。与国立宗教学校浓郁的宗教氛围相比，国立普通学校的宗教教育相对轻松，且偏重于犹太教经典文献所承载的传统文化，而非宗教热情。因此，国立普通学校进行犹太传统教育的基本宗旨是教育学生尊重犹太文化遗产，强化其民族认同感。开设犹太传统文化课程的目的有三。其一，为学生传授犹太民族文化的根本——《希伯来圣经》，让犹太学生能够掌握律法中所体现的犹太教的基本价值观念。其二，从文学角度，让学生懂得欣赏《希伯来圣经》中的文学审美价值，能够从其中获得内在的灵感与激励，懂得如何去爱。其三，通过诸多犹太教经典文献的学习，让学生了解犹太民族历史上的族长、先知、士师以及其他民族英雄的伟大事迹，培养他们树立正确的

[1] Bernard Steinberg, "Education, Judaism and Politics in Israel: A Survey," *Jewish Social Studies: History, Culture, Society*, Vol. 48, Issue 3 - 4(1986), p. 242.

[2] Asher Maoz, "Religious Education in Israel," *University of Detroit Mercy Law Review*, Vol. 83, Issue 5(2006), p. 687.

历史观和价值观。通过学习犹太民族的历史，让学生从内心深处热爱这孕育了犹太民族的"应许之地"；这片诞生了《希伯来圣经》和诸多经典的土地；这片犹太民族祖先曾经生活并创造了辉煌的民族文化的故土。①

四　以色列犹太宗教教育评析

犹太宗教教育是以色列教育系统的重要组成部分，宗教教育的开展有利于传承犹太传统文化，塑造犹太民族的身份认同，加速移民融入以色列社会。同时，宗教学校也为以色列宗教政党势力的扩张提供了民众支持，促使宗教政党积极参政，推动了以色列政治格局的多样化。但不可否认，宗教教育的过度发展也造成了诸多问题，例如在宗教教育的刺激下犹太右翼激进势力不断扩张，对中东和平进程造成了负面影响。总之，以色列的犹太宗教教育仍然存在诸多亟待解决的问题。

（一）犹太宗教教育的特点

以色列的犹太宗教教育贯穿于国立普通教育系统、国立宗教教育系统和私立宗教教育系统之中，世俗学校和宗教学校在宗教教育的具体开展中享有一定的自主管理权，宗教学校在课程设置中更加偏重宗教课程，自主权要大于世俗学校。整体而言，犹太宗教教育的特点主要表现在以下三个方面。

第一，犹太宗教教育是以色列国民教育体系的重要组成部分。以色列建国后，政府通过一系列的政策法规，将分离的世俗教育和宗教教育重新组织合并，建立了统一的国民教育体系。在新构建的国民教育系统中，犹太宗教教育独树一帜，表现形式也较为丰富，不仅有国立宗教学校，还有私立宗教学校，同时在国立普通学校中也设置了犹太学相关课程，目的是将犹太传统文化和民族信仰代代传承。犹太宗教教育也不负所望，不仅为以色列培养出了众多优秀的宗教人士，也保证了犹太传统文化的传承与发展。

---

① Bernard Steinberg, "Education, Judaism and Politics in Israel: A Survey," *Jewish Social Studies: History, Culture, Society*, Vol. 48, Issue 3 – 4(1986), p. 242.

　　第二，宗教学校拥有较大的自主管理权。1953 年教育系统统一之后，政府对教育系统的管理仍然仅限于国立普通学校和国立宗教学校，基本无权干涉私立宗教学校。国立普通学校和国立宗教学校按照教育部的规定，设置教学大纲，将规定的犹太教传统教育课程纳入教学内容。但各自在具体的课程时间安排上，仍然享有一定自主权。学校的课程设置有一定的弹性空间，可以通过加长或缩短课时数来具体安排犹太学的相关课程。私立宗教学校的自主性更强，教育部规定，要想获得政府财政拨款，必须开设教育部规定的核心课程。但是，私立宗教学校往往借助于宗教政党在政治方面的影响，每年从政府获得大量的资助，但在课程中却减少或者不开设教育部规定的核心课程。教育部对私立宗教学校的督导也是收效甚微。教育部只是通过法规和教育经费等进行间接地管理，对其内部事务不进行干预。① 由此可见，私立宗教学校享有相当大的自主管理权。

　　第三，犹太宗教学校政治倾向性明显。在英国委任统治时期，希伯来教育就是根据各个犹太社团的理念建立的"派别教育"，各派学校根据其背后政治力量所持教育理念的不同，在教学目标和教学内容上保持着自身特色。建国后，尽管以色列建立了统一的国民教育体系，但是犹太宗教教育所具有的传统的政治倾向性特点依然十分明显。宗教政党与犹太宗教学校形成了一种互相依赖的关系，一方面，宗教政党希望通过与犹太宗教学校的合作，为其政党培养坚实的群众基础和储备力量；另一方面，犹太宗教学校将宗教政党视为政治传声筒，希望通过宗教政党在议会中的地位，为自身争取更多的政策扶持和资金支持。由此可见，以色列的犹太宗教教育带有明显的政治色彩，宗教学校的教育理念往往体现着宗教政党的政治意图。

　　整体来说，以色列犹太宗教教育为传承犹太传统文化做出了不可磨灭的贡献，但是政府对宗教势力的一味妥协退让，给予了宗教学校过多的自主权和过高的财政资助，却未能合理分配好教育资源，由此加重了政府的财政负担，引起了世俗社会的普遍不满。政府对宗教势力的退让，使得宗教群体更加自我封闭、固守传统理念，违背了当今世界现代化和世俗化发展的理念。要解决这一问题，以色列政府和整个社会任重而道远。

------

　　① 邱兴：《以色列教育》，第 9 页。

当代以色列：多元表达与社会张力

（二）犹太宗教教育对以色列社会的影响

1. 推动了犹太传统文化的继承与发展

犹太教作为犹太人的宗教，是人类历史上最为古老且延续至今的一神教。犹太教的产生与犹太民族的经历息息相关，历史环境孕育了民族宗教，民族宗教又丰富了民族历史。在长达两千年的大流散中，犹太教作为犹太民族共同的宗教信仰不仅增强了民族凝聚力，还强化了犹太民族的基本特征，使得犹太民族在离开故土后仍然能够保持共同的民族认同感，保障了犹太文明和民族文化遗产的传承不息。对于犹太人来说，犹太教不仅是一种宗教信仰，也代表着犹太人的行为准则及生活方式。

宗教信仰和文化传统不能自然继承，必须通过学习才能得以延续。早期的犹太教的传承主要通过宗教教育的形式实现，以《托拉》和《塔木德》等宗教经典为根本，律法、仪式和犹太节日等方面是教育的基本内容。犹太宗教教育的开展，使得犹太人在研读《托拉》的过程中，不仅提高了犹太民族整体的识字率，而且在其后学习更多经典的过程中接触到了更为丰富的文化知识、道德观念和哲学思想。因此，可以说犹太教中蕴含丰富的文化教育内容，这也使得犹太教兼具了传播宗教信仰和传承文化知识两方面的功能。

共同的身份认同离不开民族的传统信仰和传统文化，而传统的信仰和文化不能自动延续，需要通过学校教育来代代传承。以色列在建国后，承认宗教学校的地位，赋予宗教教育系统以独立自主的管理权，也是基于传承传统犹太文化的考虑。以色列政府规定，无论是世俗学校还是宗教学校都要开展不同程度的犹太教教育。其中，宗教学校的犹太教课程较多，国立普通学校则多以世俗课程为主，将犹太教相关知识当作犹太文化课程来学习。虽然授课角度和开课数量不同，但宗教教育在世俗学校教育和宗教学校教育中都扮演着重要角色。例如《希伯来圣经》和《塔木德》等经典在教育部规定的教学大纲中都占有核心地位，其他犹太学相关课程如犹太民族历史和以色列文化传统及文化遗产等也占有一定比例。20 世纪 50 年代，以色列政府还大力推行"强化犹太意识计划"，在全社会加强对犹太文化传统的认可。该计划将希伯来语、犹太历史、《希伯来圣经》研读定为必修课，通过这些潜移默化的教育手段，将犹太民族传统的基本知识和价值观念灌输给全体民众，强化人们对于犹太文化与犹太历史的了解与认识。[①]

古老的犹太教本身就蕴含着丰富的现代性因子，既重视传统，也倡导变革，犹太宗教教育特别是国立普通学校和国立宗教学校中的宗教教育既尊重犹太传统，又不完全拘泥于传统，在汲取传统文化精髓的同时，也逐渐接受了现代科学知识，对传统的宗教教育进行了革新。国立普通学校和国立宗教学校的教育内容兼顾了传统宗教知识和现代科学文化知识，达到了宗教信仰与科学研究的平衡发展。这既传承了犹太传统文化，又紧跟时代潮流，将传统性与现代性进行了完美融合，进而使得学生了解了犹太民族历史，学会了尊重犹太民族的文化遗产，强化了其民族认同感，激发了其爱国热情，使其从内心深处热爱这片孕育了犹太文明的"应许之地"。

2. 加速了移民融入以色列社会的进程

以色列建国之前，来自各个国家和地区的犹太移民就在巴勒斯坦地区形成了一定规模，但是语言不通以及原居住国文化背景的差异，阻碍了犹太移民之间的沟通与交流。英国托管当局规定各宗教团体在宗教信仰和文化教育上享有自主权，犹太社团内部兴建了诸多学校，其中包括许多宗教学校。这些宗教学校主要开设犹太教经典、犹太教律法、犹太习俗以及民族节日等相关课程。共同的宗教信仰为各移民群体之间的沟通搭起了桥梁，有助于推动巴勒斯坦地区犹太人文化教育事业的开展。特别是在希伯来语复兴之后，巴勒斯坦地区的犹太学校纷纷采用希伯来语教学，推动了来自世界各地的移民之间的交流，也为传播犹太复国主义思想提供了前沿阵地，为以色列国的建立创造了群众基础。

以色列国建立后，大量新移民的涌入给新生的以色列带来了社会、政治、经济等方面的问题。要想让新移民尽快融合进新的环境，最有效的办法就是通过教育的方式来塑造新移民及其子女的以色列身份认同感。来自东欧的阿什肯纳兹犹太新移民和来自阿拉伯国家的东方犹太新移民中大部分是传统的犹太教信徒，他们希望子女在新的国家能够继续接受传统的犹太宗教教育。宗教犹太复国主义者支持下的宗教学校和"阿古达·以色列派"宗教学校向新移民敞开了大门，为新移民子女提供了接受宗教教育的场所。

为了通过教育打破社会藩篱，促进移民融入以色列社会，改变政党派

---

① 参见张倩红、艾仁贵《犹太文化》，第 302 页。

别控制教育的局面，以色列政府先后颁布了《义务教育法》和《国家教育法》，为新移民的受教育权提供了法律保障。《义务教育法》承认了私立宗教教育的合法性，从法律上关切了传统犹太教群体接受宗教教育的需求。1953 年以色列议会通过的《国家教育法》建立了全新的国民教育体系，将宗教学校与世俗学校融合进统一的教育系统。国立宗教学校和私立宗教学校广泛招生，新移民子女在这些宗教学校中接受了正规的教育，通过研读《希伯来圣经》《塔木德》等犹太教经典，其价值观产生了重大影响，加速了其融入以色列社会的进程，同时宗教势力在潜移默化中得以扩大。

犹太教作为犹太人共同的民族信仰，是塑造新老移民共同的"以色列身份认同感"的基础。世俗学校和宗教学校开展的宗教教育，既为世俗犹太人提供了学习犹太传统文化的机会，也为坚守犹太教信仰的宗教群体提供了系统学习犹太教经典和民族习俗的机会。总之，以色列教育体系中犹太宗教教育的开展对推动新移民尽快融入以色列社会，塑造共同的以色列身份做出了不可磨灭的贡献。

3. 体现了以色列社会的多元化发展趋势

建国后，以色列国内建立了诸多宗教政党，它们通过积极参与联合政府的方式来影响以色列社会的政治生活。宗教政党参与政治生活的目的之一就是为宗教教育争取权益，帮助自身代表的宗教群体兴办宗教学校，扩大其影响力。以色列宗教政党参政为宗教教育争取了大量财政资金支持，反过来，宗教教育的开展也为宗教政党培养了坚实的群众基础和后备力量。

犹太教正统派社区内部的犹太人因为从小接受传统的宗教教育，一直是宗教政党坚定的支持者。而宗教学校也和宗教政党形成了相辅相成的关系，宗教政党利用自身在联合政府中的影响力，致力于以最小的代价为宗教学校争取尽可能多的财政支持，以开展宗教教育；宗教学校利用获得的财政资金来扩充学校规模，扩展宗教课程，为宗教派别培养出更多的有生力量，二者达到了完美的契合。劳伦斯·迈耶在《今日以色列》一书中指出了宗教政党积极参政的原因："正统派组织，通过全国宗教党以及极端宗教政党以色列正教党和以色列正教工人党，直接卷入政治，是为了保卫以色列的宗教利益，特别是宗教的学校制度。"[①] 宗教教育的持续开展，为

---

① 〔美〕劳伦斯·迈耶：《今日以色列：一个不安宁国家的画像》，钱乃复等译，第 368 页。

宗教政党的形成和势力扩张提供了选民基础，越来越多的传统势力支持宗教政党，打破了以色列政治格局中一党或两党专断的局面，稳固了宗教政党在以色列政坛的特殊地位，促进了以色列政治格局的多元化发展。

犹太宗教学校与宗教政党的紧密联系，为宗教政党培养了坚实的群众基础，推动了以色列政治的多样化发展。犹太宗教教育系统的保留与发展，在一定程度上安抚了宗教群体反对世俗社会的情绪，调和了宗教群体与世俗力量之间的矛盾，兼顾了以色列社会的世俗性和宗教性，体现了以色列社会的多元化发展趋势。

（三）犹太宗教教育存在的问题

在数千年的历史长河中，犹太宗教教育的开展对犹太民族的宗教信仰的维系以及整体文化素质的提升做出了巨大贡献。以色列建国后，世俗学校和宗教学校开展的宗教教育对于传承犹太传统文化、促进移民融合，以及推动以色列社会的多元化发展有重要意义。但是，犹太宗教教育本身仍然存在一些问题。

首先，以色列政府赋予了宗教学校过多的自主管理权，引起了以色列社会的普遍不满。相对于世俗学校而言，宗教学校依仗宗教政党的支持，往往特立独行。在监督管理方面，政府在宗教学校设置的督导往往偏袒宗教学校，缺少实质性的监管。在政府财政资金支持方面，政府对宗教学校特别是私立宗教学校的财政支持力度远远超过世俗学校。据以色列中央统计局 2004 年提供的数据，全国基础教育学生的年人均经费（国家和地方政府拨款占 51.8%）为 2782 新谢克尔，其中，国立普通学校学生年人均经费为 3501 新谢克尔，国立宗教学校学生年人均经费为 2797 新谢克尔，阿拉伯学校学生年人均经费为 852 新谢克尔，传统教派学校学生的年人均经费高达 6880 新谢克尔。[①] 传统宗教学校学生的年人均经费是国立普通学校学生的两倍左右，虽然宗教学校学生不服兵役，但是政府依旧给予如此高的财政支持，这一现象引起了以色列社会的普遍不满。教育界的人士也批评政府在教育政策上采取双重标准，教育部规定国立普通学校和国立宗

---

① 陈腾华：《为了一个民族的中兴——以色列教育概览》，华东师范大学出版社，2005，第 27~28 页。

教学校都需要严格遵守教育部规定的基础课程设置，但对于私立宗教学校的课程监管却十分有限。1989 年《儿童权利公约》明确规定要保障儿童接受通识教育的权利。世俗派认为，宗教学校不开设世俗课程实际上是侵犯了学生接受基础教育的基本权利。毕竟，宗教学校特别是极端正统派学校的学生因为缺少应有的世俗教育，丧失了接受高等教育的机会，毕业后也无法在社会中立足。[①]

其次，宗教教育往往成为以色列社会宗教与世俗、传统与现代爆发冲突的导火线。宗教势力为捍卫传统的犹太文化和民族信仰，力主在宗教学校和世俗学校推行宗教教育。世俗社会倾向于现代化的世俗教育，竭力抵抗犹太教在教育领域的扩张，反对在国立普通学校进行宗教色彩浓厚的宗教教育。宗教教育成为世俗力量与宗教力量争执的焦点之一。犹太宗教教育往往有着浓厚的宗教气氛，家长认为宗教教育的扩展必然会增加世俗学校的宗教气氛，故而不断向学校施压。在家长的压力下，世俗学校只愿意接受教育部规定的传统文化课程，拒绝设置宗教倾向较强的犹太教相关课程，教育内容仍以世俗课程为主。这就导致学生接受的教育过于世俗化，疏离了本民族的宗教信仰。而宗教学校一味固守传统，私立宗教学校的初中和高中甚至只开设犹太教课程，排斥现代化的科学课程和语言课程。这些宗教学校"极不重视自然科学知识的学习和对人文知识的传授，各种教育渠道、教育形式无不为的是向学生灌输神学知识和律法理论"[②]，导致宗教群体自身的封闭与狭隘，使得宗教学校的学生完全与社会脱节，毕业后也无法融入社会。长此以往，世俗社会与宗教社会缺乏沟通与了解，彼此的矛盾也愈加深重，裂痕难以弥合，影响以色列社会的稳定。

再次，宗教教育的过度开展也刺激了犹太右翼激进势力的扩张，影响了中东和平进程。建国初期，以色列政府继承了英国委任统治时期的"派别教育"政策，维持宗教教育的现状。政府的这一举措得到了宗教阵营的支持，缓解了世俗与宗教的矛盾，增强了以色列社会的凝聚力，使得以色列在面临外患时，内部能够团结一致提供强有力的支持。第一次中东战争结束后，世俗与宗教的矛盾逐渐凸显，工党主导的政府希望通过建立中央

---

① Asher Maoz, "Religious Education in Israel," *University of Detroit Mercy Law Review*, Vol. 83, Issue 5(2006), pp. 714 – 719.
② 戴本博主编《外国教育史》，第 40 页。

统一管理的教育体系来塑造新的"以色列国家认同感",但遭遇到宗教派的强烈反对。宗教人士拒绝政府干预宗教学校的运转,使得学生长期在闭塞的环境中埋头钻研宗教经典,而丧失了独自生存的能力。

20 世纪 80 年代以来,宗教政党势力的扩张与宗教学校向民众灌输的宗教教育有重要关系,以色列社会的宗教激情十分膨胀,世俗学校和宗教学校的宗教色彩都越加浓厚,犹太右翼激进势力也趁机扩张,甚至对中东和平进程产生了负面影响。[①] 1995 年,拉宾总理被暗杀,调查证实凶手伊戈尔·阿米尔(Yigal Amir)属于宗教犹太复国主义阵营,虽然宗教学校极力澄清阿米尔并非其正式学生,[②] 但越来越多的极端事件的发生表明宗教学校向学生灌输的宗教意识教育对激进分子思想的形成有重要影响,宗教教育系统在此问题上恐怕也难辞其咎。

最后,在现代化、世俗化和多元化的以色列社会中,犹太宗教教育面临着如何为自身找到合理定位,如何在世俗化与现代化中实现自我调适的问题。"社会世俗化和宗教世俗化是一个必然的、不可逆转的趋势。在这种趋势下,宗教面对现代社会的世俗化浪潮只有进行自身的世俗化(不是自觉,而是不得已而为之),并在这种世俗化过程中寻求与世俗社会的合作,才能适应世俗社会的需要以求得自己的生存和发展。"[③] 犹太教各派在面对现代化与世俗化的挑战时,态度各异。改革派和正统派采取了较为积极的应对措施,开设了一些新式的宗教高中,课程设置上兼顾了现代化的科学知识等方面。在服兵役问题上也逐渐改变传统思维,允许男生在一定条件下加入国防军,免除女生服兵役的任务,但是要为国防军做一些基层的服务。这些进展表明犹太宗教教育也在努力调适,来适应现代化和世俗化的趋势。相反,犹太教极端正统派在面对现代化挑战时,稍显畏缩,绝大多数极端正统派犹太社区依然自我封闭,宗教学校也依然拒绝开设基础的世俗课程,改革之路举步维艰。

综上所述,以色列的犹太宗教教育为以色列培养出了许多优秀的宗教人士,在传承犹太传统文化、促进移民融合以及推动以色列社会的多元化

---

① 金宜久主编《当代宗教与极端主义》,中国社会科学出版社,2008,第 594 页。

② Zehavit Gross, "State-Religious Education in Israel: Between Tradition and Modernity,"*Prospects*, Vol. 33, No. 2(2003), p. 157.

③ 杨灏城、朱克柔主编《当代中东热点问题的历史探索:宗教与世俗》,第 434 页。

发展等方面也发挥了积极的作用，但宗教教育的实施也引发了诸多问题。以色列政府对宗教学校的过度宽容以及宗教学校无视教育部规定的基础课程标准，恣意取消世俗课程，导致学生们无法接受合理的现代化教育。宗教学校向学生灌输宗教意识的教育方式，为宗教政党培养了坚实的选民基础和接班人，但一些极端的思想甚至刺激了宗教极端主义的滋生。当现代主义伴随着世俗化浪潮兴起之时，任何宗教信仰都面临着巨大的挑战，在此背景下，如何对犹太宗教教育进行调整，重新构建新的教育模式以适应世俗化的现代社会，是其面临的主要问题。因此，犹太宗教教育只有实行内部改革，积极主动地适应现代化和世俗化的趋势，将科学知识与宗教信仰进行结合，才能跟随时代潮流，实现自身长远发展。

第四章

以色列的移民安置

　　以色列是典型的移民国家，建国后向全世界犹太人敞开了大门。仅
1948～1951 年，就有近 70 万名犹太移民涌入以色列，之后的几十年移民
潮此起彼伏，20 世纪 90 年代，近百万俄裔犹太人移民到以色列，极大地
改变了以色列国家的人口结构。以色列政府充分继承了建国前民族机构安
置移民的传统，统筹全国的移民安置工作。其中，犹太代办处和以色列政
府是移民安置的中坚力量，犹太工人总工会、美国犹太人联合分配委员会
（American Jewish Joint Distribution Committee，简称 JDC）、犹太民族基金会
等民族机构也广泛参与其中。

　　移民安置一直是以色列国的重点工作，充足的资金保障和适宜的政策
支持确保了移民安置工作的有效开展。移民安置的丰厚资金主要来源于犹
太民族基金、德国赔款、慈善机构捐款、美国贷款与援助以及以色列政府
发行的公债等。以色列的移民安置政策经历了一系列的变化，由早期的边
境地区农业安置，演变为过渡营临时安置，最后在争议声中推行了定居点
政策。其中最具特色的是营地安置，先后筹建了大规模的移民营与过渡
营，与此同时，新兴城镇建设在移民安置中不断推进。新建移民新村、基
布兹、莫沙夫①等也是重要的移民安置途径。

　　移民安置工作是以色列民族国家建构进程中的重要一环。在经济方面
促成了以色列地缘政治及城乡格局的形成；在政治上塑造了以色列公民的
身份认同；在文化上塑造了以犹太复国主义意识形态为核心的"熔炉文

---

　　① 莫沙夫（Moshav）是巴勒斯坦地区犹太人的农业合作定居点，以土地国有、家庭经营、
　　合作经营和集体销售为基本特征。它追求集体主义原则，又强调个人的主观能动性，所
　　以集体化程度低于基布兹。莫沙夫最早出现于 1921 年，发展于 30 年代，随着移民潮的兴
　　起，莫沙夫越来越普遍，不仅是最基层的农业组织单位，而且是基层行政管理单位。在
　　以色列建国初期，通过新建莫沙夫安置移民成为移民安置的重要方式之一。

化"；在社会方面则孕育了多元化的发展趋势。毋庸置疑，移民安置工作是以色列立国与发展的根基，对其经济社会的发展产生了深远影响。然而，移民安置工作中未能妥善处理好不同犹太社群的关系，忽视了以色列阿拉伯人的利益诉求，又强行建设定居点，造成了不同社会群体之间的裂隙，从而为以色列民族国家的建构历程蒙上了一层阴影。

一　建国之初以色列的移民潮

犹太人移民巴勒斯坦及以色列有其历史渊源。大流散时代，犹太人作为客体民族长期遭受反犹主义势力的迫害，这一经历不断强化着一些犹太人返回"应许之地"的观念。1621 年亨利·劳斯（Henry Rolls）在《犹太人的号召》中就呼吁犹太人移民巴勒斯坦。到了 19 世纪，犹太复国主义运动勃兴，复国先驱们将犹太人称民巴勒斯坦看作复兴犹太国的重要途径，甚至将弥赛亚救赎理论引入其中。这些复国主义理论有力地激发了犹太人对"应许之地"的渴望。散居在世界各地的犹太人开始有目的、有计划、有组织地移居"应许之地"巴勒斯坦居住、生活的运动。这一运动被称作"阿利亚"（Aliyah）。

（一）伊休夫时期的"阿利亚"运动

伊休夫时期真正意义上的"阿利亚"运动共有五次。第一次"阿利亚"运动从 1882 年的"比鲁"（Bilu）运动开始，延续到 1903 年，约有2.5 万名犹太人从俄国和东欧部分地区移居巴勒斯坦，使得巴勒斯坦犹太总人数翻了一番。[①] 其间，犹太人建立了第一批莫沙夫。到 19 世纪末，莫沙夫达到了 17 个，土地共计 12 万杜纳姆，人口约 4500 人，占犹太总人口约 9%。[②] 第二次"阿利亚"运动从 1904 年到 1914 年，共有 3.5 万名犹太人移入，主要来自今白俄罗斯、立陶宛、波兰等地区。这次"阿利亚"运动的两大业绩是创建了基布兹和特拉维夫城。[③] 第一个基布兹德加尼亚（Degania）建于 1909 年，到 1914 年基布兹数量增加到 14 个。基布兹的建

① 〔美〕沃尔特·拉克：《犹太复国主义史》，徐方、阎瑞松译，第 342 页。
② 〔以〕哈伊姆·格瓦蒂：《以色列移民与百年开发史：1880～1980 年》，何大明译，第 74 页。
③ 张倩红：《以色列史》（修订本），第 143 页。

立进一步推动了移民农业开发事业。从 1911 年开始，移民在雅法以北聚居，建立了特拉维夫城。尽管前两次"阿利亚"运动在巴勒斯坦地区的开发活动取得了显著成效，但是艰苦的环境还是使得约 80% 的移民离开了。[①] 在经过近五年的移民低潮期后，1919 年第三次"阿利亚"运动再掀高潮。这次"阿利亚"运动主要受东欧尤其俄国迫害犹太人和《贝尔福宣言》的影响。因此，移民由俄国、乌克兰等东欧地区和少数德国、奥地利等西欧地区的犹太人构成。1923 年，有 3.5 万名犹太人移居巴勒斯坦，使得巴勒斯坦当地犹太总人口增加到 9 万人。紧接着第四次"阿利亚"运动开始，1924～1927 年共有 6.2 万名犹太人移居巴勒斯坦，其中一半来自波兰，20% 来自苏联，10% 来自罗马尼亚、立陶宛，其余来自也门、伊拉克。[②] 在这两次"阿利亚"运动中，移民阶层开始发生变化，中产阶级开始成为移民的主力，包括工匠、店主和小商人，掌握巨额财富的企业家，医生、律师、工程师和科学家以及在工业、商业和金融业方面受过良好的教育并富有经验的专家。在这些移民的努力下，电力公司、钾矿公司、水泥厂、食油厂、纺织厂等企业建立并粗具规模。[③] 伊休夫工商业得到迅速发展。随着希特勒上台与排犹政策的推行，第五次"阿利亚"运动出现，1930～1939 年有 27 万名犹太人涌入巴勒斯坦，这些犹太人主要来自波兰和德国。这次"阿利亚"运动是规模最大的一次。大量移民定居城市，推动了城市化进程。到 1935 年，特拉维夫人口增加到 13.5 万人，成为巴勒斯坦地区第一个人口超过 10 万人的大城市。这一时期，海法的发展尤为突出，港口和炼油厂建设完成，人口也由 1.6 万人增加到 5 万人。经过五次"阿利亚"运动，到 1939 年底，巴勒斯坦犹太人口达到了约 47.5 万人，占当地总人口的 30%。[④]

二战期间，"阿利亚"主要致力于把犹太人从纳粹占领下的欧洲拯救出来。大多数移民为非法移入。[⑤] 他们违背托管政府的命令，从欧洲和中东由陆路或海路来到巴勒斯坦，被称为"阿利亚·贝塔"（Aliya Bet）。1944～1948 年，伊休夫的使者、欧洲各国的犹太游击队和青年锡安主义运

① 张倩红：《以色列史》（修订本），第 144 页。
② Leslie Stein, *The Hope Fulfilled: The Rise of Modern Israel*, p. 179.
③ 张倩红：《以色列史》（修订本），第 160 页。
④ Leslie Stein, *The Hope Fulfilled: The Rise of Modern Israel*, p. 179.
⑤ 1939～1948 年，由于英国托管政府的配额制规定，每年仅有 1.8 万个名额可移入巴勒斯坦，超出额度的移民被称为非法移民。

动组织密切合作，建立了"逃生组织"（Escape organization），解救犹太人。"逃生组织"帮助了将近20万名犹太人离开了欧洲，其中大部分移居巴勒斯坦。1939～1948年共有约11万名移民来到巴勒斯坦，其中约有7万名非法移民通过海路到达。[①]

经过五次"阿利亚"运动和"阿利亚·贝塔"运动，到1947年底，移居巴勒斯坦的犹太人约53万人，其中约88%来自欧洲，约10.4%来自亚非地区，近2%来自美洲。[②] 移民的开发活动取得巨大成效，犹太人已拥有可耕地81.6万杜纳姆，302个农业组织，农业总人口达16.5万人。[③] 这使得农业成为伊休夫经济的重要支柱。此外，城市发展迅速，工业门类不断完善，交通、旅游、餐饮等第三产业也不断发展。这为以色列建国奠定了基础，也为建国后的移民安置提供了宝贵经验。

（二）《回归法》与移民国家的定位

以色列建国强烈刺激了世界各地犹太人移民以色列，以色列政府也全面接纳犹太移民。以色列建国时，就在《独立宣言》中宣布："数十年来，大批犹太人返回故土，先驱者、移民们、护卫者一起，使沙漠中开出了鲜花。他们复兴了希伯来语，建设了城镇与乡村……犹太国家对所有犹太子民敞开大门，并保证犹太民族在国际大家庭中享有平等的地位。"这既是对"阿利亚"运动对以色列建国做出贡献的肯定，也是对犹太人移民以色列、建设犹太国家的呼吁。1950年7月5日，以色列政府颁布了《回归法》，做出如下规定。

1. 每个犹太人都有权移民以色列；
2. 每个有意愿移民以色列的犹太人都有移民以色列的权利，那些从事反对犹太民族活动、可能危害公共安全的人除外；
…………
4. 在此法律出台前移民以色列的犹太人和出生在以色列的犹太人

---

① "Immigration to Israel: Aliyah Bet（1939 – 1948），" Jewish Virtual Library, https://www.jewishvirtuallibrary.org/aliyah-bet-1939 – 1948.
② Michael Berenbaum and Fred skolnik, eds., *Encyclopaedia Judaica*, Second Edition, Vol. 10, p. 339.
③ 〔以〕哈伊姆·格瓦蒂：《以色列移民与百年开发史：1880～1980年》，何大明译，第292页。

都将被视为"阿利亚";

5. 移民部负责移民活动的实施。[①]

《回归法》赋予了每个犹太人移民以色列的权利,并从理论上结束了犹太人的流浪生涯。1952 年 4 月 1 日以色列国会又通过了《国籍法》,规定每个年满 18 岁的犹太人只要一踏上以色列的国土,就具备了以色列公民的身份,除非他自己申明拒绝这一身份。1954 年以色列政府补充了《回归法》,进一步明确规定了移民标准。这一系列政策与法令明确了移民的身份认同,明确了以色列移民国家的属性。

以色列领导人也对以色列做出了移民国家的清晰定位。本-古里安曾说:"国家的命运依赖于移民。"[②] 以本-古里安为代表的以色列政治家认为只有不断接收犹太移民,增加犹太人在以色列的数量,才能保障以色列的主权,保障犹太国家的发展。用以色列前总理梅厄夫人的话来说:"没有移民,我们何来国家?"移民国家的定位要求以色列通过不断接收移民、安置移民来构建国家。

(三) 以色列建国后的移民潮

以色列建国后,犹太人移民以色列的步伐加快,但是在国内外环境的影响下,不同时期移民的数量有一定起伏。移民高潮期大致有四个:第一个为"大移民"期(1948~1951 年),第二个为"北非移民"期(1952~1968 年),第三个为"后六日战争移民"期(1969~1989 年),最后一个为"新俄裔移民"期(1990~1999 年)(见表 4-1)。其中第一个和第四个是犹太移民的两大高潮期,"大移民"期为首次规模巨大的移民潮;"新俄裔移民"期是移民规模最大的移民潮。

---

① "Immigration to Israel: The Law of Return (July 5, 1950)," Jewish Virtual Library, https://www.jewishvirtuallibrary.org/israels-law-of-return.

② Dvora Hacohen, Translated from the Hebrew by Gila Brand, *Immigrants in Turmoil: Mass Immigration to Israel and Its Repercussions in the 1950s and After*, Syracuse: Syracuse University Press, 2003, p. 40.

204

当代以色列：多元表达与社会张力

表 4 - 1 1948 ~ 1999 年以色列犹太人移民来源地区分布情况

单位：人，%

时　　段	移民总数	亚洲占比	非洲占比	东欧占比	中欧及巴尔干地区占比	其他地区占比	总占比
"大移民"期							
1948	102879	5	9	54	29	3	100
1949	239576	31	17	28	22	3	100
1950	169405	34	15	45	4	2	100
1951	173901	59	12	26	2	1	100
"北非移民"期							
1952 ~ 1954	54100	25	51	12	5	8	100
1955 ~ 1957	164900	6	62	23	6	3	100
1958 ~ 1960	75500	18	18	56	2	6	100
1961 ~ 1964	22800	9	51	32	1	6	100
1965 ~ 1968	81300	19	31	37	2	11	100
"后六日战争移民"期							
1969 ~ 1971	116500	17	10	41	2	29	99
1972 ~ 1974	142800	4	5	71	1	19	100
1975 ~ 1979	124800	10	5	60	1	24	100
1980 ~ 1984	83600	8	19	43	1	30	100
1985 ~ 1989	70200	12	13	42	1	33	101
"新俄裔移民"期							
1990 ~ 1994	609300	1	5	91	0	3	100
1995 ~ 1999	347000	11	4	79	0	6	100

资料来源：Based upon data of the Publications and Statistics Department of the Jewish Agency and from Moshe Sikron, *Immigration to Israel, 1948 – 1957* (in Hebrew), Jerusalem: Machon Falk and Israel Central Bureau of Statistics, 1957, Table A32。转引自 Calvin Goldscheider, *Israel's Changing Society: Population, Ethnicity, and Development*, Boulder: Westview Press, 2002, p. 51。

　　1948 年 5 月 14 日以色列建国时犹太人口总数约为 65 万人。以色列国的建立激发了世界各地犹太人回归家园的热情，以色列政府采取积极接纳移民的政策，设立了移民部负责移民工作。于是，空前的大移民潮到来。从以色列建国到 1951 年底，短短三年多的时间里共计近 70 万名犹太人移民以色列，1949 年近 24 万名移民到达，达到了移民最高潮（见表 4 - 2）。① 其间，为了

① Dvora Hacohen, Translated from the Hebrew by Gila Brand, *Immigrants in Turmoil: Mass Immigration to Israel and Its Repercussions in the 1950s and After*, p. 271.

迅速有效地接收处于弱势的部分犹太人，以色列国防军进行了大规模营救行动：1949 年的"神毯行动"（Operation Magic Carpet）、1950～1951 年的"伊斯拉和尼希米行动"（Operation Ezra & Nechemia）。1948～1953 年，到达以色列的移民主要是大屠杀幸存者和西亚、北非地区的犹太人（见表 4 - 3）。首批到达的是二战中的幸存者和难民，直接从集中营与塞浦路斯收留营运来的犹太人就有 10 万人，另外有来自波兰的 10 万人，罗马尼亚的 10 万人，保加利亚的 3.7 万人和捷克斯洛伐克与匈牙利的近 2 万人，共计约 35.7 万人。[①] 同时还有大批犹太人从阿拉伯世界迁入。无论是幸存者和难民，还是来自亚非地区的犹太移民，在物资方面都十分匮乏，完全靠以色列政府的安置和救助来维持生计。

表 4 - 2 1948～1951 年以色列犹太移民数量

单位：人

年份	1948	1949	1950	1951
1 月	—	27530	13011	13300
2 月	—	24467	10920	14900
3 月	—	31914	13347	21696
4 月	—	23275	8183	30283
5 月	6055	23196	12700	26202
6 月	1372	16358	14380	22342
7 月	17266	16315	17981	15276
8 月	8451	13470	18803	7180
9 月	10786	20254	16190	8524
10 月	10691	19206	19356	5246
11 月	20369	13470	12029	5640
12 月	2888	14341	12265	3907
总　　计	102879	239576	169405	173901

资料来源：Based upon data of the Aliyah Department of the Jewish Agency。转引自 Dvora Hacohen, Translated from the Hebrew by Gila Brand, *Immigrants in Turmoil: Mass Immigration to Israel and Its Repercussions in the 1950s and After*, p. 271。

---

① 张倩红：《以色列史》（修订本），第 252 页。

当代以色列：多元表达与社会张力

表 4 – 3　1948～1953 年以色列犹太移民来源国及分布

单位：人

年份	1948	1949	1950	1951	1952	1953
总人数	102879	239576	169405	173901	23375	10347
东欧						
罗马尼亚	17678	13595	47041	40625	3712	61
波兰	28788	47331	25071	2529	264	225
保加利亚	15091	20008	1000	1142	461	359
捷克斯洛伐克	2115	15685	263	150	24	10
匈牙利	3463	6842	2302	1022	133	224
南斯拉夫	4126	2470	427	572	88	14
苏联	1175	3230	2618	689	198	216
共　　计	72436	109161	76104	46247	4682	937
西欧						
德国	1422	5329	1439	662	142	100
法国	640	1653	1165	548	227	117
奥地利	395	1618	746	233	76	45
希腊	175	1364	343	122	46	71
英国	501	756	581	302	233	140
意大利	530	501	242	142	95	37
比利时	—	615	297	196	51	44
荷兰	188	367	265	282	112	95
共　　计	3851	11588	5601	2672	1058	733
亚洲						
伊拉克	15	1708	31627	88161	868	375
也门	270	35422	9203	588	89	26
土耳其	4362	26295	2323	1228	271	220
伊朗	43	1778	11935	11048	4856	1096
约旦	—	2636	190	328	35	58
印度	12	856	1105	364	49	650
中国	—	644	1207	316	85	160
其他国家	—	1966	931	634	230	197
共　　计	4702	68695	58548	102668	6430	2793
非洲						
摩洛哥	—	—	4980	7770	5031	2990

续表

年份	1948	1949	1950	1951	1952	1953
坦桑尼亚	6821	17353	3725	3414	2548	606
安哥拉	—	—	506	272	92	84
利比亚	1064	14352	8818	6534	1146	224
南非	178	217	154	35	11	33
埃及	—	7268	7154	2086	1251	1041
其他国家	—	382	5	6	3	9
共 计	8063	39190	25425	20117	10082	4990
不清楚来源	13827	10942	—	—	—	—

资料来源：Moshe Sikron, *Immigration to Israel, 1948–1957*(in Hebrew)，Jerusalem: Machon Falk and Israel Central Bureau of Statistics, 1957, Table A32, and the Publications and Statistics Department of the Jewish Agency。转引自 Dvora Hacohen, Translated from the Hebrew by Gila Brand, *Immigrants in Turmoil: Mass Immigration to Israel and Its Repercussions in the 1950s and After*, p. 267。

随着大移民潮结束，移民数量明显下降。1952～1954 年，共有 5.4 万名犹太移民移居以色列。但是 1955～1957 年，随着波兰动荡和匈牙利事件的爆发，东欧局势紧张，当地犹太人处境的不确定性增加，移民数量迅速回升，其间近 17 万名犹太人移居以色列。60 年代初，以色列经济持续快速发展，居民生活水平明显提高，于是东欧、南美和美国的犹太人纷至沓来。这批移民的文化层次比较高，带来了先进的技术、经营管理理念和资金。因此，这个时期被称为犹太移民的"黄金时代"，移民数量超过 21.5 万人。截至 1961 年底，移居以色列的犹太人总数超过百万人。

1967 年，第三次中东战争爆发，以色列控制的土地面积扩大，掀起了新一轮的移民浪潮。到 1972 年，共有 20 多名万犹太人移民以色列，其中包括部分苏联犹太人。70 年代初，东西方关系缓和，苏联放宽了对犹太人离境的限制，部分苏联犹太人迅速移居以色列。1977 年，利库德集团上台后，加速在巴勒斯坦被占领土修建定居点安置犹太移民，吸引了犹太人移民以色列。此外，以色列政府还在 1984～1985 年实施了"摩西行动"，1991 年实施了"所罗门行动"，将 2 万多名埃塞俄比亚犹太人"营救"回以色列。[1]

20 世纪 80 年代末 90 年代初，东欧剧变、苏联解体，犹太移民高潮再

[1] "Operations Moses & Joshua," Jewish Virtual Library, http://www.jewishvirtuallibrary.org/ethiopia-virtual-jewish-tour#operation2.

起。1990 年 6 月，以沙米尔为首的右翼内阁把吸纳和安置犹太移民作为首要的施政纲领。政府全力吸收移民。据以色列官方统计，1990 年约有 20万名苏联移民抵达以色列，并且之后每年都有数万名来自原苏联地区的移民涌入。[①] 整个 90 年代，有近百万名俄裔犹太人移民以色列，使得以色列的俄裔犹太人占总人口的比例迅速增大，成为以色列社会重要的族群之一。

1948 ~ 1999 年，近 300 万名犹太人移民以色列，平均每年约 6 万人。犹太移民潮此起彼伏，移民安置成为历届政府的重要工作之一。

二　移民安置政策及资金来源

（一）移民安置的整体布局

以色列建国后，移民大量涌入，人口迅速增加。如何从国家前途命运的角度对移民安置进行整体布局，以色列政府首先从安全方面进行了考量。当时，以色列面临的情况是：来自周边国家的安全威胁时刻存在，中心地区的沿海地带空间受到局限，边缘地区非犹太人口又占多数，政府不得不将安全问题和移民安置问题视作政府最棘手的问题来应对。为此，以色列政府提出了人口分散（Population Dispersal）策略。这一策略由建筑师阿里耶·沙龙（Arieh Sharon）于 1950 年 2 月在特拉维夫艺术馆首次提出，也被称为"沙龙计划"。1951 年以色列政府正式确立这一策略，并以希伯来文的形式下达了文件——《1948 ~ 1953 年以色列规划》。[②] 沙龙还特别强调这一规划就是要使国家规划覆盖到每个地区，本－古里安也全力支持这项规划。1955 年，本－古里安组阁上台，还提出了"向南方进军"的计划，把移民安置作为开发南方和实现人口均衡的途径。这个计划可以被看作以色列国家发展总体规划的重要部分，内容涉及人口分散、工业布局、新城镇建设、国家交通规划、水与农业开发、土地管理、国家公园与保护区建设、建筑工程等方面。所有的这些规划都与移民安置息息相关，其中最核心的是人口的分散安置。为此，以色列政府在《1948 ~ 1953 年以色列

---

① 数据来源：https://www.jewishvirtuallibrary.org/total-immigration-to-israel-from-former-soviet-union。
② Yael Allweil, "Israel Housing and Nation Building: Establishment of the State-Citizen Contract 1948 - 1953," *Traditional Dwellings and Settlements Review*, Vol. 23, No. 2(2012), p. 62.

规划》中专门把全国划分为四个大区：北部、中部、耶路撒冷走廊和南部。
根据规划，要通过将大量移民安置在北部和南部，大幅提升这两个地区的人
口。通过移民安置充实北部和南部人口是移民安置的一个重要布局方式。

表4-4 《1948~1953年以色列规划》中区域人口分散规划情况

区 域	1948年人口占比（%）	第一阶段末（%）
北部	27.0	38
中部	60.5	38
耶路撒冷走廊	12.0	11
南部	0.5	13
总 计	100.0	100.0
人口总数（人）	655000	2650000

资料来源：S. Ilan Troen and Noah Lucas, *Israel: The First Decade of Independence*, Albany: State University of New York Press, 1995, p. 469。

　　人口分散策略是以色列政府从人口相对集中的国情出发，根据国家发
展、移民安置的实际需要制定的基本策略。[1] 其立足国家安全，同时兼顾
国家经济发展。该策略的主要目标是：服务于接纳移民政策；保证以色列
领土内犹太人的均衡定居；边境地区要有充分的人口分布以保证国家安
全；充分开发全国资源，发展经济。围绕人口分散安置，该政策有五个方
面具体的内容：根据水源的勘探与开发情况选择分散的农业定居点；平衡
工业的分布，发展门类齐全的工业；完善各区域间的交通；建设公园和森
林，改善和保护环境；建设新城镇。按照上述要求，政府对不同的人口聚
居区做了规划，将其分为五个等级：第一等级是自然村，也是最基本的单
元，一个自然村由100个农业家庭组成；第二等级是中心村，中心村为几
个自然村提供服务；第三等级是城镇，人口在1.5万~2万人，城镇里各
种设施及工厂完备；第四等级是中等城市，人口在10万人左右，作为地方
的首府和政治、经济、商业中心；第五等级是大城市，主要有三个，耶路
撒冷、特拉维夫和海法，它们是国家级的政治、经济和商业中心。[2] 为了

---

[1] Alex Weingrod, "Administered Communities: Some Characteristics of New Immigrant Villages in Israel," *Economic Development And Cultural Change*, Vol. 11, No. 1(1962), p. 71.

[2] Arieh Sharon, *Physcial Planning in Israel*, Kfar Monash: Government Printer and Kfar Monash Press, 1951, p. 11.

将移民安置融入国家经济发展，在人口分散策略的指导下，按照不同行政
单位安置移民，促进城乡发展，成为移民安置又一布局方式。

人口分散主要靠对移民的分散安置来实现，以人口分散为中心目标，
以充实南北部人口和城乡分级发展为方式。这一科学的移民安置布局，成
为以色列移民安置的政策基础。营地临时安置、城镇和乡村永久安置都要
遵循这一布局。无论是移民营还是过渡营都尽可能分散建设在全国各地，
尤其是人口稀少的北部和南部地区。新兴城镇的建设同样如此，移民安置
还注重对南部和北部资源的开发，以吸引移民向新兴城镇集中。另外，农
业定居点的建设更加侧重在"边境"地区。通过移民的分散安置带动国家
建设，对以色列国长远发展有着重大意义，人口分散策略也成为后来以色
列历届政府的重要施政准则之一。

（二）以色列政府的移民安置政策

为了有计划、有效率地安置移民，在人口分散策略下，以色列政府主
要采取了"边境"地区农业安置政策、过渡营临时安置政策、定居点安置
政策和直接安置政策来推进移民安置工作。

1. "边境"地区农业安置政策

农业开发是犹太复国主义者一直坚持的道路之一。建国后以色列依然
秉承着这一路线，特别是在大量移民涌入亟待安置的情况下，开发新的农
业据点势在必行。1949 年 7 月，本－古里安提出，政府要在未来四年里大
力推进农业开发，建设 500 个新的农业定居点，安置 15 万名移民，以期在
"边境"地区形成一道屏障，保卫国家的安全和领土完整。[①] 事实上，早在
1949 年 3 月这一政策就已被提出，称为"农业定居点计划"，这是一项政
府全权指导村庄发展和农业定居点选址的计划。[②] 在具体实施"农业定居
点计划"的过程中，对安置移民主要采取两种形式：空置住房定居安置和
边境莫沙夫定居安置。

在战争中，巴勒斯坦阿拉伯人被迫离开家园，他们留下来的房屋、土
地等不动产成为农业定居点和移民安置的重要资源。[③] 最初，犹太移民通

---

① "Guidelines for Government Policy," *Government Yearbook of Israel*, 1950, p. 38.

② 〔以〕哈伊姆·格瓦蒂：《以色列移民与百年开发史：1880～1980 年》，何大明译，第 311 页。

③ Levi Eshkol, *The Hardships of Settlement*, Tel-Aviv: Am Oved, 1959, p. 270.

常自发到这些地方安居，政府也对这一安置方式给予了鼓励和支持。随着移民安置压力增大，政府开始对空置住房安置加强管理。政府提出计划，要在 1948 年 5 月到 1949 年 12 月安置 12.4 万名移民。为此，1948 年 5 月 16 日，政府专门颁布法令，所有空置住房等财产均归国有，所有空置的住房由政府建筑公司阿米达（Amidar）统一管理，出租给移民使用。到 1949 年 12 月，空置房屋安置能力达到极限。此外，以色列政府还通过《不在者地产法》和《国家土地所有法》将阿拉伯人遗留下的土地转为国有，通过统一配置的方式为移民分配土地。

在"边境"地区建立莫沙夫定居点是另一重要安置方式。该策略的提出是在 1949 年 2 月，一场关于号召开展"莫沙夫运动"的特别会议在拉姆拉召开，意在通过莫沙夫建设推动移民安置计划。会议提出了强有力的口号"走出营地，走进村庄"，这就是后来著名的"拉姆拉精神"。本 - 古里安也参加了这次会议，并将其称为"莫沙夫精神"。[①]"莫沙夫精神"的内涵就是热爱家园、艰苦奋斗，为家园开创美好生活。在"莫沙夫精神"的激励下，莫沙夫建设掀起高潮。

为了全面、系统、有条理地将"边境"地区农业安置政策在全国铺开，1950 年联合委员会（Joint Committee）成立，该委员会与最高军事指挥部密切沟通后，确立了移民安置定居点布局的准则：在"边境"地区的战略要地及沿着边界内侧一线建设移民安置点；将移民安置点更多地放在"边境"地区，即与黎巴嫩交界的边境、同叙利亚相连的东北部边境、与约旦河交界的河谷地带、希伯伦山的丘陵地带，另外还有内部区域具有重要战略意义的交叉路口和制高点。[②] 这个规划由犹太代办处移民安置部负责具体的计划和执行，农业部承担移民安置后进一步发展的责任，主要包括给农民提供各种服务、草拟农场法则，并对其从事科研指明发展方向、提供具体指导。在联合委员会的指导下，"边境"地区农业安置逐步推进，成为建国初期最重要的安置方式。

① Yael Allweil, "Israel Housing and Nation Building: Establishment of the State-Citizen Contract 1948 – 1953," *Traditional Dwellings and Settlements Review*, Vol. 23, No. 2(2012), p. 53.

② Yael Allweil, "Israel Housing and Nation Building: Establishment of the State-Citizen Contract 1948 – 1953," *Traditional Dwellings and Settlements Review*, Vol. 23, No. 2(2012), p. 54.

2. 过渡营临时安置策略

随着空置住房安置殆尽，住房紧张加剧。边境地区的定居点取得一定的成效，但农业开发周期较长，满足不了移民的需求，移民营也承载不了不断涌入的移民。为此，1949 年底，犹太民族基金会提出了一个临时安置方案"建设过渡营"。"过渡营"这一概念最早由列维·艾希科尔（Levi Eshkol）提出，后来，列维·艾希科尔将这一革命性的提案提交犹太代办处执委会。根据提案，犹太代办处拆除移民营，在全国大范围建设过渡营，移民将被分散安置在各地，移民要在经济上独立。

该方案提出后立即得到了政府和犹太代办处的认同，被视为代替移民营临时安置移民的最佳方法。为此，专门成立了政府－犹太代办处协调委员会（Government-Jewish Agency Coordinating Committee），负责营地的规划、建设、运营等一系列工作。该委员会由政府的 7 个部长和犹太代办处、犹太民族基金的代表共同组成，主席为本－古里安。委员会就建设过渡营出台了规划图，制定了基本原则。根据规划，第一阶段过渡营主要分布在国家中心区域的城市附近或大的定居点和莫沙夫等农业区周边。这一安排既有利于快速大规模建设过渡营，也有利于移民就近就业。第二阶段过渡营主要分布在未来规划建设的城镇地区，[1] 这有利于人口分散安置，促进新兴城镇人口聚集，进而促进城市化发展。

根据规划，过渡营只为移民提供临时住所，并不提供伙食及其他服务，移民们需要自谋生路。第一个过渡营位于耶路撒冷山地的卡萨伦（Ksalon），于 1950 年 5 月开营。据 1950 年 5 月 23 日的报纸报道，该过渡营由 120 个家庭组成。之后两年，全国各地的过渡营纷纷建立，到 1952 年 5 月全国的过渡营数额达到 113 个，共容纳移民 25 万人。[2] 从 1952 年开始，随着移民数量减少，移民安置工作的重心开始向永久安置转移。作为临时住房，过渡营中的住房比较简陋，生活条件较差。因此，在当时也受到一些批评。但是，过渡营临时安置政策为迅速安置大量移民找到了出路，为之后移民永久安置争取了时间。

---

① Darin Drabkin, *Housing and Absorption in Israel*, Waltha: Brandeis University Press, p. 32.

② Isenstadt Sandy and Rizvi Kishwar, *Modernism and the Middle East: Architecture and Politics in the Twentieth Century*, Seattle: University of Washington Press, 2008, p. 34.

3. 定居点安置政策

定居点安置政策是安置犹太移民的重要策略。1901 年成立的犹太民族基金会的任务就是在巴勒斯坦购置土地，建设定居点。1917 年英国政府发表《贝尔福宣言》，大大鼓励了犹太人在巴勒斯坦定居、建立犹太民族之家。到 1947 年 11 月联合国分治决议出台时，犹太人已经在巴勒斯坦有目的有组织地购买和开发了 45.5 万英亩土地，建有定居点 200 多个，安置移民约 60 万人。[①]

以色列建国后，定居点建设完全融入安置移民的浪潮中。移民村、基布兹、莫沙夫、新兴城镇的建设基本都将定居点吸纳其中。1948 年以后犹太移民定居点政策又以"六日战争"为界呈现两种截然不同的情况。1967 年之前兴建的移民定居点都在"绿线"之内，1967 年"六日战争"后，以色列推行在占领的阿拉伯人土地上建立犹太移民定居点的政策，这之后的定居点建设开始突破"绿线"。关于定居点政策的最终方案，1968 年有过"阿隆计划"和"达扬理论"两派的争论。前者是以色列军界元老、劳工部部长伊加尔·阿隆提出的，被称为"阿隆计划"，该计划涉及约旦河西岸和加沙地带的主要内容是：吞并约旦河西岸 1/4 的土地，其中包括耶路撒冷及其外围地区、与约旦接壤的约旦河谷地带等，在这些地区广泛建立犹太定居点；在加沙南部沿海地带建立定居点，兼并这一地区；在约旦河谷建立宽为 20 公里的安全带，以防来自约旦或伊拉克的进攻，但留出北部阿拉伯人聚居区通往约旦的通道，在被上述通道分割的北部、南部的非兼并区建立阿拉伯人自治区。[②] 后者是由国防部部长达扬提出的理论，他主张兼并除西奈半岛部分地区以外的所有巴勒斯坦被占领土，并在所有兼并土地上建立定居点。基于已有定居点的分布情况，工党最终采纳了"阿隆计划"，即避开阿拉伯人聚居区，在约旦河谷"安全地带"、耶路撒冷至希伯伦原犹太人定居点沿线、"绿线"外围和加沙南部沿海地带均匀布点。

以色列工党政府基本上执行了早期定居点安置政策，但随着利库德集团及极端宗教派实力的增强，定居点安置政策逐渐发生变化。1974 年利库德集团开始主张在西岸和加沙行使以色列主权，犹太人有权在占领区的任

---

① 宋德星：《以色列犹太移民定居点政策探析》，《西亚非洲》1998 年第 1 期，第 27 页。
② 宋德星：《以色列犹太移民定居点政策探析》，《世界历史》1998 年第 2 期，第 102 页。

当代以色列：多元表达与社会张力

何地点建立定居点，政府无权赶走任何定居者。同时，"信仰者集团"煽动狂热的宗教分子和极端民族主义青年，无视政府规划，在阿拉伯人口密集区和阿拉伯村镇附近的山顶建立定居点。1977 年，利库德集团上台，与"信仰者集团"相互呼应，彻底改变了工党制定的占领区政策，"信仰者集团"的非法定居点活动得到了政府和犹太复国主义组织的认可。至此，定居点安置政策发生了质变。

定居点安置政策的提出无疑为移民安置开辟了更加广阔的空间。通过"边境"地区定居点移民安置，既开发了边疆经济，又保障了国家安全。但是，定居点政策的出发点是控制巴勒斯坦被占领地区的土地，其本身损害了阿以和平，并不能给移民提供完全可靠的安置环境，这就注定了定居点安置政策在安置移民中成为最受争议的安置方式。

4. **直接安置政策**（direct-absorption policy）

从 20 世纪 80 年代末开始，移民安置政策有了新的变化，政府不再强行将移民分配往边缘地区，而推行"直接安置政策"，让移民自由选择安置区域，但是通过一系列的优惠政策来引导移民前往边缘地区安置。这一变化有其特殊的时代烙印。首先，90 年代工党和利库德集团两大党主导政坛，两党都要争取俄裔移民的选票，因而必须在一定程度上满足移民的诉求，尤其在移民安置方面要尊重移民自由选择安置地的权利。其次，在以色列经济形态的多元化和国际化的大背景下，农业和重工业的比重变小，以色列政府没有足够的能力在边缘地区进行大规模的就业安置；另外，七八十年代兴起的自由主义和个人主义思潮深刻影响了以色列社会，促使移民安置政策更加注重人性化。为了吸引移民，90 年代初，政府出台了新的规划《国家第 31 号总体规划》（National Master Plan 31），全称为《移民安置全面建设与发展国家规划》（Comprehensive National Outline Plan for Building and Development for the Absorption of Immigrants），该规划的核心仍然是人口分散，主要目标是在贝尔谢巴周边和整个内盖夫地区进行移民分散安置。1996 年，《国家第 35 号总体规划》（National Master Plan 35）出台，该规划的目标是通过加强贝尔谢巴、耶路撒冷和加利利三个地区的移民安置，最大限度地促进内盖夫和加利利地区发展，来促进人口分散。这一新的国家规划，历时 12 个多月才出台，是以色列面向 21 世纪的长远规划。它将移民安置政策的最新成果定型。

总体上看，不同时期移民安置政策有所变化。20 世纪五六十年代，"边境" 地区农业安置和过渡营临时安置是政府主导的两大政策，50 年代前期采取过渡营临时安置政策主要为了快速接纳移民，同时，"边境" 地区农业安置政策也在逐步落实；七八十年代，随着移民在城镇安置，城市化快速发展，定居点安置政策成为焦点；90 年代，移民安置政策更加成熟，直接安置政策成为移民安置的最佳政策，并延续至今。这些政策都服务于人口分散安置的整体布局。

（三）移民安置资金

资金紧张是移民安置最大的障碍，直接关系到移民的生存问题。根据犹太代办处的财政报告，1948 年前 8 个月犹太代办处共支出了 1500 万以磅，而收入只有 1000 万以磅，赤字 500 万以磅。其中有 96% 的经费用于移民和移民安置。[①] 根据犹太复国主义执行委员会（Zionist Actions Committee）的报告，到第一个财年结束时（1949 年 3 月），犹太代办处的财政赤字高达 1600 万以磅，支出超出收入 40%。[②] 为了安置移民，移民安置部时常在资金缺乏的情况下运营。为了解决财政赤字问题，政府首先从节流方面着手，1949 年 3 月以色列政府采取物资配给制，后勤保障部（The Ministry of Supply and Rationing）对包括移民在内的所有人实行物资定额配给。这一举措有力地保障了有限的移民安置资金能够被高效地使用。另外，在开源方面下大功夫，通过与美国犹太人联合分配委员会合作，共同分担财政压力。政府和犹太代办处还想方设法寻找外来资金，从世界各犹太社团募集资金，采取了向美国等国家贷款、吸引投资、充分利用德国赔款、发行公债等一系列措施。

1953～1965 年以色列外来资金主要来源于联邦德国的赔款、美国的经济援助和世界犹太人的捐款（见表 4-5）。在单向转移资金中，大量资金来自美国，如移民带来的资金、国外养老金、犹太人筹集组织对社会服务、卫生保健和教育机构的捐款以及美国政府的赠款。在来自世界犹太人组织捐

---

① Dvora Hacohen, Translated from the Hebrew by Gila Brand, *Immigrants in Turmoil: Mass Immigration to Israel and Its Repercussions in the 1950s and After*, p. 99.

② Dvora Hacohen, Translated from the Hebrew by Gila Brand, *Immigrants in Turmoil: Mass Immigration to Israel and Its Repercussions in the 1950s and After*, p. 99.

当代以色列：多元表达与社会张力

赠的款项中，美国犹太社团的捐赠数额最大，仅1948年美国犹太人就提供了
2亿多美元的捐款，这一数额相当于同年美国犹太人收入的总和。[①] 这些资
金主要有四个来源：美国犹太人募集会（United Jewish Appeal）募集、美国
购买以色列的债券、美国政府的援助和私人投资。为了获得美国更多的资金
支持，本－古里安还在1951年亲自到美国各犹太社团募集资金，销售以色
列债券，游说政府官员、银行家和商人。1951年底以色列获得了美国第一
次经济援助，总计6500万美元，其中5000万美元专门用于移民安置。[②]
通过各种形式的援助，整个20世纪50～60年代，来自美国的资金每年都
高达数千万美元。随着70年代移民潮的高涨，移民安置的压力加大，从
1973年开始，美国政府设立专项资金用于"难民安置"[③]，每年该款项都
高达数千万美元。到90年代，由于苏联/俄罗斯犹太移民的大规模涌入，
该款项也随之增加（见表4－6）。

表4－5　1953～1965年以色列外来资金主要来源情况

单位：百万美元

年份	联邦德国对以色列政府的赔款	联邦德国对以色列犹太人的个人赔款	美国经济援助	世界犹太人捐款	共计
1953	40.7	—	47.3	84.6	172.6
1954	79.4	8.0	39.0	133.2	259.6
1955	84.5	18.8	20.5	83.2	207.0
1956	79.2	25.7	6.8	128.4	240.1
1957	77.0	45.9	24.1	98.0	245.0
1958	68.8	66.3	16.4	111.8	263.3
1959	66.3	70.8	9.5	104.1	250.7
1960	72.9	100.5	13.9	123.5	310.8
1961	87.3	111.3	10.4	137.0	346.0
1962	43.0	137.5	8.0	141.8	330.3

---

① Jeremy Sharp, "U. S Foreign Aid to Israel, "Congressional Research Service, June 10, 2015. http: //
www. cbs. gov. il/engindex. htm.

② Dvora Hacohen, Translated from the Hebrew by Gila Brand, *Immigrants in Turmoil: Mass
Immigration to Israel and Its Repercussions in the 1950s and After*, p. 105.

③ "难民安置" 其实质就是犹太移民安置。

年份	联邦德国对以色列政府的赔款	联邦德国对以色列犹太人的个人赔款	美国经济援助	世界犹太人捐款	共计
1963	24.6	141.6	5.9	173.2	345.3
1964	16.9	132.6	8.2	191.8	349.5
1965	16.7	111.4	4.7	206.3	339.1
共计	757.3	970.4	214.7	1716.9	3659.3

资料来源：Lily Gardner Feldman, *The Special Relationship between Germany and Israel*, Boston: Allen & Unwin, Inc, 1984, p. 96。

表 4 - 6 **1949 ~ 2000 年美国援助以色列资金情况**

单位：百万美元

年份	经济援助	难民安置	其他	共计	年份	经济援助	难民安置	其他	共计
1949	—	—	100.0	100.0	1964	20.0	—	17.0	37.0
1950	—	—	—	—	1965	20.0	—	32.2	52.2
1951	0.1	—	35.0	35.1	1966	10.0	—	26.8	36.8
1952	63.7	—	22.7	86.4	1967	5.5	—	10.2	15.7
1953	73.6	—	—	73.6	1968	—	—	75.5	75.5
1954	54.0	—	20.7	74.7	1969	—	—	75.3	75.3
1955	41.5	—	11.2	52.7	1970	—	—	51.1	51.1
1956	24.0	—	26.8	50.8	1971	—	—	86.8	86.8
1957	26.8	—	14.1	40.9	1972	50.0	—	125.3	175.3
1958	24.0	—	61.4	85.4	1973	50.0	50.0	80.9	180.9
1959	19.2	—	33.7	52.9	1974	50.0	36.5	73.8	160.3
1960	23.9	—	31.8	55.7	1975	344.5	40.0	116.0	500.5
1961	24.5	—	53.4	77.9	1976	700.0	15.0	144.5	859.5
1962	45.4	—	34.8	80.2	1977	735.0	15.0	32.9	782.9
1963	45.0	—	29.6	74.6	1978	785.0	20.0	12.4	817.4
1979	785.0	25.0	98.8	908.8	1990	1194.8	29.9	414.4	1639.1
1980	785.0	25.0	331.9	1141.9	1991	1850.0	45.0	14.7	1909.7
1981	764.0	25.0	222.4	1011.4	1992	1200.0	80.0	16.5	1296.5
1982	806.4	12.5	29.0	847.9	1993	1200.0	80.0	20.9	1300.9

当代以色列：多元表达与社会张力

续表

年份	经济援助	难民安置	其他	共计	年份	经济援助	难民安置	其他	共计
1983	785.0	12.5	5.0	802.5	1994	1200.0	80.0	14.5	1294.5
1984	910.0	12.5	5.0	927.5	1995	1200.0	80.0	19.5	1299.5
1985	1950.0	15.0	7.0	1972.0	1996	1200.0	80.0	64.0	1344.0
1986	1898.4	12.0	25.0	1935.4	1997	1200.0	80.0	50.0	1330.0
1987	1200.0	25.0	10.0	1235.0	1998	1200.0	80.0	—	1280.0
1988	1200.0	25.0	13.5	1238.5	1999	1080.0	70.0	—	1150.0
1989	1200.0	28.0	10.7	1238.7	2000	949.1	60.0	—	1009.1

注：其他即除了军事援助、经济援助和难民安置外任何形式的援助。难民安置援助资金经由犹太代办处和美国犹太人募集会用于移民安置，大部分资金被用于 20 世纪八九十年代苏联/俄罗斯犹太移民和埃塞俄比亚犹太移民的安置。

资料来源：Jeremy Sharp, "U. S Foreign Aid to Israel," *Congressional Research Service*, June 10, 2015。

　　1953～1965 年，联邦德国赔款成为以色列重要外来资金。在与联邦德国的赔偿谈判中，以色列要求德国赔偿 15 亿美元以供养大批二战幸存者。1952 年 9 月以色列政府与联邦德国政府达成《德国赔款协定》[①]，该协定规定联邦德国要在 12 年时间里向以色列偿付 34 亿～35 亿马克。此外，还有个人赔款，德国同意向犹太幸存者及其家属提供个人赔款，以色列犹太人获得的个人赔款比以色列获得的国家赔款还要多。该协定允许以色列从其他国家进口原料，由德国付款，但赔款的大部分被用于从德国购买货物。为此，以色列还在科隆设立了一个委员会，专门负责采购事宜。从 1953～1954 财年到 1965～1966 财年，联邦德国共计大约给予以色列 34.5 亿马克国家赔偿，对以色列犹太人的个人赔偿近 230 亿马克（见表 4-7）。以色列主要用赔款向德国购买一些基本设备，如机器、轮船和车辆以及燃料和其他原材料。而这些物资则被用于以色列的移民安置和经济发展。[②] 根据《德国赔

---

　　① 关于联邦德国对犹太人的赔偿问题，1952 年 3 月开始谈判，谈判地点是卢森堡小城瓦森纳。1952 年 9 月 10 日，联邦德国与以色列双方在卢森堡市签订赔偿条约，史称《卢森堡条约》，又称《德国赔款协定》。条约正文大致内容是：联邦德国赔偿总金额为 34 亿～35 亿马克，到 1954 年 3 月 31 日止，每年支付 4 亿马克，从 1954 年 4 月 1 日起，每年支付 2.5 亿马克，10 年支付完毕，总额折合美元数为 8.22 亿。以色列有权在联邦德国使用赔款购买物资运往以色列。

　　② 〔英〕诺亚·卢卡斯：《以色列现代史》，杜先菊、彭艳译，第 226 页。

款协定》的规定，到 1975 年联邦德国支付的各类赔偿高达 460 亿马克，到
2000 年达到 620 亿马克，而到 2000 年实际支付的赔偿超过了 1150 亿马克。[①]

表 4 - 7 联邦德国对以色列国家及以色列犹太人的赔偿

单位：百万马克

财年	对以色列的国家赔偿	对以色列犹太人的个人赔偿
1953 ~ 1954	268	508
1954 ~ 1955	354	617
1955 ~ 1956	267	924
1956 ~ 1957	245	1396
1957 ~ 1958	225	1505
1958 ~ 1959	261	1738
1959 ~ 1960	266	2259
1960 ~ 1961	259	2750
1961 ~ 1962	255	2740
1962 ~ 1963	250	2530
1963 ~ 1964	250	2104
1964 ~ 1965	250	2223
1965 ~ 1966	300	1653
总　计	3450	22947

注：联邦德国马克的汇率变化情况，以美元为基准：1953 年 1 美元 = 4.2 马克，之后 1 美元 ≈
4 马克，1961 ~ 1969 年 1 美元 = 4 马克，1973 年 1 美元 = 2.9 马克，2000 年 1 美元 = 1.931 马克。

资料来源：Nicholas Balabkins, *West German Reparations to Israel*, New Brunswick: Rutgers University
Press, 1971, pp. 192 - 193.

以色列政府债券和贷款也是重要的移民安置资金来源。从 20 世纪 50
年代开始，以色列政府就开始通过发行债券的方式募集资金，用于移民安
置。到 1967 年，以色列政府共销售了总额为大约 12.6 亿美元的债券，并
且其中大部分是在 50 年代初销售的。同时，政府贷款数额巨大，许多国家
都给予了以色列政府贷款，尤其是美国政府和联邦德国政府的贷款占比最
大，通过贷款募集的资金总额为 21 亿美元。

---

① Ronald W. Zweig, *German Reparations and the Jewish World*, London: MPG Ltd., 2001, p. 4.

慈善捐款、私人投资和移民个人资产也是移民安置资金中不可忽视的组成部分。慈善捐款中既有犹太机构到世界各地犹太社区筹集的，也有犹太人自发捐赠的。1950～1967年，来自这一渠道的总金额大约为17.35亿美元。[①] 外国私人投资数额巨大，到1967年，总数达约10亿美元。移民的个人资产和以现金或货物方式寄达的私人汇款与建国前相比数额不算特别大，但也为这一阶段的引进资本增加了8.85亿美元。[②]

移民安置资金来源广泛，数额巨大。全世界犹太人广泛关注了犹太移民，参与了移民安置资金募集活动，为移民安置做出了巨大贡献。

三 移民安置工作的有效推进

以色列建国之初，犹太代办处是移民安置工作的领导机构。通过兴建移民营（Immigrant Camps）对移民进行临时安置，再经过移民营中转，移民被安置在被遗弃的社区和村庄。1949年1月，政府组建之后逐步接管移民安置工作，但是犹太代办处移民安置部及其他组织和机构仍然各尽其职，协同政府共同推进移民安置工作。

（一）建国之初的营地临时安置

犹太代办处于1949年1月在海法市南郊一处英国人废弃的军营里建立了接收中心（Reception Center）。接收中心可以容纳3000～4000人，被称为"阿利亚之门"（Gateway to Aliyah）。移民到达后首先在这里登记注册，然后接受体检，有疾病的被送往医院，健康的移民则被送往移民营或其他安置处。接收中心还准备了帐篷，以应对大量移民到来。接收中心在1949年3月14日开始接收移民，高峰期每天平均接收超过1000人。[③] 根据计划，移民只在接收中心停留两三天，而后由于房屋缺乏、移民营过度拥挤，每天都有数千人排在接收中心长长的队伍中，移民在接收中心滞留的时间也在不断延长，通常是数周，甚至数月。接收中心往往是一番忙碌的

---

① 除了通过犹太人协会转入住房和土地安置的主要款项外，还包括对各种公共机构的直接捐助。
② 〔英〕诺亚·卢卡斯：《以色列现代史》，杜先菊、彭艳译，第226页。
③ Anita Shapira, *Israel: A History*, p. 226.

场景:"移民匆忙奔波于不同地方,从一个队伍到另一个队伍,其间行李则被储存在库房中。"① 紧张的登记注册和体检后,大部分移民被送往了移民营,同时伴随着移民营的大规模建设,移民安置开启了大规模营地临时安置时代。临时安置分为移民营临时安置和过渡营临时安置。

1. 移民营临时安置

移民营由犹太代办处运营,主要为移民提供临时落脚点,移民一般只是在移民营中逗留几周,短暂过渡后,他们会被送往其他地区安置。截至1950年5月15日,以色列建立了58个移民营,临时安置移民10万人(见表4-8)。移民营主要分布于西部沿海地带的中心村落。据统计,到1949年3月共有20多个移民营建立,主要分布在三个区域,最大的位于帕德斯汉纳,由四块营地组成,容纳了1.5万人;位于贝尔雅克瓦的三块营地共容纳了1万人;位于哈代拉附近的三块营地共容纳了6500人。此外还有一些零星分布于城郊地区的小规模的移民营,分别位于海法地区、埃拉特、内坦亚、本雅明纳、赖阿南纳、贝特里特和雷霍沃特地区。②

表4-8　1948～1950年以色列移民营安置情况

截至时间	移民营数量（个）	移民数量（人）
1948年5月15日	7	7000
1948年9月1日	13	15000
1948年12月1日	16	21976
1949年3月1日	21	32745
1949年6月1日	27	63500
1949年9月1日	32	71323
1949年12月1日	34	78441
1950年2月28日	41	88000
1950年5月	58	100000

资料来源: Zvi Zameret, *The Melting Pot in Israel: The Commission of Inquiry Concerning Education in the Immigrant Camps during the Early Years of the State*, Albany: State University of New York Press, 2002, pp. 233 - 234。

① Y. Weissberger, *The Gate of Aliyah of Mass Immigration 1947 - 1957*, Jerusalem: Government Printer, p. 75.

② Dvora Hacohen, Translated from the Hebrew by Gila Brand, *Immigrants in Turmoil: Mass Immigration to Israel and Its Repercussions in the 1950s and After*, p. 89.

移民营大部分为临时住房，有临时营房和帐篷两种。英军留下的营房也被改造为移民营。移民营中的生活条件比较艰苦，住宿拥挤。而且随着移民规模的扩大，移民营变得更加拥挤，条件也不断恶化。到 1949 年 3 月底，以色列在移民营中共建设了 40 栋建筑和 1056 座临时营房，安置了 3.2 万名移民，占营中总人口的 57%，剩下的 2.4 万人则居住在帐篷中。① 随着安置压力增大，移民逗留的时间也不断延长，从平均 4～6 周延长到了 12 周。在伙食方面，为了能够保障食物供应，犹太代办处在每个移民营中建立了大型餐厅，每个餐厅可以容纳几百人同时就餐；在帕德斯汉纳还建立了一座超大型厨房，每天可为 2.5 万人提供食物。② 虽然移民营的运转尚不成熟，但移民在这里度过了难忘的岁月。

建国初期，移民营成为临时安置移民的重要场所。这一过程经历了四个阶段：第一阶段为顺利过渡阶段（1948 年 5 月到 1948 年 8 月）。1948 年 6 月停火协议达成后，超过 1.7 万名移民涌入，其中包括来自塞浦路斯的 1 万名妇女、儿童和老人。③ 为了临时安置他们，政府在帕德斯汉纳设立了两个营地，每个可以容纳 3000 人；在本雅明纳和哈代拉设立的两个移民营，分别可以容纳 1600 人和 1500 人。④ 这批移民只逗留了几天便离开了，其中相当多的适龄青年加入了军队，一些移民前往城镇谋生，一些有过农业生产经验的移民则加入基布兹从事农业开发，还有些移民选择在阿拉伯人逃难后遗留下来的房屋内安顿。第二阶段是紧张过渡时期（1948 年 9 月到 1949 年 3 月）。这个时期移民数量呈现爆发式增长，从 9 月到 12 月，短短四个月内有 7 万名移民涌入。⑤ 为了加快移民临时安置的步伐，移民营建设加快。这个阶段移民中转的速度明显放慢，移民安置工作呈现紧张的局面。为了更好地协调各部门安置移民，1948 年 8 月，犹太复国主义执委

① Dvora Hacohen, Translated from the Hebrew by Gila Brand, *Immigrants in Turmoil: Mass Immigration to Israel and Its Repercussions in the 1950s and After*, p. 181.

② Dvora Hacohen, Translated from the Hebrew by Gila Brand, *Immigrants in Turmoil: Mass Immigration to Israel and Its Repercussions in the 1950s and After*, p. 89.

③ Boberto Bachi and Baruch Gil, "Changes in Immigration and in Yishuv 1948 – 1951," *Sbivat Zion*, 1953, p. 19.

④ Boberto Bachi and Baruch Gil, "Changes in Immigration and in Yishuv 1948 – 1951," *Sbivat Zion*, 1953, p. 28.

⑤ Gabriel Lipshitz, *Country on the Move: Migration to and within Israel 1948 – 1995*, Holand: Kluwer Academic Publishers, 1998, p. 41.

会重组了移民安置部（Kelitah Department），由移民安置部统一管理被遗留
下来的住房、店铺、工厂等资源。移民仍在移民营里短期逗留，之后被遣
往阿拉伯人遗留下来的社区或村庄上进行安置。移民安置部领导下的中央
住房委员会（Center Housing Committee）负责将移民遣送往全国各处，首
先是雅法、下海法（Low Haifa）、采法特（Safed）和太巴列（Tiberias）
地区；然后是拉姆拉（Ramleh）、卢德；最后是南部地区的贝尔谢巴
（Beersheba）、米格达尔加德（Migdal Gad）等地区。1948 年底，由于移民
人数剧增，移民停留在移民营的时间开始延长，10 万名移民中有 2.8 万人
滞留在移民营中。① 到 1949 年初，几乎所有空置的房屋都被移民所用，而
即将进入以色列的 1 万名塞浦路斯难民和每天约 1000 名的犹太移民亟待安
置，这直接导致了住房危机的出现。② 海法港通往移民营的道路变得拥挤，
移民营也变得更加拥挤。为此，新移民营建设加快推进，从 1948 年 9 月到
1949 年 4 月，新建了 16 个营地。第三个阶段是移民营危机阶段（1949 年
4 月到 1949 年 11 月）。1949 年夏季，随着也门犹太人的到来，移民营的情
况变得更加糟糕。由于也门犹太人携带有热带病，儿童严重营养不良，政
府还专门为他们建设了单独的营地，一个位于帕德斯汉纳，另一个位于罗
什艾因（Rosh Ha'ayin）。到 11 月，92500 名移民被临时安置在移民营中。
此外，还有 2000 名也门和大批波兰犹太移民等待进入以色列。③ 此时，从
移民营中走出进行永久安置的移民数量仅仅是进入移民营数量的 1/3，移
民营陷入危机。第四个阶段移民营开始向过渡营过渡（1949 年底到 1950
年 5 月）。为了解决移民营危机，移民安置部一方面继续进行移民营建设，
另一方面开始建设工作营（Work Camps）即后来的过渡营。早在 1949 年
底移民营危机阶段，犹太代办处已决定废除移民营、建设工作营，但是由
于安置移民的实际需要，移民营仍在建设。到 1950 年 5 月，移民营数量达
到 58 个，之后开始减少。④ 从 1949 年 11 月开始，位于什穆埃尔城（Kiryat
Shmuel）可以为 1000 人提供食物的厨房率先关闭，随后其他的厨房也相继

---

① Dvora Hacohen, Translated from the Hebrew by Gila Brand, *Immigrants in Turmoil: Mass Immigration to Israel and Its Repercussions in the 1950s and After*, p. 87.

② Anita Shapira, *Israel: A History*, p. 226.

③ Anita Shapira, *Israel: A History*, p. 226.

④ Zvi Zameret, *The Melting Pot in Israel: The Commission of Inquiry Concerning Education in the Immigrant Camps during the Early Years of the State*, p. 234.

当代以色列：多元表达与社会张力

关闭。到 11 月底，该地区营地里的人数已经减少到 5400 人，[①] 并且随着厨房的陆续关闭，这一数字也在不断下降。但是，与此同时新的移民仍在源源不断地涌入以色列，11 月到达的波兰移民和通过"神毯行动"来到以色列的也门犹太人也都被送往新的工作营。[②] 12 月，为应对移民增加，犹太代办处决定扩大现有营地。对于新移民中的无工作能力者，则重新组织并进行安置，他们可以在营地里长期居住，直到找到合适的住处。其中对老弱病残等部分移民仍提供食物。

工作营的出现缓解了移民过度依赖移民营的状况，工作营不仅能减轻食物预算负担，节省出一大笔资金用于建设过渡营，更能消除部分移民懒惰、闲散的情绪，鼓励他们积极地生活。工作、劳动可以为移民带来经济收入，从而使其摒弃之前依赖慈善救助下的低沉情绪，同时为后来大规模建设过渡营提供了经验。

从 1948 年 5 月到 1949 年 5 月，移民营充分发挥了临时安置的作用。经过移民营中转，393197 名移民中有超过 2/3 在城镇和乡村中安置。其中123669 人在被遗弃的阿拉伯人的房屋中安置；53000 人在城镇和乡村的住房中安置；36497 人在亲戚、朋友那里安置；35700 人在新建莫沙夫里安置；16000 人在基布兹里安置；6000 名儿童在青年阿利亚机构中安置。而在剩下的不到 1/3 的移民中有 112015 人在移民营和工作营等临时住所中安置。[③]

2. 过渡营临时安置

1950 年 5 月以色列开始建设过渡营，为移民提供临时落脚场所，但与移民营不同的是过渡营不再提供食物，营中移民需要到营外寻找工作谋生。[④] 一些过渡营是由移民营和工作营直接转变过来的，但是更多的过渡营是新建的。1950 年 5 月到 1954 年初以色列共建设了 129 座过渡营，最多时临时安置移民超过 22 万人。[⑤] 过渡营持续时间长，为移民永久安置争

---

① Dvora Hacohen, Translated from the Hebrew by Gila Brand, *Immigrants in Turmoil: Mass Immigration to Israel and Its Repercussions in the 1950s and After*, p. 93.

② Dvora Hacohen, Translated from the Hebrew by Gila Brand, *Immigrants in Turmoil: Mass Immigration to Israel and Its Repercussions in the 1950s and After*, p. 93.

③ 另有 9596 人不在统计之列，参见 *Encyclopaedia Judaica*, Second Edition, Vol. 10, p. 341。

④ 老、弱、病、残等无劳动能力者无须外出工作，仍由政府负责照顾。

⑤ Isenstadt Sandy, Rizvi Kishwar, *Modernism and the Middle East: Architecture and Politics in the Twentieth Century*, p. 142.

取了更多的时间。

过渡营的规划主要由政府－犹太代办处协调委员会主管，具体方案实施由犹太代办处移民安置部完成。移民安置部还继续进行住房建设和水源供应，其他民族机构也积极配合过渡营建设，犹太民族基金会在其发起的造林和整改土地的工程中雇用当地移民，土地开发部（Settlement Department）负责组织工人工作。各机构密切配合，有力地推动了过渡营建设。

在过渡营选址方面，犹太代办处主要根据节约、高效的原则将过渡营建设纳入城镇和乡村建设中。最初选择的 24 个地点均在新移民开发点周边：太巴列、阿富拉、纳哈里亚（Nahariya）、奇科隆雅克瓦（Zikhron Ya'akov）、本雅明那（Binyamina）、哈代拉、内坦亚、卡法萨巴（Kfar Saba）、贝内布拉克、巴特亚姆（Bat Yam）和雷霍沃特。① 这些地区都是富饶的农业地区，移民可以在附近就业。

过渡营主要有帐篷、木屋和移动板房等简易住所。幼儿园、托儿所、医务室、妇女儿童诊所和办公室等服务机构设在木屋中。考虑到地质结构，木屋一般建在地势较高的地方。移民一般居住在帐篷和移动板房内。帐篷、木材等物资大多从美国、日本和欧洲进口，其中从美国、法国和匈牙利购买了 2 万顶帐篷，从比利时购买了数千顶帐篷，还从日本和伊拉克购买了数千顶战后遗留下来的帐篷。第一批帐篷在 1950 年 7 月底运达，共计 5000 顶。② 虽然建造房屋成本高且材料不足，但是犹太代办处仍从瑞典进口了 6000 套移动板房，以满足过渡营的建设需要。

为确保过渡营安置顺利进行，犹太代办处专门在每个过渡营中任命了管理者进行日常的管理和维护。政府各个部门也密切配合：劳工部就业与住房处（Ministry of Labor' Employment and Housing Divisions）帮助移民解决就业和住房问题；社会保障部提供免费流动医疗服务、指导妇女开展家庭经济活动；教育部监督托儿所、幼儿园和初级学校，组织希伯来语夜校教学活动，设立俱乐部，分发牛奶和校园午餐；卫生部进行环境卫生的检测、疾病预防，运营妇幼诊所和开展卫生教学工作；内政部主要监督各个地方政府配合过渡营建设和运营的情况，特别是对地方政府的财务情况进

---

① Gabriel Lipshitz, *Country on the Move: Migration to and within Israel 1948 – 1995*, p. 45.
② Dvora Hacohen, Translated from the Hebrew by Gila Brand, *Immigrants in Turmoil: Mass Immigration to Israel and Its Repercussions in the 1950s and After*, p. 153.

行监督。此外，邮政部、交通部和工贸部也提供相应的服务来协助移民安置。[①] 各地方政府也在照明、下水道设施保障和道路建设等方面提供服务，协助过渡营运营。

到 1951 年底，移民安置部共将 2 万名移民临时安置在过渡营。每个过渡营中安置 300 个家庭。[②] 由于过渡营中的居民很多来自移民营，因而到 1951 年 3 月，移民营中的移民数量已经下降到了不足 5 万人。[③] 随着新移民数量急剧增加，为了加快将移民转入过渡营的步伐，劳工部设立了新的接待处，新的移民直接被送往过渡营，而后被分散送往全国各地区进行安置。过渡营原本是作为临时的安置场所，但事实上很多移民在这里居住长达数年，直到附近的安置住房建成后才离开。同时，过渡营的运营也面临许多问题：人口数量众多，建筑物庞杂，空间狭小，基本补给分发不稳定。[④] 营地中的一些儿童甚至出现了营养不良的问题，为此，犹太代办处建立了儿童看护中心，专门给儿童发放食物。在洪水降临或寒潮来袭时，移民居住环境恶化，国防军及时实施了过渡营行动（Operation Ma'abara），帮助过渡营度过困难期。

第一次过渡营行动于 1950 年 11 月 17 日正式开始，主要的工作在抢修基础设施、疾病预防、儿童看护中心建设等方面，具体是通过维修道路、修建排水系统、修缮帐篷和房屋、梳理通道、改善供水、提供紧急粮食储备等措施保障营地移民安稳过冬。为了保护好过渡营的儿童，以色列国防军为他们建立了特殊的营地，一个营地可以容纳 1000 名儿童及青少年。其中最大的营地建在空军基地特尔诺夫（Tel-Nof）附近，一些小的营地在耶路撒冷和其他地区。另外以色列国防军也会给移民分发一些过冬的衣物。过渡营行动在 1951 年 4 月 1 日结束。但是，基于过渡营运营困难，犹太代办处请求国防军继续帮助。因此，第二次过渡营行动随之展开。这次国防军重点选择了 24 个过渡营作为帮扶对象，这些营地一般面临水源供给困

① Dvora Hacohen, Translated from the Hebrew by Gila Brand, *Immigrants in Turmoil: Mass Immigration to Israel and Its Repercussions in the 1950s and After*, pp. 190 – 191.

② Isenstadt Sandy, Rizvi Kishwar, *Modernism and the Middle East: Architecture and Politics in the Twentieth Century*, p. 144.

③ Dvora Hacohen, Translated from the Hebrew by Gila Brand, *Immigrants in Turmoil: Mass Immigration to Israel and Its Repercussions in the 1950s and After*, p. 152.

④ Dvora Hacohen, Translated from the Hebrew by Gila Brand, *Immigrants in Turmoil: Mass Immigration to Israel and Its Repercussions in the 1950s and After*, p. 158.

难、环境设施差、医疗中心和儿童看护中心建设滞后、社区生活混乱等问题。这次行动从 1951 年 11 月 10 日开始到 1952 年 3 月 31 日结束，主要有三大任务：（1）教育营地居民坚信国家主义和犹太复国主义；（2）提升移民道德水平，在营地中建立组织和规范；（3）帮助营地居民顺利过冬。[①]为此，在修缮各种设施、帮助受灾移民的基础上，国防军还组织每天出版希伯来语报纸，为成年人开办希伯来语培训班，组织观看电影，组织公民演讲，开设关于动植物区系、犹太历史和时政等课程。其中的重点之一是组织 1200 多名适龄儿童入学接受教育，建立医疗中心，并组织专门为儿童进行癣病等疾病治疗的救助行动。过渡营行动中，国防军的细致工作为移民带去了温暖。而事实上在这次行动中受益的不仅仅是这 24 个营地的居民，还有安置办管理下 8 个移民定居点的 1.5 万个家庭。[②]

　　1951 年移民开始离开过渡营，有的是自发离开，有的在犹太代办处安排下离开。最先离开的主要是年轻人和有专业技术的移民，他们更容易在城市中找到工作。1954 年，一次对过渡营的调查显示，当时仍留在移民营的往往是大家庭的成员和老年人，35 岁以下的人仅仅占 27%，儿童占 14%。仍留在营地中的移民大部分从事临时性的工作，其中 6% 的移民从事售货员和小商贩的工作，而多达 30% 的移民没有工作，靠政府救济。[③]到 1951 年底，仍然有 22 万名左右的移民滞留在移民营和过渡营中，其中 61500 个家庭仍然在帐篷中度日。[④] 1952 年底，政府开始有计划地关闭过渡营，将转出的移民安置在农业发达的农村地区、新兴城镇和大城市中。犹太代办处还提出了一个准则：将 35 岁以下的移民尽可能多地安置在农业地区，而将老人安置在新兴城镇和大城市。到 1952 年 12 月，仍有 206015 名移民居住在分散各地的 121 个过渡营中（见表 4-9）。之后，随着新兴城镇的建成投用，过渡营中移民离开步伐加快。1953 年初滞留在过渡营的移民减少到 15.7 万人，到 1954 年底只剩下 8.8 万人。[⑤] 1954 年政府开始

① Dvora Hacohen, Translated from the Hebrew by Gila Brand, *Immigrants in Turmoil: Mass Immigration to Israel and Its Repercussions in the 1950s and After*, p. 215.

② Dvora Hacohen, Translated from the Hebrew by Gila Brand, *Immigrants in Turmoil: Mass Immigration to Israel and Its Repercussions in the 1950s and After*, p. 215.

③ "Order for Operation Ma'abara," IDF Office, Nov. 27, 1950.

④ Anita Shapira, *Israel: A History*, p. 226.

⑤ Gabriel Lipshitz, *Country on the Move: Migration to and within Israel 1948 - 1995*, p. 47.

当代以色列：多元表达与社会张力

对新到来的移民直接进行永久安置，但是过渡营仍然存在，营内移民逐年减少，直到 1963 年仍有 15300 人。[①] 整个 20 世纪 50 年代，营地临时安置成为以色列移民安置的突出特点。

表 4-9　1952 年 12 月过渡营分布与人口数量

区　　域	营地数量（个）	营内人口数量（人）	人口占比（%）
东上加利利	3	4374	2.1
东下加利利	7	7401	3.6
约旦河谷地	15	13517	6.6
西上加利利	2	4381	2.1
海法大区	15	29119	14.1
凯撒利亚	9	11144	5.4
中沙龙	10	16028	7.8
南沙龙	9	22843	11.1
特拉维夫大区	19	40518	24.0
里达地区	19	24057	11.7
耶路撒冷大区	4	15465	7.5
沿海平原南部	5	5950	2.9
内盖夫	4	2218	1.1
共　　计	121	206015	100.0

资料来源：The Inter-Ministerial Committee for the Study of Condition of the Ma'abarot, 1954, p. 8。转引自 Aharon Kellerman, *Society and Settlement: Jewish Land of Israel in the Twentieth Century*, Albany: State University of New York Press, 1993, p. 71。

3. 营地过渡后的城乡安置

营地安置仅仅是应对大规模移民的临时策略，最终移民还是要在农村地区和城镇地区永久安置。为了妥善安置从营地里出来的移民，新移民村、基布兹、莫沙夫和新兴城镇开始大规模兴建。

（1）农村地区安置

建立新的农村移民安置点一直都是移民安置的重要工作之一。早在

[①]　数据来自 http://www.jewishagency.org/society-and-politics/content/36566。

1948 年 6 月 23 日，以色列就组建了最高委员会（High Committee），讨论重新安置移民的问题。以色列建国之初，由于战争，移民大多居住在移民营和乡村定居点。1948 年和 1949 年政府共建设了 25 个乡村定居点。随着战争的结束，政府的重点工作开始转向合作农庄和新移民村的建设。① 1949 年初新移民的安置工作开始，重点还是组织新移民从事独立的定居安置活动。到 1949 年上半年，45 个被遗弃的村庄被用于新移民的安置，这些村庄里原有的石头房子稍加整修后就成为移民的新住宅。此外，还有新建房屋，当时建造的房屋很小，仅 24 平方米，墙用空心水泥砖砌成，包括两间卧室以及供洗涤及充任厨房之用的角落，厕所则在院子里另设。② 这些农业安置点的移民平时的工作主要是平整土地、建造房屋以及到附近的莫沙夫和城镇打工。乡村定居点数量不断增加，到 1952 年又新建了 86 个。乡村定居点里的移民的流动性很大，一些移民会流向合作农庄和移民村，也会到城市寻求更好的发展机会。1948 年和 1949 年建设了许多合作农庄，包括基布兹 79 个、莫沙夫 72 个。另外，扩大原有农庄的规模也是接纳新移民的办法之一，1949 ~ 1951 年扩展的 44 个合作农庄，共安置了 1800 户移民。③ 在老庄园队伍的帮助下，新移民快速地融入了庄园生活。但是，吸纳移民最多的是新建的移民村，仅 1949 ~ 1950 年就新建移民村 65 个。随后又在加利利及耶路撒冷周边建立了 20 多个村庄。④

根据边境地区农业安置政策和最高委员会的要求，新移民村的建设步伐加快。从 1948 年以色列建国到 1952 年底，共新建了 276 个移民村，扩建了 44 个合作农庄，共安置约 7 万名移民，⑤ 这些村庄分布在全国各地，中部最多。根据 1959 年对其中 274 个移民村的统计中，中部地区占 32%，北部地区占 21%，山地地区占 24%，内盖夫地区占 12%，拉赫什地区占 11%（见图 4 - 1）。村庄规模很大，每个村庄由 60 ~ 120 个数量不等的家庭组成，村庄设施齐全，有中心商店、会堂、医务室、幼儿园和娱乐设施等。初级学校一般建在中心村落地区，一些偏远的中心村落还设有诊所和

---

① 合作农庄主要包括莫沙夫和基布兹。
② Yael Allweil, "Israel Housing and Nation Building: Establishment of the State-Citizen Contract 1948 – 1953, "*Traditional Dwellings and Settlements Review*, Vol. 23, No. 2（2012）, p. 55.
③ 〔以〕哈伊姆·格瓦蒂：《以色列移民与百年开发史：1880 ~ 1980 年》，何大明译，第 322 页。
④ 〔以〕哈伊姆·格瓦蒂：《以色列移民与百年开发史：1880 ~ 1980 年》，何大明译，第 312 页。
⑤ 〔以〕哈伊姆·格瓦蒂：《以色列移民与百年开发史：1880 ~ 1980 年》，何大明译，第 322 页。

拖拉机站。[1] 1948～1953 年是农业安置的第一个阶段，从 1954 年开始进入新的阶段，新移民到来后可以马上在新建村庄里安置。从以色列建国到1953 年底五年半的时间里，农村地区新建了乡村定居点 124 个、191 个莫沙夫和 103 个基布兹，安置移民超过 2 万个家庭（见表 4－10）。而其中莫沙夫吸纳移民的作用突出，1948～1954 年莫沙夫人口增加了近 3 倍，从30100 人增加到 112500 人。[2] 1949～1958 年共新建莫沙夫 251 个，安置了1135 个家庭的移民。[3] 这些移民能够迅速投入生产，使得在农村地区安置移民成为最具可持续性的安置方式。整个 20 世纪 50 年代，农村地区安置是移民安置快速推进的关键所在。

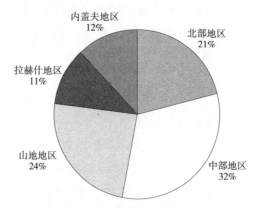

图 4－1　1959 年移民村区域分布情况

资料来源：Statistical Department of the Jewish Agency, "Settlements Directed by the Settlement Department, "(in Hebrew), mimeo. (April 1959), p. 2。转引自 Alex Weingrod, "Administered Communities: Some Characteristics of New Immigrant Villages in Israel, "*Economic Development and Cultural Change*, Vol. 11, No. 1(1962), p. 71。

表 4－10　1948～1954 年农业安置点建设情况

单位：个

类　　型	城镇定居点	莫沙夫	基布兹	乡村定居点	共　　计
建国前	42	117	149	27	335

① Alex Weingrod, "Administered Communities: Some Characteristics of New Immigrant Villages in Israel, "*Economic Development and Cultural Change*, Vol. 11, No. 1(1962), p. 71.

② Calvin Gold Scheider, *Israel's Changing Society: Population, Ethnicity, and Development*, p. 119.

③ Klayman Maxwell, *The Moshav in Israel: A Case Study of Institution-Building for Agriculture Development*, New York: Praeger Publisher, 1970, p. 18.

类　　型	城镇定居点	莫沙夫	基布兹	乡村定居点	共　　计
1948	—	8	28	13	49
1949	—	63	51	12	126
1950	—	63	9	47	119
1951	—	11	8	32	51
1952	—	20	3	7	30
1953	—	26	4	—	30
1954	—	2	1	1	4
新建共计	1	193	104	125	423
共　　计	43	310	253	152	758

注：其中有 1 个城镇定居点和 13 个乡村定居点不在登记之列。

资料来源：Marion Clawson, "Israel Agriculture in Recent Years," *Agricultural History*, Vol. 29, No. 2 (1955)。

（2）城镇地区安置

尽管农村地区在移民安置中发挥了巨大作用，但是城镇地区安置同样重要，且随着城市化的发展，重要性愈加凸显。大城市特拉维夫、海法、雅法和耶路撒冷以及沿海地区其他城镇是移民安置的重要区域，大部分的移民营和过渡营也位于这些区域。随着营地临时安置的结束，移民开始在城镇新建住房中进行安置，因而几大主要城市不断向郊区延伸，城市规模不断扩大，人口快速增长。如特拉维夫 1948 年人口猛增至 24.8 万人，是当时以色列唯一的人口超过 10 万人的城市。[①]

为了解决住房问题，犹太代办处、以色列政府与一些建筑公司合作推进住房建设工作。移民住房问题最初由移民安置部的住建处负责，直到 1948 年 9 月，国家住建部（National Housing Department）设立，全权负责解决移民住房问题，并专门成立了委员会，负责住房建设中的监督和检测工作，包括建筑材料、运输、建筑技术、建筑设备和工人的雇佣等方面。为了与以色列气候相适应、避免预算超支，住建部专门请来了一批专家，

① Central Bureau of Statistics, "Latest Population Figures for Israel," *Washington Jewish Week*, January 3, 2008.

对全国各地 150 处的规划住房地点进行相关考察和测试，以寻求最佳的设计和建设方案。

住房建设在 20 世纪 50 年代出现第一个高潮，从以色列建国到 1953 年，全国共建设了 15 万套住房，其中 10 万套为永久建筑，5 万套为临时建筑。[1] 为此以色列政府和各犹太机构投入了大量资金，从 1949 年底到 1953 年 3 月，分三次追加预算，仅第一阶段就高达 6450 万以磅。[2] 第一阶段移民主要在海法、雅法、耶路撒冷等大城市及其周边被遗弃的建筑中安置，新建设的住房并不多。由于城市中已有相对完备的基础设施，为了移民就近工作，节约时间和最大限度地缩减成本，规划决定围绕城市中心地区建设 1.6 万套住房。为了完成住房建设任务，1948 年阿米达公司成立，它持有启动资金 500 万以磅，由政府、犹太代办处、犹太民族基金和一些建筑公司共同出资组建，该公司由股东各方代表组成的五人董事会管理。其中，犹太代办处占股 50%、犹太民族基金占股 20%、以色列政府占股 20%，五家建筑公司则占股 10%。[3] 为了引进合伙人的投资，该公司在国际市场上发行了 50 万以磅的债券。阿米达是以色列最大的建筑公司，公司成立后提出了大规模建设低成本住房的计划。尽管阿米达公司尽了最大的努力，但仍无法满足移民的住房需求。到 1949 年，有 25 万名移民急需住房。为此政府规划了住房项目，由劳工部住房处负责，1949 年 5 月，劳工部部长宣布到年底将建设 3.1 万套住房，其中 15587 套分布于城镇之中，其余的分布在农村地区的莫沙夫、基布兹、合作农庄和村庄之中。[4] 城镇中的住房将分为 8 个社区，每个社区有 2250 套住房，这些社区在建设完成一周内可开始接纳移民入住。更多的工程建设则由即将入住的居民来参与完成，这也是安置中解决住房和就业的重要方式之一。1949 年 11 月，阿米达各方股东召开会议，开始规划 1950 年的住房建设计划，这一阶段的重点主要是新兴城镇的新建住房。伴随着人口不断向新兴城镇集中，一栋栋建筑拔地而起。

阿米达公司在住房建设方面做了很多工作，但并未达到预期效果。它

---

[1]　H. Barkai, *The Beginning of the Israeli Economic*, Jerusalem: Bialik Institute, 1990, p. 35.

[2]　S. Ilan Troen and Noah Lucas, *Israel: The First Decade of Independence*, p. 473.

[3]　S. Ilan Troen and Noah Lucas, *Israel: The First Decade of Independence*, p. 471.

[4]　S. Ilan Troen and Noah Lucas, *Israel: The First Decade of Independence*, p. 472.

的影响更多的是作为国家建设的先驱者，在沿海地区和城市已有的移民安
置点周边开展低成本的住房建设项目。1949 年底，由于合作破裂，阿米达
公司只剩下政府和犹太代办处两大股东。从 1953 年 1 月开始，阿米达公司
变成了政府和犹太代办处所开发建设住房的所有者和管理者。因政府持股
增至 75%，犹太代办处增至 25%，这家公司成了国有公司。[1] 公司的国有
化推动了住房建设进度，完成了大量住房建设。之后相当长的时期，住房都
在有序建设。虽然住房建设没有完成预期的目标，但是 1949 年 1 月 1 日至
1953 年 3 月 31 日，以色列住房建设还是取得了一定的成绩（见表 4 - 11），
基本满足了移民安置需求。与此同时，政府也做出调整，开始把建设重点放
在新兴城镇。

表 4 - 11　1949 年 1 月 1 日至 1953 年 3 月 31 日以色列住房建设情况

单位：套

地　　区	阿米达公司		劳工部住房处		其他住建公司		共计
	城镇	乡村	城镇	乡村	城镇	乡村	
北　　部	2494	—	5863	3636	1926	—	13919
中　　部	10647	—	7697	5775	16820	—	40939
耶路撒冷	—	—	1574	2190	214	—	3978
南　　部	—	—	4369	4795	1163	—	10327
其　　他	—	1000	—	2025	—	—	3025
共　　计	13141	1000	19503	18421	20123	—	72188

注：中部地区指从海法到盖代拉（Gedera）；住建公司由国家提供财政支持。

资料来源：S. Ilan Troen and Noah Lucas, *Israel: The First Decade of Independence*, p. 474。

由于农村地区的移民安置点已经趋于饱和，而大城市也是拥挤不堪，
规划发展新的城镇便提上了日程。这是进一步安置移民，促进经济发展，
落实人口分散政策的需要。这些新的城镇主要分散在移民点所在区域。大
部分的新兴城镇位于北方和南方地区，也有一些位于中部地区。一些城镇
的选址也考虑其地理位置、历史沿革以及自然资源等因素。1950 年，新兴
城镇数量增加到 1948 年的 4 倍，从 4 个发展到 16 个，到 1955 年又有 10
个新的城镇发展起来。[2] 新兴城镇的人口也迅速增长，1948 年只有 11300

---

[1]　S. Ilan Troen and Noah Lucas, *Israel: The First Decade of Independence*, p. 475.

[2]　Calvin Goldscheider, *Israel's Changing Society: Population, Ethnicity, and Development*, p. 120.

当代以色列：多元表达与社会张力

人，占总人口 1.5%，到 1950 年人口数增长近 7 倍，达 85400 人，占总人口的 7.1%；1955 年，人口又翻了一番还多，达到 180600 人，占总人口 11.4%。[1] 1952~1957 年，以色列新建 10 座城镇，安置犹太移民 254095 人，约占全国犹太人口的 14.1%。[2]

　　总之，以色列移民安置的过程也是城乡发展的过程，20 世纪 50 年代乡村安置作用巨大，之后城镇安置开始起关键作用。移民安置取得初步胜利，仅少数移民死亡或移民海外。[3] 在建国初期在移民营和过渡营安置的 50 多万名移民中，超过 45% 的移民在农村地区安置，超过 46% 的移民在城市地区安置。[4] 1948 年 5 月 1 日至 1954 年 8 月 1 日，有 123669 人在被遗弃的社区与村庄安置，165378 人在城市和乡村住房安置，133627 人投奔亲属或自己安排，68505 人在莫沙夫安置，29781 人在基布兹安置，21622 人在青年阿利亚安置（见表 4－12）。

表 4－12　1948 年 5 月 1 日至 1954 年 8 月 1 日以色列移民安置情况

单位：人

	1948 年 5 月 15 日~1950 年 5 月 15 日	1950 年 5 月 15 日~1952 年 5 月 15 日	1952 年 5 月 15 日~1954 年 8 月 1 日	共计
移民数量	393197	304457	30057	727711
在被遗弃的社区与村庄安置	123669			123669
在城市和乡村住房安置	53000	54160	58218	165378
投奔亲属或自己安置	36497	57165	26467	133627
在莫沙夫安置	35700	22825	9980	68505
在基布兹安置	16000	10474	3307	29781
在青年阿利亚安置	6000	13209	2413	21622
其他方式安置	10316	13080	4390	27786
在移民营和过渡营安置	109757	245559	170747	526063

　　资料来源：Publications and Statistics Department of the Jewish Agency。转引自 Dvora Hacohen, Translated from the Hebrew by Gila Brand, *Immigrants in Turmoil: Mass Immigration to Israel and Its Repercussions in the 1950s and After*, p. 270。

---

[1]　Calvin Goldscheider, *Israel's Changing Society: Population, Ethnicity, and Development*, p. 121.

[2]　Aharon Kellerman, *Society and Settlement: Jewish Land of Israel in the Twentieth Century*, Albany: State University New York Press, 1993, p. 75.

[3]　根据以色列政府公布的信息，在这一时期有 849 名移民死亡，1048 名移民移居海外。

[4]　Zena Harman, "The Assimilation of Immigrants into Israel," *Middle East Journal*, Vol. 5, No. 3 (1951), p. 311.

4. 移民教育与就业帮扶

移民能够在以色列长久的安置下来，不仅仅是有房屋可居住，还需要教育和就业方面的保障。为此，新移民到来后，以色列政府首先对移民进行希伯来语教育，使他们克服语言沟通障碍，然后加强对移民的技能培训，帮助移民就业。

安置工作开展的最重要前提是克服语言沟通障碍。在建国前的"阿利亚"浪潮中已经有希伯来语教学的项目，但是规模很小。建国后移民数量激增，开展大规模语言教育势在必行。语言教学的目的明确，既使新移民能够尽快地融入就业市场，也使他们真正以以色列新公民的身份融入新社会。为语言教学建立的培训学校叫乌尔潘（Ulpan），它是专门教授成年人希伯来语的学校，1949 年开始投入运转。乌尔潘由犹太代办处移民安置部和教育文化部合作创办，两个部门分工明确，移民安置部负责基本设施的建设和日常管理，教育文化部负责课程设置、师资安排和教学监督。乌尔潘的学生只要交少量的学费和生活费即可进校学习。一般每个乌尔潘有 8 到 12 个班不等，由于移民众多且希伯来语水平参差不齐，班级通常按照语言水平高低划分，每个班一般不超过 25 名学生。[①] 乌尔潘学校的开办成本很低，遍布全国的乡村和城镇，且数量不断增多，形成了五种不同类型：寄宿制乌尔潘（Residential Ulpan）、全日制乌尔潘（Daily Ulpan）、基布兹乌尔潘（Kibbutz Ulpan）、青年乌尔潘（Youth Ulpan）、暑期乌尔潘（Summer Ulpan）。这些学校提供的只是短期培训，一般为 6 个月，不同类型的学校有不同的课程时间安排。这为移民提供了时间灵活的教学服务。

移民安置中提供语言教学的还有中转学校（Transitional Schools）。中转学校是建在营地中的世俗学校，主要是初级学校。1948 年底时移民营中有移民 2.5 万人，对儿童进行教育的组织规模还比较小。到 1949 年，随着移民人数的不断增多，中转学校开始提供统一的世俗教学。1949 年 3 月以色列教育文化部成立后也开始把大量精力投放在语言教学上。教育文化部精心挑选老师在移民营中进行语言教学工作，传播以色列价值观。此外，马帕伊中央委员会与教育文化部合作，专门培训了一批年轻的教育精英从

---

① Shlomo Haramati, "Teaching Hebrew to Immigrants in Israel," *The Modern Language Journal*, Vol. 50, No. 8(1966), p. 527.

事移民营中的教育工作。起初，由于没有统一的规范程序和标准，移民营中的老师只能根据自己的经验进行教学。1949 年底，教育文化部为了使中转学校的教学统一化，出台了监管条例——《教学指南》（*Headings for a Study Program*）。《教学指南》的基本宗旨是在精神上安置移民。因此，语言教学的核心便是爱国主义教育，使移民更快更好地适应新的环境，融入以色列国家。《教学指南》中规定了教学科目，希伯来语和犹太民族历史是必修课；还要学习算数、地理、园艺和手工艺，进行体能训练，也会有许多的徒步远足和旅行活动，有助于移民学习犹太复国主义先驱艰苦奋斗的精神。[①] 在少数移民营中也开设宗教课堂，也门犹太移民所在的移民营，宗教教育成为他们重要的教育内容。虽然中转学校仅仅存在于营地临时安置移民的几年时间里，但是在保障移民受教育方面做出了巨大贡献，也表明了政府为移民提供良好教育服务的决心。

建国后，以色列政府更是加大了对教育的投入，以满足移民对教育资源的需求。1949～1950 财年以色列教育投入占全年财政支出的比重为 5.6%，1953～1954 财年增加到 8%。[②] 随着投入的增加，新建学校数量也随之激增，主要是初级学校，新建 990 所，在校学生由 1948～1949 学年的 71542 人增加到 1952～1953 学年的 21.5 万多人。中级学校也随之增加，从 1948 年的 37 所增加到 1953 年的 76 所，在校学生较建国时也增加了一倍多，由 6542 人增加到 1.5 万人。[③] 对于在校学生，初级教育是免费的，即便是一贫如洗的新移民也能够接受初级教育。为了不使新移民们因为贫困而失去进一步学习深造的机会，教育部给优秀的初级学校毕业生提供了奖学金。而在一些有条件的地方，地方政府则提供各种措施减免学费，有的甚至直接免费，以保障中级学校学生顺利完成学业。

政府还注重在宗教教育和职业教育等方面为移民提供多元化的教育服务。传统犹太学校对移民开放，到 1953 年全国 127 所耶希瓦中共有学生 5567 人。建国初，有 17 所职业学校为约 5000 名学生提供金属加工、汽车

---

① Zvi Zameret, *The Melting Pot in Israel: The Commission of Inquiry Concerning Education in the Immigrant Camps during the Early Years of the State*, pp. 69 – 70.

② Theodore Huebener, "Education in Israel," *The Modern Language Journal*, Vol. 37, No. 8(1953), p. 389.

③ Tali Tadmor-Shimony, "Immigrant and Veteran Teachers of the 1948 Generation: As Socialization Agents of the New State," *Israel Studies*, Vol. 16, No. 3(2011), p. 103.

维修、木制品加工、农机、电力、钟表维修、缝纫、纺织、家庭手工和航海等方面的技能教育。[1] 为了推进农业定居点发展，加快安置移民，以色列政府新建立了许多农业学校，到 1953 年底农业学校多达 39 所，在校学生 6000 余人。[2] 而在这之前只有一所农业学校。[3] 教育部还创办夜校为年轻工人提供教育服务，到 1953 年底有 1.5 万人在全国约 250 所夜校接受教育。[4] 教育部还建立了特殊学校，为那些身体和心理上有问题的移民提供教育。约有 4000 名学生在 70 所特殊学校中学习，或者说是接受照顾。另外，特别重要的是共有 25 所教师培训学校，用于培养初级和中级教师。1949 ~ 1953 年，教师数量由 4980 人增加到 1.5 万多人，增加了两倍多。[5] 快速增加的各类学校和师资为移民安置在教育方面提供了充分保障。

就业是移民到达以色列后面临的又一重要问题。20 世纪 50 年代移民就业问题尤为突出，特别是在过渡营中，大量移民需要就业。1948 年到达的移民可以轻松地找到工作，移民到来的前几个月，往往在附近的农场里从事采摘等季节性工作，但采摘季节过后也就意味着就业期结束。从 1949 年冬开始，随着移民的不断涌入，移民就业开始面临严峻挑战。此外，在建国之初有 4 万名士兵退伍，需要大量的工作岗位，为此，国防部要求就业局（Employment Bureaus）优先给退伍士兵安排就业。[6] 这使得可供移民选择的就业岗位变得更少。由于移民就业困难重重，以色列政府和移民自身都在想方设法解决就业问题。这个时期移民就业的渠道主要有三个：一是在农业生产中就业；二是在工业生产中就业；三是通过政府兴建的公共工程就业。除了这三大就业渠道外，政府还对劳动能力有限的移民进行了救济式的就业帮扶。另外还有许多移民在服务业领域自谋职业。

[1] Theodore Huebener, "Education in Israel," *The Modern Language Journal*, Vol. 37, No. 8(1953), p. 390.
[2] Theodore Huebener, "Education in Israel," *The Modern Language Journal*, Vol. 37, No. 8(1953), p. 390.
[3] 米克维－以色列农业学校，犹太人在巴勒斯坦地区的第一所农业学校，1868 年世界犹太联盟代表查尔斯·内特对巴勒斯坦筹备农业开发，之后从 1870 年到 1872 年，购买了 6400 英亩土地开办了该学校。
[4] Paula M. Short, "Defining Teacher Empowerment," *Education*, No. 4(1994), p. 144.
[5] Theodore Huebener, "Education in Israel," *The Modern Language Journal*, Vol. 37, No. 8(1953), p. 391.
[6] Dvora Hacohen, Translated from the Hebrew by Gila Brand, *Immigrants in Turmoil: Mass Immigration to Israel and Its Repercussions in the 1950s and After*, p. 134.

以色列政府制定的四年计划中包括为移民提供技能培训。专门为青年人建立职业学校，为成年人建立培训机构。这些举措除了得到教育文化部的支持外，还得到了工商部、劳工联盟（General Federation of Labor）、地方政府和一些公共团体的支持。注重对移民的培训是以色列移民安置就业的一大特点，到1950年，48.6%的移民接受培训后在各行各业实现就业（见表4-13）。

表4-13　1948~1950年以色列移民就业行业分布

单位：%

行　业	人数占比	行　业	人数占比
农、林、渔业	0.8	普通专业	2.1
皮革业	0.6	宗教	0.1
纺织业	0.8	法律	0.1
木匠业	1.1	医学	1.0
金匠业	1.1	教育	0.3
化学产业	0.1	工程	0.3
食品、烟草行业	1.0	艺术	0.2
服装业	3.8	其他普通专业	0.1
建筑业	2.0	服务人员	0.2
出版业	0.6	不固定的行业	1.3
交通运输业	1.0	学生（16岁及以上）	1.4
金融业	2.0	儿童（15岁及以下）	26.8
政府部门	1.9	未接受培训	51.4

注：48.6%的移民接受培训后就业。

资料来源：Zena Harman, "The Assimilation of Immigrants into Israel," *Middle East Journal*, Vol. 5, No. 3(1951), p. 309。

移民就业也是移民安置的重要过程之一，大量移民被安置在农村地区，其中许多人成了农民。超过45%的移民最初是在农村地区就业。① 基布兹、莫沙夫一些合作社都是移民安置、就业的场所。以色列的农业地区

① Zena Harman, "The Assimilation of Immigrants into Israel," *Middle East Journal*, Vol. 5, No. 3 (1951), p. 314.

水源缺乏、农业开发基础薄弱，因此需要投入大量的劳动力，这能够很好地吸纳移民就业。而在工业领域，建筑业和轻工业是吸纳移民就业最多的部门。从建国开始，安置移民的住房建设就不曾中断。无论是临时住房的建设，还是永久住房的建设，都吸纳了大量劳动力。轻工业方面，主要是食品加工业、纺织业和皮革、烟草、日化等日用品相关的行业。为了更多地吸纳非技术移民就业，政府专门加大了对纺织业的投入，兴建了一大批纺织厂。但是仅仅在农业和工业领域增加就业机会仍无法满足移民的就业需求。为了拓宽移民就业渠道，政府开始大举投资和赞助公共工程，为移民提供更多的就业岗位。这些公共工程主要是国家基础设施建设，提供的工作岗位基本上是与建筑和农业相关的，包括铺路、挖隧道、植树造林、平整土地、兴修水利等，尤其是"国家引水渠"工程规模宏大，仅辅助工程就有 24 座水库和蓄水池、4000 个水泵站，历时长达 14 年，成为吸纳移民就业的重要渠道。① 此外，在服务业领域，也有相当多的移民自谋职业。旅游服务和商贸活动是移民的首选。对于那些因健康问题而很难寻求工作机会的移民而言，政府建设了 1500 个报亭、600 个杂货店供其经营。② 总之，这个时期的移民就业状况良好，大多数移民能获得就业机会。

（二）20 世纪 60～80 年代的城乡永久安置

从 20 世纪 60 年代开始，移民数量减少，移民到达后主要在城镇里安置。城镇安置移民成为主要的安置方式，以色列城市化快速发展，移民村的建设步伐明显放慢。1958～1967 年仅新建了 19 个移民村，主要在加利利、北部边境和约旦河谷地区。③ 由于移民的文化背景不同，新建村庄一般按照移民的来源地对其进行集中安置。到 60 年代初，由不同族裔组建的移民村数量达到了 274 个，其中伊朗裔犹太人村庄 17 个，伊拉克裔犹太人村庄 25 个，也门裔犹太人村庄 32 个，摩洛哥裔犹太人村庄 57 个，坦桑尼亚裔犹太人村庄 15 个，特里波利裔犹太人村庄 13 个，波兰裔犹太人村庄 14 个，匈牙利裔犹太人村庄 22 个，罗马尼亚裔犹太人村庄 31 个，还有 48

---

① Dvora Hacohen, Translated from the Hebrew by Gila Brand, *Immigrants in Turmoil: Mass Immigration to Israel and Its Repercussions in the 1950s and After*, p. 158.

② 张倩红：《以色列经济振兴之路》，河南大学出版社，2000，第 148 页。

③ 〔以〕哈伊姆·格瓦蒂：《以色列移民与百年开发史：1880～1980 年》，何大明译，第 405 页。

个其他族裔犹太人村庄（见图4-2）。这些移民村一方面安置新移民，另一方面进行农业开发，发展农业生产，为国家提供农产品。① "六日战争"后，随着可控土地面积的扩大，1967~1977年以色列共新建了113个移民村，其中"绿线"以内39个，包括15个在加利利地区，10个在阿拉伯谷地，5个在艾什科尔地区，另外9个在其他地区；"绿线"之外74个。② 这些移民村主要用于新移民的安置。

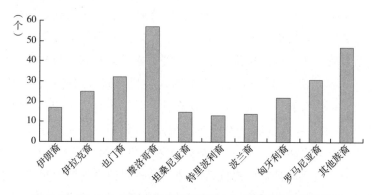

图4-2　20世纪60年代初不同族裔犹太人组建的移民村数量

注：特里波利（Tripoli），黎巴嫩古城和商业港口，北黎巴嫩首府，这里指黎嫩地区。

资料来源：J. Goren, The Villages of the New Immigration in Israel, Their Organization and Management(in Hebrew) (Tel-Aviv: Ministry of Agriculture, 1960)。转引自 Alex Weingrod, "Administered Communities: Some Characteristics of New Immigrant Villages in Israel," *Economic Development and Cultural Change*, Vol. 11, No. 1(1962) , p. 73。

　　这一时期新建莫沙夫和基布兹的速度也逐步放缓，1961~1983年只新建了39个基布兹、82个莫沙夫。但是，随着部分移民选择在莫沙夫和基布兹安置，这里的人口数量快速增加。1961~1983年，基布兹人口增加了37800人，莫沙夫增加了25700人（见表4-14）。这些莫沙夫的建立既安置了大量移民，又开发了农村土地、促进了粮食生产。农业的生产发展为整个移民安置工作奠定了物质基础，为后续移民的城镇地区永久安置和城市化做了准备。

---

①　Gabriel Lipshitz, *Country on the Move: Migration to and within Israel* 1948 – 1995, p. 50.

②　〔以〕哈伊姆·格瓦蒂：《以色列移民与百年开发史：1880~1980年》，何大明译，第419页。

表 4 – 14 1948 ~ 1998 年以色列的基布兹、莫沙夫及其人口情况

年份	基布兹			莫沙夫		
	数量（个）	人口数（人）	人口占比（%）	数量（个）	人口数（人）	人口占比（%）
1948	177	54200	7.6	104	30100	4.2
1961	228	77000	4.0	366	124200	6.4
1972	233	89500	3.3	386	130400	4.8
1983	267	114800	3.4	448	149900	4.5
1991	270	129300	3.1	456	168500	4.0
1998	267	115500	2.6	454	194600	4.3

资料来源："Statistical Abstract of Israel,"various years, data for 1948 are from Bachi 1977, p. 43。转引自 Calvin Gold Scheider, *Israel's Changing Society: Population, Ethnicity, and Development*, p. 115。

在城镇地区，住房建设与新兴城镇建设、定居点建设密切配合，稳步推进。这一时期的移民移居以色列大多出于宗教方面的考量，因此，往往会在耶路撒冷、犹大 – 撒玛利亚地区及周边定居。移民到来后住房能够充分保障，主要在新兴城镇中安置。20 世纪 60 年代初新兴城镇建设粗具规模，吸纳移民速度加快，人口数翻了一番，从 50 年代中期的约 22 万人，增加到 60 年代中期的约 46 万人。据统计，1961 年以色列新兴城镇人口占全国总人口的 10.8%，1967 年这一数字增加到 19.7%，到 1987 年这一数字依然高达 18.5%。[1] 在 1964 年，新兴城镇达到最多时的 34 个，其中贝尔谢巴、阿什凯隆、阿什杜德发展成为超过 10 万人口的大城市。[2] 70 年代，随着移民逐渐减少，大规模建设新城的步伐减缓。城镇化发展、城市合并使得城市数量减少，但是新兴城镇人口数仍在快速增加。到 1983 年，人口数最多时达到 76 万人，是建国之初的近 60 倍（见表 4 – 15）。这些新兴城镇特点突出：分散于全国欠发达地区、由政府有计划地建设而成、移民构成复杂、城镇规模较小。[3] 总之，新兴城镇建设加快了安置移民的步伐；实现了分散移民的目标，保证了区域人口平衡；推动了边境地区移民

---

[1] Aharon Kellerman, *Society and Settlement: Jewish Land of Israel in the Twentieth Century*, Albany: State University of New York Press, p. 75.

[2] Central Bureau of Statistics, "Latest Population Figures for Israel," *Washington Jewish Week*, January 3, 2008.

[3] Aharon Kellerman, *Society and Settlement: Jewish land of Israel in the Twentieth Century*, p. 73.

安置，保证了国土安全；缓解了海岸地区城市过度拥挤的状况，调节了城市体系；建设了新的中心城市，实现了城市分级发展。

表 4 – 15　1948 ~ 1987 年以色列新兴城镇及人口情况

年份	城镇数量（个）	人口数量（千人）	人口占比（%）	年份	城镇数量（个）	人口数量（千人）	人口占比（%）
1948	4	11.3	1.5	1954	24	162.1	10.6
1949	6	21.8	2.1	1955	26	180.6	11.4
1950	16	85.4	7.1	1956	30	218.2	13.1
1951	22	126.1	9.0	1957	32	254.1	14.4
1952	23	136.7	9.4	1958	32	273.0	15.1
1953	24	144.5	9.7	1959	32	289.5	15.6
1960	32	303.1	15.9	1974	29	516.3	17.9
1961	33	319.4	16.5	1975	29	597.6	17.9
1962	33	360.4	17.4	1976	29	615.0	17.9
1963	33	398.0	18.5	1977	29	625.7	17.9
1964	34	429.8	19.2	1978	29	641.0	18.0
1965	34	448.9	19.5	1979	29	670.1	18.3
1966	34	459.9	19.6	1980	29	692.9	18.4
1967	34	470.0	19.7	1981	29	703.8	18.5
1968	30	415.6	17.1	1982	29	626.9	18.6
1969	30	432.0	17.2	1983	29	760.0	17.8
1970	30	447.2	17.3	1984	29	637.8	18.4
1971	30	464.6	17.5	1985	29	646.0	18.4
1972	29	469.0	17.1	1986	29	664.3	18.7
1973	29	505.9	17.8	1987	29	668.2	18.5

资料来源：Israel Central Bureau of Statistics, http://www.cbs.gov.il/engindex.htm。

另外，定居点建设在这个时期掀起高潮，也成为安置移民的方式之一。早在 1967 年，加哈尔和约旦河谷的一些定居点就已经开始建设，之后，以色列政府又重点开发加沙地带。"阿隆计划"的提出使得定居点建设进一步加快，犹太移民定居点开始在耶路撒冷、加沙、戈兰高地和西奈半岛建立起来。为了有效贯彻这一政策，1970 年以色列政府与犹太代办处联合成立了安置开发委员会，由以色列·加利利（Israel Galilee）为首的 14 名部长和犹太复国主义组织执委会的 14 名委员组成。该委员会决定在"绿线"两侧城乡建立新移民点。1973 年后，以色列在约旦河西岸、加沙和戈兰高地建立了定居点。70年代中期以后，以色列政府优先开发犹地亚和撒马利亚地区以及戈兰高地等地区的城镇。截至1987年，以色列在约旦河西岸建立了106个定居点，在加沙地带建立了12个定居点。到1995年，约旦河西岸与加沙地带定居点的居民达到了13.35万人。①

从1967年开始建设定居点到1992年工党拉宾政府冻结犹太移民定居点建设为止，巴勒斯坦被占领土上的犹太移民定居点逐渐形成规模。在巴勒斯坦被占领土上建立的移民定居点主要有：戈兰高地定居点33个，其中战略位置重要的有17个，定居者约1.3万人；加沙地带4个，定居者约4000人；约旦河西岸128个，定居者约12万人。加上耶路撒冷周边地带，共有定居点144个，定居者约14万人。②

在移民的教育方面，仍然以语言教育为突破口，通过乌尔潘和吸收中心把希伯来语授予移民，之后根据他们的需求进行正常的世俗教育。到20世纪70年代末，仍有23000名移民在乌尔潘接受语言教育。③另外，1969～1975年，政府还建立了主要为来自西方，尤其是美国的受过良好教育的富裕犹太人提供教育的吸收中心。吸收中心与乌尔潘学校联合，对移民家庭提供长达一年的教育服务。在70年代后期，正值美国犹太人移民以色列的高潮期，共有近4000名新移民在25所吸收中心接受教育。④

在移民就业方面，政府在总结20世纪50年代安置移民经验的基础上不断进行制度创建，以促进移民就业。首先，通过出台法律规范就业市场，保障移民就业。先后有《劳动关系法》《职业培训法》《职业安全卫生法》《就业法》《失业保险法》《最低工资法》《青年就业法》《妇女就业法》《新移民就业法》等一系列劳动法律法规出台，从而构成了比较完善的劳动法律体系。其次，加大对移民职业技术培训的重视力度。政府通过与企业和私人三方合作开办职业培训学校，对移民提供岗前培训、转岗培训和高级培训等全方位服务，其费用则由政府完全或部分承担。同时建立

---

① Daniel J. Elazarand Morton Weinfeld, *Still Moving-Recent Jewish Migration in Comparative Perspective*, New Jersey: Transaction Publishers, 2000, p. 218.
② 宋德星：《以色列犹太移民定居点政策探析》，《西亚非洲》1998年第1期，第29页。
③ "Immigration to Israel: Ulpan and Merkaz Kilta," Jewish Virtual Library, https://www.jewishvirtuallibrary.org/ulpan-and-merkaz-klita。
④ "Immigration to Israel: Ulpan and Merkaz Kilta," Jewish Virtual Library, https://www.jewishvirtuallibrary.org/ulpan-and-merkaz-klita。

系统、高效、先进的就业服务体系。以色列劳工与社会事务部设有就业服务局，该局在全国各地区设有直属就业服务处，办事处下面又设有100多个就业服务站，通过这些站点将就业服务深入基层。最后，完善失业保险制度。1970年政府颁布《失业保险法》，依法保障失业人员的生活。失业保险制度不仅是为了保障失业人员的基本生活，确保社会的稳定，而且还着眼于促进失业者再就业。同时采取措施杜绝某些人依赖失业金的行为。在完善的就业政策指导下，移民就业逐渐向第二产业转移。食品加工业、纺织服装业、建筑业和军事工业是吸纳移民就业的重要阵地。1970年之后，以色列的食品加工企业和纺织服装企业围绕国际市场快速发展。优越的就业环境，既解决了移民就业问题，也进一步吸引了犹太人移民以色列。

（三）20世纪90年代的直接安置

20世纪90年代移民到以色列的主要是俄裔犹太人，还有一定数量的埃塞俄比亚犹太人。以色列政府采取了差异化的措施对这些移民进行安置，对埃塞俄比亚犹太人先进行救助、培训和教育，后进行安置，对俄裔犹太人则采取直接安置。

20世纪90年代到达以色列的埃塞俄比亚犹太人由于原来生活水平比较低，健康状况堪忧，以色列政府首先对他们实施了一系列人道主义救助措施。他们到达后，政府便对他们的家庭状况以及健康状况进行了普查。检查后发现，这些新移民普遍患有热带病（疟疾、结核病、体内存在大量寄生虫等）。鉴于此，以色列政府首先对其进行了大规模的医疗救治。针对受教育水平相当低的状况，政府专门为他们开设了职业课程，以帮助青年移民融入新环境。他们在课程中首先学到的是希伯来语、算术等这些基本技能，其次是一些机械化运用等实用性技术。在职业课程结束的时候，他们可以自己决定是继续进行职业深造还是直接工作。那些决定直接工作的移民会获得劳动局的帮助，而那些想要继续深造的移民则会被鼓励继续进行一些职业技能方面的培训。在接受培训后，大多数移民需要自行寻找住处。政府房管局的官员会提供一定的帮助，通常会在发达的城镇地区替他们寻找住处。一般情况下埃塞俄比亚犹太移民的住处相隔不会太远，这种安排一方面是为了形成一个互助的共同体，另一方面也可以形成一个种族聚集地，便于管理。当然，为了避免"隔都"的形成，埃塞俄比亚犹太移民之间又分布着其他犹太移民群体。

20 世纪 90 年代，以色列的城市化已经处于相当高的水平。这一时期的新移民到来后直接被安置在城市中。为此，针对俄裔犹太移民，以色列政府采取直接安置政策。每个移民家庭（一般为四口之家）将会得到 1 万多美元的安置费，又称"安置包"（absorption basket），用于维持一家至少一年的生计。这些费用可以被用在住房、就业、教育和消费等方面（见表 4 - 16）。第一年移民可以根据自己的意愿自由选择地方租房住，到了第二年，他们可以选择租房住、住在公共住房或购买住宅。根据政府的"移民分散"政策，这一时期移民的安置主要分布在中部地区、西部沿海地区和北部地区的城镇及周边，特别是耶路撒冷、贝尔谢巴等大中城市。

表 4 - 16   "安置包"预算安排

单位：美元

项 目	数额	项 目	数额
零用钱（Pocket Money）	175	生活津贴（Living Stipend）	348
旅店费（Hotel）	1500	语言学习费（Hebrew School, 5 months）	1733
租赁费（Rent）	3960	教育津贴（Education Stipend）	150
市政税费（Municipal Tax）	150	学校注册费（School Registration）	88
电、气、水费（Electricity, Gas, Water）	450	日托费（Day Care）	383
合作住房费（Coop Housing Fees）	300	往来希伯来语学校交通费（Travel to Hebrew School）	240
租赁代理费（Rental Agency Fees）	225	基本日用品补贴（Basic Household Supplies）	60
基本家具补贴（Basic Furnishings）	413	其他杂项（Miscellaneous）	800
			10675

资料来源：Efrat Elisha, "Geographical Distribution of the Soviet-Jewish New Immigrants in Israel," *Geo Journal*, Vol. 4, No. 24(1991), p. 357。

随着 20 世纪 90 年代移民潮的到来，安置住房开始紧张，住房建设高潮再起。以色列政府投入巨资，建造了大批公共住房，免费或以优惠价提供给定居者。1991 年，安置移民费用占国家预算开支的 13.4%。1990 年 4 月至 1991 年 9 月，政府为安置移民建造了 60798 套公共住房。大部分移民通过政府安置解决住房问题，也有移民自己购买住宅，但占比仅为14%。① 90 年代初，根据估算，前两年里需要 14.5 万套公寓安置移民，此后五年里需要 21.5 万套公寓，而当时的公寓供应能力仅为每年 2 万套。② 为了满足移民安置需求，以色列政府鼓励私人投资建设住房和提供公寓出租。这一时期新建公寓在中部和南部地区所占比重较大。1990 ~ 1994 年，政府在这两大区域共建设了超过 5 万套公寓，其中中部地区 1 万多套，南部地区 4 万多套。私人建设的公寓有近 4 万套，其中中部地区近 3 万套，南部地区约 1 万套。③ 加上其他地区建设的公寓和私人出租的公寓，这个阶段共有近 21 万套公寓为移民提供安置，基本满足了移民的住房需求（见表 4 - 17）。

表 4 - 17　1990 ~ 1994 年安置住房地区分布情况

年份	开发类型	数量（套）	占比（%）	耶路撒冷（%）	北部（%）	海法（%）	中部（%）	特拉维夫（%）	南部（%）	犹大 - 撒玛利亚（%）
1990	私人	16710	100.0	8.3	24.5	10.7	24.8	18.9	9.9	3.9
	公共	3250	100.0	15.1	4.9	11.4	22.2	5.2	20.3	20.9
	共计	19960	100.0	9.4	21.4	10.7	24.4	16.7	10.7	6.7
1991	私人	19630	100.0	6.3	21.1	9.8	29.3	16.9	11.1	5.5
	公共	23020	100.0	4.7	24.9	10.9	11.9	1.1	41.7	4.8
	共计	42650	100.0	5.4	23.2	10.4	19.9	8.4	27.6	5.1
1992	私人	21590	100.0	5.5	21.0	10.1	26.6	18.1	14.2	4.5
	公共	48530	100.0	5.7	19.9	6.8	11.5	1.5	42.5	12.1
	共计	70120	100.0	5.7	20.2	7.7	16.2	6.6	33.8	9.8
1993	私人	21580	100.0	6.1	22.0	11.1	29.6	17.7	8.8	4.7
	公共	21440	100.0	12.5	11.3	13.3	8.4	2.8	36.7	15.0
	共计	43020	100.0	9.2	16.9	12.2	19.0	10.3	22.6	9.8
1994	私人	24480	100.0	5.8	15.7	10.9	37.4	15.8	11.1	3.3
	公共	9450	100.0	16.0	10.7	16.4	22.6	3.5	21.5	9.3
	共计	33930	100.0	8.6	14.3	12.5	33.3	12.3	14.0	5.0

注：1994 年数据仅包括 1 ~ 9 月。

资料来源：Central Bureau of Statistics, Construction in Israel, 1990 - 1992, 1994。转引自 Gabriel Lipshitz, *Country on the Move: Migration to and within Israel 1948 - 1995*, p. 93。

① 何凤：《以色列的原苏联犹太移民概况》，《以色列动态》1992 年第 2 期，第 25 页。
② Gabriel Lipshitz, *Country on the Move: Migration to and within Israel 1948 - 1995*, p. 89.
③ Gabriel Lipshitz, *Country on the Move: Migration to and within Israel 1948 - 1995*, p. 92.

　　这个时期最值得关注的也是俄裔犹太移民的就业问题。由于这批移民数量庞大，直接冲击着就业市场，导致 1989～1992 年以色列失业率一度持续增长。之后，随着就业安置的推进才大幅下降，经济也随着移民需要的刺激开始复苏和发展。20 世纪 90 年代初的几年里每年约建设住房 6 万套，直接吸纳了大量移民就业。据 1993 年的统计数据，建筑业就业人数占全国就业总人数的 6.8%。另外，这批移民中有大量的科学家、工程师、医生等行业专家和技术工人之类的高素质人才，他们在就业市场上很有竞争力，所以他们很快在金属和机械加工业、塑料和橡胶工业、化学工业和电子信息、医疗技术、航空航天、生物工程、能源环保等高新技术领域实现了就业。统计显示，移民再就业市场占比很大，1990 年 39.0% 的移民在科学领域工作，25.4% 的移民在工业领域工作，1993 年则有 27.1% 的移民在科学领域工作，15.9% 的移民在工业领域工作（见表 4-18）。这些高素质的劳动大军有力地促进了以色列高新技术产业的发展。在服务业方面，大量吸纳移民就业的行业是交通运输业和旅游业。随着移民在全国各地的分散安置，公路、铁路基础建设不断完善，到 90 年代交通运输业吸纳了 6% 的劳动力。旅游业在 20 世纪 70 年代开始快速发展，到 90 年代已经成为国民经济中的重要组成部分，此时，已经有约 5 万名劳动力在该领域就业。

表 4-18　1990～1993 年移民就业行业占比情况

单位：%

年份	1990	1991	1992	1993	1990～1993
科学专家	39.0	35.5	32.6	27.1	35.3
医　　生	6.2	4.3	3.8	3.4	4.8
工 程 师	25.4	22.3	19.9	15.9	22.3
其 他 类	34.3	32.4	32.7	33.3	33.3
技术工人	15.7	19.1	23.2	26.4	19.3

　　资料来源：Bank of Israel Report, 1993（based on data the Central Bureau of Statistics）。转引自 Gabriel Lipshitz, *Country on the Move: Migration to and within Israel 1948 - 1995*, p. 118。

　　移民就业的顺利首先得益于政府将移民安置与产业发展相结合，通过一系列的人才安置计划将来自苏联的移民人才吸纳入以色列的现代高科技产业发展之中。先后设立专项基金和资助计划："夏皮拉基金"（Shapira Fund）、"吉拉迪计划"（Gileadi Program）、"卡米尔计划"（KAMEA Program）、技术

当代以色列：多元表达与社会张力

孵化器计划（Technological Incubators Program）。① 其次顺应信息化革命浪潮，以色列政府开始运用信息技术完善就业服务。1994 年，以色列政府投资 1750 万美元建立了全国就业服务信息网络系统。该系统把所有用工、求职信息和劳动力市场的动态分析等资料及时上传网络，并免费为劳动力供求双方提供服务。此外，以色列政府允许个人开办私营就业服务机构。这类机构大多是专业性较强的职业介绍机构，实行收费服务，全国共有 300 多家，其办公手段也全部实现了信息化。据统计，以色列 60% 以上的失业者通过上述两类服务机构实现了再就业，这种高效的就业服务对就业起到了催化剂的作用，也有力地保障了移民就业。

四　移民安置与国家构建

以色列的移民安置既继承了伊休夫时期阿利亚运动中移民开发的传统，又呈现了新的特点。犹太民族机构和组织作用突出，彰显了犹太民族的凝聚力；移民安置与产业发展相结合，表明了政府安置移民、发展国家的决心。移民安置过程中，国家构建逐步成型，以色列的人口地理格局、城乡格局不断优化，多元化社会逐渐发展。但是，以色列政府仅仅从犹太人的利益出发，而将阿拉伯人等族裔边缘化的做法对于以色列国家的构建也产生了负面影响。

（一）移民安置的特点

1. 犹太民族机构和组织贡献突出

犹太复国主义运动在世界犹太复国主义组织的领导下，通过呼吁全世界犹太人移民和开发巴勒斯坦，最终实现了以色列国的建立。建国后为了使各民族机构更好地协作开展移民安置工作，以色列政府专门就民族机构与政府的关系作了协调。1951 年，第二十三届犹太复国主义大会讨论了这一问题并通过了几项决议，确定了犹太民族机构与政府保持一致的方针。1952 年 11 月，以色列国会通过了《以色列犹太复国主义组织——犹太代

---

① 艾仁贵：《以色列的高技术移民政策：演进、内容和效应》，《西亚非洲》2017 年第 3 期，第 55 ~ 57 页。

办处地位法》(*Zionist Organization – Jewish Agency for Isreal Status Law*),正式确定了犹太复国主义组织与以色列政府的关系。该法宣称,犹太复国主义组织将继续在以色列组织移民与定居活动。为了履行这项约定,以色列政府于1954年成立了一个协调委员会,通过该机构政府可以对犹太人协会进行有效控制。《世界犹太复国主义组织——犹太人协会地位法》补充了《回归法》,明确了犹太民族机构的地位,也明确了世界犹太人的身份认同。政府同犹太复国主义组织达成了谅解,这样政府不仅能有效地控制在以色列国内的犹太人协会所推进的移民安置活动,而且能够间接控制国外犹太人社团的犹太复国主义活动。

协调了与以色列政府的关系后,各犹太机构的职责更加明确。尤其是作为犹太复国主义组织的执行和代表机构的犹太代办处,在以色列政府成立前曾代行政府职能。建国后,犹太代办处在移民安置工作中仍然扮演着极其重要的角色,主要负责组织移民、土地开发、青年工作和海外资金募集。将安全保卫、外交等工作转交给政府后,犹太代办处能够更加集中于移民安置工作。其下设的移民安置部和土地开发部在移民安置中发挥了重要作用。除了在移民营和过渡营建设中做了大量工作外,移民安置部还承担新移民村的实地布局、建筑、经济诸方面的全盘规划。土地开发部主要通过农业开发安置移民,筹划和建立新的农业定居点,为移民提供农业培训和财政支持。在资金筹集方面,犹太代办处也做出了巨大贡献,犹太代办处的成员遍及全世界,这使得它在筹集资金方面具有先天优势,从1948年到1963年,犹太代办处用于移民安置的费用超过12亿美元。[①]

在青年工作方面发挥主要作用的是青年阿利亚(Young Aliyah),它是专门接纳和安置青少年移民的组织,建国后,它向所有青少年移民敞开大门。新移民中的许多儿童被安置在该机构中。它下设有三个重要的部门:接收中心、心理诊所(Psychological Clinics)和特殊教育部(Department for Special Education)。[②] 此外,还将宗教部分的教育单独分离出来并成立分部进行管理,对宗教成分不同的移民,进行差异化教育。仅建国后两年里,

---

① Michael Berenbaum and Fred Skolnik, eds. , *Encyclopaedia Judaica*, Second edition, Vol. 11, p. 260.

② H. Edelston, "Uprooting and Resettlement: A Survey of the' Youth Aliyah' Program in Israel, "*The Journal of Educational Sociology*, Vol. 32, No. 8(1959), p. 395.

就有 6000 名犹太儿童在该机构的照看下成长。到 1959 年，累计有近 9 万名儿童通过该机构移民和安置。① 青年阿利亚通过照料这些儿童为移民安置做出了巨大贡献，被称为犹太代办处中最具影响力的部门。

移民安置中美国犹太人联合分配委员会也做出了巨大贡献。美国犹太人联合分配委员会在推进移民安置工作中主要负责照料移民中的残疾人、病人和老人，为此它联合政府和犹太代办处在 1950 年成立了专门的机构"马尔本"（Malben）。该机构主要负责照料有重伤或患有严重疾病者以及盲人等无法找到工作的移民，由犹太代办处和以色列政府联合运营并提供资金支持。美国犹太人联合分配委员会的资金来自美国犹太人募集会。在以色列建国之初，移民潮到达顶峰时，美国犹太人联合分配委员会主要的贡献还在于运营着海外（意大利、法国、约旦、塞浦路斯等）的中转营，为移民提供临时安置，并帮助他们移民以色列。

以色列总工会作为以色列最大的社会经济组织，在移民安置中也发挥了巨大作用。新移民大量涌入，住房成了最严峻的问题。总工会全力配合以色列政府和犹太代办处，利用公共资金为移民建造了大量的新住房。这些住房以优惠的价格卖给低收入家庭。总工会还通过调整工资政策吸引移民参与经济活动，通过将工资直接与生产效率联系起来，激发移民的生产热情。此外，总工会在提供医疗服务、建立学校和提供就业等方面做了大量工作。

犹太民族基金的主要贡献是支持犹太人在巴勒斯坦地区购置土地和进行农业开发。它名下拥有大量的土地，建国后，在移民安置中配合政府的"边境"地区落实农业安置政策，这些土地被用于移民农业开发。1948 年，以色列政府成立了专门的委员会讨论移民村的布局定位，这个委员会的领导层分别包括犹太民族基金会、犹太代办处和以色列国防军三方的代表。其主要资金来源是海外募集，主要是从美国和英国募集。

总之，通过各个犹太民族机构的努力，全世界犹太人的力量被团结起来，集中在以色列移民安置上。这是以色列移民安置最独特之处，也是移民安置成功的重要保障。

2. 移民安置与产业发展相结合

以色列移民安置的另一突出特点是政府将移民安置与产业发展相结

---

① H. Edelston, "Uprooting and Resettlement: A Survey of the"Youth Aliyah"Program in Israel," *The Journal of Educational Sociology*, Vol. 32, No. 8(1959), p. 393.

合。20 世纪 50 年代，为了配合移民安置，以色列政府制定了"以农业为本，大力发展基础产业的政策"。在国内实行物资配给和物价控制制度，最大限度地开发资源，扩大生产。就农业政策而言，为了给移民提供住所和就业，政府制定了内向型、粗放型的农业发展政策，即把经济发展建立在国内需求快速增长之上，以满足国内消耗为主要目标。通过大量投入土地、水和劳动力等生产要素促进农业的发展。① 在这一方针指导下，政府把新安置的移民组织起来，开垦荒地，改造沼泽，到 1951 年全国可耕地面积已由 1948 年的约 160 万杜纳姆增加到 335 万杜纳姆，增加了一倍还多，粮食自给率达到了 50%。② 政府还组织移民进行南方沙漠地区的农业开发。工业方面，这个时期以色列大力发展传统产业，生产进口代替型的劳动密集型产品，加强基础设施建设。政府工业政策的基本目标就是"为移民扩大就业机会并为国内市场提供基本生活用品"。③ 为此，政府在 1950 年颁布了《鼓励投资法》，为国内外资本在以投资提供了良好的投资环境。政府通过吸引投资为移民创造就业岗位。另外在 1952 年实施的经济政策中还主张发展混合经济，其目的是加强政府对经济的干预能力，保障经济发展能很好地配合移民安置。在这些积极的政策下，食品行业、纺织服装业、钻石加工业、建筑业成为这一时期发展迅速的工业门类。新兴城镇建设过程中为移民建设了小型公寓，也为移民提供了许多就业岗位。移民就业状况良好，一些城镇中三四个工厂的工人数量就占整个城镇工业就业人数总数的 40% 到 75% 不等。④ 移民安置与经济发展齐头并进，以色列国内生产总值在 1950 年为 129 亿以磅，到 1955 年就增加到 234.4 亿以磅，增幅高达 82%，年均 GDP 增速高达 12%。⑤ 这得益于政府将移民安置融入产业发展。

到了 20 世纪 60 年代，随着移民减少，移民安置压力减缓，国内市场趋于饱和。以色列政府适时调整经济发展战略，把经济发展的重心由农业

---

① 张倩红：《以色列经济振兴之路》，第 16 页。
② State of Israel, Prime Minister's office, *Economic Planning Authority, Israel Economic Development-Post Progress and Plan For the Future*, Jerusalem, 1968, p. 312.
③ Paul Rivlin, *The Israel Economic*, Boulder: Westview Press, 1992, p. 55.
④ Zena Harman, "The Assimilation of Immigrants into Israel," *Middle East Journal*, Vol. 5, No. 3 (1951), p. 310.
⑤ 以色列中央统计局：http://www.cbs.gov.il/engindex.html。

转向工业，把进口替代战略改为出口导向型策略。经济发展战略的调整进一步刺激了经济的发展，特别是发展出口导向型工业，使得食品行业、纺织服装业、钻石加工业和旅游业进入高速发展期，进一步促进了以色列国内移民就业。到了八九十年代，高科技产业成为以色列经济发展的新亮点，针对俄裔犹太移民中有大量高素质人才的特点，以色列政府将移民安置与产业发展相结合。通过一系列的人才安置计划将来自苏联的移民人才吸纳入以色列的现代高科技产业发展，直接推动了以色列经济快速发展，整个 90 年代经济增速高达年均 5.2%。经济的发展又为俄裔犹太移民的安置提供了保障。

移民安置与经济发展的互动并非一帆风顺。建国之初受战争、移民扩大和生产扩大的影响，出现了严重的通货膨胀，财政赤字急剧上升，失业率也激增，加之投机倒把活动猖獗，1952 年以色列出现了经济衰退。政府及时提出了"新经济政策"（The New Economic Policy），通过缩小国内开支、贬值货币、缩小物资配给范围、放宽物价限制、扩大贸易自由化等措施，扭转了经济局势，保障了移民安置工作正常推进。七八十年代，以色列的经济持续衰退。以色列政府通过缩减各种补贴等措施试图改变经济颓势，定居点建设的预算和移民的补贴也随之减少。虽然政府把精力主要集中于发展经济，但是由于这个时期的移民数量相对较少，且移民安置工作也积累了相当多的经验，因此，移民安置工作并未受多少影响，仍旧稳步推进。移民安置与经济发展的互相作用直接影响着政府对经济政策的制定，政府也适时调整政策，在保障移民安置和促进经济发展中寻求最佳平衡点。

总体而言，移民安置与产业发展相结合，与经济发展相辅相成。在移民安置过程中，移民一方面为经济发展提供了充足的人力资源；另一方面形成了巨大的消费市场，为生产发展提供了驱动力。此外，移民安置的顺利进行对于持续吸引移民起到了积极的示范作用，而部分移民到来所带来的单向流入资金又成为经济发展的重要资金来源之一。整体而言，移民安置对经济的发展有巨大推动作用。

（二）移民安置对国家构建的影响

国家构建就是国家通过制度化建设调整政府与市场、政府与社会以及社会与市场之间的三重关系，使之有利于政府存在、维持和强大的过程。①政府、市场、社会三者的基础都是人口这一基本要素，因此通过移民增加国家人口就是在增强三者的力量。对于以色列而言，移民安置也是市场优化的过程，人口增多，劳动力与消费市场自然随着扩大，生产能力也随着增强；城乡格局和人口地理格局的重塑促进了资源的开发，市场要素得到了优化，北部农业的开发和南部自然资源的开发，基布兹和莫沙夫等农业社区得到了进一步发展。不仅如此，北部和南部正是边界集中的地区，在与阿拉伯国家交易的地区，安置充足的人口也是营造以色列安全环境的基本条件。② 这些移民安置成果也成为国家构建的主要组成部分。

1. 奠定了以色列人口地理格局

移民安置彻底改变了以色列的人口地理格局，今天以色列的人口和城镇的分布格局就是在移民安置中奠定的。以色列国土面积狭小，自然地理环境复杂，山地和沙漠广布。基于自然条件和历史因素，一般把当时的以色列分为四个区域：北部、中部、南部和耶路撒冷地区，中部主要是沿海平原。在建国之初，以色列人口地理分布失衡严重，集中分布在中部沿海地区，占比高达近80%，海法、特拉维夫等大城市都在中部。北部和南部人口稀少，特别是南部内盖夫地区，人迹罕至。在移民安置过程中，根据人口分散的基本原则，新移民被送往全国各地进行安置。以色列人口地理分布发生了质的变化，变化最大的是北部和南部及其"边境"地区，这得益于"边境"移民安置政策的实施，大量新兴城镇也位于北部和南部地区。从1948年到1961年北部人口从53400人增加到194300人，到1972年则达到327000人；南部地区人口增加更快，从1948年的6000人增加到1961年的155300人，1972年则增加到433700人，人口占比从1949年的0.9%直线飙升到1972年的12.1%（见表4－19）。人口地理格局发生变化，由过度集中到相对均衡，同时带来的是市场资源格局的变化，伴随着交通网络的完善、全国性水利管网工程的兴建，定位不同的经济区逐步成型。

① 杨雪东：《民族国家与国家构建：一个理论综述》，《复旦政治学评论》2005年1期，第89页。
② S. N Eisenstadt, "Analysis of Patterns of Immigration and Absorption of Immigrants," *Population Studies*, Vol. 7, No. 2(1953), p. 26.

表 4 - 19　1948 年、1961 年、1972 年以色列人口分布

单位：人,%

地　区	1948 年		1961 年		1972 年	
	数量	占比	数量	占比	数量	占比
特拉维夫	302100	43.2	692600	35.9	988900	33.5
中部其他	106200	15.2	380100	19.7	764800	19.9
耶路撒冷	84200	12.0	187700	9.7	346700	9.7
海　法	147700	21.1	322300	16.7	465100	15.2
北　部	53400	7.6	194300	10.0	327000	9.5
南　部	6000	0.9	155300	8.0	433700	12.1
总数	716700	100.0	1932300	100.0	3350000	100.0

资料来源：Gabriel Lipshitz, *Country on the Move: Migration to and within Israel 1948 - 1995*, p. 53。

2. 塑造了以色列城乡格局

以色列数十年的移民流入和移民安置使其城乡格局发生了显著改变，农业人口快速增加，城市化水平也不断提高。单从人口数量上看，农业人口和非农业人口都在持续快速增加，建国时农业人口有 110600 人，占总人口的 15.4%，到 1951 年农业人口的数量增加了两倍，多达 310700 人，占比为 22.1%，在占比最高时为 23.6%（见表 4 - 20）。从 1948 年到 1954 年，农村人口在 15.4% 和 23.6% 之间浮动。到 1957 年有近 39.7 万人居住在农村，[1] 形成了 50 年代以色列农业和农村发展的高速期。大量在农村安置移民使得农业人口快速增加，但是城镇地区移民安置的有序推进使得城镇人口也在快速增加，因而农村人口占比只是有限上升。在以色列的城乡格局变化中值得重点关注的是农业方面，农业人口的迅猛增加，使得农业发展开始走上快车道，从 1948 年到 1956 年，农业定居点从 260 个增加到 620 个，增加了 2.5 倍。[2] 其中，新建莫沙夫 193 个、基布兹 104 个。这个时期是农业合作组织发展最快的时期，这些农业合作组织也彻底改变了以色列农业生产和生活的状态。[3] 它们不仅仅是基层的农业生产单位，也是

[1]　Aharon Kellerman, *Society and Settlement: Jewish Land of Israel in the Twentieth Century*, p. 68.
[2]　Aharon Kellerman, *Society and Settlement: Jewish Land of Israel in the Twentieth Century*, p. 68.
[3]　Calvin Goldscheider, *Israel's Changing Society: Population, Ethnicity, and Development*, p. 115.

基层行政管理单位。这不仅仅满足了移民安置的需要，也为以色列国家长远发展提供了基础。同时，在移民安置中不断建设的基布兹、莫沙夫等农业组织，使得以色列农业发展走出了一条特色鲜明的道路，改变了千百年来犹太人不善农业的历史，为后来以色列农业的现代化——"沙漠奇迹"的出现奠定了基础。

表 4–20　1948～1987 年以色列农村犹太人数量与占比

单位：千人，%

年份	人口数量	人口占比	年份	人口数量	人口占比
1948	110.6	15.4	1954	360.6	23.6
1949	161.0	15.9	1955	371.2	23.3
1950	224.3	18.6	1956	379.8	22.8
1951	310.7	22.1	1957	396.8	18.3
1952	330.7	22.8	1958	324.6	17.9
1953	345.9	23.3	1959	321.1	17.3
1960	322.4	16.9	1974	268.9	9.3
1961	297.9	15.4	1975	273.6	9.2
1962	303.3	14.7	1976	277.4	9.2
1963	288.4	13.4	1977	283.3	9.2
1964	294.7	13.2	1978	287.8	9.2
1965	267.4	11.6	1979	291.0	9.5
1966	271.3	11.6	1980	314.8	9.6
1967	272.9	11.4	1981	320.7	9.7
1968	275.2	11.4	1982	329.6	9.8
1969	269.8	10.8	1983	329.5	9.8
1970	271.9	10.7	1984	350.9	10.1
1971	275.2	10.5	1985	356.2	10.1
1972	264.2	9.6	1986	364.9	10.2
1973	264.7	9.3	1987	370.1	10.2

资料来源：Central Bureau of Statistics, Statistical Yearbook for Israel。

随着移民的到来，以色列城镇人口也快速增加，城市化水平不断提升。高城镇化率是以色列城市化的突出特点，以色列的城镇化率始终处于高位（见表 4–21），犹太人历史上不从事农业的传统使得犹太人更愿意生活在城镇之中。特别是 1954～1957 年，城镇化率就增加了 5 个百分点，这主要得益于新兴城镇的发展。1948～1960 年是新兴城镇发展最快的时期。

当代以色列：多元表达与社会张力

在 1948～1955 年，以色列建立了 22 个新城，1955～1960 年，又新建了 8
个新城。新城安置了大量移民，仅在建国后三年时间里，就有超过 10 万名
移民在这里被安置，占移民总数约 15%；随着移民安置不断推进和移民二代
的增长，到 1960 年新兴城镇人口达 30 多万人，占全国总人口的 15.9%；[①]
到 1965 年，新兴城镇人口则超过 40 万人，占比达到 19.5%（见表 4－
22）。70 年代，以色列政府逐渐停止建立新的城镇，把工作重心转移到对
已有城市的扩建与改造和卫星城的建设上。伴随着移民安置，以色列经济
飞速发展，城市规模日益扩大，城市数量急剧增加，城市人口明显增长。
1985～1995 年以色列政府又新建了 130 多个城镇（包括卫星城），城镇总
人口超过 500 万人。以色列建国前，人口超过 10 万人的城市仅有特拉维
夫，而到 2003 年，超过 10 万人的城市多达 14 个。[②] 1950～2000 年，以色
列人口从 137 万人增至 628 万人。[③] 城市人口也从 1950 年的 81.3 万人增加
到 2000 年的 574.2 万人，城镇化率明显提高，1948 年为 60%，1970 年猛
增至 84.2%，2000 年则高达 91.5%。[④]

表 4－21　1948～1972 年以色列城镇人口占比情况

单位：千人,%

年　　份	1948	1951	1954	1957	1960	1963	1966	1969	1972
总人口	786	1557	1718	1975	2150	2430	2657	2919	3232
城市化率	73.3	67.7	70.6	75.6	76.7	79.7	81.8	82.5	84.4
特拉维夫	43.1	32.4	29.5	24.8	23.0	20.4	17.9	15.9	13.3
海法	17.2	13.9	12.8	11.2	10.9	10.1	9.6	8.9	8.0
耶路撒冷	14.6	13.2	11.9	10.2	9.9	9.3	9.0	11.8	11.2
郊区	11.1	12.2	15.1	16.0	18.0	18.1	19.1	19.4	19.4
原有定居点	12.1	16.5	17.3	20.8	19.8	21.6	23.2	22.4	26.4
新兴城镇	1.9	11.8	13.4	17.0	18.4	20.5	21.2	21.6	21.7

资料来源：Israel Bureau of Statistics，http：//www. cbs. gov. il/engindex. htm。

[①] Aharon Kellerman, *Society and Settlement: Jewish Land of Israel in the Twentieth Century*, Seattle:
University of New York press, 1993, p. 75.

[②] Central Bureau of Statistics, "Latest Population Figures for Israel," *Washington Jewish Week*,
January 3, 2008.

[③] United Nations, *World Urbanization Prospects: 2003 Revision*, New York: United Nations Public-
ation, 2004, p. 171.

[④] United Nations, *World Urbanization Prospects: 2003 Revision*, p. 171.

表 4 - 22　1948～1990 年以色列新兴城镇及其人口

年　份	城镇数量（个）	人口数量（千人）	人口占比（%）
1948	4	11.3	1.5
1950	16	85.4	7.1
1955	26	180.6	11.4
1960	32	303.1	15.9
1965	34	448.9	19.5
1970	30	447.2	17.3
1975	29	597.6	17.9
1980	29	692.9	18.4
1985	29	646.0	18.4
1990	29	702.5	18.5

资料来源：Calvin Goldscheider, *Israel' Changing Society: Population, Ethnicity, and Development*, p. 121。

3. 移民安置促使多元社会形成

现代以色列是个典型的多元社会，围绕民族、宗教、族群和意识形态等问题，出现了犹太人与阿拉伯人、世俗人士与宗教人士、阿什肯纳兹犹太人和东方犹太人以及政治阵营中的鹰派和鸽派四大主要的社会对立。甚至有学者将以色列称为"一个高度分裂的社会"。[1] 以族群为例，有犹太人、穆斯林、基督徒和德鲁兹人等（见表 4 - 23）。正是在半个多世纪的接收移民和安置移民过程中，以色列多元社会逐步形成。

表 4 - 23　1949～2010 年以色列境内各族群人数

单位：千人

年　份	犹太人	穆斯林	基督徒	德鲁兹人	总人口
1949	1013.9	111.5	34	14.5	1173.9
1960	1911.3	166.3	49.5	23.3	2150.7
1970	2582	328.6	75.5	35.9	3022
1980	3282.7	498.3	89.9	50.7	3921.6
1990	3946.7	677.7	114.7	82.6	4821.7
2000	4955.4	970	135.1	103.8	6164.3
2010	5802.4	1320.5	153.4	127.5	7403.8

资料来源：Central Bureau of Statistics, *Statistical Abstract of Israel*。

---

[1] Majid Al-Haj, *Immigration and Ethnic Formation in a Deeply Divided Society: The Case of the 1990s Immigrants from the Former Soviet Union in israel.*

从 1948 年 5 月 15 日到 2002 年底，以色列移民总数达 2927661 人，其中有来自美国和大洋洲的 226938 人、来自欧洲的 1766603 人、来自非洲的 482663 人、来自亚洲的 419905 人。[①] 这些移民中，超过 2/3 来自欧美国家，来自亚非国家的移民不到 1/3。不同时期，移民来源及占比不尽相同，来自亚非国家的移民在 1952～1957 年占比超过 70%，而到了 70 年代和 90 年代，占比均减少到不足 10%。在 80 年代末和 90 年代，来自苏联和俄罗斯的犹太移民占绝大多数。在 90 年代有 95.6 万名犹太人移民以色列，90% 来自欧洲，其中大多数来自东欧。

以色列的移民来自不同国家，生活状况有差异，受教育水平参差不齐。在移民安置中以色列政府未充分考虑这些差异，甚至一些政策和措施加剧了某些矛盾。资源的差异化分配使得很多东方犹太人在安置中受到较差的待遇，他们在帐篷中临时安置的人数最多，被分配到偏远地区进行安置的也最多。这无疑促进了犹太社会中阿什肯纳兹犹太人中心位置的巩固，而东方犹太人处于相对边缘位置且不断被边缘化。在民主政治体制下，处于边缘位置的群体一直意图通过政治民主谋取自身利益。他们开始组建政党，参与政治，20 世纪八九十年代来自苏联和俄罗斯的犹太移民组织了自己的政党：家园党和移民党。东方犹太人还支持反映其利益的沙斯党，90 年代，沙斯党成为以色列政坛重要的政治力量。另外，以色列政府采取的定居点政策，虽然促进了移民安置，但进一步激化了犹太人和阿拉伯人的矛盾。恐怖袭击、因提法达等一系列安全问题频现，使得阿以和平遥遥无期。就这一问题，犹太人内部鹰派和鸽派的纷争也不断加剧，直接导致以色列政局动荡反复。更为复杂的是宗教和世俗之争，这一问题在几十年的移民安置中并未有效解决，犹太人身份认定、安息日传统、犹太饮食法等一系列问题也没有统一的规范。

总之，在以色列移民安置的过程中，多元社会的兴起与发展促使建国初期确立的犹太复国主义主流价值观逐渐走向衰落，它所维系的国家集体认同也遭到严峻的挑战。在多元政治权力的诉求下，许多曾经遭受压抑的群体开始坚持与张扬自身的文化身份和利益诉求。[②] 这使以色列难以继续

---

① 数据来自 Https://www.jewishvirtuallibrary.org/total-immigration-to-israel-by-continent-per-year。
② 艾仁贵：《以色列的高技术移民政策：演进、内容和效应》，《西亚非洲》2017 年第 3 期，第 49 页。

维持国家主导的单一集体认同。时至今日，以色列社会仍在多元的平衡中发展变化。

（三）移民安置中存在的问题

以色列的移民安置取得了很大的成功，但是也存在一些问题。最直接的问题是早期营地安置时移民生活条件差。各种生活设施匮乏，居住环境差、卫生条件差、食物供给不及时等，使得移民生活质量低下，甚至还面临疾病的巨大威胁。

移民安置中生活条件问题只是临时性的，但族群问题却是影响以色列民族国家构建的长期性难题。东西方犹太人在安置中由于受益差异导致的族群分层使得以色列的社会关系更为复杂。不仅如此，以色列阿拉伯人的利益在移民安置中长期受损，这进一步加剧了阿犹民族隔阂。

1. 夹缝之中的以色列阿拉伯人

以色列的阿拉伯人是指 1949 年第一次中东战争结束后"绿线"范围之内的巴勒斯坦阿拉伯人。他们一直定居在以色列国内并具有公民权。然而巴以双方持续交恶的现实使得以色列阿拉伯人始终处于夹缝之中。他们在生活的各个方面遭受挤压和歧视，成为以色列经济上落后、政治上孤立的少数族群。

在移民安置中，许多阿拉伯人被迫离开他们生活的土地，以色列建国前有 75 万名阿拉伯人，由于第一次中东战争，大量的阿拉伯人集体逃亡或被驱逐，到 1949 年底，以色列占领区的阿拉伯人口为 15.6 万人，占总人口约的 19.6%。[1] 以色列以安全为借口对这些阿拉伯人进行军事管制。在军事管制下，当权机构有权限制阿拉伯人的行动自由，将他们拘禁或驱逐，还指定因军事因素或其他用途而需要的地区为"禁区"，控制旅行许可证的签发。[2] 在对阿拉伯人进行军事管制的同时，阿拉伯人的土地也不断被蚕食。通过一系列法规，如 1950 年的《不在者地产法》、1951 年的《国家土地所有法》以及 1953 年的《土地获取法》，阿拉伯人的土地被转为国有。这些法令授权政府以"合法"的手段没收在战争中外逃的阿拉伯

---

① Ian Lustick, *Arabs in the Jewish States: Israel's Control of a National Minority*, Knoxville University of Texas Press, 1980, p. 49.

② 阎瑞松主编《以色列政治》，第 253 页。

人的土地和财产，流散以色列国内其他地区的阿拉伯人也被认定为"不在者"，建国初期其人数高达 8.1 万人，没收土地达 25 万杜纳姆，约为其原有土地的 50%。① 此外，政府于 1950 年没收了部分伊斯兰宗教地产瓦克夫和贝都因人的大片牧场。② 这些被没收的土地经土地委员会之手，被用于建立犹太定居点、发展基础设施和开展农业合作社，直接服务于移民安置。

所以说，移民安置对以色列的民族国家构建所发挥的作用具有两面性，一方面对犹太人的成功安置是国家构建的重要组成部分；另一方面对于以色列阿拉伯人权益的蚕食加剧了阿犹民族隔阂，成为国家构建的裂痕。因而在移民安置过程中犹太人和阿拉伯人中间形成了一条泾渭分明的界限。③ 这一界限，是生存空间的界限，更是民族精神和集体认同的界限。④ 空间地理和社会关系的疏离使阿拉伯人生活在"失落的集体记忆"⑤中，抗议和罢工成为阿拉伯人政治斗争的常态。

2. 东西方犹太人族群分层加剧

犹太人内部东西方犹太人的分层构成了犹太民族构建的巨大裂痕。东西方犹太人在安置中受益的差异加剧了族群分层。在过渡营临时安置阶段，东方犹太人往往更多地被安排在过渡营中，且在过渡营中生活较长时间，有时甚至是一两年；用于永久安置东方犹太人的新兴城镇也大多位于北部边陲和南部内盖夫地区；与超过 80% 居住在新兴城镇中的东方犹太人不同，西方犹太人则大多定居在基础设施和经济条件较好的中心城市。这就在族群上形成了隔离居住的状态，不利于以色列国家构建，也与民族整合、塑造全新的民族文化相矛盾。地理上的隔离以及政治、经济、文化因素使得犹太族群内部逐渐形成多元文化认同。

另外，东方犹太人受教育水平很低的状况在移民安置中也没有得到充分的改善。据统计，1953 年，约有 40 万名阿什肯纳兹犹太学生在高级中学、职业学校和农校中就读，但是人口占 42% 的东方犹太人仅有 2000 名

---

① R. Kark, *Land and Settlement in Eretz Israel 1830 – 1990*, Jerusalem: Sivan, 1995, p. 326.

② 阎瑞松主编《以色列政治》，第 225 ~ 326 页。

③ Oren Yiftachel and Avinoam Meir, *Ethnic Frontiers and Peripheries: Landscapes of Development and Inequality in Israel*, p. 44.

④ Fredericle Jackson Turner, *The Frontier in American History*, New York: Elsevier, 1962, p. 89.

⑤ Dan Rabinowitz, "The Common Memory of Loss: Political Mobilization among Palestinian Citizens of Israel," *Journal of Anthropological Research*, Vol. 50, No. 1(1994), pp. 27 – 49.

学生在这类学校就读。① 其原因在于东方犹太移民家庭经济贫困，无力负担教育开支，更在于他们所接受的教育严重滞后。

在就业方面，东方犹太人也处于不利的位置。他们大多从事劳动密集型、科技含量低的工作和轻体力工作。研究表明，1954 年，与 42.9% 从事白领工作的阿什肯纳兹犹太人相比，仅有 19.8% 的东方犹太移民从事这类职业；而在蓝领职业部门，东方犹太人从业率为 45.6%，阿什肯纳兹犹太人为 39.4%。大约在同一时期，22.5% 的波兰犹太移民被安排在沿海城市就业，而相应的北非犹太移民比例则仅有 8.5%。② 东方犹太人集中居住在新兴城镇，这里大多是传统工业区，相较之新兴工业区这里劳动力廉价、工作稳定性差。因此，虽然在安置过程中，东方犹太人获得了安身立命的保障，但是这样的保障相较于西方犹太人却是有差异的、低层次的。

3. 定居点问题成为焦点

定居点问题长期以来是巴以和谈的重要障碍。在早期，尽管这一问题带有政治因素，但它更多地表现为移民安置问题。导致问题性质发生变化的是"六日战争"后以色列开始越过"绿线"在占领区建设定居点。在这之前，以色列政府已经在"边境"地区建设了很多定居点用于安置移民。由于以色列国土狭小、移民众多，定居点建设有利于区域均衡发展和保障国防安全，但也不排除在为越过"绿线"做准备。"六日战争"后，定居点的建设使得移民安置不再是纯粹的移民安置。通过在定居点安置移民，以色列政府试图达到现状合法的目的，这使得巴以冲突复杂化。20 世纪 90 年代，来自苏联和俄罗斯的犹太移民中有相当一部分人被安置在定居点。根据巴勒斯坦研究机构的统计，1995 年以色列在约旦河西岸修建的定居点达到近 150 个，定居人数为 14.1 万人；加沙地带的定居点达到 16 个，定居人数为 6000 人；东耶路撒冷定居点达到 19 个，定居人数为 17 万人。③ 定居点作为敏感地区之所以还会受部分移民的欢迎，是因为政府在定居点投入巨资建设大量公共住房，以优惠价格或免费提供给移民安置定居。因

---

① 李志芬：《以色列民族构建研究——意识形态、族群、宗教因素的探讨》，博士学位论文，西北大学，2009，第 104 页。

② Sammy Smooha, *Israel: Pluralism and Conflict*, London: Routledge, 1978, p. 91.

③ 周承：《冷战结束前后以色列新一代俄裔犹太移民的形成及影响研究》，博士学位论文，上海外国语大学，2007，第 83 页。

当代以色列：多元表达与社会张力

此，2003 年沙龙实施"单边撤离计划"时遭到定居者的竭力阻挠，来自苏联和俄罗斯的犹太移民对政府拆除定居点的反应更为激烈。该群体的领袖夏兰斯基、利伯曼等表示强烈抗议，甚至退出了沙龙内阁。总之，定居点问题使得移民安置被卷进政治旋涡之中，成为此后移民安置过程中最敏感的问题。

移民安置伴随着以色列国家的建立与发展，是以色列民族国家构建过程中的关键性问题。以色列政府把移民安置作为重要任务，通过制定灵活务实的移民安置政策，引导各政府部门和各民族机构大力推进移民安置工作，同时注重移民安置与经济发展相协调。几十年的移民安置使以色列国家人口迅速充实。分散安置塑造了以色列人口地理格局和城乡格局。基布兹、莫沙夫等农业社区大规模兴建，既发展了农业生产又促进了城乡协调。新兴城镇的建设促进城市体系的完善，城市化水平不断提高。《回归法》《国籍法》等法规明确了犹太移民的身份和地位，保障了他们的权益。以色列的移民安置有一些成功的经验，但是在移民安置中对族群问题和以色列阿拉伯人利益重视不足也产生了严重的负面后果。以色列移民安置的成功经验可资借鉴，但惨痛教训也需要反思与总结。

第五章
以色列的劳工移民

国际人口迁移是人类历史发展过程中一个重要的现象，第二次世界大战之后，随着经济全球化进程的有序推进，国际社会之间的劳工移民①流动更加频繁。20世纪90年代以来，科学技术的飞速进步促使交通工具的变革与普及，各国贫富差距拉大致使全球范围内劳动力为寻求更高的薪酬而在世界范围内流动。国际移民迁徙产生的深刻影响日益成为世界各国政府及学者所关注的焦点。当今世界范围内的劳工移民流动主要集中在发达国家和发展中国家，但由于历史和现实因素，战火纷飞的中东地区也成为劳工移民的重要集散地。② 中东劳工移民国家因其在劳动力资源供求关系方面的不同主要分为两类：一类是劳工移民输入国，其中具有代表性的国家是卡塔尔、科威特、巴林、沙特阿拉伯和以色列；另一类是劳工移民输出国，其代表国家则是埃及和巴勒斯坦。以色列作为中东地区经济相对发达的国家，劳工移民现象产生的原因及其劳工移民政策在与其他劳务输入国相比具有共性的同时，也呈现犹太国家的特征。

众所周知，作为散居世界各地犹太人的"民族家园"，以色列因移民而立国，因移民而振兴。犹太复国主义运动兴起后，一批又一批散居世界的犹太人移民以色列，这些犹太移民构成了以色列国家的基石。建国后，以色列历届政府都制定了鼓励犹太人移民以色列的政策，大规模的移民浪潮为以色列的社会和经济发展提供了所需的基本人力资源。以色列国内的

---

① 劳工移民（Labour Immigration）、移民工人（Migration Workers）和外籍劳工（Foreign Workers）是国内外学者关于国际迁移劳动力名称的表述方式，虽然表述方式不同，但这几个概念具有相同的内涵，即以工作和生活为目的由出生国或居住国迁往其他国家和地区的个人或群体，是国际迁移人口的重要组成部分。参见〔美〕哈立德·科泽《国际移民》，吴周放译，译林出版社，2009，第14页。

② 李其荣：《经济全球化与国际人口迁移》，《民族研究》2003年第6期，第22页。

另一种移民则属于劳工移民，"六日战争"后，艾希科尔政府在被占领区所实行的"经济一体化"政策造成了大批巴勒斯坦劳工涌入以色列。20世纪90年代，来自苏联和俄罗斯的100多万名犹太移民的涌入对以色列人口结构的改变、第一次巴勒斯坦大起义后巴勒斯坦工人的减少以及犹太移民就业观念的转变造成了农业和建筑业领域劳动力资源严重短缺，[①] 在此背景下，由以色列雇主成立的强大的游说团体为了谋求自身利益的最大化向政府施加压力，来自亚洲、东欧、非洲和拉丁美洲的劳工通过合法或非法的途径进入以色列境内。以色列劳工移民在促进以色列社会和经济发展的同时也带来了资源压力和社会治安等非传统安全问题。[②] 本章在回顾以色列劳工移民问题的出现、介绍劳工移民的构成、梳理劳工移民政策的基础上，探讨经济全球化语境下劳工移民的困境与出路，加深对以色列社会多元化特点的理解。

一　以色列劳工移民问题的出现

"六日战争"之后，以色列劳动就业领域的劳动力构成发生显著的变化，其突出表现是最初由崇尚"劳动至上"的犹太移民和获得公民身份的阿拉伯人两方组成的劳动力资源供应体系转变为犹太移民、阿拉伯公民和非以色列公民三方构成的劳动力资源供应体系。美国社会学家莱文斯坦于1885年提出的"移民法则"认为："人口移民并非完全盲目无序流动，而是遵循一定的规律。人口移民的动力，是共同作用的推拉因素。"其中"推力因素"一般指劳动力移出地的政治、经济、社会和家庭等环境因素，"拉力因素"一般指移入地的劳动力市场需求、政治自由度和福利制度等环境因素。以色列建国后，由于险恶的地缘政治环境，国家安全在以色列政府和民众当中具有至高无上的地位，以色列政府多数决策制定的出发点是国家安全的保障。以色列劳工移民引进与驱逐政策的制定也是以不威胁国家安全为前提的。当以色列国家的经济利益和安全利益相互碰撞时，经

① Amalia Ran, "Latino Migrants in the Jewish State: Undocumented Lives in Israel (Review)," *Journal of Jewish Identities*, Issue 5, No. 1(January, 2012), pp. 142 - 145.

② 李明欢：《当代西方国际移民理论再探讨》，载周敏、张国雄主编《国际移民与社会发展》，中山大学出版社，2012，第28页。

济利益必然让位于国家安全利益。在复杂的国内外形势的影响下，以色列劳工移民问题的发展主要分为四个阶段，"六日战争"结束后至第一次"因提法达"爆发之前主要是巴勒斯坦劳工问题的产生；第一次"因提法达"开启了非巴勒斯坦劳工引进的进程；《奥斯陆协议》签署之后加速对巴勒斯坦劳工移民的限制；阿克萨"因提法达"以及经济的不景气造成了大规模驱逐运动的开展。

（一）"六日战争"后的巴勒斯坦劳工

1967 年 6 月爆发的"六日战争"是以色列历史进程中的一个至关重要的分水岭。"六日战争"的影响不仅表现在政治和社会方面，还表现在经济方面，在劳动就业领域主要表现为大批巴勒斯坦剩余劳动力涌向以色列。"六日战争"结束后在犹太人群体中出现的新就业观、以色列政府在巴勒斯坦被占领区实行的兴建犹太人定居点以及控制水资源的政策促使巴勒斯坦劳工移民现象的出现。首先，"六日战争"淡化了犹太人在移民巴勒斯坦和建国过程中日益形成的国民劳动意识，部分犹太人的就业观念开始转变，包括许多失业者在内的犹太人认为体力劳动是劣等工作，拒绝比如印刷厂的夜班岗位。就业观念的极端化造成了经济发展的不稳定性，一方面是成千上万的职位空缺，另一方面失业率居高不下。[1] 职位空缺是巴勒斯坦人成为基布兹农业生产中主要劳动力的先决条件之一。其次，"六日战争"胜利后，以色列国内政治精英阶层实行在巴勒斯坦被占领区兴建犹太人定居点的政策，大规模的建设行动侵占了不少可耕的良田，使耕地面积大幅度减少。据统计，1968～1985 年，加沙地带的耕地面积从 19.8 万杜纳姆减至 10 万杜纳姆，减幅接近 50%。[2] 显而易见的是，巴勒斯坦人以农民居多，耕地是其赖以生存和保持民族身份的根本，因此，耕地的丢失是导致巴勒斯坦人前往以色列和其他阿拉伯国家另谋生计的主要原因。最后，以色列政府对巴勒斯坦被占领土的水资源控制政策增加了巴勒斯坦农业生产的成本，进一步恶化了巴勒斯坦经济的发展环境，限制了巴勒斯

---

[1] Gil Feiler, "Palestinian Employment Prospects," *Middle East Journal*, Vol. 47, No. 4 (1993), p. 644.

[2] 王楠：《巴勒斯坦经济发展中的以色列因素分析》，《阿拉伯世界研究》2008 年第 3 期，第 32 页。

坦工农业的发展，加速了巴勒斯坦农民离开土地前去以色列务工的进程。

定居点居民对可耕地和水资源的侵占，迫使约旦河西岸和加沙地带许多农民离开农业生产领域，成为廉价劳动力。除此之外，连绵不断、此起彼伏的巴勒斯坦人抗议以色列的行动造成了约旦河西岸和加沙地带工农业的凋敝，经济面临崩溃的危险，随之而来的是大量失业人口的产生，这些失业人口涌入了以色列的劳动力市场。根据以色列中央统计局的数据，1967 年约旦河西岸和加沙地带劳动力仅有几千人，1970 年共有 17.33 万人，其中在以色列工作的有 2.06 万人，占总劳动力的 11.89%。当以色列政府限制较少时，1982 年以色列劳动力市场内的非以色列公民的阿拉伯人超过 7.5 万人，占约旦河西岸和加沙地带劳动力的 1/3，占以色列总劳动力的 5% 和男性劳动力的 8%。① 1985 年约旦河西岸和加沙地带的劳动力为 24.19 万人，其中在以色列工作的有 8.92 万人，占总劳动力的 36.87%，占以色列就业人口 6.1%。② 涌向以色列的大量巴勒斯坦廉价劳动力不仅促进了以色列经济的增长，而且降低了以色列产品的成本，从而提高了产品在市场的竞争力。由于巴勒斯坦劳动力很难进入高科技产业或技术性强的领域，所以这些巴勒斯坦人多从事建筑业、农业等临时性、季节性的体力劳动，"他们取代了先前因教育水平低下和技能缺乏而不得不从事下层行业的东方犹太人"③。据以色列中央统计局的数据，1988 年在以色列的巴勒斯坦劳工中从事建筑业的占 42.4%，从事工业的占 5%，从事农业的占 25.1%，从事其他行业的占 21.7%（见表 5 - 1）。巴勒斯坦劳工的工资待遇与以色列犹太人的薪资水平相差巨大，巴勒斯坦劳工的工资待遇仅相当于西方犹太人的 45%、东方犹太人的 60%，而且还要承担苛捐杂税。④

---

① Moshe Semyonov and Noah Lewin-Epstein, *Hewers of Wood and Drawers of Water: Non-citizen Arabs in the Israeli Labour Market*, New York: Cornell University Press, 1987, p. 8.

② David V. Bartram, "Foreign Workers in Israel: History and Theory," *International Migration Review*, Vol. 32, No. 2(1989), p. 313.

③ 李志芬：《试论阿拉伯被占领土问题对以色列民族国家构建的影响》，《世界民族》2011 年第 4 期，第 32 页。

④ 张倩红：《以色列经济振兴之路》，第 167 页。

表 5 – 1 1987～1992 年以色列的巴勒斯坦劳工统计数据

单位：千人，%

年份	总计	比例	建筑业		工业		农业		其他
			数据	比例	数据	比例	数据	比例	
1985	89.2	6.1	42.5	37.0	15.9	4.8	14.1	18.0	16.8
1986	94.7	6.5	45.6	42.4	16.6	4.9	14.8	21.1	17.8
1987	108.9	7.2	49.7	42.3	19.7	5.7	15.8	21.9	23.7
1988	109.4	7.0	54.2	42.4	16.8	5.0	16.7	25.1	21.7
1989	104.9	6.7	56.1	43.9	13.5	4.1	14.2	20.9	21.1
1990	107.7	6.7	64.1	45.7	11.2	3.4	12.2	20.3	19.8
1991	97.8	5.8	67.0	41.1	7.5	2.2	11.7	21.1	11.5
1992	115.6	6.5	85.9	44.4	6.9	1.9	10.4	18.0	12.4

资料来源：转引自 David V. Bartram, "Foreign Workers in Israel: History and Theory," *International Migration Review*, Vol. 32, No. 2(1989), p. 313。

（二）第一次"因提法达"后非巴勒斯坦劳工的引进

20 世纪 70 年代至 90 年代，约旦河西岸和加沙地带是以色列境内劳工移民的主要来源地。90 年代早期，以色列政府开始启动引进技术水平低的非巴勒斯坦劳工以替代活跃于建筑和农业等次级劳动力市场的巴勒斯坦跨境上班族。在 1987 年 12 月爆发的"因提法达"中，巴勒斯坦人在被占领土上有组织地抵抗以色列军队以及对以色列境内平民目标采取零星的恐怖行动。因此，以色列军队在巴勒斯坦被占领土上实行宵禁的情况有所增加，对巴勒斯坦人自由行动的其他限制也经常得到执行。除了以色列的限制，巴勒斯坦地方领导人经常独立发动大罢工，阻止工人进入以色列。[①]由于许多在以色列工作的巴勒斯坦劳工参加了"因提法达"，或者是拒绝前往以色列工作，由此导致以色列建筑等行业的劳动力短缺，以色列雇主再也不能依靠巴勒斯坦人提供稳定的廉价劳动力。第一次"因提法达"爆发期间，以色列境内的巴勒斯坦劳工选择和以色列阿拉伯公民站在一起，

① Barak Kalir, *Latino Migrants in the Jewish State: Undocumented Lives in Israel*, Bloomington: Indiana University Press, 2010, p. 48.

这加深了犹太人对阿拉伯人的猜忌，并导致犹太人失去了对巴勒斯劳工仅有的一点信任感。以色列政府认为劳动力的短缺将导致经济衰退，并难以满足来自苏联和俄罗斯的犹太移民的住房需求，这些都加剧了寻找替代劳动力的压力。以色列政府出于保障国家安全和满足劳动力需求的双重考虑开始转变劳工移民政策，开始吸纳与巴以冲突无直接关联的非巴勒斯坦劳工移民。

　　以色列政府对非巴勒斯坦劳工移民的引入过程是渐进而有序的，以色列雇用来自约旦河西岸和加沙地带的巴勒斯坦劳工人数在1991年海湾战争爆发以前处于稳定增长状态。1992年，巴勒斯坦劳工人数达到最大值11.56万人，而同一时期的其他国家劳工人数为7700人，引进巴勒斯坦劳工的行业中建筑业占的比例最大，达到44.4%，其次为农业，达到18%。① 然而，在海湾战争期间，以色列政府在巴勒斯坦被占领土上实行总体宵禁的政策，沿着巴以边境线设立检查点。1993年，整体许可证制度为个体许可证制度所替代，这致使劳工从巴勒斯坦进入以色列工作非常困难，② 非巴勒斯坦劳工替代巴勒斯坦劳工的趋势不可避免，从1993年起，以色列政府开启了大规模引进其他国家劳工的历史进程。③ 自20世纪90年代以来，国际迁移劳动力在以色列劳动力次级市场所从事的行业分布格局基本保持稳定。1996~2012年，通过合法手段雇用海外劳工的部门主要有建筑业、农业、家政护理业、服务业以及餐饮业。1996年以色列获得批准的劳工移民人数估计为10.3万人，国外劳工最大的雇主建筑部门的配额占72%，农业占16%，家政护理为7%，其余5%的配额集中在轻工业、餐饮业以及酒店业。④ 2002年，建筑业和家政服务业获得的配额基本持平，都获得39%的工作许可证配额。⑤ 建筑业是外籍劳动力需求最高的行业之一，最高年份曾达到9万人，其外籍劳动力主要来自巴勒斯坦、罗马尼亚、

① David V. Bartram, "Foreign Workers in Israel: History and Theory," *International Migration Review*, Vol. 32, No. 2(1989), p. 313.

② Ted N. Aranki and Yousef Daoud, "Competition, Substitution, or Discretion: An Analysis of Palestinian and Foreign Guest Workers in the Israeli Labor Market," *Journal of Population Economics*, Vol. 23, Issue 4(2010), pp. 1275-1300.

③ David Bartram, "Migration, Ethnonationalist Destinations and Social Divisions: Non-Jewish Immigrants in Israel," *Ethnopolitics: Formerly Global Review of Ethnopolitics*, Vol. 10, Issue 2 (2011), p. 242.

④ Ben Rafael, Eliezer Peres, Yochanan, *Is Israel One? Religion, Nationalism, and Multiculturalism Confounded*, Leidin: Brill Academic Publishers, 2005, p. 189.

⑤ Israel Drori, *Foreign Workers in Israel: Global Perspective*, p. 57.

中国、土耳其和原苏联地区；以色列外籍农业劳动力被巴勒斯坦人和泰国人所垄断，主要从事蔬菜、鲜花、水果的种植和加工及养鸡场的饲养工作；[1] 长期从事护理行业的外籍劳工主要来自菲律宾，其次是斯里兰卡、印度和保加利亚，菲律宾劳务几乎垄断了以色列的外籍家政护理劳务市场。

（三）《奥斯陆协议》签订后对巴勒斯坦劳工的限制

从历史上看，将巴勒斯坦地区劳动力市场上的犹太工人与阿拉伯工人分离一直是犹太复国主义计划的核心原则之一。为了确保犹太工人的利益，自犹太复国主义运动在巴勒斯坦地区兴起以来，犹太政治和经济实体——伊休夫便通过正式和非正式机构对就业实行非市场限制。[2]《奥斯陆协议》签署之后，以色列政府进一步强化了在第一次巴勒斯坦起义期间提出的劳工分离政策。尽管巴以之间劳动力市场一体化的模式对以色列有利，但日益增长的巴勒斯坦人口对犹太复国主义国家构成人口威胁。从以色列角度来看，《奥斯陆协议》的达成是对人口威胁的一种反应。[3] 根据和平协议，巴以在进行最终地位谈判前，约旦河西岸和加沙地带的土地、劳动力、资本等生产要素的控制权掌握在以色列政府的手中。[4] 对于以色列政府和公众而言，《奥斯陆协议》的签订加深和延续了已经存在的遏制巴勒斯坦经济发展的战略，将约旦河西岸和加沙地带在以色列和犹太定居点工作的人员变成了控制巴勒斯坦领土和向巴勒斯坦权力机构施压的工具。[5]

1994 年 4 月 19 日，以色列与巴解组织就两者的经济关系于巴黎签订了《经济过渡协议》（*Economic Protocol of the Interim Agreement*），其中的巴勒斯坦劳工问题无疑是两者经济关系中的重要问题，协议第七条规定：双方将努力保持双方之间劳动力流动的正常性，但双方有权随时确定劳动力流动进入其区域的范围和条件。如果任何一方暂时中止正常运动，将立即

---

[1] 王全火编著《以色列劳务指南——政策与实务》，对外经济贸易大学出版社，2008，第 35 页。

[2] Mushtaq Husain Khan, George Giacaman and Inge Amundsen, *State Formation in Palestine: Viability and Governance during a Social Transformation*, London and New York: Routledge, 2005, p. 127.

[3] Mushtaq Husain Khan, George Giacaman and Inge Amundsen, *State Formation in Palestine: Viability and Governance during a Social Transformation*, p. 128.

[4] 李秀珍：《从经济角度看巴勒斯坦的建国努力》，《阿拉伯世界》2000 年第 4 期，第 23 页。

[5] Mushtaq Husain Khan, George Giacaman and Inge Amundsen, *State Formation in Palestine: Viability and Governance during a Social Transformation*, p. 127.

通知另一方，另一方可要求在联合经济委员会讨论此事；一方在另一方地
区的工人安置和就业将通过另一方的就业服务和法律进行。巴勒斯坦方面
有权通过巴勒斯坦就业服务机构规范巴勒斯坦劳动力在以色列的就业，以
色列就业服务机构将在这方面进行合作和协调。① 巴以双方在巴黎谈判期
间就经济之间联盟的形成以及劳动力在这一过程中发挥的作用上分歧明
显。巴勒斯坦谈判代表主张建立自由贸易区，并且劳动力能够自由地进入
以色列劳动力市场。以色列的谈判代表对这两点都持反对态度。以色列希
望保持巴勒斯坦工人进入以色列，然而对于由巴勒斯坦进入以色列的人所
需的资格和人数的决定权必须由以色列政府掌握。以色列代表反对巴勒斯
坦劳动力自由地进出以色列劳动力市场更多的是出于政治和安全的考虑。②
尽管双方签订的《经济过渡协议》包含支持工人运动的原则，但是为了实
现防止以色列境内恐怖主义活动的目标和增加公众对和平进程的支持，以
色列政府开始实行封锁以色列和巴勒斯坦被占领土边界的政策，阻碍巴勒
斯坦劳工的流入。

　　和平进程不断推进的过程从另一个角度上看也是以色列对巴勒斯坦经
济不断封锁的过程。以色列和巴勒斯坦之间的人员和贸易来往受到限制。
1970～1993年流向以色列的巴勒斯坦劳工在推进以色列与约旦河西岸和加
沙地带经济融合发展方面扮演着关键角色。然而，随着和平进程的推进，
巴勒斯坦劳工担任的这一角色有所改变，自1993年以来，以色列政府对巴
勒斯坦劳工的限制更加严格，获准在以色列境内工作的巴勒斯坦工人人数
减少了数万人。以色列境内巴勒斯坦劳工的人数已由1992年的11.56万人
降至1996年5月的3.6万人。③ 与大多数巴勒斯坦人期望相反的是和平进
程并没有带来巴勒斯坦经济的繁荣，巴勒斯坦经济发展对以色列的依存度
并没有很明显的改变。1992～1996年约旦河西岸和加沙地带的人均国民生
产总值下降了15%，失业率在1996年达到了28.3%。2000年以色列劳动

①　"Protocol on Economic Relations between the Government of the State of Israel and the P. L. O.,
Representing the Palestinian People," Paris, April 29, 1994, https://www. paltrade. org/upload/
agreements/Paris%20Economic%20Protocol. pdf.

②　Leila Farsakh, *Palestinian Labor Migration to Israel: Labour, Land, and Occupation*, New York:
Routledge, 2005, p. 128.

③　Leila Farsakh, "Palestinian Labor Migration to Israel since Oslo and beyond," *Topics in Middle
Eastern and African Economies*, Vol. 4(September, 2002).

力市场吸收加沙地带健壮劳动力总数的 13% ，这一数字在 1993 年以前为 35% ~45% ，约旦河西岸前往以色列的劳动力人数变动并没有如此剧烈，1995 ~1999 年其向以色列劳动力市场输送了劳动力总数的 18% ~25% ，这一数字在 1993 年以前为 25% ~30% 。① 2006 年，来自加沙的巴勒斯坦工人完全被禁止进入以色列，从那以后，只有约旦河西岸的居民才被允许在以色列工作。奥斯陆和平进程关上了成千上万在农业和建筑业等劳动密集型行业工作的巴勒斯坦劳工进入以色列劳动力市场之门。面对此种情况，以色列政府在次级劳动力市场实行补贴计划用来吸引以色列工人。虽然劳动力短缺的局面有所改善，建筑部门的工人工资水平却因此水涨船高，同时以色列工人不足以填补巴勒斯坦劳工留下的空缺。建筑业和农业部门的雇主向政府施压，要求允许更多其他国家的劳工进入以替代被占领土上的巴勒斯坦人。

（四）阿克萨"因提法达"与"关闭天空"政策

自进入 21 世纪以来，以色列境内巴勒斯坦劳工人数的大幅度波动与巴勒斯坦和以色列之间的政治关系密切相关。2000 年，以色列"鹰派"领导人沙龙突然造访耶路撒冷老城的伊斯兰圣地阿克萨清真寺事件导致阿克萨"因提法达"的爆发，夺取了成千上万巴勒斯坦人和以色列人宝贵的生命，以色列当局关闭了巴以边界，并对巴勒斯坦劳工的流动进行了严格的限制，这造成了以色列就业人口的剧减。阿克萨"因提法达"的爆发引发巴勒斯坦失业率的增长，2010 年，几乎没有加沙地带的巴勒斯坦人前往以色列工作，而约旦河西岸约有 14% 的巴勒斯坦人就业于以色列，这一比例在 1999 年时为 23% 。② 阿克萨"因提法达"的爆发使巴以关系处于十分紧张的状态，双方的贸易和劳务交往受阻，以色列经济于 2001 年陷入衰退的泥潭。经济的衰退使以色列国内的失业率明显增加，在 2001 年达到了 25.8 万人。这一时期，以色列国内的社会治安状况也在不断恶化。以色列右翼

---

① Ted N. Aranki and Yousef Daoud, "Competition, Substitution, or Discretion: an Analysis of Palestinian and Foreign Guest Workers in the Israeli Labor Market," *Journal of Population Economics*, Vol. 23, Issue 4(2010), pp. 1275 – 1300.

② Dorothee Flaig, Khalid Siddig, Harald Grethe, Jonas Luckmann and Scott McDonald, "Relaxing Israeli Restrictions on Palestinian Labour: Who Benefits," *Economic Modelling*, Vol. 31 (2013), p. 143.

当代以色列：多元表达与社会张力

及宗教党派往往把国内出现的经济社会问题归因于劳工移民的存在。为了解决居高不下的失业率，以色列政府采取了减少引进劳工移民的措施。

2002 年 10 月 3 日，以色列总理阿里尔·沙龙宣布内政部实施 "关闭天空" 政策（The "Closed Skies" Policy），即全面停止劳务输入，不再办理劳务入境签证；在某种情况下，已经批准的就业许可证发放给在以色列工作的非法工作者。① 2003 年 1 月 7 日，内政部法务部门首次公布了《关闭天空条例》，该条例经多次修订于 2004 年 6 月 1 日生效。条例规定对签证期满的外来务工人员予以扣留，国家不会为移民工人提供替代拥有雇用非犹太工人许可证的雇主。但是，雇主可以向内政部提出雇用被扣留工人的请求，并且可以批准这种请求。② 被雇用的劳工必须符合以下标准。

> 他们最初必须在持有合法工作许可证的情况下进入以色列；被扣留时，受雇于与授权他们工作的原始工作许可证相同的职业领域；他们必须在拘留之日起 8 天内向当局提供有效护照；扣留之日，他们自首次入境之日起不得在以色列停留超过 51 个月；他们被扣留以前未从事非法工作；他们必须从事建筑或农业工作（在以色列工作一年以上的护理人员以及工业工人不符合规定）。

上述第 3 项标准尤其令人不安，因为在许多情况下，雇主非法扣留雇员的护照，并在扣留后的 8 天内拒绝归还雇员。因此，国家当局可能认为该雇员不符合《关闭天空条例》规定的重新就业资格。以色列政府 2002 年 10 月实施 "关闭天空" 政策以来，先后出台了旨在加大使用外籍劳工成本，降低引进外籍劳工力度的相关措施：如雇主为每位外籍劳工每年缴纳 4000 新谢克尔人头税、400 新谢克尔申请费和 150 新谢克尔手续费；在取消外籍劳工所得税率 2.75 个百分点优惠的同时，又增征了 8 个百分点；将允许外籍建筑劳工在以工作最长期限由原来的 27 个月改为 63 个月。③

随着巴以关系缓和，经贸、旅游等行业呈恢复和发展势头，建筑业出

---

① Martha Kruger, "Strangers in a Strange Land: International Migration in Israel," Global Commission on International Migration, January 2005, p. 8, http://www.refworld.org/pdfid/42ce50654.pdf.

② Martha Kruger, "Strangers in a Strange Land: International Migration in Israel," Global Commission on International Migration, January 2005, p. 8, http://www.refworld.org/pdfid/42ce50654.pdf.

③ 李明欢：《谋生于合法与非法之间：在以色列的福建人》，载周敏、张国雄主编《国际移民与社会发展》，第 116 页。

现复苏，对劳务需求增加。同时，经过几年的大力遣返非法劳工，在以色列的非法外籍劳工数量已大大减少。尽管以色列政府大力鼓励国内劳动力从事建筑业，但极少有以色列人愿意做建筑工人。2004 年约有 7000 名以色列人进入建筑业，但中途有半数人放弃。因此，需求与供给之间存在缺口。面对国内建筑等行业的强烈抗议，以色列政府对"关闭天空"政策进行调整，适当放开对外籍劳工的引进，自 2006 年以来，以色列境内劳工移民人数一直处于温和持续地增长状态。犹太移民的安置、弱势群体的护理、田间农作物的种植、城市化进程的推进以及国际关系的建设等方面有赖于劳工移民的存在。总体来看，受制于国家安全形势和经济发展状况多重因素的制约，以色列政府的外籍劳工移民政策进退维谷：一方面，巨大的职位空缺需要劳工移民的支撑；另一方面，不同族群之间的排斥性决定了政府限制和驱逐政策的实施。解决劳工移民问题的根本途径在于规范外籍劳务市场的运作和维护劳工移民的合法权益，运行良好的管理制度可以减少劳工移民产生的消极影响。

二　以色列劳工移民来源地构成

经过半个多世纪的历程，分布在特拉维夫、耶路撒冷、海法以及埃拉特等城市和部分乡村地区的劳工移民日渐形成一个以务工为特征的少数群体，与主体民族犹太人、处境尴尬的阿拉伯人等群体构成了以色列多元化的社会，成为劳务市场上不可或缺的力量。截至 2014 年 3 月，包括合法劳工[①]和非法劳工在内的以色列劳工移民人数大约为 31.8 万人，达到以色列劳工移民人数的又一个高峰，[②] 2015 年，这一群体的数量降低到约 30.4 万人，按照进入以色列的方式和祖籍国不同划分，其中包括 89171 名持有工作证进入以色列的外国工人、79213 名巴勒斯坦劳工、172 名约旦工人、

---

① 根据《外国工人雇佣法》的规定，"外国工人"是指非以色列公民或居民中的工人。外国工人地位的合法性主要包括两个方面，首先，其雇主必须在政府批准的外国工人就业部门范围内持有相关的有效雇佣许可证；其次，外国工人必须持有同一部门的有效工作许可证，并向持有该雇佣许可证的雇主登记。

② Adriana Kemp and Rebeca Raijman, "Bringing in State Regulations, Private Brokers, and Local Employers: A Meso-Level Analysis of Labor Trafficking in Israel," *International Migration Review*, Vol. 48, No. 3(2014), p. 611.

91000 名以旅游签证方式进入的外国工人以及 44599 名非洲的寻求庇护者。① 按其所属的洲际及文化圈不同，以色列的劳工移民主要分为亚洲劳工、非洲劳工、拉丁美洲劳工以及东欧劳工。亚洲劳工主要来自巴勒斯坦、菲律宾、泰国、中国、土耳其、斯里兰卡、印度以及约旦等发展中国家。非洲劳工主要来自尼日利亚和加纳，少数来自撒哈拉以南的非洲国家。拉丁美洲劳工主要来自哥伦比亚、厄瓜多尔、秘鲁、智利以及玻利维亚等国（详见图 5 - 1）。东欧劳工主要来自罗马尼亚、保加利亚等国。从劳工移民来源国分布情况来看，其构成具有多元性，以色列劳动力市场招募的劳工移民来自世界各地；从劳工移民输出国的发展程度来看，大多数国家属于发展中国家。

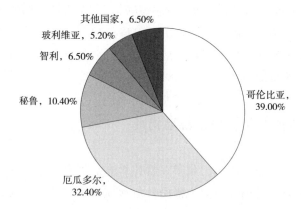

图 5 - 1　以色列拉丁美洲劳工来源国分布

资料来源：转引自 Adriana Kemp and Rebeca Raijman, "Christian Zionists in the Holy Land: Evangelical Churches, Labor Migrants, and the Jewish State," *Identities: Global Studies in Culture and Power*, Vol. 10, No. 3(2003), p. 317。

（一）亚洲劳工移民

亚洲劳工移民在以色列外籍劳务市场中占有很大的比重，是以色列外籍劳务市场中的主力军，2017 年持合法签证的劳工移民中，61% 来自亚洲国家，除了巴勒斯坦以外，中国、泰国、菲律宾、尼泊尔和印度是向以色列输出劳务的主要亚洲国家。在劳工移民流动形成的原因方面，经济原因

---

① "Labor Migration to Israel 2016," https://www.gov.il/Blob Folder/reports/foreign_workers_in_ israel_2016_report/he/foreign_workers_review_ 0916.pdf.

是推动亚洲劳工前往以色列的"拉力因素",以色列国内的薪资水平普遍
高于其他发展中国家。在就业领域分布方面,泰国劳工以其良好的敬业精
神和遵守劳动合同的行为在以色列农业外籍劳务领域长期占据主导地位;
菲律宾女佣则以其自身的语言和技能优势几乎长期垄断以色列的家政劳务
市场。就亚洲劳工移民的婚姻和家庭状况而言,在以色列外籍家政护理劳
务市场工作的东南亚和南亚劳工移民中有 57.6% 的人已婚,有 1/3 的劳工
移民处于未婚状态,还有 10% 的劳工移民离婚或丧偶。11.8% 的斯里兰卡
劳工移民和 22.5% 的菲律宾劳工移民与其配偶共同在以色列生活。另外,
部分劳工移民与他们的子女在以色列共同生活,这种情况在菲律宾劳工移
民群体中最为常见,其比例高达 50% 左右。泰国劳工和中国劳工的子女一
般生活在祖籍国(详见表 5 - 2)。

表 5 - 2   以色列亚洲劳工移民人口社会学特征

来源国	家政服务业			农业	建筑业	
	尼泊尔	斯里兰卡	菲律宾	泰国	中国	合计
女性所占比例(%)	97.1	79.4	75.0	5.5	—	48.0
年龄平均值(岁)	35.5	40.0	37.6	32.0	40.0	36.4
单身比例(%)	34.3	29.5	32.5	38.1	6.3	26.0
丧偶/离婚/分开比例(%)	11.4	11.8	12.5	10.9	3.1	10.2
结婚/同居比例(%)	54.3	55.8	55.0	43.7	90.6	57.6
与配偶同在以色列比例(%)	8.6	11.8	22.5	1.8	—	8.7
有子女的劳工移民比例(%)	54.3	67.6	82.5	58.2	87.5	68.9
与子女同在以色列比例(%)	15.8	13.0	41.2	3.1	—	15.5
工作年限平均值(年)	4.4	3.5	5.2	2.7	4.1	3.9
工作年限最小值(年)	2.2	0.3	0.2	0.1	0.5	0.1
工作年限最大值(年)	7.0	10.0	10.0	5.25	9.5	10.0
拥有工作许可证者比例(%)	85.7	78.8	67.5	96.3	93.8	85.1
无工作许可证者比例(%)	11.4	12.1	32.5	3.7	3.1	12.3
寻求庇护者比例(%)	2.9	3.0	—	—	—	1.0
拥有联合国签证比例(%)	—	6.1	—	—	3.1	1.6

资料来源:转引自 Rebeca Raijman And Nonna Kushnirovich, *Labor Migrant Recruitment Practices in Israel*, Final report for the Emek Hefer Ruppin Academic Center and the Center for International Migration and Integration, March 2012, p. 35。

1. 菲律宾劳工

在亚洲劳工的群体中，菲律宾女佣无疑最具有代表性，世界范围内遍布菲律宾女佣的足迹。菲律宾女佣的出现有其深刻的历史背景。菲律宾国内经济发展滞后导致了严重的失业和贫困问题，因此寻找就业机会是菲律宾人移民海外的主要动因。20 世纪 70 年代以后，菲律宾劳工移民海外的浪潮越发高涨，除了严重的失业和社会问题外，政府政策的鼓励以及先前移民所树立的成功经验都起到了至关重要的作用。20 世纪 80 年代晚期，大规模的菲律宾女佣开始到达以色列，以满足老年人、残疾人以及在事故、军队和战争中负伤人员对 24 小时护工的需求。[1] 菲律宾女佣是以色列家政服务行业的主要劳动力。据统计，1998 年以色列境内家政护理行业约有 1 万名合法外国工人和 1.5 万名非法外国工人。[2] 菲律宾家政服务群体是劳工移民中比较富有经验和成功的群体之一。菲律宾劳工建立错综复杂的工作和社会网络。菲律宾女佣马琳（Marlyn）在谈到自己的生活时说道：

> 我一周工作六天，从星期六晚上到星期天晚上是空闲时间。在这段时间内，我可以和我的朋友一起分享这段时光。在以色列有我的表亲和其他朋友，我们是一个十九人的团体，其中有十六位女士和三位男士。男士们在菲律宾有自己的家庭，而女士们单身的居多。我们在雅法的教堂相见，然后去租到的四间公寓，在那里我们做菲律宾食物、闲聊、玩游戏，如果有人有困难，我们会帮他解决。星期天，我们一起去教堂做礼拜，然后去商城购物。我们有时会去圣地旅游，有时会去加利利海钓鱼。假期的时候，我们和其他的团体相见，并举办派对。[3]

长期生活和工作在以色列的菲律宾女佣群体建立了涉及生活和工作各个方面的发达的社交网络，比如自我救助制度、公认的聚会地点、信仰联

---

[1] 以色列与阿拉伯国家长期处于战争状态，历经多次中东战争，恐怖自杀性爆炸事件又连年不断，造成大量伤亡人员，他们需要护理人员的长期照顾，因此对护理人员的需求很大。参见王全火编著《以色列劳务指南——政策与实务》，第 50 页。

[2] Israel Drori and Gideon Kunda, "The Work Experience of Foreign Workers in Israel: The Case of Filipino Caregivers, Thais in Agriculture, and Rumanians in Constructions, "Golda Meir Institute for Social and Labour Research, 1999, p. 8.

[3] Israel Drori and Gideon Kunda, "The Work Experience of Foreign Workers in Israel: The Case of Filipino Caregivers, Thais in Agriculture, and Rumanians in Constructions, "Golda Meir Institute for Social and Labour Research, 1999, p. 15.

盟以及特别民族食品商店。菲律宾家庭三代在家政服务业工作是非常普遍的。菲律宾的社交网络创造了一个有自己特殊归属、相同标准、相同价值观并团结在一起的团体。菲律宾社团在以色列社会内部形成了一个保存自我身份的亚文化群，在这一群体中，他们具有相似的生活方式和价值观。菲律宾社团内部互帮互助、共同参加宗教活动。菲律宾劳工社交网络的存在缓和了他们背井离乡的孤独感和陌生感，并使他们的生活和工作孤立于以色列社会之外。菲律宾社团给予其成员精神和情感上的支持，互帮互助是他们能够在遥远的国度坚持下去的动力。社交网络是沟通菲律宾和以色列之间的一座情感桥梁，通过社交网络，菲律宾劳工能够把汇款、食品以及信息带给祖国的亲朋好友。菲律宾劳工能够在异国他乡面对各种困难与挫折的关键是生存在一个包容性的社交网络之中，并不断完善这一社交网络。① 菲律宾劳工积极乐观的生活和工作态度使其在国外务工的过程中，获得了许多宝贵的经验，值得其他国家劳工借鉴。

2. 中国劳工

　　中国是一个人力资源极其丰富的发展中国家，华人国际移民的历史源远流长，寻求谋生机会是华人移居海外的重要动机。1992 年中国和以色列建立外交关系，这为中以之间的政治交往、经贸合作和人文交流奠定了坚固的基础。中以劳务合作是中以经贸合作的重要组成部分。中以两国于1994 年在劳务方面开始合作，早期两国劳务合作的主要领域是建筑行业。据中国驻以色列大使馆经济商务处的资料，到 1995 年 6 月底，已有 12 家中国企业进入以色列劳务市场，共派出 1300 多名劳务人员。② 西亚地区一直是中国主要的劳务承包市场，1996 年中国对外承包劳务营业额居前 50位的国家中有伊朗、科威特、以色列、也门和阿联酋 5 个西亚国家。③ 从1997 年开始，中国进入以色列劳务市场的公司达到 20 多家。中以劳务合作的领域从建筑行业拓展到农业、家政服务业和餐饮等各个行业。2000 年末，中国在以色列的劳务人员有 8408 人；2001 年末，中国在以色列的劳

①　Israel Drori and Gideon Kunda, "The Work Experience of Foreign Workers in Israel: The Case of Filipino Caregivers, Thais in Agriculture, and Rumanians in Constructions,"Golda Meir Institute for Social and Labour Research, 1999, p. 15.

②　马秀卿：《我国和以色列经贸关系的发展》，《西亚非洲》1996 年第 2 期，第 42 页。

③　张倩红：《以色列经济振兴之路》，第 96 页。

当代以色列：多元表达与社会张力

务人员有 16491 人；2002 年末，中国在以色列的劳务人员有 17030 人；2003 年末，中国在以色列的劳务人员有 12300 人；2004 年末，中国在以色列劳务人员有 10585 人。2002 年以后，中国在以色列劳务人员的数量呈现不断减少的趋势。中国前往以色列务工的人员以福建人居多，他们大多数来自福建省的福清、平潭、莆田、泉州以及厦门等地，另外也不乏东北地区，以及江苏、湖北等省份的劳工。[1] 中国劳工的足迹遍布以色列比较繁华的城市，从地中海海滨特拉维夫到中部山城耶路撒冷，从北部海港海法到南部红海旅游胜地埃拉特，到处可见中国劳工的身影。

　　1997～2016 年前往以色列务工的中国劳工以男性居多，年龄集中在30～49 岁，经验丰富的劳工更容易被聘用。中国劳工的受教育程度以初中、高中、大专学历为主，有极少数的劳工达到本科学历。在以色列务工的中国人员的祖籍地呈现多样化的趋势，包括江苏省、山东省、河南省、辽宁省、福建省、河北省等，中国中、西部地区在以色列的务工人员数量逐渐增加。1996 年前后，以色列建筑部门的中国劳工的月工资在 500～600美元[2]，2009 年前后，中国劳工每天工作至少 9 个小时，其月收入约为900 美元，在加班的基础上，工资可以增加到 1200 美元。2017 年，以色列建筑部门劳工的收入在 1500～3000 美元。为了获得合法的工作签证，中国劳工需要向招聘公司支付较高的中介费用，2000 年的中介费大约是每人 1万美元，至 2007 年已经上涨至每人 2.3 万美元。招聘公司为了谋求高额经济利益，推动了以色列政府对中国劳工的引进。[3] 由于中国劳工的工作签证时间限制在 5 年之内，为了还清用来支付中介费的借款，中国劳工经常以牺牲休息时间的方式加班工作。由于以色列对非犹太人的限制性移民政策，中国劳工无法获得在以色列的永久居住权，因此，中国劳工面临婚姻、语言、福利以及就业等方面的障碍。近年来，"移民工热线"等非政府组织为外籍劳工伸张正义，维护权益，越来越多的中国劳工在遇到不合

---

① 李明欢：《谋生于合法与非法之间：在以色列的福建人》，《世界民族》2008 年第 4 期，第 53 页。

② 李明欢：《谋生于合法与非法之间：在以色列的福建人》，《世界民族》2008 年第 4 期，第 54 页。

③ Barak Kalir, "Finding Jesus in the Holy Land and Taking Him to China: Chinese Temporary Migrant Workers in Israel Converting to Evangelical Christianity," *Sociology of Religion*, Vol. 70, No. 2(2009), p. 133.

理的遭遇时会向这些组织寻求援助。[1]

"一带一路"倡议提出后，中以劳务合作增添了新的活力，面临新的机遇，合作领域逐渐扩宽，合作水平逐渐提高。2017 年 3 月，以色列总理内塔尼亚胡率政府代表团对中国进行了为期 4 天的正式访问。以色列总理内塔尼亚胡与中国国务院总理李克强举行会谈，见证多项合作协议的签署。其中包括《中以招募中国工人在以特定行业短期工作协议》。中国对外承包工程商会会长房秋晨与以色列驻华大使何泽伟（Zvi Heifetz）分别代表中以双方协议执行机构共同签署了《关于招募中国工人在以色列国特定行业短期工作的实施细则（建筑行业）》。随后以色列经济与产业部部长艾里·科恩（Eli Cohen）表示引入 6000 名中国劳工作为中以劳务合作的试点项目，推进中以劳务合作。[2] 在中以两国政府的推动下，中国企业参与建设的项目数量和金额不断增长，合作的领域逐步从低端市场走向中高端市场。随着劳动力市场全球化进程不可逆转的发展趋势，中国劳动力应当更主动地加入国际劳务市场的合理合法竞争。在这一进程中，主管部门在协助拓展、疏通跨国劳务输出合法渠道以及维护在外劳务人员合法权益方面应发挥重要作用。

（二）拉丁美洲劳工移民

以色列政府对外来工人的引进配额只满足了部分以色列雇主对廉价劳动力的需求，许多雇主直接将无证移民引入非正式劳动力市场，据估计，在 20 世纪 90 年代初，大约有 5 万名巴勒斯坦人经常在没有官方许可的情况下在以色列工作。[3] 由于政府引进非犹太外来务工人员的计划一再推迟，雇用非法移民成为以色列劳动力市场解决劳务需求的权宜之计。越来越多的非法移民持合法的旅游签证进入以色列，在旅游签证期满后并未离开以色列而成为非法滞留人员。由于以色列很少从中东、拉丁美洲或非洲招募外来劳工，这些群体大多数代表无证移民。无证移民来自 90 多个国家或地

① Nigel Harris, "Chinese Workers in Israel: A Bizarre Tale,"*Economic and Political Weekly*, Vol. 36, No. 20(2001), p. 1688.

② 周奕凤：《以色列或于未来三个月内试点引入 6000 名中国劳工》，《以色列时报》2017 年 3 月 26 日，http://cn.timesofisrael.com/以色列或于未来三个月内试点引入 6000 名中国劳工。

③ Barak Kalir, *Latino Migrants in the Jewish State: Undocumented Lives in Israel*, p. 56.

区，其中来自拉丁美洲的 12000 名无证移民前往以色列始于 1993 年。20 世纪 90 年代，拉丁美洲劳工主要由来自厄瓜多尔和哥伦比亚的移民构成，哥伦比亚人通常比厄瓜多尔人更早抵达以色列。从 1999 年起，厄瓜多尔人的数量显著增加，逐渐成为以色列最大的拉丁裔群体。[①] 拉丁美洲劳务人员在以色列所从事的职业与其在祖籍国所从事的职业具有明显的差异性，在祖籍国其从事的行业状况分布如下：服务和手工制作（51.30%）、店员和销售者（34.20%）以及 14.50% 的高薪专业和技术人员；在以色列所从事的行业主要分布于家政服务业（75%）、轻工业（9%）、建筑业（8%）以及其他服务业（8%）。[②]

学者巴拉克·卡利尔（Barak Kalir）根据前往以色列的动因不同将拉丁美洲劳工分为经济移民、宗教移民以及自发移民。经济移民主要受经济利益的驱使，希望通过移民改善他们的生活，20 世纪 80 年代原籍国的经济困境使许多人感到绝望，以色列的薪资水平大约是拉美国家的 4～5 倍。宗教因素是促使拉丁美洲移民选择以色列作为移民目的地的另一个重要原因。对于基督教教徒而言：伯利恒是耶稣的诞生地；约旦河是耶稣的受洗之处；耶路撒冷老城的苦路（Via Dolorosa）是耶稣受难之路；[③] 耶路撒冷还是圣墓教堂的所在地。以色列对于基督教教徒具有很大的吸引力，每年有成千上万的几乎包括所有教派在内的基督徒到此进行朝圣。自发的移民者决定移民至以色列之前对目的地并没有太多的了解，缺乏与家人的协商和考虑，正如一位移民所言："说实话，在我来这里之前我对以色列一无所知，只是我的朋友告诉我这里有机会。我想，为什么不来呢？"虽然拉丁裔移民来到以色列的原因不同，但他们很快就建立了跨国社会和宗教网络，以进行经济、社交与文化等各项活动。[④] 拉丁美洲劳工在社会和职场领域没有地位、声誉和权利的现实困境促使他们转向拉丁美洲移民社团寻求心灵的慰藉和现实的援助。积极的活动者在拉丁美洲劳工组织内部通过

① Barak Kalir, *Latino Migrants in the Jewish State: Undocumented Lives in Israel*, p. 58.

② Adriana Kemp and Rebeca Raijman, "Christian Zionists in the Holy Land: Evangelical Churches, Labor Migrants, and the Jewish State," *Identities: Global Studies in Culture and Power*, Vol. 10, Issue 3(2003), p. 318.

③ Barak Kalir, *Latino Migrants in the Jewish State: Undocumented Lives in Israel*, p. 78.

④ Amalia Ran, "Latino Migrants in the Jewish State: Undocumented Lives in Israel(Review)," *Journal of Jewish Identities*, Issue 5, No. 1(2012), p. 144.

组织团体活动可以重获自信和声望，以此寻求自我价值的实现，正如学者巴拉克·卡利尔指出的那样，不同的拉丁裔群体之间形成了一种社区意识，帮助他们应付融合的困境。① 虽然对于拉美裔男性劳工和女性劳工而言参加民族组织是非常普遍的，但是相对而言，男性劳工显然比女性劳工拥有更广的公共活动空间。男士可以活跃于足球俱乐部、棋社以及其他体育和商业网络，而女士只能参加一些满足社区文化和精神需要的社区活动。②

　　拉丁美洲非法移民的身份使其经常遭到以色列政府的逮捕和驱逐，经常出现在媒体报道中的画面是警方在工作场所、在街道以及在他们的家中逮捕非法移民，非法身份已经成为移民的噩梦。由于担心被捕与被驱逐，移民试图避免与警察的偶然相遇。而福音派移民教堂成为目前为止少数可以保护劳工移民的社会空间。与其他劳工移民聚会的场所不同，以色列政府即使意识到它们的存在，也会很少干预教堂活动。拉丁美洲劳工教堂的存在对于以色列管理部门并不是一个秘密，根据国家保护宗教活动或者至少不干涉他们的承诺，福音派移民教堂受益于国家机构和宗教机构之间关系的现状。在以色列警察和拉美社团领导人之间存在着一个未声明的协议：警察避免进入礼拜场所。牧师与教会成员把教会作为一个数代同堂的大家庭，而教堂为社会互动提供了一个与精神活动中心、银行、学校、职业介绍所以及社区活动中心不同的多样的平台。宗教组织及其活动场所不仅在为拉丁美洲劳工提供精神和道德支持方面扮演重要角色，而且在为劳工提供工作、住房、娱乐活动、汇款、医疗服务、幼儿园和学校等信息交换场所方面发挥重要作用。③

（三）非洲劳工移民

　　非洲劳工前往以色列的历史进程开始于 20 世纪 80 年代末期，早期非

① Amalia Ran, "Latino Migrants in the Jewish State: Undocumented Lives in Israel (Review) ," *Journal of Jewish Identities*, Issue 5, No. 1 (2012) , p. 144.

② Rebeca Raijman, Silvina Schammah-Gesser and Adriana Kemp, "International Migration, Domestic Work and Care Work: Undocumented Latina Migrants in Israel," *Gender & Society*, Vol. 17, No. 5 (2003) , p. 736.

③ Adriana Kemp, Rebeca Raijman, Julia Resnik and Silvina Schammah Gesser, " Contesting the Limits of Political Participation: Latinos and Black African Migrant Workers in Israel," *Ethnic and Racial Studies*, Vol. 23, No. 1(2000) , p. 104.

洲劳工移民主要来自尼日利亚和加纳，少数来自撒哈拉以南的非洲国家，比如刚果民主共和国、刚果共和国、中非、埃塞俄比亚、科特迪瓦、塞拉利昂、毛里求斯和南非，[①] 其中大多数是以朝圣或旅游的名义前往以色列的，他们由先前移民到此地的亲戚朋友收留。[②] 关于以色列境内非洲劳工的人数并没有确切的官方数据，据不完全统计，20 世纪 90 年代末期，有14000～20000 名非洲移民在以色列工作和生活。然而，由于 2003～2004年的大规模驱逐运动，非洲裔劳工的人数降到 4000～8000 人，其中包括几百名获得以色列政府承认难民地位的刚果、塞拉利昂、利比里亚以及科特迪瓦寻求庇护者。[③] 非洲劳工中的绝大多数居住在特拉维夫市老中央汽车站附近的贫民窟，他们在那里可以发现价格相对便宜的住房、折扣店和食品市场，并且那里四通八达，可以通往这个国家和城市的几乎任何地方，尤其重要的是，那里有其他海外劳工包括非洲裔劳工的公司。[④]

由于苏丹和厄立特里亚动荡的政治环境和糟糕的经济状况，为了寻求庇护和工作机会，从 2005 年起来自苏丹或厄立特里亚的大量非洲移民经西奈半岛穿过埃以边界非法进入经济发达、社会稳定、地理位置相近的以色列。根据以色列内政部的统计，从 2005 年底至 2013 年底，超过 6.4 万名非洲移民从西奈边界进入以色列。2013 年随着埃以边界墙的建造和完工，非法入境的移民人数大大降低。[⑤] 据估计，2011 年以色列境内大约有30000 名从埃及跨越边境进入以色列的寻求庇护者，到 2012 年 6 月在以色列境内逗留的非洲非法移民大约有 57193 人，其主要来自苏丹、厄立特里

① Adriana Kemp, Rebeca Raijman, Julia Resnik and Silvina Schammah Gesser, "Contesting the Limits of Political Participation: Latinos and Black African Migrant Workers in Israel, "*Ethnic and Racial Studies*, Vol. 23, No. 1(2003), p. 102.

② Galia Sabar, "Witchcraft and Concepts of Evil amongst African Migrant Workers in Israel, " *Canadian Journal of African Studies*, Vol. 44, No. 1(2010), p. 115.

③ Galia Sabar, "The Rise and Fall of African Migrant Churches: Transformations in African Religious Discourse and Practice in Tel Aviv, "in Sarah S. Willen, ed., *Transnational Migration to Israel in Global Comparative Context*, Lanham: Lexington Books, 2007, p. 189.

④ Galia Sabar, "The Rise and Fall of African Migrant Churches: Transformations in African Religious Discourse and Practice in Tel Aviv, "in Sarah S. Willen, ed., *Transnational Migration to Israel in Global Comparative Context*, p. 188.

⑤ Galia Sabar and Elizabeth Tsurkov, "Israel's Policies toward Asylum-Seekers: 2002 – 2014, "in Lorenzo Kamel, ed., *Changing Migration Patterns in the Mediterranean*, Roma: Istituto Affari Internazionali, 2015, p. 123.

亚和撒哈拉以南的国家。① 2016 年底，以色列非法移民大约有 40300 名，
其中 83.1% 为男性，女性仅占 16.9%。大量非洲寻求庇护者的涌入引起了
内塔尼亚胡政府的高度关注，触动到以色列国家和社会的神经。②

　　由于非洲劳工以寻求庇护者或者难民的身份进入以色列，随着入境非
法移民越来越多，以色列政府开始对其在基布兹和莫沙夫工作施加限制，
其只能从事房间清洁员、儿童照料、建筑等薪水较低和危险系数较高的工
作，每天工作 12 个小时，每周有 6 个工作日。③ 非洲移民中也不乏一些摄
影师、电脑专家、运输者、杂工、画家和商人。④ 为了维护自身利益和融
入以色列社会，非洲移民群体创建了以五旬节会、循道宗为核心的宗教团
体以及包括诸如工会、体育俱乐部、妇女组织在内的非正式协会，为其所
关心的问题和提高发言权进行抗争。⑤ 长期以来，教堂以及在教堂进行的
宗教活动被认为是移民社区生活的核心组成部分。宗教在移民身份塑造以
及移民利用宗教机构从主流社会获取合法性的过程中扮演重要角色，在那
里其寻求的不仅仅是精神上的慰藉，也有社会、经济和政治上的帮助。宗
教尤其是基督教被公认为非洲人生活的重要组成部分，宗教机构是非洲人
表达政治和社会诉求的重要渠道。⑥ 20 世纪 80 年代晚期到 90 年代早期当
非洲第一批移民到达以色列时，他们渴望祈祷或加入一个宗教团体，他们
去当时已有的教堂祈祷，有时参加由天主教会为菲律宾移民举办的一些特
殊的祈祷集会，有时参加为外国外交官举行的礼拜仪式。由于专业的非洲
基督徒人数很少以及他们不同的祈祷方式，没有教堂愿意为非洲人提供特

① Sigal Rozen, *Tortured in Sinai, Jailed in Israel: Detention of Slavery and Torture Survivors under the Anti-Infiltration Law*, Tel Aviv: Hotline for Migrant Workers, 2012, p. 6.

② Barak Kalir, "The Jewish State of Anxiety: Between Moral Obligation and Fearism in the Treatment of African Asylum Seekers in Israel," *Journal of Ethnic and Migration Studies*, Vol. 41, No. 4 (2015), p. 2.

③ Galia Sabar, "Witchcraft and Concepts of Evil amongst African Migrant Workers in Israel," *Canadian Journal of African Studies*, Vol. 44, No. 1(2010), p. 115.

④ Galia Sabar, "The Rise and Fall of African Migrant Churches: Transformations in African Religious Discourse and Practice in Tel Aviv," in Sarah S. Willen, ed. , *Transnational Migration to Israel in Global Comparative Context*, p. 188.

⑤ Galia Sabar, "Witchcraft and Concepts of Evil amongst African Migrant Workers in Israel," *Canadian Journal of African Studies*, Vol. 44, No. 1(2010), p. 116.

⑥ Galia Sabar, "The Rise and Fall of African Migrant Churches: Transformations in African Religious Discourse and Practice in Tel Aviv," in Sarah S. Willen, *Transnational Migration to Israel in Global Comparative Context*, pp. 185 – 186.

殊的服务。因此非洲人很快离开了主流教堂去建立属于自己的教堂。2002年以色列政府开启驱逐非法移民的进程，这一政策使非洲劳工的人数骤降，繁盛的社区变得衰落。2003 年，非洲劳工教堂一个接着一个关门，这种状况既与教堂牧师和领导人被驱逐出境有关，也与非洲移民的担心有关。在非洲劳工教堂发展的鼎盛时期，在特拉维夫南部方圆一千英亩之内有 40 多个教堂正常举行宗教活动。2004 年之初，只有少数的教堂被留下，这些教堂在移民眼中并不安全，他们日夜担心这些教堂会被关闭。虽然有少数牧师在联合国难民署（UNHCR）的建议下可以从以色列国家获得难民的地位，可以自由地进出教堂，但是获得难民地位的人数是极其有限的。①

1997 年以色列政府逐步升级对非法移民的驱逐政策，为了向以色列境内的非洲劳工提供帮助和服务，非洲工人联盟（African Workers Union, AWU）于 1997 年成立。② 在致力于人权事业的特拉维夫记者的调停下，非洲劳工开始与以色列议会成员和特拉维夫市政当局进行非正式接触，由来自所属不同党派的议会议员组成的小组与非洲劳工代表的会议得以举行。③ 非洲劳工和以色列议会代表之间的第一次会议的重要成果是非洲工人联盟的创建。1997 年非洲工人联盟在以色列议会议员的帮助和法律建议下注册为非营利组织。在非洲工人联盟的筹建大会上，社区领袖们就非洲工人联盟的活动以及未来决策进行发言时讲道："当前存在的移民危机只能使非洲移民团结起来，但这不是导致我们团结起来的唯一原因。我们必须用勇气、力量和决心来面对威胁非洲民族生存权的许多挑战。"④

宗教和社会网络构成了为非洲劳工提供诸如住宿、工作、医疗以及教育等所有生活信息的社会资本。多数非洲劳工协会采取自助机构的模式，这种模式可以帮助移民获得更多信息、就业人脉、经济和感情支持，因此

---

① Galia Sabar, "The Rise and Fall of African Migrant Churches: Transformations in African Religious Discourse and Practice in Tel Aviv, "in Sarah S. Willen, *Transnational Migration to Israel in Global Comparative Context*, p. 199.

② Zeev Rosenhek, "The Politics of Claims-Making by Labour Migrants in Israel, "*Journal of Ethnic and Migration Studies*, Vol. 25, No. 4(1999), p. 587.

③ Zeev Rosenhek, "The Politics of Claims-Making by Labour Migrants in Israel, "*Journal of Ethnic and Migration Studies*, Vol. 25, No. 4(1999), p. 587.

④ Adriana Kemp, Rebeca Raijman, Julia Resnik and Silvina Schammah Gesser, "Contesting the Limits of Political Participation: Latinos and Black African Migrant Workers in Israel, "*Ethnic and Racial Studies*, Vol. 23, No. 1(2000), p. 106.

可以使移民的成本和风险最小化。尽管每个协会的目标不同，但自助组织在促使非洲黑人少数族群融入主流社会的进程中扮演相同的角色。① 承载着家庭的嘱托，每月寄给家中几百美元的汇款是非洲劳工长久的责任和前进的动力。从实质性层面上看，菲律宾移民社团组织、拉丁美洲移民社团组织以及非洲移民社团组织的主要影响在于帮助移民适应和融入新环境。社团组织不仅为移民提供求职和住宿信息，而且帮助移民保持和重建与家乡的联系。从象征性层面上看，社团组织为其成员提供了体现社会地位和身份的平台。从精神层面上看，社团组织尤其是教会为移民提供了一个心灵的归宿，移民可以从社团组织或教会处获得坚持下去的精神动力，克服生活和工作中的重重困难。

三　以色列政府的劳工移民政策

以色列政府制定的劳工移民政策首要目标是在保证以色列本国公民就业的前提下，满足以色列经济发展对劳动力的需求。为了维护以色列国家犹太人口的多数，以色列移民政策存在着明确的犹太人和非犹太人之间的划分，一方面鼓励那些对以色列国家与文化不一定有认同感的具有犹太血统的移民落户以色列；另一方面却不允许那些长期在以色列本土生活和工作、通晓犹太历史与文化、认同并支持以色列国家的非犹太人拥有以色列国家赋予国民的合法权益。② 正如劳工和社会事务部的一位高级官员所言："对于非犹太人而言，以色列不是一个移民国家。"③ 以色列政府所奉行的劳工移民政策具有明显的排他性，维护国家经济和社会安全的原则主导了历届政府劳工移民管理政策的制定与完善，其主要包括配额政策、工作许可政策和补贴政策；规范劳动关系的约束性制度；建立以驱逐政策的形式对工人进行控制的补充机制。④ 在劳工移民事务管理分工方面，外国工人

① Adriana Kemp, Rebeca Raijman, Julia Resnik and Silvina Schammah Gesser, "Contesting the Limits of Political Participation: Latinos and Black African Migrant Workers in Israel," *Ethnic and Racial Studies*, Vol. 23, No. 1(2000), p. 105.

② 李明欢：《国际移民政策研究》，厦门大学出版社，2011，第 244 页。

③ Zeev Rosenhek, "The Politics of Claims-Making by Labour Migrants in Israel," *Journal of Ethnic and Migration Studies*, Vol. 25, No. 4(1999), p. 580.

④ Rebeca Raijman, Adriana Kemp, "The Institutionalization of Labor Migration in Israel," *Arbor*, Vol. 192, No. 777(2016), p. 1.

事务局主管外国工人就业方面的具体事务；内政部负责与外国工人入境、停留与离开相关的事务。特拉维夫等城市的市政机构和工人热线、劳工移民热线、以色列医生促进人权协会以及以色列公民权利协会等非政府组织在劳工移民服务方面发挥了重要作用。[①]

（一）限制巴勒斯坦劳工的政策

"六日战争"以后，约旦河西岸和加沙地带的近百万阿拉伯居民处于以色列政府的军事管制之下，只拥有有限的自我管理权。[②] 巴勒斯坦被占领土发展的机遇是极其有限的，大部分人生活的各方面都依赖于以色列。在随后的时间内，巴勒斯坦被占领土上越来越多的阿拉伯居民进入以色列劳动力市场寻求工作机会。以色列政府对巴勒斯坦劳工身份标准和人数采取严格的限制措施。根据1952年《以色列入境法》的规定，除以色列国民外，任何人进入以色列应持有本法所规定的签证；除以色列国民或本法规定的签证持有人外，在以色列居留的任何人应持有本法规定的居留许可证；允许劳工部长确定向外国工人发放工作许可证的条件。根据这些条例，以色列签证和工作许可证仅授予每个特定雇主的工人。违反上述规定的，吊销工作许可证和工作签证。[③] 在以色列工作的巴勒斯坦劳工必须要申请劳工许可证，这种许可证被授予需要员工的特定雇主。每换一份工作就意味着要重新申请一份许可证，申请许可证需要层层审批，因此这一过程十分漫长。与其他国家劳工的工作许可证由以色列内政部发放不同，巴勒斯坦劳工的工作许可证由国防部发放。[④] 巴勒斯坦劳工在约旦河西岸和加沙地带之间或者在约旦河西岸分开的不同地区之间移动都要接受严格的安全检查。[⑤]

① Adriana Kemp, "Reforming Policies on Foreign Workers in Israel," OECD Social, Employment and Migration Working Papers No. 103, p. 16.

② Noah Lewin-Epstein and Moshe Semyonov, "Noncitizen Arabs in the Israel Labor Market: Entry and Permeation," *Social Problems*, Vol. 33, No. 1(1985), p. 57.

③ Uri Yanay and Allan Borowski, "Foreign Workers in Israel: Eligibility to Welfare Programs and Accessibility to Services," *Social Security: Journal of Welfare and Social Security Studies*, Vol. 6 (2000), p. 181.

④ Gilad Nathan, *The OECD Expert Group on Migration(Sopemi) Report: Immigration in Israel 2011 – 2012*, Report of the Knesset Research and Information Office, 2013, p. 22.

⑤ Elizabeth Ruppert Bulmer, "The Impact of Israeli Border Policy on the Palestinian Labor Market," *Economic Development and Cultural Change*, Vol. 51, No. 3(2003), p. 659.

允许在任何时间进入以色列的巴勒斯坦工人人数受政府为每个部门分别确定的配额限制。以色列有权根据《巴黎议定书》，即《奥斯陆协定》的经济附件，对巴勒斯坦工人进入以色列实行配额。《巴黎议定书》指出，缔约各方将努力保持工人在它们之间的定期流动，但各缔约方有权决定其领土内流动的范围和条件。截至 2011 年底，巴勒斯坦人获准在以色列工作的总配额约为 3.3 万人，主要从事建筑业和农业，这一数字远远低于需要工作的巴勒斯坦工人的人数。2011 年第四季度约旦河西岸的失业率为16.6%，失业人数约 12.5 万人。20 世纪 90 年代初，当巴勒斯坦工人进入以色列的限制不那么严格时，在以色列工作的巴勒斯坦工人超过 11.5 万人，但这一数字也远远不能满足以色列雇主对巴勒斯坦工人的需求。[1] 除了配额限制之外，对于谁可以使用工作许可证还存在年龄和家庭地位的限制。安全机构普遍认为没有家庭的青年男子对以色列具有更高的潜在危险。2011 年 3 月，大多数工人获得工作许可证的最低年龄是 35 岁。不同的行业有不同的年龄要求。2011 年，28 岁及以上的巴勒斯坦人被允许从事柑橘和草莓采摘工作，而照料柑橘园的工作只允许 35 岁及以上的人从事。在约旦河西岸失业的群体中，年轻人所占比例最高，2011 年底，约旦河西岸 20~24 岁年龄段中有 28% 的人失业，而约旦河西岸整体失业比例为 16.6%，年龄限制降低了巴勒斯坦 20~24 岁年龄段劳动力找到工作的可能性。[2]

自 2006 年 6 月以来，在以色列工作的巴勒斯坦人及其工作日一直在缓慢增加。2011 年底，约有 2.8 万名约旦河西岸的巴勒斯坦人持许可证在以色列工作，超过 2 万人没有许可证。此外，约有 2.5 万名巴勒斯坦人在约旦河西岸的以色列定居点工作。[3] 巴勒斯坦劳工在以色列的就业被限制在一定的行业，其中约 58% 在建筑行业就业，约 35% 在农业部门就业，约7% 在工业和服务业就业。巴勒斯坦人只能在这些劳动密集型行业工作，

---

① Noga Kadman, *Employment of Palestinians in Israel and the Settlements: Restrictive Policies and Abuse of Rights*, p. 9, https://palestinakomiteen.no/wp-content/uploads/2013/05/employment-of-palestinians-in-Israel.pdf.

② Noga Kadman, *Employment of Palestinians in Israel and the Settlements: Restrictive Policies and Abuse of Rights*, p. 13, https://palestinakomiteen.no/wp-content/uploads/2013/05/employment-of-palestinians-in-Israel.pdf.

③ Noga Kadman, *Employment of Palestinians in Israel and the Settlements: Restrictive Policies and Abuse of Rights*, Touch Print, Tel-Aviv, August 2012, https://palestinakomiteen.no/wp-content/uploads/2013/05/employment-of-palestinians-in-Israel.pdf.

当代以色列：多元表达与社会张力

因为雇主很难找到愿意以低工资从事这项工作的以色列人。这些政策限制了巴勒斯坦人在以色列的就业机会，以及他们在其他领域的职业发展能力。[①] 在任何情况下，巴勒斯坦人被定义为按日计酬的散工，这意味着他们没有资格享受与以色列人同等水平的福利，也不准加入以色列总工会。[②] 严格来说，来自被占领区的巴勒斯坦阿拉伯人并非移民，按照规定，巴勒斯坦劳工每天清晨通过边境检查站进入以色列，大部分巴勒斯坦劳工禁止在午夜至早上六点之间留在以色列休息，必须要返回到自己的居住地，但在工作场所或临时住处冒着被逮捕的危险非法滞留过夜的人在增多，对于住得较远的加沙人来说尤其如此。[③] 虽然如此，巴勒斯坦劳工与劳工移民有以下几个共同的特征：两者都是由发展中的农业社会流入发达的工业社会；两者都缺乏以色列公民权而被视为外国人；两者都不受以色列社会福利法和工会的保护。[④] 虽然有非巴勒斯坦劳工可以弥补以色列劳动力短缺，但其并不能完全替代巴勒斯坦劳工在以色列劳动力市场中发挥的作用。其一，巴勒斯坦劳工与非巴勒斯坦劳工集中于不同的地理区域以及其在建筑行业从事的岗位不同，因此两者之间在某种意义上具有互补性。其二，在约旦河西岸和加沙地带，雇用海外劳动力的成本高于雇用巴勒斯坦劳工的成本。其三，招募海外劳动力的权利为一些大型建筑公司所掌控，小型建筑公司不得不从其他渠道招募海外劳工或继续雇用巴勒斯坦劳工。绝大多数公司更愿意雇用通晓希伯来语并与其建立长期合作关系的巴勒斯坦工人和承包商。[⑤]

　　从传统意义上说，在以色列工作的巴勒斯坦人的收入是约旦河西岸和加沙地带经济的重要组成部分。在这个背景下就可以理解巴勒斯坦激进分子为什么没有强加干涉巴勒斯坦人为犹太移民建造住房和基础设施的行为。[⑥] 巴勒斯坦对以色列的劳务出口是约旦河西岸和加沙地带收入增长的决定性因

---

① Noga Kadman, *Employment of Palestinians in Israel and the Settlements: Restrictive Policies and Abuse of Rights*, p. 8, https://palestinakomiteen.no/wp-content/uploads/2013/05/employment-of-palestinians-in-Israel.pdf.

② Ian Black, *Enemies and Neighbors: Arabs and Jews in Palestine and Israel, 1917 – 2017*, New York: Atlantic Monthly Press, 2017, p. 214.

③ Ian Black, *Enemies and Neighbors: Arabs and Jews in Palestine and Israel, 1917 – 2017*, p. 214.

④ Noah Lewin-Epstein and Moshe Semyonov, "Non-citizen Arabs in the Israel Labor Market: Entry and Permeation," *Social Problems*, Vol. 33, No. 1(1985), p. 58.

⑤ Leila Farsakh, *Palestinian Labor Migration to Israel: Labour, Land, and Occupation*, p. 122.

⑥ Gil Feiler, "Palestinian Employment Prospects," *Middle East Journal*, Vol. 47, No. 4 (1993), p. 646.

素。就业于以色列的巴勒斯坦劳工的工资水平至少比约旦河西岸的工资水平高出 70%。相比其他邻近国家，约旦河西岸的工资水平也相对较高，这是由于就业于以色列的巴勒斯坦劳工在某种程度上提高了最低工资标准。[①]在约旦河西岸和加沙地带有限的生产基础设施和大量剩余劳动力的基础上，有 1/3 的劳动力人口进入技能要求低和高增长的以色列经济部门。约旦河西岸和加沙地带到 1974 年，来自此类就业形式的收入占生产总值的 1/4，就业收入所产生的乘数效应占 1968～1973 年约旦河西岸和加沙地带生产总值增量的 1/2。1973 年之前，约旦河西岸和加沙地带的实际人均消费量分别以平均每年 6.7% 和 6.4% 的速度增长。20 世纪 70 年代中期，以色列对劳动力需求的减少以及被占领区居民先前储备的积蓄为被占领区建筑业的繁荣奠定了基础。[②] 1999 年，以色列成为巴勒斯坦劳工最大的雇主，23% 的巴勒斯坦就业人口在以色列工作，而到了 2004 年，这一比例降到 8%，以色列政府对巴勒斯坦劳工就业人数的限制对巴勒斯坦劳工的就业和收入产生了不利影响。[③]

（二）以色列政府对非巴勒斯坦劳工的管理政策

1. 配额政策、工作许可政策

来自菲律宾、泰国、中国、土耳其、罗马尼亚等国的劳工群体被以色列及其他国家的职业中介机构招募，有组织地抵达以色列。职业中介机构安排签证和工作许可证，然后把工人介绍给特定的以色列雇主，这些拥有工作许可的"注册"工人为合法的劳工移民。[④] 以色列政府通常将引进非巴勒斯坦劳工移民的权利赋予各雇主或企业，由其按照政府规定的流程自主招聘劳工移民。以色列对劳工移民的引进实行配额制。首先由雇主或企

① Dorothee Flaig, Khalid Siddig, Harald Grethe, Jonas Luckmann and Scott McDonald, "Relaxing Israeli Restrictions on Palestinian Labour: Who Benefits," *Economic Modelling*, Vol. 31 (2013), p. 144.

② Stuart A. Gabriel and Eitan F. Sabatello, "Palestinian Migration from the West Bank and Gaza: Economic and Demographic Analyses," *Economic Development and Cultural Change*, Vol. 34, No. 2 (1986), pp. 255 – 256.

③ Dorothee Flaig, Khalid Siddig, Harald Grethe, Jonas Luckmann, Scott McDonald, "Relaxing Israeli Restrictions on Palestinian Labour: Who Benefits," *Economic Modelling*, Vol. 31(2013), p. 143.

④ Uri Yanay and Allan Borowski, "Foreign Workers in Israel: Eligibility to Welfare Programs and Accessibility to Services," *Social Security: Journal of Welfare and Social Security Studies*, Vol. 6 (2000), p. 182.

业根据自己的劳务人员需求，提交有关证明劳务人员需求的文件，向劳工部申请名额，雇主或企业获得配额后与外国公司和劳务人员签订合同，由内政部发放工作签证。以色列海外劳工的雇佣模式与海湾产油国引进劳工移民的模式非常类似，[①] 从而使国家和雇主最大限度地控制外来务工人员的规模与流动。[②] 以色列对劳工移民分配的劳动许可证主要分布在农业和建筑业，每年有配额。随着预期寿命的延长，以色列对照顾老人的家庭护理人员的需求逐年增加，因此家政服务业在工作许可方面没有限制。劳工移民的来源国则十分分散，持有工作许可证进入以色列的劳工移民来自大约 100 个国家或地区。通过配额和工作许可政策对入境人员进行分类是国家低技术移民控制政策的核心内容，是政府确定劳动力迁移程度及其性质和构成的一种中央监管手段。[③]

2. 规范劳动关系的约束性制度

根据以色列政府政策，劳工移民到达以色列后，雇主必须将劳务的入境签证转换为长期工作签证。长期工作签证一次最长为一年，可以续签。内政部在办理工作签证时在签证页注明雇主公司名称或雇主姓名及签证有效期。[④] 雇主监管制与沙特阿拉伯国家的卡法拉庇护体系（Kafala Patronage）担保人制度（Guarantee System）以及海湾国家要求外国人拥有居住证（Iqamas）或者许可证的制度类似，外国人必须在本地担保人的名义下进行工作，这种体系意味着以色列政府机构把在其他国家通常属于国家机构的职能委托给私人雇主。[⑤] 雇

---

① Adriana Kemp, "Labour Migration and Racialisation: Labour Market Mechanisms and Labour Migration Control Policies in Israel," *Social Identities*, Vol. 10, No. 2(2004), p. 272.

② Nelly Elias and Adriana Kemp, "The New Second Generation: Non-Jewish Olim, Black Jews and Children of Migrant Workers in Israel," *Israel Students*, Vol. 15, No. 1(2010), p. 83. 海湾国家沙特阿拉伯实行的配额分配制十分典型。自 20 世纪 70 年代以来，沙特经济依靠丰富的石油资源迅速腾飞，石油工业的崛起促进了与石油相关的配套产业和服务业的繁荣，劳动力短缺问题由此而来。沙特政府亦采取引进劳工移民政策以解决劳动力短缺的燃眉之急，然而雇用外籍劳工的措施并非长久之计。因此沙特政府积极推行劳动力本土化的政策，而配额制是控制劳工移民规模的有效手段之一。1995 年 12 月，沙特内务部开始强制实行配额制，政府正式停止对某些工作门类发放签证。由此可见，实行配额制是中东国家常见的保护本国劳动力市场健康发展的重要举措。

③ Rebeca Raijman and Adriana Kemp, "The Institutionalization of Labor Migration in Israel," *Arbor*, Vol. 192, No. 777(2016), p. 2.

④ 王全火编著《以色列劳务指南——政策与实务》，第 50 页。

⑤ Adriana Kemp and Rebeca Raijman, "Bringing in State Regulations, Private Brokers, and Local Employers: A Meso-Level Analysis of Labor Trafficking in Israel," *International Migration Review*, Vol. 48, No. 3(2014), p. 616.

主监管制把劳务人员置于雇主的监督和管理之下。在这种模式下，劳务人员不能离开雇主更换工作，劳务人员如果脱离原雇主寻找新的工作，就会被视为非法。与以色列境内的其他劳工不同，非洲裔劳工并不为人力资源机构所雇用，而是像在其他国家一样，劳工一般自己寻找工作。因此，他们可以自由地选择住房和雇主，自由地就就业的各方面条件与雇主进行谈判，当他们得不到工资或受到雇主的虐待时，他们就可以自由地离开。但是，非法的地位使他们时刻处于被逮捕和被驱逐的危险境地。[①] 这种模式为雇主压榨劳务人员提供了便利，雇主会强制员工加班和拖欠员工工资。此外，雇主通过没收外国工人的护照限制其人身自由，防止其更换或放弃工作。实施这一约束性制度的目的是最大限度地监督劳动力移民入境和其在劳动力市场的活动，同时最大限度地减轻国家对招聘方式、就业条款和生活条件的责任。[②]

考察世界范围内自由劳动力市场之外的劳动力安置模式，以色列劳工移民招聘和就业模式十分符合"合同劳工"或"契约劳工"的特征。这种模式有许多先例，它在欧洲的工业化过程中起到过至关重要的作用。20 世纪 90 年代初至 21 世纪初，非政府组织发起了对抗侵犯劳工权益约束性制度的活动。2001 年，由以色列政府劳动部部长指定的一个专业委员会开始审视当时的劳工移民就业政策，以期增加不同雇主之间员工的流动性和提高劳工移民的薪资水平，并允许非法劳工移民的存在。以色列高等法院明确地表示政府必须制定一个改善劳工移民地位的新就业协议。[③] 2005 年，建筑行业首先允许劳务人员更换工作，劳务人员按照自己的意愿选择在有竞争力的人力资源中介机构注册。这项政策的调整无疑增加了劳务人员的流动性。2008 年，有 5079 名劳务人员更换他们注册的人力资源中介机构。虽然近年来这种制度有所松动，但这种变化在家政服务业和农业部门的进展是缓慢的，多数外籍劳工仍然不能自由地选择工作和更换雇主。

---

① Galia Sabar, "The Rise and Fall of African Migrant Churches: Transformations in African Religious Discourse and Practice in Tel Aviv,"in Sarah S. Willen, ed. , *Transnational Migration to Israel in Global Comparative Context*, p. 188.

② Rebeca Raijman and Adriana Kemp, "The Institutionalization of Labor Migration in Israel,"*Arbor*, Vol. 192, No. 777(2016), p. 2.

③ Yoram Ida, "Employment of Foreign Workers in Israel under the 'Binding Arrangement'," *International Journal of Business and Social Science*, Vol. 5, No. 6(2014), p. 61.

（三）以色列政府对非法劳工的遣返政策

以色列境内非法劳工的日益增多，引起了以色列社会的担忧。非法劳工形成的途径主要分为以下几类：合法劳工移民在合同期满后逾期滞留；因离开雇主而失去工作和居留许可的外籍工人；签证过期的游客。① 2012年以旅游名义进入以色列并停留在以色列工作的非法劳工为95000人，约占全部非法劳工的80%。以色列政府处理非法劳工的主要方法是将其驱逐出境，主要表现在以下两个方面。

其一，制定驱逐计划。1995年以色列的目标是将劳工移民占以色列劳动力的比例从10%降低到1%，而在1995～1999年的大多数年份，其目标并没有完全实现。根据劳工部人力资源管理局的数据，1995～1999年，约有13000名劳工移民被驱逐出境，每月费用估计为170万美元（720万新谢克尔，每名被拘留者每天200新谢克尔），当时确定的目标是每月1000人。作为对高失业率的回应，沙龙政府将驱逐5万名非法劳工的计划升级为驱逐10万名非法劳工的计划。1995～2008年，76000名非法劳工被驱逐出境，2003年和2004年是驱逐人数最多的年份。②

其二，2002年以色列成立新移民管理局。③ 以色列政府调拨5000万美元的预算资金，用于增加男女隔离的拘留设施，并向新警察部队分配了大约480个职位。④ 移民警察具有双重职能：一方面，担负执行职能；另一方面具有宣传职能。据官方报道，自新移民管理局成立以后，已有16500名劳工移民被驱逐，另有38500人自愿离开。从2003年夏季开始，移民警察启动"自愿遣返行动"计划，鼓励无证移民工人自愿离开。该计划分为三个阶段，第一阶段，警察呼吁非法移民在移民警察局登记。登记之后的非法移民家庭在两个月之内免受逮捕，在此期间，他们可以解决在以色列

---

① Rebeca Raijman and Adriana Kemp, "The Institutionalization of Labor Migration in Israel," *Arbor*, Vol. 192, No. 777(2016), p. 8.

② Rebeca Raijman and Adriana Kemp, "The Institutionalization of Labor Migration in Israel," *Arbor*, Vol. 192, No. 777(2016), p. 8.

③ Adriana Kemp, "Labour Migration and Racialisation: Labour Market Mechanisms and Labour Migration Control Policies in Israel," *Social Identities*, Vol. 10, No. 2(2004), p. 281.

④ Adriana Kemp, "Managing Migration, Reprioritizing National Citizenship: Undocumented Migrant Workers' Children and Policy Reforms in Israel," *Theoretical Inquiries in Law*, Vol. 8, Issue 2 (2007), p. 675.

的所有事务并购买机票；第二阶段于 2003 年 9 月 1 日开始，当局采取行动逮捕未登记和没有离境日期的家庭，其信息通过新闻发布会、与移民工作组织代表的会议、散发的传单等途径发布；第三阶段为"行动的最后阶段"包括儿童在内的所有家庭都将遭受逮捕和拘留，直至被驱逐出境。第三阶段的行动于 2003 年 11 月初开始，据特拉维夫市的估计，有大约 6000 名非法移民的子女生活在大都市地区，其中一些孩子在以色列出生和长大，但他们没有任何法律地位，不符合入籍资格。一旦他们年满 18 岁，他们就会成为无证居民，注定要被驱逐。① 移民警察将失业、经济衰退和可能破坏以色列犹太民族性格的婚姻归咎于移民工人的存在，将驱逐非法移民出境作为对抗失业和经济不景气的必然措施。②

　　以色列国内的批评人士认为劳工移民增加和失业率上升之间的经济逻辑并不存在。而一些非政府组织则为了保护人权而大声疾呼。在工人热线组织请愿书以及犹太多元主义研究所和其他组织提出批评之后，这场运动的煽动性色彩被软化了。2003 年 2 月 23 日，以色列高等法院审议了由各种非政府组织提交的反对大规模驱逐运动的请愿书，但是并没有扭转以色列政府实施大规模驱逐计划的局面。③ 以色列政府在驱逐运动中投入了大量资金，到 2004 年，驱逐运动已经耗资 7400 万美元。从移民警察局的角度来看，驱逐运动取得了阶段性的成功。据以色列警察局的网站显示，到 2005 年 1 月中旬，超过 122500 名劳工已经从以色列被遣返，其中包括 4 万名被强制逮捕并驱逐的劳工。成千上万名劳工在以色列当局定期和有组织的威胁下"自愿离境"。驱逐运动对规模较大以及组织良好的社区影响是毁灭性的。④

① Adriana Kemp, "Labour Migration and Racialisation: Labour Market Mechanisms and Labour Migration Control Policies in Israel," *Social Identities*, Vol. 10, No. 2(2004), p. 283.

② Adriana Kemp, "Labour Migration and Racialisation: Labour Market Mechanisms and Labour Migration Control Policies in Israel," *Social Identities*, Vol. 10, No. 2(2004), p. 284.

③ Adriana Kemp, "Managing Migration, Reprioritizing National Citizenship: Undocumented Migrant Workers' Children and Policy Reforms in Israel," *Theoretical Inquiries in Law*, Vol. 8, Issue 2 (2007), p. 677.

④ Sarah S. Willen, "Birthing 'Invisible' Children: State Power, NGO Activism, and Reproductive Health among 'Illegal Migrant' Workers in Tel Aviv, Israel," *Journal of Middle East Women's Studies*, Vol. 1, No. 2(2005), pp. 64 – 65.

（四）以色列政府对非洲"渗透者"的控制政策

为难民提供庇护在以色列历史上早有先例，其人道主义行为得到国际社会的普遍称赞。在当今全球难民危机的背景下，经西奈半岛穿过埃以边界进入以色列境内的非洲"寻求庇护者"因其人数的不断增加日益成为官方关注的焦点问题之一。因其入境缺乏必要的法律文件，以色列官方界定其为非法移民。1954 年以色列议会通过的《防止渗透法》对蓄意和非法进入以色列者进行了界定。

> 蓄意和非法进入以色列者指：其一，其身份为黎巴嫩、埃及、叙利亚、沙特、外约旦、伊拉克或也门的公民；其二，上述国家或以色列之外巴勒斯坦任何地方的居民或访客；其三，巴勒斯坦公民，或者无国籍或无公民身份的巴勒斯坦居民，或者国籍或公民身份存在疑问者，在上述时期离开常住地居住于原先在以色列之外现在成为以色列一部分的某个地区。①

在大批非洲移民涌入的背景下，2008 年 5 月，以色列政府对《防止渗透法》进行了修订，首次将来自非洲的非法入境者冠以"渗透者"的称谓，并允许以色列国防军驱逐来自厄立特里亚和苏丹的非法移民。② 作为《联合国难民保护公约》的签约国之一，以色列主流社会最初对待非洲"寻求庇护者"持宽容态度，2006 年以色列境内"寻求庇护者"仅有几百人，"寻求庇护者"还没有被视为一个公共问题。对于难民来说，奉行人道主义并为其提供庇护的以色列是一个美妙的国度。法学专家、以色列教育部前部长和移民问题特别顾问委员会主席阿姆农·鲁宾斯坦（Amnon Rubinstein）在谈论难民问题时讲道："对于难民我们有特殊的责任……犹太人历史上被欧洲主体社会拒之门外的情景还历历在目。我们背负着历史的包袱。"③ 以色

---

① 艾仁贵：《以色列对非洲非法移民的认知及管控》，《西亚非洲》2019 年第 5 期，第 45 页。

② Reuven Ziegler, "No Asylum for 'Infiltrators': The Legal Predicament of Eritrean and Sudanese Nationals in Israel," *Journal of Immigration: Asylum and Nationality Law*, Vol. 29, No. 2 (2015), p. 179.

③ Barak Kalir, "The Jewish State of Anxiety: Between Moral Obligation and Fearism in the Treatment of African Asylum Seekers in Israel," *Journal of Ethnic and Migration Studies*, Vol. 41, Issue 4 (2015), p. 2.

列主流社会当时对"寻求庇护者"持同情的态度，认为以色列政府有责任
为他们提供保护。

　　由于非法移民祖籍国政治和经济局面的恶化，以色列国内每年穿越
埃以边境的非洲"寻求庇护者"不断增加，申请难民身份的"寻求庇护
者"也不断增加，2002 年只有 355 人申请难民身份，2009 年这一数字增
加到 9087 人（详见图 5 - 2）。2012 年，令人惊讶的是穿越埃以边境进
入以色列境内的"寻求庇护者"达到了 6 万人左右。如何对待这些"寻
求庇护者"成为政党和公众激烈争论的主题。面对非法移民给以色列社
会和经济带来的巨大挑战，从 2008 年开始，以色列政府加强了对非法移
民的管控。2008 年 7 月，以色列政府在内政部之下设立人口、移民和边
境管理局。为了避免来自国际社会巨大的压力和为巴勒斯坦难民寻求回
归故土提供先例，以色列政府竭力否认非洲移民的难民身份，因为承认
非法移民的难民身份意味着"以色列政府有义务保护他们摆脱战争、迫
害、奴役和屠杀，不能驱逐他们"。以色列政府拒绝来自厄立特里亚和
苏丹的"寻求庇护者"提交的难民身份申请，而是选择为来自厄立特里
亚和苏丹的"寻求庇护者"整个群体提供"临时保护"。"临时保护"意
味着"寻求庇护者"无法享受到获得工作许可证和健康保险的基本社会
和经济权利。在"临时保护"下，约 3.5 万名厄立特里亚人和 1.5 万名苏
丹人得不到基本经济和社会权利的保障；他们没有获得工作许可证、医疗
保险、社会福利或任何住房和食物的供应。① 2009 年成立的难民身份甄别
小组处理了大约 14000 份申请，而只向 22 个申请者被承认难民身份。许多
以色列和国际非政府组织强烈批评"难民身份甄别小组"（Refugee Status
Determination Unit）故意以非法和不专业的方式使寻求庇护者申请不到难
民身份。②

　　以色列政府采取建造隔离墙、拘留中心以及制定"自愿和遣返"程序
的措施管控、驱逐非法移民。首先，为了阻止非洲移民通过埃以边界进入

————————

① Barak Kalir, "The Jewish State of Anxiety: Between Moral Obligation and Fearism in the Treatment of African Asylum Seekers in Israel,"*Journal of Ethnic and Migration Studies*, Vol. 41, Issue 4 (2015), p. 7.

② Barak Kalir, "The Jewish State of Anxiety: Between Moral Obligation and Fearism in the Treatment of African Asylum Seekers in Israel,"*Journal of Ethnic and Migration Studies*, Vol. 41, Issue 4 (2015), p. 8.

当代以色列：多元表达与社会张力

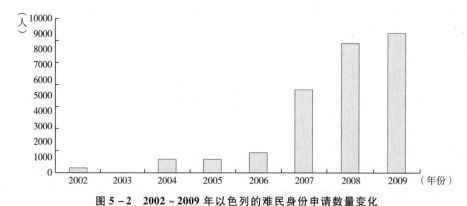

图 5 - 2　2002～2009 年以色列的难民身份申请数量变化

资料来源：Yonathan Paz, "Ordered Disorder: African Asylum Seekers in Israel and Discursive Challenges to an Emerging Refugee Regime,"UNHCR Policy Development and Evaluation Service, Research Paper No. 205, 2011, p. 2.

以色列，2010 年，以色列政府正式启动边界墙建造计划"沙漏项目"。2013 年 12 月，堪称以色列规模最大的工程之一的埃以边界墙竣工，建成了 230 公里的围栏。其次，除了投入巨资建造边界墙限制非洲移民入境，以色列政府对非法入境的非洲移民实施拘留措施，建造了据称能容纳 1 万名"寻求庇护者"的西方世界最大的拘留营。2012 年 1 月，以色列议会通过了《反渗透法案》（Anti-Infiltration Bill）。该法案允许当局拘留包括儿童在内的所有非法越境者 3 年，这项法案的通过引起了国内外许多人的严厉批评。在非政府组织提出法律上诉后，以色列高等法院于 2013 年 9 月推翻了《反渗透法案》，裁定监禁寻求庇护者违背了自由权。[①] 2013 年 12 月，以色列政府花费数亿新谢克尔建造了可以容纳 3000 多名非法移民的霍罗特拘留中心，其位于靠近埃以边界的内盖夫沙漠。因运行费用过高，2017 年 11 月，以色列内阁一致赞成内政部部长阿里耶·德利（Arye Dery）和公共安全部部长吉拉德·厄丹（Gilad Erdan）在未来 4 个月关闭霍罗特拘留中心的提议。[②] 2018 年 3 月，该拘留中心正式关闭。最后，以色列建造边界

[①] Barak Kalir, "The Jewish State of Anxiety: Between Moral Obligation and Fearism in the Treatment of African Asylum Seekers in Israel," *Journal of Ethnic and Migration Studies*, Vol. 41, Issue 4 (2015), p. 7.

[②] Moran Azulay, Amir Alon, and Yishai Porat, "Government Approves Closure of Holot Facility within 4 Months," *Ynet News*, November 19, 2017, https://www. ynetnews. com/articles/0, 7340, L - 5044929, 00. html.

墙和拘留中心的最终目标是驱逐非法移民。2017 年 11 月，以色列宣布计划在 2018 年 3 月前驱逐数千名非法移民。非洲移民被要求在返回本国和被送往卢旺达或乌干达之间做出选择。2018 年 1 月，以色列总理内塔尼亚胡宣布驱逐 4 万名非洲移民的大规模计划，给予移民终极的选择：要么在 2018 年 4 月 1 日前离开以色列，要么被强制监禁，但最终的命运仍是强制驱逐。2018 年 4 月，以色列与联合国达成协议，协议的内容是加拿大、德国和意大利将接受 16250 名非法移民，而以色列政府将给予另外 16250 名非法移民最多为期五年的临时居民身份，使其可以留在以色列。① 然而，在国内右翼政党盟友的强大压力下，不久之后，以色列政府取消了这项协议。

以色列政府由对难民开放宽容到对难民充满排斥和敌意，以至演变为阻止、否认、控制与驱逐非犹太难民。长期以来，非政府组织一直在为提出和实施以人权为基础和更具包容性的政策而不懈努力。在人权主义盛行的当今世界，国际社会保障人权的号召同样促使犹太人承担非政府组织所提倡的为难民提供保护的道德责任。以色列政府针对"寻求庇护者"的政策源于对非犹太人威胁性存在的根深蒂固的焦虑。这种焦虑来源于犹太人对遭受迫害的历史的审视。在大屠杀之后建立一个世界范围内犹太人民族国家的犹太复国主义范式认为只有一个强大的以色列国家才能保证世界范围内犹太人的生存和平等权利。正是基于这一历史事实，以色列极力保护以色列国家的犹太性。②

（五）以色列的劳工移民子女入籍政策

按照以色列政府内政部的规定，禁止外国工人在以色列生育孩子，如果外国工人在以色列生育孩子，就会被要求必须在 3 个月之内离开以色列。尽管如此，许多外国工人在生育孩子之后并没有按照规定离开以色列。截至 2009 年，以色列大约有 1900 名劳工移民子女，包括 1000 名来自苏丹、

① TOI Staff, "Netanyahu: 16, 250 Migrants to Resettle in' Developed Countries, ' Rest Will Stay, "*The Times of Israel*, April 2, 2018, https://www. timesofisrael. com/netanyahu-migrants-to-resettle-in-canada-germany-italy/.

② Barak Kalir, "The Jewish State of Anxiety: Between Moral Obligation and Fearism in the Trea-tment of African Asylum Seekers in Israel, "*Journal of Ethnic and Migration Studies*, Vol. 41, Issue 4, 2015, p. 3.

南苏丹、厄立特里亚的"寻求庇护者"或难民的子女。[①] 长期形成的情况是流动儿童在以色列人开办的学校上学，平时养成了用希伯来语交流的习惯，学习犹太历史与文化，在以色列度过了天真烂漫的童年时光，把以色列当成自己的祖国。大多数流动儿童只识希伯来语，不知其他国家的语言。通过教育机构、历史遗迹、文化记忆以及宗教信仰等社会系统被犹太复国主义者所建构的社会价值观所洗礼，因此，许多流动儿童对犹太民族所建立的国家具有强烈的认同感，自我认知为以色列人。以色列政府对待他们时而接受时而拒绝的复杂态度，使他们的未来不可预知。从国际法的层面上来说，1991 年，以色列成为 1990 年生效的《联合国儿童权利公约》的签署国。[②] 该公约规定全球儿童享有健康的权利、免费获得义务教育的权利、卫生保健的权利以及免受任意逮捕或监禁的权利。该公约宣称儿童的合法地位不应成为获得以上基本权利的障碍，涉及儿童的有关政策或措施必须以儿童的最大利益为优先考虑。在《联合国儿童权利公约》的压力和国际社会的督促下，以色列政府决定把劳工移民子女纳入公共保险计划，参保的劳工移民子女可以加入一个类似于公民健康保险的"健康一揽子"项目，流动儿童的生存环境因此得到一定程度的改善。

长期以来，非法移民以及劳工移民子女的国籍问题一直困扰着以色列各界人士，成为以色列政府和人权组织争论的主题。基于意识形态和国家犹太属性主导下的民族结构，以色列被定义为移民定居者的社会。1950 年的《回归法》以及生效于 1952 年的以色列《国籍法》为散居世界的犹太人返回以色列开启了永久之门，《回归法》基于血统主义的原则授予世界各地犹太人以回归的权利，而《国籍法》自动授予回归的犹太人以公民身份。[③] 1952 年《以色列入境法》以及相关的法律文件主要关注的是犹太人回归的问题，其他社会群体的地位并没有得到应有的关注。以色列国家官

---

① Gilad Nathan, *Migrant Workers and Victims of Human Trafficking: The Government' Policy and Activity of the Immigration Authority*, The Knesset Research and Information Center, October 2009.

② Galia Sabar and Yonatan N. Gez, "'I Know Nothing about Africa': Children of Undocumented Sub-Saharan African Labor Migrants in Israel, between Integration and Deportation,"in Mally Shechory, Sarah Ben-David and Dan Soen, *Who Pays the Price: Foreign Workers, Society, Crime and the Law*, New York: Nova Science Publishers, Inc, 2010, p. 77.

③ Rebeca Raijman, Silvina Schammah-Gesser and Adriana Kemp, "International Migration, Domestic Work and Care Work: Undocumented Latina Migrants in Israel,"*Gender & Society*, Vol. 17, No. 5 (2003), p. 732.

方以及半官方机构积极地鼓励犹太人移民以色列，并致力于接收和安置犹太移民，但非犹太移民在经济和社会领域遭受着众多歧视与区别对待。在医疗、教育等社会福利方面，因为缺乏以色列公民身份，劳工移民及其子女被排除在国家社会福利体系之外。[1]

针对非法移民及其子女遭遇驱逐的困境，以色列社会公众和部分政治精英促使以色列政府通过了一系列专门决议，这些决议为少数劳工移民子女及其直系亲属最终获得公民身份铺平了道路。2003 年 2 月，以色列内政部部长亚伯拉罕·波拉兹（Avraham Poraz）发动了有限放宽申请合法身份的非犹太移民入籍标准的"公民革命"。[2] 亚伯拉罕·波拉兹承诺改变以色列移民政策以及建立新的标准，这一新的标准使依据《回归法》判定不在公民资格范围内的移民更加容易地获得永久的法律地位。亚伯拉罕·波拉兹的提案首先解决既非犹太人也非阿拉伯人国防军士兵、非犹太人合作伙伴、俄裔犹太移民的父母以及流动儿童的公民资格问题。在自由主义思潮的推动下亚伯拉罕·波拉兹的提案是史无前例的。这是内政部首次认真考虑改变居住在以色列国内非犹太外国人的地位，针对包括未注册劳工在内的新移民群体实行更具整体性和包容性的移民政策。[3]

2005～2006 年，经过严格审查的少数外籍工人的子女及其家属获得永久居民身份。外籍工人子女获取永久居民身份的标准是非常严格的，最重要的标准是劳工移民家庭在以色列生活年限必须达到 6 年，入籍流动儿童必须年满 10 岁，在孩子出生之前其父母是通过合法途径进入以色列的，并且需要参加或完成学校教育、通晓希伯来语。入籍流动儿童的父母和兄弟姐妹可以获得临时居住身份，并且这种身份需要每年注册更新，这样他们才可以获得全部的社会权利。一旦入籍流动儿童的兄弟姐妹中有人从军入伍，其兄弟姐妹就可以获得公民身份，他们的父母也可以获

---

① Uri Yanay and Allan Borowski, "Foreign Workers in Israel: Eligibility to Welfare Programs and Accessibility to Services," *Social Security: Journal of Welfare and Social Security Studies*, Vol. 6 (2000), p. 181.

② Adriana Kemp, "Managing Migration, Reprioritizing National Citizenship: Undocumented Migrant Workers' Children and Policy Reforms in Israel," *Theoretical Inquiries in Law*, Vol. 8, Issue 2 (2007), p. 678.

③ Adriana Kemp, "Managing Migration, Reprioritizing National Citizenship: Undocumented Migrant Workers' Children and Policy Reforms in Israel," *Theoretical Inquiries in Law*, Vol. 8, Issue 2 (2007), p. 678.

当代以色列：多元表达与社会张力

得永久居住资格。① 根据该决定，劳工移民子女获得永久居民身份是一次性的安排，并且这种安排是无条件的。在这次公民资格自由化改革的过程中，获得了永久居民身份的外国工人家庭有 567 个，申请被驳回的外籍工人家庭有 295 个。② 长期以来一直致力于构建民族主义政权的宗教党派沙斯党的内阁大臣对此投下了反对票，声称这些决定危及以色列国家的犹太特性。面对来自宗教阵营的批评，奥尔默特总理回应道："这项计划并没有给国家的犹太特性蒙上阴影，而反对这项计划却给这个国家的道德品质蒙上了阴影。"③

2006 年 4 月，年满 19 岁的邦迪·费本（Bondi Faibon）获得以色列国籍 4 个月之后，作为劳工移民子女第一个进入以色列军队服役。以色列大众媒体称这一事件创造了历史性的时刻，以色列青年人进入军队服役是成为以色列国家成员的典型标志。在邦迪·费本个人看来，他更倾向于用民主共和的语境来定义被征召入伍这一事件。邦迪·费本说道："我是一个以色列人，我认为我被征募入伍是世界上最自然的事。"④ 20 世纪 90 年代以色列国内开始出现的非犹太劳工移民冲击了以色列社会原有的民族和种族结构，而邦迪·费本是过去 20 年中在以色列出生成长的众多的劳工移民子女中的一个。以色列非犹太移民成为在以色列政权内寻求公民资格新的活动者，而其获取公民资格的模式具有深远的社会和政治意义。以色列国内越来越多的既非犹太人也非阿拉伯人的移民导致了一个有趣的情况，根据国家和民族类别对以色列人口分类不再是一件简单的事情，正如以色列社会学家伊诺·科恩所指出的那样，在非犹太移民和非阿拉伯移民到来之前，所有移民都是犹太人，所有非犹太人都是阿拉伯人，所有劳工移民都是巴勒斯坦劳工移民，这种情况在当代以色列不复存在了。⑤

---

① Adriana Kemp, "Managing Migration, Reprioritizing National Citizenship: Undocumented Migrant Workers' Children and Policy Reforms in Israel," *Theoretical Inquiries in Law*, Vol. 8, Issue 2 (2007), p. 664.

② Gilad Nathan, *Migrant Workers and Victims of Human Trafficking: The Government' Policy and Activity of the Immigration Authority*.

③ Dani Filc and Quentin Young, *Circles of Exclusion: The Politics of Health Care in Israel*, Ithaca: Cornell University Press, 2009, p. 107.

④ Adriana Kemp, "Managing Migration, Reprioritizing National Citizenship: Undocumented Migrant Workers' Children and Policy Reforms in Israel," *Theoretical Inquiries in Law*, Vol. 8, Issue 2 (2007), p. 664.

⑤ Adriana Kemp, "Managing Migration, Reprioritizing National Citizenship: Undocumented Migrant Workers' Children and Policy Reforms in Israel," *Theoretical Inquiries in Law*, Vol. 8, Issue 2 (2007), p. 673.

四　劳工移民对以色列社会的影响

从经济发展角度来看，无论是熟练劳动力移民还是非熟练劳动力移民，对输入国和输出国经济发展的作用都是显而易见的。在过去几十年，全球范围内自由的资本流动、自由的国际贸易以及自由的人口流动给人类带来了巨大的财富和福利。国际移民不仅对发达国家解决劳动力短缺问题至关重要，而且对发展中国家解决贫穷和就业问题意义重大。哈佛大学教授兰特·普利切特（Lant Pritchett）高度评价移民给发展中国家带来的积极作用："较快的全球移民会给穷国带来巨大利益，这些利益超过多哈发展计划提出的外国援助、减免债务和贸易改革三者加起来的总和，大大有利于和谐世界的构建。"[①] 就劳工移民对以色列的影响而言，劳工移民在促进以色列经济社会发展的同时，不可避免地引起了犹太社会对国家安全的忧虑。

其一，劳工移民的输入缓解了以色列劳务市场对劳动力的需求。就以色列的劳务市场状况来看，随着经济和社会的发展，以色列的劳动力需求总体呈明显的上升趋势，而以色列国内的劳动力供应显然不能满足市场需求。从各行业劳动力供需比值来看，以色列的管理行业、工程技术行业以及代理服务等行业的劳动力相对来说较为充足；而制造业和建筑业的技术工人、服务业和零售业的从业者以及专职人员的劳动力供应则相对显得不足。此外，以色列社会中的阿拉伯群体和以色列社会中的阿拉伯群体和极端正统派群体的劳动力参与率处于极低水平，对于女性而言，这种状况更为严重。[②] 在伊斯兰教传统观念下，女性依附男性，不得外出从事特殊岗位以外的工作，因此阿拉伯女性群体劳动力参与率极低。而犹太教极端正统派依靠政府的补贴为生，专注于《托拉》以及犹太教经典的学习，这是造成以色列劳动力资源缺乏的重要原因之一。大量引进外籍劳工仍然是以色列解决本国劳务市场上劳动力不足的一个重要途径。巴勒斯坦劳工的人

---

① 龚威：《全球移民潮及其经济影响》，《国际人才交流》2008 年第 4 期，第 64 页。

② Guy Ben-Porat, Yagil Levy, Shlomo Mizrahi, Arye Naor, and Erez Tzfadia, *Israel Since 1980*, New York: Cambridge University Press, 2008, p. 108.

数在 1970～1986 年由 20600 人增长到 94700 人。[1] 以色列的农业、建筑业和家政服务业对非以色列劳工高度依赖。2008 年，建筑行业非以色列人的比重达到了 30%，农业中非以色列人的比重达到了 37%。[2] 以色列中央银行的数据显示，2012 年以色列国内不包括难民和"寻求庇护者"在内的外籍劳工人数达到了 29.99 万人（详见图 5－3）。这大约为以色列劳动力市场提供了 12% 的青壮年劳动力。[3] 在以色列政府看来，一劳永逸地解决劳工移民问题的根本之道在于实施劳动力"本土化"政策，即提高以色列较低劳动参与率群体的就业率，尤其是提高犹太教极端正统派的就业率。但以色列政府制定的减轻国家财政负担、缓解国防军兵源匮乏以及劳动力资源短缺的措施却遭到极端正统派的抵制。以色列政府在整合不同社会群体之间的分歧以及缓解劳动力需求等方面还有很长的路要走，因而，对劳工移民的引进是满足劳动力资源需求必不可少的途径。

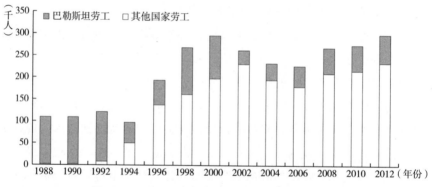

图 5－3　1988～2012 年以色列劳工移民人数变化

资料来源：1988～1994 年的数据转引自 David Bartram, *International Labor Migration: Foreign Workers and Public Policy*, New York: Palgrave Macmillan, 2005 和 David Bartram, "Foreign Workers in Israel: History and Theory," *International Migration Review*, Vol. 32, No. 2(1998), p. 307。其中 1996～2012 年的数据转引自以色列中央银行年度报告。

---

[1] David Bartram, "Foreign Workers in Israel: History and Theory," *International Migration Review*, Vol. 32, No. 2(1989), p. 313.

[2] Dorothee Flaig, Khalid Siddig, Harald Grethe, Jonas Luckmann, Scott McDonald, "Relaxing Israeli Restrictions on Palestinian Labour: Who Benefits," *Economic Modelling*, Vol. 31(2013), p. 144.

[3] Adriana Kemp and Rebeca Raijman, "Bringing in State Regulations, Private Brokers, and Local Employers: A Meso-Level Analysis of Labor Trafficking in Israel," *International Migration Review*, Vol. 48, No. 3(2014), p. 611.

其二，劳工移民的输入促进了民生问题的解决。以色列引进的劳工移民主要集中于建筑业、家政服务业等行业。因此，其积极作用主要体现在这些行业。首先，劳工移民助力犹太移民安置。20 世纪 90 年代，来自苏联和俄罗斯的犹太移民需要大量的安置住房，推动了房价的上涨。移民的存在促使住房价格上涨，年轻人的收入使其无力购买在以色列经济中心城市的房产，甚至连租房都极为困难。[①] 为了缓解居民的生活压力，以色列政府制定了大规模建造住房的计划。罗马尼亚是以色列建筑劳工最早、最主要的来源国，罗马尼亚建筑劳工曾一度占外籍建筑劳工的 60% ~ 70%。中以两国在建筑领域拥有良好的合作，技术过硬、劳务成本相对较低的中国建筑商为以色列政府解决住房问题提供了另一个选择。用财政部部长摩西·卡隆的话说，中国工人的到来将"给解决住房危机的努力增添活力"[②]。其次，劳工移民促进了基础设施建设。以中以在基础设施建设领域的合作为例，中国土木工程集团公司于 2006 年成功中标以色列海法市卡迈尔公路隧道项目，约 0.97 亿美元，实现了中国对以色列承包工程"零"的突破，其中有 510 名中国工人参与该工程的建设。[③] 2017 年 9 月 3 日，深圳地铁集团携手中国土木工程集团与以色列公司组成的联合体成功中标以色列特拉维夫轻轨红线项目。这是中国轨道交通企业首度进入发达国家，意味着国际市场对中国轨道交通企业技术水平和服务水准的再度肯定。中以合作的开展有利于完善以色列的交通网络，方便人们出行与交往。最后，劳工移民为老年人和残疾人提供家庭护理。在过去几十年中，世界范围内老年人和残疾人对家庭护理服务的需求稳步上升，包括喂养、梳洗和烹饪在内的个人护理服务通常由来自发展中国家的外籍工人提供。[④] 以色列社会呈现老龄化的趋势，以色列中央统计局的数据显示：2015 年以色列人口为 846.2 万人，其中 65 岁及以上人口占总人口的 10.5%。[⑤] 以色列老年人口的快速

---

① 宋瑞娟：《2016 年以色列经济发展报告》，载张倩红主编《以色列蓝皮书：以色列发展报告（2017）》，社会科学文献出版社，2017，第 50 页。

② 《中国以色列建筑劳务合作协议实施细则正式签署》，山东省商务厅网站，2017 年 3 月 21 日，http://sdcom.gov.cn/public/html/news/393418.html。

③ 周惠：《中以经济互补性强，合作前景广阔》，《国际商报》2007 年 1 月 24 日以色列专刊。

④ Liat Ayalon, "Intention to Leave the Job among Live-In Foreign Home Care Workers in Israel," *Home Health Care Services Quarterly*, Vol. 29, No. 1(2010), p. 23.

⑤ 1982 年维也纳老龄问题世界大会确定，60 岁及以上老年人口占总人口的比例超过 10% 意味着这个国家或地区严重老龄化。

增长和预期寿命的延长导致了需要照顾和帮助的虚弱的老年人数量的增加，而家庭满足他们需求的能力下降。2009 年，65 岁及以上的老年人中，约 16.5% 的老年人身体虚弱，需要协助其日常生活。在 80 岁及以上的人群中，这一比例达到 39%，女性残疾人的比例高于男性（分别为 20% 和 12%）。[①] 来自菲律宾、斯里兰卡、印度和保加利亚的外籍劳工为老年人和伤员提供个人护理。大多数老年人在家中接受外籍家庭护理工作者 24 小时的护理，2003 年以色列有 5.5 万名有证件的外籍护理工人和 4 万名无证件的外籍护理工人为老年人和残疾人提供服务。[②]

其三，劳工移民冲击了以色列的族群结构。虽然经济学家借用古典经济理论[③]推断出移民的自由流动对输入国和输出国都是有益的，但是移民威胁的存在却是不争的事实。移民对输入国社会人口结构的改变既有积极作用，也有消极作用。年轻人口的流入不可置疑地会增加当地的活力，年轻人口的迅速增加同样会增加输入国社会的不稳定性。移民进入输入国后很容易被排斥在主流社会之外，受到不同程度的经济和社会歧视，从而增加输入国发生社会冲突的危险，给输入国社会稳定带来一定的非传统安全隐患。[④] 类似于其他劳工输入国，由于劳工移民流动性极强和管理缺失，以色列官方提供的数据并不能准确反映境内劳工的真实数量。1996 年，以色列官方给出的保守数字为以色列境内有 10 万名非法劳工，其他资料表明

---

① Irit Porat and Esther Iecovich, "Relationships Between Elderly Care Recipients and Their Migrant Live-In Home Care Workers in Israel," *Home Health Care Services Quarterly*, Vol. 29, No. 1(2010), p. 2.

② Liat Ayalon, "The Perspectives of Older Care Recipients, Their Family Members, and Their Round-the-Clock Foreign Home Care Workers Regarding Elder Mistreatment," *Aging & Mental Health*, Vol. 14, No. 4(2010), p. 411.

③ 以 W. 阿瑟·刘易斯为代表的新古典主义移民理论流派认为：移民是经济发展的一个关键机制，因为它开发了经济差异所蕴含的发展潜力，而且无论是传统部门还是现代部门，无论是输出人口，还是输入人口，全都从移民活动中获益匪浅。参见罗爱玲《国际移民的经济与政治影响——以欧洲穆斯林移民为例》，博士学位论文，上海社会科学院，2013，第 22 页。

④ 田源：《移民与国家安全：威胁的衍生及其条件研究》，世界知识出版社，2010，第 79 页。非传统安全因素是相对于传统安全因素而言的，指除军事、政治和外交冲突以外的其他对主权国家的生存及发展起到制约作用的因素。移民（尤其是非法移民与难民）已经成为一个非传统安全因素，其对主权国家的威胁性是通过与政治、经济、文化的关联性体现出来的。参见阮征宇《跨国人口迁移与国家安全——一项非传统安全因素的研究》，博士学位论文，暨南大学，2003，第 6、47 页。

以色列境内的非法劳工最大值为 30 万名左右。[①] 不可否认的是，劳工移民群体不再是"无形的"，他们的存在为以色列社会所感知，他们不仅改变着以色列劳动力市场具体部门的人员组成，同时也造成了以色列大都会的种族构成的多元化。[②] 以色列最大的城市特拉维夫自建立以来，其人口因接纳来自世界各地的犹太移民而迅速膨胀。当今特拉维夫的居民主要是来自欧洲的第一代犹太移民、来自苏联和俄罗斯的第二代犹太移民、来自非洲北部以及中东地区的第三代犹太移民。自 20 世纪 90 年代以来特拉维夫成为非犹太劳工移民的目的地。特拉维夫市内的非犹太劳工人口从 20 世纪 90 年代初期的几千人增长到 2001 年的上万人，约占特拉维夫城市人口的 8% ~17%。[③]

随着以色列外籍劳工移民人数的日益增长，具有相同国籍、语言以及宗教信仰的劳工移民必将形成新的社会群体，新的社会群体的出现对以色列社会和政治提出了考验。正如绝大多数的西方国家一样，外籍劳工在以色列只是被认为是输入的临时工，而非潜在的未来公民。外籍劳工通常被认为是文化、社会以及政治领域的局外人。劳工移民因其在体质特征、语言、文化以及宗教信仰等方面与主体民族的差异引起主流社会的猜忌与不信任。由于一国之内就业岗位和社会资源在一定时期内是固定的，劳工移民的流入必然增加对社会资源的争夺。[④] 无论是以色列犹太人还是以色列阿拉伯人对劳工移民都有一种抵制情绪。在社会和经济领域，以色列人把劳工移民当作竞争者，他们认为劳工移民会占用更多的公共资源，劳工移民的存在会抢占他们的工作机会。同时，以色列人担心如果更多的劳工移民定居以色列，以色列国家的犹太属性会受到威胁，这种担心使大多数犹太人反对给予劳工移民过多的社会权利。[⑤] 对于国内越来越多的非洲寻求

---

① Adriana Kemp, Rebeca Raijman, Julia Resnik and Silvina Schammah Gesser, "Contesting the Limits of Political Participation: Latinos and Black African Migrant Workers in Israel,"*Ethnic and Racial Studies*, Vol. 23, No. 1(2000), pp. 99 – 100.

② Adriana Kemp, Rebeca Raijman, Julia Resnik and Silvina Schammah Gesser, "Contesting the Limits of Political Participation: Latinos and Black African Migrant Workers in Israel,"*Ethnic and Racial Studies*, Vol. 23, No. 1(2004), p. 100.

③ Michael Alexander, *Cities and Labour Immigration: Comparing Policy Responses in Amsterdam, Paris, Rome and Tel Aviv*, Burlington: Ashgate Publishing Ltd., 2007, p. 83.

④ 田源:《移民与国家安全：威胁的衍生及其条件研究》，第 80 ~86 页。

⑤ Rebeca Raijman and Moshe Semyonov, "Perceived Threat and Exclusionary Attitudes towards Foreign Workers in Israel,"*Ethnic and Racial Studies*, Vol. 27, No. 5(2004), p. 795.

当代以色列：多元表达与社会张力

庇护者，以色列总理内塔尼亚胡更是直言道："这种现象是非常严重的，众多的寻求庇护者会威胁到以色列的国家安全……从起初的 600 个非法入境者会变为 6 万个入境者，并可能消除以色列作为一个犹太国家和民主国家的特性。"①

　　总之，劳工移民的存在给输入国家带来了"人口红利"。一方面弥补了劳动力资源不足的现状，降低了产业部门的用工成本，优化了人口结构，使整个社会更加具有活力；另一方面庞大的移民群体构成了一个新的消费群体，创造了更多的商品和服务需求，从而带动了整个国民经济的发展。然而，劳务纠纷、工伤事故、族群冲突、安全环境等不稳定因素威胁着劳工移民的权益。劳工移民面临的困境引起了以色列维护人权群体的关注，新闻媒体、非政府组织以及学者向劳工移民提供了许多实际的人道主义援助。以色列政府在调节劳工移民供需和保护劳工移民利益方面制定了相应的管理政策和法律法规，这些管理政策在控制市场秩序和维护劳动力合法权益方面起到了不可替代的作用，但也产生了不少根深蒂固的问题。当前的以色列劳工移民管理政策有广阔的提高空间，加强和改善对劳工移民市场的管理和控制对于促进经济发展和维护社会稳定至关重要。由于劳工移民问题的复杂性，如何实现移民与主流社会之间的友好互动是摆在包括西方国家在内的所有移民国家面前的一个难题。通过审视以色列劳工移民管理政策，广大发展中国家可以获得以下启示：其一有必要建立和完善劳工移民输入和输出管理制度体系；其二要充分利用科技手段，尤其是信息管理系统，加强对劳工移民的信息管理；其三，培养包容宽厚的社会文化氛围不仅可为劳工移民提供必要的生存环境，也是一个社会文明、开放、成熟的重要标志。对于走向世界的中国而言，中以劳务合作是两国发展友好经济关系之中重要的一环，也是两国人民友好交流中的重要篇章。

---

① Barak Kalir, "The Jewish State of Anxiety: Between Moral Obligation and Fearism in the Treatment of African Asylum Seekers in Israel," *Journal of Ethnic and Migration Studies*, Vol. 41, Issue 4 (2015), p. 2.

第六章

以色列的后犹太复国主义思潮

　　后犹太复国主义（Post-Zionism）是以色列犹太社会中出现的一种社会文化新思潮，它兴起于 20 世纪 80 年代末期。"六日战争"后的移民和领土问题以及"赎罪日战争"的爆发使以传统犹太复国主义为主流意识形态的以色列工党逐渐丧失主导权，以色列的国家政治和社会生活发生了巨大变化。而后伴随着"信仰者集团"的崛起、"现在实现和平运动"以及冷战结束后世界格局和中东政局的剧变，催生了后犹太复国主义思潮并促使其发展。该思潮出现的时间不长，尚未形成完整的思想理论框架，由于其现有的部分主张过于激进，所以在以色列社会与国际犹太社会引起了很大的分歧和争论。但无论如何，该思潮代表着以色列犹太人内部具有开明、自由倾向的知识分子对传统犹太复国主义意识形态的批判性反思和修正性努力，并针对当前困扰以色列社会的诸多问题提出一些建设性的意见，反映了犹太人社会自由、民主意识的增长以及以色列国家的多元化发展趋向。后犹太复国主义者所提出的一系列问题为研究以色列民族国家的建构提供了新的视角，有助于进一步理解当代中东的地缘政治变化与以色列社会的发展走向及其与国内政局的密切关联，也折射出了全球化观念对地区民族主义的冲击与重塑。

　　后犹太复国主义思潮的兴起与演变是观察当今以色列社会的一个窗口。作为一种文化思潮，后犹太复国主义具有浓厚的政治色彩，支持者与反对者的论争影响着以色列的政治气候，甚至有人担心会引发政治分裂。因此，如何应对后犹太复国主义成为以色列文化建设与民族国家建构的重要课题。后犹太复国主义者在很大程度上体现的是部分知识分子群体的精英意识以及他们的社会情怀、国家情怀、民族情怀，他们的诉求在后现代化国家中具有普遍性。对后犹太复国主义思潮进行个案研究，不但要肯定

当代以色列：多元表达与社会张力

其现代意识与批判精神给予社会发展的引导性与推动力，同时也要思考全球化时代后现代主义对民族国家主流意识形态的解构、对社会凝聚力的消解所带来的负面作用。鉴于此，如何发挥这群社会精英的正能量并最大限度地降低其负能量，这是所有发展中国家都无法回避的问题，从这个角度看，研究后犹太复国主义具有普遍的借鉴价值与启示作用。

后犹太复国主义思潮体现了部分犹太人对巴勒斯坦国及其人民的理解与同情，坦然承认以色列国家存在的不合法性，从而肯定巴勒斯坦人的生存合法性。后犹太复国主义者力图超越民族与宗教界限，推动"现在实现和平运动"，在缓和巴以关系、推进中东和平进程方面起到了积极作用，至少使人们看到了和平的希望。事实上后犹太复国主义思潮只在知识界和文化界有一定的影响，毕竟在关系到以色列国家和犹太民族生死存亡的重大问题上，文化层面上的正义和公理相比于现实层面的权力和利益而言，总是显得苍白无力，但这种从犹太社会内部发出的声音依然给了巴勒斯坦人极大的精神支持与心理安慰。

一　后犹太复国主义产生的政治文化背景

后犹太复国主义思潮是伴随着以色列国家的发展而产生的一种社会文化思潮。犹太复国主义作为以色列建国后的主流意识形态，主导着以色列社会的政治文化潮流。"六日战争"以后，以色列社会呈现多元化发展趋势，认同危机与社会矛盾凸显，社会文化领域的巨大分化催生了对传统犹太复国主义进行批判与修正的呼声。与此同时，来自西方的后现代主义流行于以色列学术界，为后犹太复国主义学者提供了国际背景与学术语境。

（一）犹太复国主义成为主流意识形态

"犹太复国主义"（Zionism）① 一词的词根是"Zion"，是位于耶路撒冷的一座山的名称，汉译为锡安山。耶路撒冷很早就成为犹太历史的同义词，在第一圣殿被毁后，希伯来先知把锡安山作为耶路撒冷城的精神象征

----

① "Zionism"长期被汉译为"犹太复国主义"，但近些年来不少学者采用"锡安主义"的译法，认为这一译法更忠实原意，而且在以色列建国之后还用"复国"似乎也不太合适。本书仍采用"犹太复国主义"这一约定俗成、更为普遍的译法。

与别称，借以表达了犹太民族对故土的渴望。① 犹太复国主义是指散居世界各地的犹太人要求回到故土巴勒斯坦，重建犹太国的政治思潮与运动。这一思潮的兴起有着深刻的历史渊源，一方面继承了犹太传统中返回故土的宗教诉求，另一方面也被赋予新的民族建国理想。犹太复国主义又被称作"世俗化的弥赛亚主义"（Secularized Messianism）。② 在很多人看来，它是古老弥赛亚观念的现代复活，即"仅仅保留了其政治、社会和部分精神目标，清除了其中的超自然因素"③。也就是说，犹太思想家用自由意志、民族国家等现代理念重新解释犹太人传统中的弥赛亚观念，抛弃或者淡化其中的神秘主义色彩，使之成为一个新的反映犹太人现实诉求的民族主义观念。

公元前13世纪犹太一神教创立，促成了希伯来犹太民族统一体的产生。公元前1030年，希伯来王国在迦南地（今巴勒斯坦地区）建立了持续了100年左右的统治，这段历史被犹太复国主义者作为对巴勒斯坦永久性领土要求的主要依据。之后，希伯来王国分裂，并于公元前586年被巴比伦王国灭国，第一圣殿被毁，犹太人进入第一次大流散时期。公元前332年，希腊马其顿王国攻占耶路撒冷，犹太人被遣散到南欧、北非和中亚等地区，这是第二次大流散时期。公元前63年和公元135年，罗马帝国血腥镇压了犹太人的两次大起义，几乎将所有的犹太人赶出了巴勒斯坦地区，这是犹太历史上的第三次大流散。三次大流散造成了犹太人散居世界各地的局面。在散居过程中，犹太社会遭遇的最大困难是反犹主义的持续存在。特别是基督教开始实行对外扩张政策后，在世界性的反犹浪潮中，背井离乡的犹太人几乎未得到片刻的安宁，到处遭受屈辱和迫害。

在长达1800年的流散过程中，犹太人对巴勒斯坦的怀念与向往从未中断。正如《圣经·诗篇》中所描述的："耶路撒冷啊，我若忘记你，情愿我的右手忘记技巧。我若不记念你，若不看耶路撒冷过于我所喜乐的，情愿我的舌头贴于上膛。"④ 19世纪末期，在欧洲启蒙运动以及摩西·赫斯

① Cecil Roth and Geoffrey Wigoder, *Encyclopaedia Judaica*, Vol. 16, U-Z, New York: Macmillan Company, 1971, p. 1103.
② Jonathan Frankel, eds. , *Jews and Messianism in the Modern Era, Studies in Contemporary Jewry*, An Annual, New York: Oxford University Press, 1991, p. 4.
③ Jacob Katz, *Jewish Emancipation and Self-Emancipation*, New York: The Jewish Publication Society, 1986, p. 91. 转引自张倩红《犹太复国主义运动的现代审视》，《河南大学学报》（社会科学版）2003年第5期。
④ 《圣经·诗篇》137：5~6。

（Mose Hess）、列奥·平斯克（Leo Pinsker）、西奥多·赫茨尔等的影响下，犹太人中产生了各种复国思潮。特别是赫茨尔的《犹太国》一书不仅详细阐释了完整的复国思想，而且有了切实可行的行动计划与操作步骤，因此在很多犹太人心中燃起热情和希望。1897 年 8 月 29 日，第一届犹太复国主义者代表大会在瑞士巴塞尔召开，这是犹太人自离散以来召开的第一次正式的世界性犹太人会议。会议通过《巴塞尔纲领》（Basel Program），成立了世界犹太复国主义组织，并选举赫茨尔为主席。纲领提出："犹太复国主义的目标是在巴勒斯坦为犹太民族建立一个由公共法律保障的犹太民族之家。"① 巴塞尔会议标志着犹太复国主义运动成为统一的、世界性的政治运动，赫茨尔的复国理想作为犹太民族意识觉醒的标志在世界范围的犹太人群体中引起了巨大共鸣。

从犹太复国主义运动的发展历程来看，发起和推动复国的是不同群体的大联盟，而不是单一的社会力量。自 1897 年第一届犹太复国主义大会召开后，在巴勒斯坦地区兴起并实践着形形色色的犹太复国主义流派，主要包括：政治犹太复国主义，以魏兹曼为代表，主张在犹太人建立民族家园方面争取大国支持与认可；文化犹太复国主义，以阿哈德·哈姆为代表，高度重视犹太文化，主张在巴勒斯坦复国并复兴希伯来语言文化；宗教犹太复国主义，以正统派拉比亚伯拉罕·以撒克·库克（Abraham Isaac Kook）等倡导，主张建立基于犹太教的犹太国家；修正派犹太复国主义，由亚博廷斯基领导，属右翼民族主义，主张在包括外约旦在内的整个巴勒斯坦地区建立犹太人为主体的国家，后期转入暴力活动；劳工犹太复国主义，以本－古里安为核心领袖，主张通过在巴勒斯坦定居与劳作的方式创建犹太国家。劳工犹太复国主义者在农业垦殖的实践中逐渐在伊休夫占据了支配地位，掌握了犹太复国主义运动的领导权。

1917 年，刚刚上台的英国首相戴维·劳合·乔治（David Lloyd George）把占领巴勒斯坦提上议事日程，魏茨曼排除压力向英国外交部提交了关于犹太人迁移巴勒斯坦的计划草案，草案包括承认巴勒斯坦是犹太人的民族家园并赋予其各项公民权利等，希望谋求英国的支持。英国基于自身利益

---

① Zionist Congress: First Zionist Congress & Basel Program, Jweish Virtual Library, https://www.jewishvirtuallibrary.org/first-zionist-congress-and-basel-program-1897.

的考虑，于 1917 年 11 月 2 日授权外交大臣阿瑟·詹姆斯·贝尔福，以致函英国犹太复国主义联盟副主席莱昂内尔·沃尔特·罗斯柴尔德的方式发表了著名的《贝尔福宣言》，表示赞成在巴勒斯坦建立一个犹太人的民族之家，并愿尽最大努力促其实现。这成为一战后犹太人向巴勒斯坦移居的重要前提条件，并形成持续的移民浪潮。1947 年在美、苏两个超级大国的运作下，联合国大会表决通过了《联合国 181 号（Ⅱ）分治决议》，规定英国在巴勒斯坦的委任统治结束后两个月内成立阿拉伯国和犹太国。[①] 实际上，这个决议是在国际层面为犹太人提供了建国的依据。1948 年 5 月 14 日，以色列国在特拉维夫宣告成立。至此，犹太人用了 50 年的时间最终实现了他们的建国梦。

以色列国的建立并不意味着犹太复国主义已经完成其历史使命，建国后它不仅依然存在，而且长期占据着主流意识形态的地位，对以色列国家的塑造、大政方针的制定及未来发展道路的选择都发挥着举足轻重的作用。这是因为犹太复国主义运动虽然实现了犹太民族整体"回归锡安"的历史目标，但"锡安"的特殊含义不仅使其成为散居犹太人宗教生活的核心概念，也是民族凝聚力的主要源泉，这种凝聚力对建国后的以色列国民来说仍然是不可替代的精神动力。

建国之初，以色列就形成了典型的多党政治，无论是民族主义政党、社会主义劳工阵营还是宗教党几乎都起源于早期的犹太复国主义组织。早在"伊休夫"时期，巴勒斯坦工人党就把犹太复国主义、社会主义、平等主义作为立国的三原则，从 1949 年到 1969 年的第一至第六届议会，巴勒斯坦工人党一直是议会中的第一大政党，历届联合政府均以它为中心，犹太复国主义自然而然就成了国家的核心价值观，成为国民政治文化的中心理念。

但是，随着国家的稳定与经济社会的发展，特别是地缘政治的巨大变化，以色列犹太人的国民心理也发生了巨大的变化，犹太复国主义运动不同派别之间的分歧越来越明显，对这一主流意识形态的质疑与批判之声也越来越大。特别是宗教犹太复国主义者在谋求建立以色列国的过程中，把犹太教神学的"特选子民"和"应许之地"观念作为一种理念与策略，进而宣称在巴勒斯坦建国是"上帝许诺的结果"。这种根植于犹太复国主义

---

① 王铁铮：《从犹太复国主义到后犹太复国主义》，《世界历史》2012 年第 2 期。

者心目中狭隘的民族主义情绪严重伤害了犹太人与阿拉伯人、以色列国家与阿拉伯国家的关系。一些没有宗教信仰的世俗犹太人也出于民族主义情绪，主张实现对巴勒斯坦的全面占有，否定阿拉伯人对巴勒斯坦的归属感。从这个意义上说，一些人把犹太复国主义看作一场正义与非正义的混合体。不仅如此，以色列的极端正统派犹太教徒始终恪守传统宗教弥赛亚救赎思想，他们认为民族主义思潮下产生的犹太复国主义的首要目标是建立一个世俗国家而非宗教国家，这种人为的建国举措是违背上帝意志的行为，是对犹太教的挑战和颠覆，极端宗教势力对以色列国家的否认与排斥更使犹太复国主义一直面临着一种尴尬的境地。直到今天，以色列犹太社会依然没有形成对现存国家的单一认同，用英联邦犹太教徒联合会大拉比乔纳森·萨克斯（Jonathan Sacks）的话来说："犹太复国主义者所面临的第一个挑战——犹太国家的创建已经顺利完成，但第二个挑战——犹太社会的建构还远未实现。"①

（二）新犹太复国主义的崛起

"六日战争"之后，在如何对待巴勒斯坦被占领土的问题上，以色列国内产生了严重分歧。艾希科尔、梅厄、拉宾、埃班和阿隆等工党领袖都主张部分撤出巴勒斯坦被占领土，维持"可保卫的边界"以保证以色列国民的安全。一些温和派和世俗主义者也认为赤裸裸的兼并不仅会引起外界的极大反对，而且会导致以色列人口组成的变化，影响以色列国家的犹太性。"该派主张从实用主义的立场出发，把约旦河西岸与加沙看成战略上的资产，看作与阿拉伯国家谋求和平的撒手锏。"② 但右翼民族主义势力和犹太教正统派则坚持认为，约旦河西岸作为犹太历史上的"撒马利亚和犹地亚的地区"，不仅是古代以色列王国的组成部分，也是散居犹太人的精神向往地。因此，永久性地占有这些地方是收复犹太人的历史权力。从 20世纪 60 年代末到 70 年代初，以色列国内逐步形成以右翼民族主义与宗教力量为代表的所谓的"新犹太复国主义"（Neo-Zionism），"信仰者集团"正是该阵营的代表。

---

① Jonathan Sacks, *Future Tense: Jews, Judaism and Israel in the Twenty-First Century*, New York: Schocken Books, 2009, pp. 158 – 159.
② 张倩红：《以色列史》（修订本），第 304 页。

　　"信仰者集团"是具有强烈保守主义和极端民族主义色彩的犹太右翼、极右翼集团，其精神领袖是以色列首任阿什肯那兹拉比亚伯拉罕·以撒克·库克的小儿子兹维·耶胡达·库克拉比。小库克在发言中声称："犹太教的弥赛亚进程也已开始，犹太人在开创救赎上扮演一个根本性的角色，这一时刻最主要的戒律是在最完整的《圣经》范围内（实现）在以色列地的定居。"① 他们强调，犹太复国主义不同于其他形式的民族主义，而是一种"古老精神的现代延续"，犹太复国主义者的悲剧恰恰在于把自身定位为现代民族主义运动，必将失去历史上的犹太国家所具有的道德凝聚力。"信仰者集团"把宗教犹太复国主义作为自己的主要意识形态，把在巴勒斯坦被占领土狂热开展定居建设作为推动所谓"神的拯救"的重要手段。他们阻止向阿拉伯人归还领土，反对工党"以土地换和平"的主张，从民族利己主义的立场出发给巴勒斯坦指出了三种出路：公开承认（"信仰者集团"版本的）犹太复国主义理念的合法性以换取完全的公民权；不承认犹太复国主义，但遵守法律以换取侨居权（无政治权利）；提供经济激励，使他们移居其他阿拉伯国家。② "信仰者集团"还以"先知的精神承继者"自居，其成员勇于自我牺牲，愿意在极其艰苦、危险的环境中定居生活，他们立志要像古代的犹太先知那样，风餐露宿，做道德先锋，通过自身的牺牲与奉献推动弥赛亚拯救，为犹太人最后救赎的到来创造条件。他们以"复兴历史上的宗教犹太复国主义为己任，并认为这种复国思想在 20 世纪 50~60 年代的以色列已经消亡"③。基于这样的认识，信仰者集团的意识形态就被称为"新犹太复国主义"。"信仰者集团"在巴勒斯坦被占领土（尤其是约旦河西岸）不断制造既成事实，定居点已成为安置新移民的主要居住地。在他们的推动下，1968~1973 年，右翼狂热分子在约旦河西岸（包括东耶路撒冷）修建了 17 个定居点，在戈兰高地修建了 19 个，其目的就是对土地实行"有效占领"，定居者大多数是狂热的民

①　Stephen Sharot, *Messianism, Mysticism and Magic: A Sociological Analysis of Jewish Religious Movement*, Chapel Hill: The University of North Carolina Press, 1982, p. 230. 转引自刘精忠《宗教与犹太复国主义》，第 403 页。

②　David J. Schnall, "Gush Emunim: Messianic Dissent and Israeli Politics, "*Judaism*, Vol. 26, Issue 2 (1977), pp. 148 – 160.

③　David J. Schnall, "Gush Emunim: Messianic Dissent and Israeli Politics, "*Judaism*, Vol. 26, Issue 2 (1977), pp. 148 – 160.

当代以色列：多元表达与社会张力

族主义者，他们一边耕作，一边接受军事训练。①

众所周知，领土问题是阿以和平的先决因素，只有以色列撤出巴勒斯坦被占领土，才能真正实现和平。"信仰者集团"狂热推动的定居点运动严重阻碍了中东和平进程，加剧了以色列在国际社会的孤立处境以及与周围阿拉伯国家的矛盾冲突。同时它所代表的"新犹太复国主义"推动了以色列社会的宗教化、极端化和右倾化趋势，对民主政治构成了严重威胁。新犹太复国主义的扩张行为也给以色列政府制造了更现实的难题。劳工犹太复国主义与宗教犹太复国主义、以色列社会的左派与右派阵营围绕着定居点问题展开了激烈论争，争论的焦点上升为以色列国家的性质与前途——是保持"民主国家"的特质，还是要强化"犹太国家"的属性。针锋相对、互不相让的对立态度加剧了意识形态领域的分歧，使本来就缺乏稳定性的以色列社会更加支离破碎。正如劳伦斯·迈耶所描述的："今天在以色列展开的最重大的斗争所涉及的既不是领土，也不是安全，而是这个国家的灵魂。这是一个决定以色列将成为什么样的国家的斗争……以色列最大的危险不在它的国境之外，而在它自己的灵魂和精神里。"②

然而，对于以色列国来说更大的挑战还在后边。1973 年，"赎罪日战争"爆发，战争初期因准备不足、反应迟缓造成的挫败和伤亡引起了民众极大的不满。工党遭受到越来越多的批评，梅厄夫人的公众支持率跌到建国以来历届政府的最低点，不得不黯然辞职，继任的工党内阁也未能挽回败局。1977 年 5 月 17 日的议会大选终于酝酿成一场政治地震，执政近 30 年的以色列工党丧失了大量的选票，右翼反对党利库德集团赢得了大选。贝京组阁被认为是以色列政坛的转向标，该政府自成立之日起就是"大以色列计划"的积极推动者，主张犹太人的国家应该包括约旦河西岸在内。在这样的主导思想下，政府出台了定居点建设计划，加紧对巴勒斯坦被占领土的实质性占领。政府的态度使新犹太复国主义大受鼓舞，"信仰者集团"成为定居点计划的最积极的推动者，他们组织力量，抓紧一切机会在约旦河西岸建立了一系列小型定居点。"这些定居点蚕食了大片巴勒斯坦被占领土，建成了众多住房、工厂和工事，修成了四通八达的交通网，其

---

① 参见张倩红《以色列史》（修订本），第 305 页。
② 〔美〕劳伦斯·迈耶：《今日以色列》，钱乃复等译，第 391~396 页。

目的就是要改变巴勒斯坦被占领土的人文特征，使之与以色列本土连成一片。"① 当新犹太复国主义理念与利库德集团的"大以色列主义"蓝图不谋而合、互为促进之时，巴勒斯坦人的愤怒情绪已不可遏制。1987 年 12 月爆发的"因提法达"直接指向主流意识形态所导致的民族不平等政策，以色列国内 70 万名阿拉伯人毅然支持了巴勒斯坦人争取民族权利的斗争，反映了以色列国内阿拉伯人与犹太人的分裂。

其实，以色列社会的裂变不仅仅局限于犹太人与阿拉伯人之间，犹太人内部也弥漫着挥之不去的困顿与迷茫，宗教与世俗、传统与现代的矛盾相互交织。尤其是年轻的一代，他们并未经历过大流散、反犹主义的迫害，也没有为新国家的建立而付出艰苦的努力。对他们来说，以色列国是既定的事实，他们不愿意承载父辈们的精神重荷，更关心个性的发展。他们更热衷于西方的个人主义思想，尤其是来源于美国的消费主义思想，向往安宁、富足、繁荣的生活。可见，"以色列人对自己的认识已经改变了。他们不再把自己看作勇敢的开拓者。在建国后最初年代里培育的理想主义和自我牺牲精神，已让位给一切为自己的一代人。他们向习惯于为集体利益着想的社会价值观发起了挑战"②。

在这样的背景下，20 世纪 80 年代，一批具有忧患意识和社会情怀的知识分子，在"新历史学派"的带动下，勇敢地站出来，对以色列的历史进行深刻反思，对传统犹太复国主义思想进行全方位的批判，对国家和民族记忆的符号提出质疑，主张退出占领区实现巴以之间的真正和解，他们的思想被统称为"后犹太复国主义思潮"。

（三）后现代主义对现存文化语境的挑战

以色列后犹太复国主义的兴起与后现代主义（Post-Modernism）的流行密不可分。20 世纪 60 年代末期以来，后现代主义思潮在西方出现。它的基本特征是以批判现代主义为己任，对现行的一切理论与概念进行怀疑与解构。后现代主义在史学界表现为对传统历史学的全面批判与颠覆，认为现行的历史观念、历史框架、历史叙事都应当重新建构。后现代主义思

① 张倩红：《以色列史》（修订本），第 357 页。
② 〔美〕劳伦斯·迈耶：《今日以色列》，钱乃复等译，第 391 页。

潮兴起后，很快影响到以色列学术界，并在史学、社会学、文学、新闻学、政治学、人类学等领域培养了一批追随者，他们主要从以下三个方面对现存的社会文化语境发起了挑战。

首先，从集体记忆的角度，拓展大屠杀研究。20 世纪 80 年代中期法国历史学家皮埃尔·诺拉（Pierre Nora）主编的《记忆的场所》（*Les Lieux de mémoire*）出版以来，有关民族历史记忆的研究便引起了关注，"记忆史学"逐渐兴起。随后法国、美国、以色列的犹太学者纷纷发表著作，把大屠杀作为集体记忆的典型个案，要求进入"公共历史领域"。以色列学者内坦·施茨纳德（Natan Sznaider）专门研究了大屠杀对建构"世界性记忆"（Cosmopolitan Memory）的独特作用，并以大屠杀的美国化为例，研究少数族裔如何超出民族国家的记忆形式表达其集体的身份认同。① 内坦·施茨纳德等旨在推动大屠杀记忆研究的国际化，但他们的后现代视角也引起了一些学者的异议，批评者认为对大屠杀记忆过度刻画与表述同样没有摆脱"滥用大屠杀"的嫌疑。②

其次，学者利用后现代的价值理念与学理路径去重新解读以色列的主流意识形态——犹太复国主义。他们认为，犹太复国主义的目标是建立民族国家，作为以色列国的精神支柱与社会理想，犹太复国主义已经圆满完成其历史使命，应当自然走向消亡或者寻求一种异质性的表达。在他们看来，目前以色列发展的最大的瓶颈就是陷入了"犹太国家"的怪圈，其根源就在于犹太复国主义的核心价值观——民族主义。这种民族主义并不局限于一种单一的、传统的民族意识的诉求与体现，而是带有强加的身份认同与对公民压迫的色彩。他们虽然并不否认民族主义对民族复兴、国家建构的巨大作用，但同时强调，传统民族主义的追求是把各种不同身份凝聚成同一种民族认同，同时驱除不同身份所带来的差别，这显然与现代社会的发展趋势相悖，阻碍了多元社会、多元文化的建设。

最后，后现代主义史学家、社会学家、政治学家强化公民身份的概念、呼吁建设民主、平等的社会。他们认为，在犹太复国主义的话语霸权

---

① Natan Sznaider, *Jewish Memory and the Cosmopolitan Order*, Cambridge: Cambridge University Press, 2011; 另见〔德〕乌尔里希·贝克等《全球化的美国？——全球化的文化后果》，刘倩等译，河南大学出版社，2012。

② 张倩红：《国际学术界关于大屠杀研究的新趋向》，《世界历史》2013 年第 4 期。

下，忽略了一些本真的历史叙事，殖民主义的强势表达淹没了少数族裔的基本生存要求。因此，应当将"以色列人"从犹太身份或其他任何的社区归属中剥离出来，以此来解决悬而未决的"犹太人"与"以色列人"身份认同的矛盾。以色列国家政权未来和公民身份制度发展有三种不同的选择：一个具有种族特征的民族主义政权，以确保犹太人在国内的主导地位；一个自由主义的政权，以确保公民的个人权利；一个共和的政体，以确保基于公民道德之上阶层和荣誉的实现。①

以色列学术界兴起的后现代主义思潮直接推动了后犹太复国主义的产生，后犹太复国主义运动的思想精英——"新历史学家"深受后现代主义的影响，并成为后现代主义学者。用希伯来大学的埃利泽·施韦德（Eliezer Schweid）的话来说："后犹太复国主义就是以色列版的后现代主义。"②

二　"新历史学派"与后犹太复国主义的兴起

"新历史学派"的出现标志着后犹太复国主义思潮在以色列社会的兴起。"新历史学家"通过大量挖掘与深度研究新解密的档案文献，对传统犹太复国主义的基本主张一一提出了质疑，并进行了深刻的批判与解构。后犹太复国主义思潮从思想学术界扩展到各个领域，在以色列国家和整个犹太世界产生了深远的影响。

（一）"新历史学派"的出现

20世纪80年代，紧张的地缘政治环境与以色列国内的各种矛盾相互交织，一些知识分子对现实十分不满，期望能从根本上找到停止冲突、化解危机的方法。以色列的大学校园里就出现了一批具有较为激进的左翼思想的"新历史学家"，他们吸取了后现代史学的一些新观念、新方法，对大量解密的档案文件和相关史料进行深入挖掘，结合以色列国家的现状和阿以长久冲突的实际情况，对犹太复国主义定格下的主流历史学进行了颠

---

① Uri Ram, "Post-Zionist Studies of Israel: The First Decade," *Israel Studies Forum*, Vol. 20, No. 2 (2005), pp. 22 – 45.

② Uri Ram, "Post-Zionist Studies of Israel: The First Decade," *Israel Studies Forum*, Vol. 20, No. 2 (2005), pp. 22 – 45.

当代以色列：多元表达与社会张力

覆性的解读，被称为"新历史学派"。"新历史学派"的研究主要集中在
1948 年建国前后以色列的历史，特别关注巴勒斯坦人的命运，他们认为以
色列官方历史学的说法过度妖魔化巴勒斯坦人以及阿拉伯人，严重夸张了
犹太民族当时的困境，并过度利用了大屠杀的效应服务于犹太复国主义事
业，以博取国际社会的广泛同情。他们对以色列建国、巴勒斯坦人逃离和
阿拉伯国家和平意愿的传统假说提出实证挑战。[①] 认为官方学说混杂着过
多的意识形态范式、学术种族中心论和经验记述，缺少客观性。事实上，
1948 以色列建国之后的几十年，犹太人和巴勒斯坦人的历史书出现了截然
不同的两种叙述。巴勒斯坦人把以色列人描述成强权主义者、灾难的制造
者；以色列的主流舆论也把巴勒斯坦人看作缺乏教养的敌对者，而以色列
是公平和正义的新生国家，是"被迫佩戴上剑的鸽子"。当然，即便是在
以色列国内反对这种叙事的观点也一直存在，比如极端正统派犹太人否定
犹太复国主义的政治主张；温和的马克思主义学派也一直反对政治犹太复
国主义的民族主义倾向，但反对者的影响力都非常微弱。"新历史学派"
的出现在一定程度上动摇了犹太复国主义官方历史叙述的基础。

"新历史学"这个术语最早是由一些记者提出的，正式的引用与阐释
始于本尼·莫里斯[②]他提出"旧历史学"指犹太复国主义官方的历史的叙
述，而"新历史学"则是要在挖掘新史料的基础上建构新的历史框架与叙
事语境。1987 年莫里斯在自己的一篇随笔《新历史学：以色列面对过去》
(*The New Historiography: Israel Confronts Its Past*)[③] 中第一次使用了这个词
语，他在文章中声称旧的官方史学常常歪曲或者忽略事实，这不利于年轻
的犹太国家，新的史学就是要揭开政府的宣传面纱，重新呈现更真实的
1948 年巴以冲突和以色列建国的历史场景，提醒人们应该从更理性的角度
关注巴勒斯坦难民问题。1988 年，本尼·莫里斯出版了《1947～1949 年

---

① 〔以〕艾兰·佩普：《现代巴勒斯坦史》，王健等译，上海人民出版社，2010，译者序。
② 本尼·莫里斯 1948 年出生于以色列的尹哈霍瑞施（Ein HaHoresh）基布兹，他的父亲是
信奉马克思主义的英国犹太移民。他从希伯来大学毕业后考取了剑桥大学的欧洲历史博
士。1967 年"六日战争"时，他入伍担当伞兵，还作为战地记者参加了以色列入侵黎巴
嫩的战争。
③ See Nur Masalha, "New History, Post-Zionism and Neo-Colonialism: A Critique of the Israeli' New
Historians'," *Holy Land Studies*, Vol. 10, No. 1, pp. 1–53.

巴勒斯坦难民问题的产生》① 一书，他在书中指出，1947～1949 年巴勒斯坦难民问题源于难民们被暴力和不人道手段强行驱逐出家园，而并非自愿离开家园，并认为以犹太复国主义为主流的以色列政府在建国过程中扮演了不光彩的角色，给巴勒斯坦人带来了灾难，应当对阿以冲突负主要责任。在"新历史学派"看来，以色列建国之后的几年里，官方史学的目标聚焦于国家建设而并非阐述事实。以色列政府为改善国内的人口状况，需要大多数生活在阿拉伯国家的犹太人离开自己的家园，移居至新的犹太国家，同时把以色列版图之内的其他非犹太人赶出去。所以政府利用犹太复国主义中的神话色彩，把以色列国家描绘成犹太民族注定建设的理想家园，用以团结所有的在以色列土地上的犹太人。但是，如何让那些接受了不同教育的犹太移民真正凝聚在一起则成了政府面临的首要问题，于是"神选子民""应许之地"的观念被用来锻造以色列民族，凝聚国家认同。"新历史学派"认为，在犹太复国主义所造就的政治文化背景下，历史学被政治化、官方化，历史学家也不得不以服务政治为目的。在 1948 年前后乃至之后的数十年间，以色列陷入与周边国家持续的边界冲突中。在那个时代，历史学家如果发出不同于政府的声音不仅是非理智的，也是非常危险的，毕竟战争不仅仅是军事上的较量，也是宣传和舆论的战争，在保护国家存在为第一要务的情况下没有人敢于冒这样的风险。但是现在的情况发生了变化，国家反思与学术自省的条件早已成熟，如果继续维持原有的学术与政治话语，就是把国家误入歧途，就是对犹太民族不负责任。

　　"新历史学派"的奠基人物除了本尼·莫里斯之外，还有西姆哈·弗拉潘（Simha flapan）、艾兰·佩普（Ilan Pappé）、艾米·斯拉姆（Avi Shlaim）、汤姆·塞格夫（Tom Segev）、希勒·柯亨（Hillel Cohen）等。西姆哈·弗拉潘可以说是"新历史学派"的先驱性人物。1911 年他出生于波兰，1930 年移居至巴勒斯坦。他是一名作家、出版商和教育工作者。1954 年起，开始担任左翼犹太复国主义政党"马帕伊"的全国领袖以及阿拉伯事务办公室的主任。西姆哈·弗拉潘还在美国哈佛大学国际事务中心演讲过，并作为外国合伙人在伦敦建立皇家国际事务协会。他创办并主编的一

---

① Benny Morris, *The Birth of the Palestinian Refugee Problem 1947 - 1949*, Cambridge: Cambridge University Press, 1988.

当代以色列：多元表达与社会张力

本中东研究季刊——《新展望》（*New Outlook*），后来成为"新历史学派"与其他学者争论的"战场"。他在 1987 年出版了《以色列的诞生：神话与现实》（*The Birth of Israel：Myths and Realities*）① 一书，这是最早的关于新史学的综合著作。他在书中列举出 7 个来自犹太复国主义对历史叙述的"神话"概念，并一一进行解构。作为一个前左翼代表人物，他的结论在当时广受争议，但与后来出现的"新历史学派"代表人物相比，他的观点依然是温和的。

艾兰·佩普②形容自己早期的生活为"18 岁之前，我对舒适又安全的卡尔迈勒（Carmel）山之外的世界一无所知"③。年幼的他并不知道他所居住的卡尔迈勒山的土地大部分是在 1947～1948 年从阿拉伯人手中没收的。高中时候他才从几个巴勒斯坦同学那里了解到这里曾经发生的事情，从而激起他对历史研究的兴趣。1988 年，他在自己博士学位论文的基础上出版了《1947～1951 年英国和阿以冲突》（*Britain and the Arab-Israeli Conflict, 1948－1951*）④ 一书。艾兰·佩普属于极左翼，也是"新历史学派"中最极端最激进的学者。他公开要求在学术上客观公正地描述以色列建国过程中巴勒斯坦乃至阿拉伯群体的真实生存状况，认为以色列在战争中进行了"种族清洗"。他始终坚持"应该在巴勒斯坦地区建立一个由犹太人和阿拉伯人共同生存的国家的方案"，强调以色列在建国过程中采取了不正当的暴力手段，忽视了巴勒斯坦人的利益，导致巴以冲突的日益严重，甚至指出犹太复国主义比伊斯兰激进组织更危险，并呼吁全世界对以色列的经济政治包括学术界进行抵制。⑤

艾米·斯拉姆是著名的英以关系教授，2006 年被选为英国科学院院士。⑥ 他是新史学家中最年长的，而且之前就已经在欧洲国际关系学界颇

① Simha Flapan, *The Birth of Israel: Myths and Realities*, New York: Pantheon Books, 1987.
② 艾兰·佩普，以色列的社会学家和历史学家。1954 年出生于海法，18 岁加入以色列国防军。退役后于 1978 年毕业于耶路撒冷希伯来大学，1984 年获牛津大学历史学博士学位。1984～2007 年任以色列海法大学政治学高级讲师，同时兼任海法埃米尔·多马巴勒斯坦和以色列研究所所长（2000～2008 年）。后因公开号召抵制以色列学术界而受到威胁，被迫辞职到英国埃克塞特大学担任历史教授和民族政治研究中心主任。
③ Ilan Pappé, "Power and History in the Middle East: A Conversation with Ilan Pappé, "*Logos*, Issue 3. 1, 2004, http://www. logosjournal. com/Pappé. htm, 2020. 03. 15.
④ Ilan Pappé, *Britain and the Arab-Israeli Conflict: 1948－1951*, New York: St. Martin's Press, 1988.
⑤ 〔以〕艾兰·佩普：《现代巴勒斯坦史》，王健等译，译者序。
⑥ Avi Shlaim, *Israel and Palestine: Reappraisals, Revisions, Refutations*, London, 2009, Verso.

负盛名。艾米·斯拉姆出生于伊拉克，长期生活在英国，虽然他的作品在以色列也引起了一些争议，但在艾兰·佩普和本尼·莫里斯引发的关于"新历史学派"的大争论中，艾米·斯拉姆被公认为是一个具有原则性的历史学家。他的几部作品大部分涉及以色列和邻国之间的政治关系。1987年，他受艾兰·佩普的博士学位论文中有关以色列和约旦历史调查研究的启发，开始着手重新阐述以色列历史，第二年他出版了《跨过约旦河的共谋：阿卜杜拉国王、锡安主义运动和巴勒斯坦分治》（*Collusion across the Jordan，King Abdullah，the Zionist Movement and the Partition of Palestine*）[1]。在书中，他通过政治视角重新调查了犹太复国主义者与约旦国王阿卜杜拉之间的长期接触，以及他们在巴勒斯坦难民问题中扮演的不光彩角色，这个调查结果完全超越了艾兰·佩普的英国视角。

施罗默·桑德（Shlomo Sand）是"新历史学派"中比较激进的学者，他先后出版了《虚构的犹太民族》（*The Invention of the Jewish People*）、《虚构的以色列地：从圣地到祖国》（*The Invention of the Land of Israel：From Holy Land to Homeland*）以及《我为何放弃做犹太人》（*Comment j'ai cessé d'être juif*），学界将之称为"虚构三部曲"。桑德是特拉维夫大学历史学教授，曾任教于法国社会科学高等研究院。他1946年出生于奥地利林茨，是大屠杀中幸存下来的波兰裔犹太人。他运用现代民族主义理论去颠覆犹太复国主义的民族神话以及占主导性地位的国家叙事。他认为"以色列地"既不是当代的以色列国家，也不是历史上在新月地带出现的犹太王国，它是不同历史时期的犹太复国主义者不断累加、增添的历史概念，它的边界不断浮动，为当代以色列国扩张领土提供了历史合法性。[2] 桑德还著有《知识分子、真相和权力：从德雷福斯事件到海湾战争》（*Intellectuals，Truth and Power：From the Dreyfus Affair to the Gulf War*）以及《词语和土地：以色列知识分子和民族主义神话》（*The Words and the Land：Israeli Intellectuals and the Nationalist Myth*）等著作。

20世纪80年代末期，"新历史学家"们被舆论指控为有亲巴勒斯坦的

---

[1]　Avi Shlaim, *Collusion across the Jordan, King Abdullah, the Zionist Movement and the Partition of Palestine*, New York: Columbia University Press, 1988.

[2]　〔以〕施罗默·桑德：《虚构的以色列地：从圣地到祖国》，杨军译，南京大学出版社，2019，封底。

政治倾向，本尼·莫里斯和艾米·斯拉姆均明确表示否认，但西姆哈·弗拉潘则公开承认。作为以色列左翼的代表，他长期致力于促进和解，反对冲突。不可否认的是，"新历史学家"的成长经历影响了他们的著作。他们的共同点是有着相似的生活经历，西姆哈·弗拉潘在工党阿拉伯事务办公室工作 10 多年让他对阿拉伯人有直接深入的了解；艾兰·佩普在服兵役期间学习了阿拉伯语，了解了阿拉伯历史；艾米·斯拉姆也能讲阿拉伯语，伊朗出生的他所继承的文化遗产使他可能比欧洲犹太移民更像阿拉伯人；本尼·莫里斯虽然不会讲阿拉伯语，但他与阿拉伯难民的交往势必会影响他的思维。总之，对阿拉伯语言与文化的了解是"新历史学家"的共同点，基于理解之上的同情与关切成为他们树立新的历史意识的出发点，尽管这样的做法在民族国家建构中的以色列是有悖主流的。

"新历史学派"的观点一出现就引起了轩然大波：以色列传统历史学家勃然大怒，指控"新历史学家"在肆意编造历史，丑化犹太复国主义；甚至一些亲阿拉伯学者也不认同"新历史学派"的思维路径，而是指责他们淡化犹太复国主义者的罪行。在大学校园、学术界乃至整个社会引发了一场大论战。支持者、反对者作为论争的双方在媒体报刊上"激烈战斗"。一些颇具知名度并一直坚持远离"非学术问题"的主流历史学家和社会学家也卷入大论战之中。为了批驳后犹太复国主义，他们"用改良主义的观点来阐释犹太复国主义、1948 年战争和建国初期的以色列，他们使用最频繁的词语就是'例外'。这些改良主义者声称，如果 19 世纪后期实行的犹太复国主义带有殖民主义色彩，如果 1948 年战争犯有暴行和实施驱逐，如果建国初期出现歧视和滥用暴力的现象，那么这些都是特例而不能告诉我们规则就是如此。规则仍然保持不变——犹太复国主义从理论到行动都糅合了人文主义和自由主义"①。还有些人认为"新历史学派"是为了迎合逐渐复苏的反犹太主义。支持"新历史学派"的人则认为他们给陈腐的以色列社会带来了一股清新的空气，是以色列学术自新与国家进步的希望。美

① Ilan Pappé, "The Square Circle: The Struggle for Survival of Traditional Zionism," in Ephraim Nimni, *The Challenge of Post-Zionism*, London & New York: Zed Books, 2003, p. 48. 转引自王铁铮《后犹太复国主义评析》，《西亚非洲》2006 年第 2 期。

籍批评家爱德华·赛义德①在《新历史，旧思想》② 一文中赞赏了"新历史学家"们严谨的调查研究和破除旧习的勇气，同时批评巴勒斯坦和阿拉伯历史学家未能重视后犹太复国主义的研究方法，也呼吁巴勒斯坦和阿拉伯史学家应当更深入地探索类似的研究，即对自身神话和国家理念的批评性研究。

（二）后犹太复国主义思潮的表现形式

"新历史学派"引发的论争很快就超出了史学界的范围，扩散至艺术、电影、文学等各个领域。"新历史学派"的主张有力地推动了在以色列社会中早已存在的修正犹太复国主义的倾向，此后，以"新历史学派"为代表的后犹太复国主义思潮进入了公众视野。准确地说，后犹太复国主义是一个"交织着不同立场与认知的政治文化术语"③，初期主要的支持力量是来自"后六日战争一代"④ 的学者和文人阶层，后来扩展至以色列社会的边缘群体。"新历史学派"的出现与后犹太复国主义思潮的形成相互关联，互为动力。"新历史学派"深化了对犹太复国主义进行修正的观点，为后犹太复国主义提供了学术论据与理论支撑。

后犹太复国主义作为一种理论体系虽然定型于 20 世纪 80 年代"新历史学派"出现之后，但作为一种行为表现、一种思维倾向在以色列社会的孕育由来已久。有学者认为，后犹太复国主义的萌芽甚至可以追溯到以色列建国之初。当时，国家建构成为当务之急，如何融合东西方犹太移民、如何对待巴勒斯坦阿拉伯人、如何处理以色列与阿拉伯邻国的关系都是重要问题。尤其是在如何确立国内的犹太多数派对待阿拉伯少数派的态度与政策问题上，新生的以色列国面临着重要挑战。对此，犹太复国主义内部也出现了分裂。以本－古里安为首的以色列工党主张"劳工犹太复国主

---

① 爱德华·赛义德（Edward Said, 1935 – 2003），美国当代重要的批评理论家，后殖民批评理论和"东方主义"代表人物。生于巴勒斯坦的耶路撒冷，曾任哥伦比亚大学英文和比较文学教授，并担任《批评探索》（Critical Inquiry）、《疆界 2》等刊物的编委或顾问。赛义德的理论有着强烈的意识形态和政治批判色彩，其批判的锋芒直指西方的文化霸权主义和强权政治，其明显的理论基石就是"东方主义"（Orientalism）。代表作有《东方学：西方对于东方的观念》（Orientalism: Western Conceptions of the Orient, 1978）等。

② Edward Said, "New History, Old Ideas,"*Al-Ahram Weekly*, May,1998.

③ 〔以〕艾兰·佩普：《现代巴勒斯坦史》，王健等译，译者序。

④ "后六日战争一代"英文为"The Post 1967 Generation"，指"六日战争"后出生的一代人，这一代人没有经历战争，也未受到旧意识形态的钳制，大多接受过西方的教育，更容易接受新思想，期望破除旧的思想束缚。

义"，希望通过推动"基布兹"式的集体农庄，加快以色列国内各个族群的融合，形成新的犹太民族认同和以色列国家认同。这种观点认为可以给予国内阿拉伯公民平等的公民权利，但必须对其逐渐改造，把他们对犹太民族的离心力降至最低，并着力培养他们的国家认同意识。但需要对阿拉伯邻国采取强硬措施，因为"长久以来的历史证明阿拉伯人是不可靠的"。这种观点长期作为最具影响力的主流而存在，并成为多届工党政府制定政策的理论依据。另一派则主张延续犹太经典中的弥赛亚救赎思想，继续对阿拉伯人特别是涉及土地、财产等方面采取一贯的强硬措施。他们多是来自以色列的右翼或极右翼政党，还包括一些极端正统派犹太教徒。他们主张阿拉伯人与犹太人的差异无法弥合，为了保证犹太民族的血统，不能随意与之融合，主张建立一个宗教的神权国家而不是世俗国家。这个国家里只能存在"阿拉伯犹太信徒"而不能存在异教徒。除了工党和右翼势力之外，还有一些人主张对阿拉伯人实行较为温和的政治民族政策。在他们看来，以色列的首要目的是建立一个多民族融合的世俗的民主国家而不是宗教的神权国家，以色列境内的阿拉伯人是以色列国家的一个群体，理应获得完全平等的公民权，对待阿拉伯邻国及其存在也应当给予充分的尊重，只有这样才是正确地面对了巴勒斯坦的历史与现实。这一派认为长期以来犹太复国主义对于巴勒斯坦阿拉伯人的融合政策过于理想化、强硬化，过分地强调犹太人的核心价值因而存在着种族主义的嫌疑。这种态度在某种意义上被认为是后犹太复国主义思想的最初萌芽，但并不占主导地位。

以色列建国初期的戏剧、电影作品所展现出的阿拉伯人形象大多数是千篇一律的典型模板——猥琐、邋遢。作品的主要叙述聚焦于独立战争背景下犹太英雄人物如何战胜险恶的阿拉伯人，从而体现出明显的民族主义和政治色彩。究其原因，一方面是创作者深受主流意识形态的影响，从内心深处鄙视、憎恨阿拉伯人；另一方面也不能否认是为了迎合政府的民族政策。但随着建国热情的衰退与个人道德意识的强化，新的变化出现在希伯来作品中，也体现于一些巴勒斯坦翻译作品和非犹太信仰的原创戏剧中，如伊兹哈克·劳尔的《以法莲从军记》（*Ephraim Goes to the Army*）就关注了巴勒斯坦人遭受的不公正待遇，批判了以色列。[①] 到 20 世纪 70 年

---

① 〔以〕艾兰·佩普：《现代巴勒斯坦史》，王健等译，第 228 页。

代之后，一些作品也开始更多地关注巴勒斯坦人的真实生活。巴勒斯坦人终于获得了"人"的待遇，成为有血有肉、有名有姓的真实存在。一些电影开始反映了巴勒斯坦人被野蛮地驱逐出家园的场景。有些影片中甚至讲述了巴勒斯坦英雄战胜犹太恶棍的故事。这种反传统角色的运用为影片赢得了广泛的受众，也在一定程度上改变了主流犹太复国主义叙事中阿拉伯人的形象。如改编版的《罗密欧与朱丽叶》暗喻了阿拉伯和犹太民族间的关系。爱情影片《交火》（*Cross Fire*）表达了巴勒斯坦人对 1948 年战争的内心感受等。到了 80 年代，这种转变体现得更为明显，"制片人觉得自己比学者文人更容易公开承认自己来自某特定人群——种族的、性别的、或民族的。这样人们第一次有了代表以色列阿拉伯裔犹太人世界的媒介"。如莱姆·列维拍摄的《面包》（*Bread*）展示了巴勒斯坦人的生活状况。[①]电影《玩具枪》（*Roveh Huliot*，*A Toy Gun*）表达了对大屠杀的深切恐惧、不安和怀疑。

同时期的文学作品也经历了相同的发展过程，成为后犹太复国主义倾向的又一表现平台。当代最富有影响力的希伯来语作家阿摩司·奥兹（Amos Oz）的作品就表现出对犹太复国主义理念的反驳，他在《黑匣子》（*Black Box*，1987）一书中对阿拉伯人表达了深切的同情，对犹太复国主义者以信仰为名在巴勒斯坦被占领土购买土地、扩建定居点的做法表达了挪揄与讽刺。在他的笔下，犹太人变成了势利小人，他还借用主人公的语气质问宗教犹太复国主义者："出卖以色列来购买占领地的做法是否值得？"[②] 又如诗人伊兹哈克·劳尔在他的作品《人民：适合国王的食品》（*The People*，*Food Fit for a King*）中以不同方式颠覆主导以色列社会的宗教信条，展现被边缘化群体的个性体验。

以色列媒体在后犹太复国主义思潮的发展过程中也同样起到了重要作用。建国初期以色列新闻媒体的主要基调是与主流意识形态保持一致的，非主流的言论也会偶尔出现，但成不了气候。20 世纪六七十年代以后，随着以色列社会的多元化发展，不同声音在媒体中得到了越来越多的体现，主流媒体也开始报道一些非主流的事件和新闻。如《国土报》（*Ha'aretz*）

---

① 〔以〕艾兰·佩普：《现代巴勒斯坦史》，王健等译，第 230 页。
② 钟志清：《当代以色列作家研究》，人民出版社，2006，第 301 页。

就真实报道了一些发生在巴勒斯坦难民身上的惨剧。《内幕消息》（*Mezad Sheni*）杂志为巴勒斯坦官方和反对派都提供了希伯来语的宣传窗口。[①]"新历史学派"兴起后，他们的主要观点最初也是通过媒体宣传出来，引起了社会的关注。

　　后犹太复国主义思潮的兴起深受和平主义理念的滋养，尤其受到"现在实现和平运动"（The Peace Now Movement）的推动与影响。该运动兴起于 20 世纪 70 年代，是流行于以色列的民间非政治性和平组织，其产生时间早于"新历史学派"，但与后犹太复国主义的一些主张完全一致。"现在实现和平运动"自称是以"理性为基础的犹太复国主义"，认为"认同阿拉伯国家和承认以色列生存权、放弃针对平民的暴力行为的有代表性的巴勒斯坦阿拉伯人的组织谈判，是解决阿以冲突的唯一途径。在巴勒斯坦阿拉伯人放弃恐怖主义，承认以色列在安全边界内的存在权利的条件下，以色列应当承认巴勒斯坦阿拉伯人有组成一个民族实体、决定自己的政治前途的权利"[②]。1980 年 12 月，"现在实现和平运动"进一步声明：

> 　　"现在实现和平运动"将以民主的方式反对这样一个以色列政府，这个政府不考虑所有这些安全和和平因素，并无视很可能导致谈判解决［争端］的选择方案……
>
> 　　本运动要求以色列的每届政府保持建立一个［真正］犹太国而不是一个两民族［国家］的犹太复国主义运动的传统目标；建立一个不否认其部分居民的权利的民主［国家］；建立一个不统治另外一个民族的民主国家，恰像它自己不同意被人统治一样；这个民主国家靠自己的劳动养活自己；鼓励真正解决争端而且不在牺牲他人的基础上进行扩张。
>
> 　　继续统治在西岸和加沙地带的 150 万阿拉伯人将改变以色列国的民主性质并造成一个事实上的两个民族国家……吞并西岸必将在最近或将来造成在以色列之地阿拉伯人占大多数的局面，这是对……以色列最为危险的局面。继续［以色列］的统治，而不给生活在将被吞并地区的所有阿拉伯人以全部权利，必将使以色列成为不民主和不道德

---

① 〔以〕艾兰·佩普：《现代巴勒斯坦史》，王健等译，第 232～233 页。
② 徐新、凌继尧主编《犹太百科全书》，第 200～201 页。

的国家，使其包含两种居民：公民和二等公民。另一方面，给予被吞并地区阿拉伯人以同等权利必将使以色列国的犹太特性遭到严重的损害。犹太复国主义，即犹太民族的民族解放运动的基本思想是建立一个犹太国，在这个国家里阿拉伯少数民族和其他少数民族将获得同等权利……以色列应该结束在西岸和加沙地带建立定居点的活动，并制定目的在于改变现状的立法……定居点有损于以色列的安全和形象。

　　我们是这样一些犹太复国主义者，我们希望尽可能快地纠正由于对另一民族的占领和统治而造成的腐败，这既是为了我们自己，也同时为了别人。①

该运动兴起后，组织了多种形式的和平示威与请愿活动。1982 年黎巴嫩战争爆发后"现在实现和平运动"在报纸上刊登了这样一则告示：

　　在这场战争中，以色列军队再次证明了以色列的强大与自信；在这场战争中，我们正在失去的是自己的兄弟、孩子和朋友；在这场战争中，背井离乡者不计其数，城镇被夷为平地，无辜平民遭杀害。

　　我们何以被杀戮？我们为何要去杀戮？卷入这场战争是基于全民族的认同感吗？以色列的生存面临顷刻而至的威胁吗？这场战争会使我们摆脱暴力、痛苦与仇恨的怪圈吗？

　　我们呼吁以色列政府：住手吧！现在是邀请巴勒斯坦人加入和平谈判的时候了！现在是实现基于相互承认基础上的全面和平的时候了！②

黎巴嫩战争期间，"现在实现和平运动"举行了规模宏大的示威活动，使贝京政府面临极其严重的政治危机，此后该运动的支持者超过了 30 万人，并赢得了一些社会名流的支持。"新历史学派"出现后，"现在实现和平运动"以实际行动密切配合，呼吁犹太社会关注巴勒斯坦人的权益和命运、停止定居点建设、实现平等基础的阿以和平，结束冲突与战争为民众

---

① 〔美〕凯马尔·H. 卡尔帕特编《当代中东的政治和社会思想》，陈和丰等译，中国社会科学出版社，1992，第 408～412 页。
② 张倩红：《以色列史》（修订本），第 364 页。转引自 Martin Gilbert, *Israel：A History*, Black Swan Books, London, 1999, pp. 510–511。

所带来的苦难。2002 年，在"现在实现和平运动"的推动下，450 名以军
预备役军官拒绝到加沙地带和约旦河西岸服役，为撤出占领区做舆论宣
传。近年来，在一系列重大节点往往能听到"现在实现和平运动"的声音，
它与"新历史学派"一样已成为后犹太复国主义的主要表现形式之一。

综上所述，后犹太复国主义思潮萌芽于以色列建国初期，尤其是"六
日战争"与黎巴嫩战争之后，成型于 20 世纪 80 年代以后，表现在历史、
文学、电影、媒体、非政府组织等不同领域，从学术性和大众化两个层面
对犹太复国主义意识形态所进行的实际意义上的解构。后犹太复国主义的
产生一方面受到全球化时代后现代主义思潮的影响，另一方面也是以色列
社会认同危机、族群分裂的一个体现。正如艾兰·佩普所说：

> 和平能从整体上削弱社会的凝聚力，强化内部矛盾和冲突，尤其
> 是当社团凝聚的基础还是因为有共同的外部敌人时。另外，此时的经
> 济发展相对成功且平稳，一方面让受剥削群体意识到自己也应分享经
> 济发展的成果，另一方面暴露了建立民主的意愿和保持犹太民族国家
> 属性间不可调和的紧张关系。①

三 后犹太复国主义的主要观点

后犹太复国主义把质疑的矛头直接指向传统犹太复国主义的核心价值
体系，围绕着以色列国家的合法性、国家性质以及官方历史阐释等方面展
开了颠覆性的批评，并围绕如何形成民主国家的基础、如何建构新的国民
身份认同、如何从根本上消解巴以矛盾等方面提出了自己的建议与主张。

（一）对国家合法性与官方历史阐释的修正

后犹太复国主义作为一个宽泛的政治思潮，其支持者遍布于知识界的
方方面面，除历史学家之外，还有社会学家、文学家、媒体人、新闻记者
等。后犹太复国主义的出现与发展过程，始终伴随着一系列的学术论争，
并上升为政见分歧。引发分歧的主要是以下问题：

---

① 〔以〕艾兰·佩普：《现代巴勒斯坦史》，王健等译，第 234 页。

以色列国家确实是犹太民族的安居所吗？从历史的角度看世界上是否有更适合犹太人居住的环境？

以色列是否可以成为一个犹太性与民主性并存的国家？是否应该成为所有公民的国家？

巴以冲突是不是一场非黑即白的冲突？以色列是在尽最大努力获取和平吗？持续的冲突的责任是否应该单方面落在阿拉伯一方？

后犹太复国主义者之所以对犹太复国主义提出质疑，是基于这样的认识：犹太复国主义在道德上缺乏合法性，因此必须被消解。[1] 他们试图去证明犹太复国主义者的复国梦缺乏道义与理性的支撑，他们声称自己是后现代主义者，"承认他们所做的一切就是为后犹太复国主义思想和观念提供引导"[2]，根本的使命就是要解构和超越犹太复国主义。后犹太复国主义者将目光聚焦于巴勒斯坦人社区被毁灭、阿拉伯人被强行驱逐的历史事实，通过对以色列、巴勒斯坦，以及西方国家最新解密的历史档案的深层挖掘，用三次驱逐事件来证明自己的观点，这三次事件也是以色列历史上的重要里程碑。第一次是 1948 年建国时引发的"大灾难"（相对于巴勒斯坦人）。以色列在建国过程中暴力驱逐了以色列版图内的巴勒斯坦人，或者说"巴勒斯坦人在自己的家园内转而成为受军事当局管制的少数民族"，造成了大量的巴勒斯坦难民，这被认为是造成持续至今的巴以冲突的根本原因。第二次是 1967 年"六日战争"期间，以色列闪袭阿拉伯邻国，占领了包括约旦河西岸和加沙地区在内的巴勒斯坦剩余土地，再次导致了大量巴勒斯坦人流离失所。第三次是 1982 年以色列入侵黎巴嫩，占领了黎巴嫩 1/3 的领土，其间还发生了臭名昭著的"贝鲁特难民营大屠杀（Sabra and Shatila Massacre）"。仅 1948 年，以色列军队就驱逐了约一半的巴勒斯坦人口。后犹太复国主义者认为，三次战争引发的大量难民问题和持续紧张的边界关系不是简单地依靠以色列撤出巴勒斯坦被占领土就能解决的。本尼·莫里斯在《以色列国的诞生》一书中指出以色列军队在 1948 年 4

---

[1] Ilan Pappé, "Post Zionist Critique on Israel and the Palestinians: Part 1: The Academic Debate," *Journal of Palestine Studies*, Vol. 26, No. 2(1997), pp. 29 – 41.

[2] Ilan Pappé, "Post Zionist Critique on Israel and the Palestinians: Part 1: The Academic Debate," *Journal of Palestine Studies*, Vol. 26, No. 2(1997), pp. 29 – 41.

月和 12 月强行将阿拉伯人驱逐出自己的房屋，并故意鼓励他们离开，以此认定犹太国家的建立就是"原罪"（original sin）。① 艾米·斯拉姆则指出，1947 年 11 月，约旦国王阿卜杜拉和以色列犹太事务局的领导格尔达·梅尔森（Golda Meirson）达成了一项秘密协议，尽一切可能扼杀在约旦河西岸建立一个巴勒斯坦国家的可能。而约旦和以色列将瓜分巴勒斯坦的土地。艾米·斯拉姆在书中描绘了以色列犹太复国主义者组织策划，与哈桑王朝的统治者合作压迫巴勒斯坦人以阻止他们建国的场景，以此来批判犹太复国主义。② 事实上，战争期间的驱逐有的是相对温和的要求其离开，而有的则是通过暴力手段实施的。在利达（Lida）、萨萨（Sasa）、拉姆拉等地都发生了屠杀事件，还伴随着强奸、抢劫和没收财产等暴行。这些究竟是事先预谋的计划还是战争造成的意外局面，犹太复国主义者内部也有分歧。相对温和的"新历史学家"认为这些罪行源于战争氛围，是战争带来的必然后果，如本尼·莫里斯；艾兰·佩普等则倾向于认为驱逐计划是犹太复国主义领导层在 1948 年战争前就做出的决定。一些持极端观点的后犹太复国主义者甚至认为以色列对巴勒斯坦人和本国的阿拉伯公民构成了一种形式上的纳粹化。总之，后犹太复国主义者一直认为以色列国的建立及其战争给巴勒斯坦人造成了事实上的灾难，所不同的只是质疑的程度上有所差异。

后犹太复国主义者的矛头还指向以色列的官方历史阐述。以色列建国以来，犹太复国主义运动、1948 年战争以及之前的委任统治时期一直被描绘为犹太人通过努力获得拯救和复兴的过程。犹太复国主义的历史叙述把整个犹太人的历史划分为三大时期：古代时期、流散时期和民族复兴时期。而犹太复国主义的使命就是振兴民族辉煌，培育现代国民人格——"新希伯来人"（New Hebrew），把欧洲启蒙运动的现代化思想带回到落后的巴勒斯坦地区。政府利用犹太复国主义神话有计划地培养一种在贫瘠的荒漠上建造"沙漠绿洲""湿地国家"的民族集体记忆。正如诺亚·卢卡斯所说：

> 以色列是一个新民族。像许多亚洲的政治共同体一样，它是一个

---

① Benny Morris, *The Birth of the Palestinian Refugee Problem, 1947 – 1949*, Columbia: Cambridge University Press, 1987.

② Avi Shlaim, *Collusion Across the Jordan: King Abdullah, The Zionist Movement and the Partition of Palestine*, Columbia: Columbia University Press, 1988.

植根于以宗教为形式的古老文化遗产的新民族。……从根本看，以色列是由一场民族运动聚集起来的移民人口组成的，这场民族运动决定了他们移民的基本原则，也决定了他们在定居社会中融为一体的意识形态结构。以色列成为一个国家的过程，给民族意识的发展方向带来了根本性的变化。犹太复国主义为了建立一个犹太国家，精心创造了一个犹太民族的神话。国家一建立，马上就成了创造以色列人这个新民族的工具。①

后犹太复国主义者强调在犹太复国主义史学的主流叙述中，对巴勒斯坦曾经的主人——巴勒斯坦人只字不提。政府拒绝承认对1948年巴勒斯坦难民进行过"种族灭绝般的清洗"，主流历史学家声称巴勒斯坦人是"受命于他们的领袖或者自愿离开的"。总之，拒绝承认发生暴力，拒绝承认错误，拒绝对难民进行赔偿。② 在很长一段时间内，主流历史学家的任务是重现犹太复国的"神圣经历"，展示"民族奇迹"，并尽力避免把"巴勒斯坦人的遭遇视为一场人道主义灾难和民族悲剧，其叙述也大多聚焦于战争前后巴勒斯坦以外的阿拉伯世界的政治与军事动态"。③ 以色列民众无法了解到有关巴勒斯坦人生存状况的真实情况。总之，"新历史学派"以新史料为依据、以实证研究为视角，通过对1948年历史的再度审视，来解构犹太复国主义为了凝聚国民认同而塑造出来的独立战争神话。艾米·斯拉姆把后犹太复国主义与以色列主流的历史编纂学的差异归纳为以下五个方面：

第一，主流观点认为英国试图阻止犹太国的建立，而"新历史学家"则表示英国试图阻止的是巴勒斯坦国的建立；

第二，主流观点认为是巴勒斯坦人自愿逃离家乡，而"新历史学家"认为难民是被赶走或被驱逐的；

第三，主流观点认为当时巴勒斯坦地区的权力平衡有利于阿拉伯人，而"新历史学家"则指出，以色列无论在人力还是武器方面都占

① 〔英〕诺亚·卢卡斯：《以色列现代史》，杜先菊等译，第402~403页。
② Nur Masalha, "New History, Post-Zionism and Neo-Colonialism: A Critique of the Israeli 'New Historians'", *Holy Land Studies*, Vol. 10, No. 1, pp. 1–53.
③ 杨阳：《以色列的后锡安主义思潮及其影响》，《西亚非洲》2010年第8期。

有优势；

第四，主流观点认为，阿拉伯人有一个摧毁以色列的协作计划，而"新历史学家"则强调，阿拉伯世界是分裂的，没有统一的计划；

第五，主流观点认为，阿拉伯人的不妥协阻碍了和平的实现，而"新历史学家"则认为以色列对和平困境应负主要责任。①

（二）对犹太复国主义属性的颠覆性解读

后犹太复国主义者从政治思想的视角把犹太复国主义界定为三大类别：传统犹太复国主义、新犹太复国主义和后犹太复国主义。按照艾兰·佩普的解释，在这三大流派中占主导地位的是传统犹太复国主义，作为以色列国家的官方意识形态，一直是工党制定内外政策的主要依据；新犹太复国主义是对犹太复国主义的极端化诠释，支持者主要是犹太教正统派、极端民族主义者，他们大多来自右翼或极右翼党派，把建立神权政体作为以色列国家的最佳选择；后犹太复国主义是面对以色列存在的一系列困境与难题，为了解构当前主流政治话语，作为一种新的思想理论对国家与民族的未来提出新的阐释。后犹太复国主义的基本理念是：犹太复国主义在1948年以色列国建立时已经完成了其意识形态的使命，以色列应当进入后犹太复国主义阶段。后犹太复国主义的兴起过程中，始终把对犹太复国主义的批评与颠覆作为定格自我的参照物。在后犹太复国主义者看来，虽然任何事物都有两面性，但犹太复国主义似乎更加深刻和明显地体现了事物两极的矛盾和对立。对于犹太民族来说，长达1800年的流散生活使犹太人饱受欺凌，没有家园、没有祖国的痛苦在一代又一代犹太人的心灵上留下了沉刻的烙印。犹太复国主义运动带领犹太人重回故地，重建国家，为犹太人赢得了一方赖以休养生息的家园。从这个意义上看，犹太复国主义毫无疑问是一场逃脱奴役、追求自由的民族自救运动。但是，这一切只是"硬币的一个面"，其另一面所反映的是巴勒斯坦人的痛苦和眼泪。对于世代定居的巴勒斯坦人而言，犹太人的大批进入意味着自由的失去、家园的失去、民族权利的失去。因此，从巴勒斯坦人的角度看，犹太复国主义运

---

① Miron Rapaport, "No Peaceful Solution," *Ha'aretz Friday Supplement*, November 8, 2005. 转引自〔以〕艾兰·佩普：《现代巴勒斯坦史》，王健等译，译者序。

动无疑是一场剥削、压迫的暴力运动，是一场名副其实的殖民运动，而以色列国家在其政治设计与组织形式上也体现了殖民国家的特点。① 后犹太复国主义者的这种认识构成了对犹太复国主义最根本的挑战，他们把以色列现在面临的冲突危机从根本上归结为犹太复国主义的殖民性与种族性，认为其"在道义上应受到责难，并带有先天性的弊病"②。

后犹太复国主义还重新解读犹太教的历史。众所周知，"神选子民"和"应许之地"所导致的种族优越心理是犹太教的一大遗产。后犹太复国主义者认为具有这种心理的宗教犹太复国主义者是道义的悖论者，宗教犹太复国主义者把非犹太人视为上帝拒绝拣选的人，认为其是道德上和精神上的次等人种。后犹太复国主义者强调，长期遭遇种族主义歧视与迫害的犹太民族，恰恰成了种族主义的承载者与实施者，其所作所为跟数千年来其他民族对犹太人的排斥政策如出一辙，犹太复国主义者的做法无疑背叛了犹太人在历史上的惨痛经历。为了建国，犹太复国主义者处处将攫取土地作为首要目标，完全无视巴勒斯坦人的权益，造成了旷日持久的冲突，这不仅仅是靠领土妥协与签署和平协议就能解决的问题。

后犹太复国主义者在对主流意识形态的批评中，甚至提出了关于大屠杀的伦理质疑，从而触动了以色列社会最敏感的神经。他们认为，二战期间当希特勒实行"最后解决"政策时，犹太复国主义没有给予欧洲犹太人以应有的关注，"伊休夫"也没有投入应有的人力、物力采取积极的营救措施。灾难发生后，犹太复国主义运动的领导人充分地利用了国际社会对犹太人的同情，不断强化自身的"受害化"角色而继承了大屠杀的遗产。③

---

① 在"新历史学派"兴起的过程中，在以色列学术界活跃着一批左翼的"新社会学家"，代表人物为巴卢赫·金柏林（BaruchK Imberling）、尤纳坦·夏皮罗（Yonathan Shapiro）等，他们利用后殖民主义理论解读犹太复国主义，认为犹太复国主义开始时是一场发源于欧洲的民族觉醒运动，但当其选择了巴勒斯坦并以购买土地、赶走当地巴勒斯坦农民、控制劳务市场为手段时其性质就转变成一场"殖民运动"。有学者认为，"在这一点上，以色列的新社会学家比'新历史学家'更接近于巴勒斯坦方面的叙述文本"。作为另一派学术代表人物，新社会学家对后犹太复国主义的兴起也做出了重要贡献。详见杨阳《以色列的后锡安主义思潮及其影响》，《西亚非洲》2010年第8期。

② Ilan Pappé, "The Square Circle: The Struggle for Survival of Traditional Zionism," in Ephraim Nimni, *The Challenge of Post-Zionism: Alternatives to Israeli Fundamentalist Politics in Israel*, London: Zed Books, 2003, pp. 46 – 47.

③ 有关以色列建国初期对大屠杀政治化利用的情况参见 Tom Segev, *The Seventh Million: The Israelis and the Holocaust*, Macmillan, 2000。

以色列建国后，犹太复国主义者一方面继续滥用大屠杀，使之政治化、民族化，成为集体记忆的一个符号、建构认同的一种催化剂，同时又对幸存者采取了无视的态度，使其在遭受失亲之痛之后又面临着被自己梦寐以求的民族国家所边缘化、冷漠化的苦楚。一些后犹太复国主义者在大屠杀的问题上甚至走得更远，例如，汤姆·塞格夫就在自己的作品中声称，犹太复国主义利用大屠杀来推进自己的政治目标，他们与纳粹主义存在某种联系，甚至在事先知晓纳粹将在欧洲清洗犹太人，但并没有保护自己的欧洲犹太同胞，目的是借此博取国际社会的同情，为建立犹太国创造有利条件。他们期望被驱逐的犹太人更多流亡至巴勒斯坦，从而推进"伊休夫"的建设。直到今天以色列仍在利用大屠杀提升民族凝聚力和增强民族主义情感。①

（三）对以色列国家性质及未来走向的质疑

受西方自由主义思潮以及后现代主义的影响，"新历史学派"认为以色列的首要目标就是建立一个自由民主的国家，而不是一个宗教神权国家。随着后犹太复国主义引发的论战逐渐从政治历史延伸进宗教文化领域，"后犹太教"（Post-Judaism）思想逐渐出现并进入公众视野，得到了一些世俗犹太人的拥护，支持者也包括巴勒斯坦裔的以色列公民、东方犹太人以及一些不受重视的弱势群体。"后犹太教"时代是指走出犹太身份的羁绊，摆脱犹太教信仰的束缚，用"以色列人"的观念来代替传统的"犹太人"概念。在"新历史学派"看来，"以色列人"应该是一个具有开明思想、民主意识与国际认知力的国家公民，而不是一个狭隘的、封闭的、与现代世界格格不入的"犹太宗教信仰者"；以色列国家应当是一个自由、民主、和平的西方国家，而不是一个愚昧、落后的东方神权国家，而眼前的现实是"犹太国家的特点十分令人反感，也不合时宜"。②

"新历史学派"认为，以色列现在的发展方向背离了早期建立现代世俗国家的目标，尤其是犹太教正统派一贯试图把以色列改造成类似神权国家而不是世俗国家。在这片"祭祀化"的国土上，恺撒与上帝并没有清晰

---

① Tom Segev, *The Seventh Million: The Israelis and the Holocaust*, p. 151.

② Yoram Hazony, "The Zionist Idea and Its Enemies,"*Commentary*, Vol. 101, Issue 5(1996), pp. 30 – 62.

的界限，宗教不仅影响着国民文化的塑造，还严重干预国家政治。如果以色列依旧作为犹太国家而存在，那么国民的挫败感和割裂感就无法弥合。20世纪末在以色列流传着这样一本书——《弥赛亚的驴》（*Messiah's Donkey*），作者塞菲·拉赫列夫斯基（Seffi Rachlevsky）在书中描述道：在这个国家里，大多数世俗犹太人像驴子一样为虔诚的犹太教徒建设和看管着这个国家。而犹太教徒在为弥赛亚的到来做准备，世俗犹太人的地位随时会被取代。在他看来所有宗教极端思想的追随者都可以被认定为拉宾遇刺案的嫌疑人，因为他们"密谋接管以色列并把它变成一个落后的神权国家"①。

"新历史学派"还指出，以色列当前面临的问题不仅是国家认同，也包括宗教和文化的身份认同，犹太复国主义主导地位决定了以色列的本质只能是一个宗教国家，而作为一个宗教国家，在处理现代国家建构、阿以冲突以及国内民族关系时，无疑会陷入一个死循环。他们强调自身的存在就是为了传递启蒙思想与现代理性，阻止以色列国家继续逆转到黑暗的神权时代。

"新历史学派"还强调，犹太复国主义的核心价值观无法使少数族裔形成真正的国家认同，以色列国家的象征符号也需要做相应的改变。事实上，以色列把象征犹太民族经历的大卫星旗作为国旗、把东欧犹太人渴望回归故土的《希望之歌》作为国歌，也的确很难想象以色列的非犹太信仰公民在这样的国旗和国歌下能产生多少民族自豪感。《回归法》欢迎散居世界各地的犹太人移民以色列，而一个1948年逃离海法的阿拉伯人却永远不能回到世代居住的城市。因此，以色列国家必须有博大的胸怀改变这一切。以色列的犹太人必须超越自己的宗教信仰和犹太认同，摒弃狭隘的民族主义和种族优越论，形成一种更加现代化的新的身份与价值认同，建设一种既保留犹太教的感召力，又能适应世俗化潮流的政治文化，从根本上缓解世俗与宗教的矛盾，这个国家才会获得新生与活力。在谈到以色列国家未来的走向时，后犹太复国主义者强调，以色列的发展方向必须从单一民族的宗教国家，走向多元化的世俗国家；必须建立后现代的公民社会与现代化制度体系，只有这样才能真正实现自由民主的政治理想。乌里·拉

① Meyrav Wurmser, "Can Israel Survive Post-Zionism?"*Middle East Quarterly*, Vol. 6, No. 1(1999), pp. 3 – 13.

姆（Uri Ram）以新犹太复国主义为参照把后犹太复国主义的价值取向归纳为表 6 - 1。

表 6 - 1　新犹太复国主义与后犹太复国主义的主要价值取向

	新犹太复国主义	后犹太复国主义
成员概念	族群的	公民的
自我认同	犹太人	以色列
规范认同	集体主义	个人主义
空间指向	以色列地（应许之地）	以色列国（"绿线"）
时间指向	古代与遥远的未来（"祖辈"）	当前与很近的未来（"晚辈"）
文化取向	特殊主义（"选民"）	普适主义（"正常化"）
政治文化	保守主义	功利主义
政治体现	"信仰者集团"	"有限者集团"

资料来源：Uri Ram, "Postnationalist Pasts: The Case of Israel," *Social Science History*, Vol. 22, No. 4 (1998), pp. 513 - 545。

　　此外，后犹太复国主义者还就美以关系提出了建议，认为现存的美以特殊关系"绑架"了以色列，以色列不得不在美国的中东战略与反恐需要之下谋划自己的内政与外交，从而在很大程度上损害了以色列作为中东地区唯一民主独立国家的形象。未来的以色列必须建立与美国的新型关系，重新评判构成中东地区稳定与发展、动荡与破坏局面的诸多因素，重新营造一种能够给犹太人、巴勒斯坦人带来共同福祉的地缘政治环境。

四　后犹太复国主义与以色列社会

　　后犹太复国主义抓住以色列社会现实存在的种种问题，致力于推进国家的民主化和世俗化进程。虽然并未从根本上动摇以色列的主流意识形态，未能改变现存的政治、社会与文化格局，自身也存在很大的局限性、脆弱性与片面性，并招致了非常严厉的批判与否定，一些学者甚至因此而名誉扫地，但它为以色列社会注入了一股新鲜的活力。后犹太复国主义者的当下意识、批判精神、和平情愫以及追求超越的理想主义情怀无疑会长久地存在于以色列社会之中。

（一）对后犹太复国主义的评价

自从 1897 年第一次世界犹太人代表大会在瑞士巴塞尔召开至今，犹太复国主义已走过了百余年的发展道路，经历了无数次的修正与融合，在以色列国家的建立和发展过程中发挥了不可替代的作用。然而，1948 年匆匆建立的以色列国没有也不可能解决所有的问题，正如 1962 年英联邦大拉比伊曼纽尔·雅各博维奇（Immanuel Jakobovits）指出的：

> 以色列当然没有"已经解决犹太问题"。犹太人今天同他们以前一直是的那样（同其他民族）完全不同……今天反犹主义的危险和以色列建国前一样巨大……犹太问题仍然没有解决，在可以预见的未来也将仍然保持这样。犹太国家性并没有使流散世界的犹太生活"正常化"。相反，在某些方面，以色列给犹太人增加了过去从未存在过的许多新问题。[1]

必须承认，即便是建国的狂喜之情也未能真正掩盖本质性的差异与分歧，如何确立国家的性质、如何认定公民的身份无不困扰这个根基未稳的国家。尤其当独立战争尘埃落定之后，犹太多数派如何对待以色列阿拉伯公民、如何看待巴勒斯坦阿拉伯人的存在既成了民族问题、政治问题、又是不可回避的国际问题，当时形成"拒绝派""安抚派""融合派"等多种观点。此后，当这个国家经历每一个重要的发展节点时，都会激起一轮新的思想文化论争。随着理想主义热情的消解、一个个现实问题的出现、犹太复国主义的神圣光环也渐渐褪去，"在她的公民眼里，这个犹太国家正在从最初创建时的完美和奋进状态，逐渐恢复到一个世俗主权国家应有的状态中去。她在残酷的国际政治中的利益博弈，以及国内政治生活中不可避免的一系列不尽如人意之处，也渐趋暴露无遗"[2]。旷日持久的巴以冲突加剧了以色列社会的分裂，围绕着边界、安全、定居点等一系列的问

---

[1]　Immanuel Jakobovits, *If Only My People Zionism in My Life*, D. C: B'nai B'rith Books, 1986, p. 160. 转引自刘精忠《宗教与犹太复国主义》，第 376 ~ 377 页。

[2]　David M. Gordis, *Towards a Post-Zionist Model of Jewish Life Events & Movements in Modern Judaism*, Rapheal Patai and Emanuel Goldsmith, Paragon House, 1995. 转引自刘精忠《宗教与犹太复国主义》，第 377 ~ 378 页。

题，犹太人内部的分歧与争执越来越明显。

严酷的社会现实促使人们去反思过去，以"新历史学派"为代表的社会精英用后现代主义、多元文化主义作为武器，提出了一系列批判性的观点，解构主流意识形态。从实质上看，后犹太复国主义就是对犹太复国主义的一种异质性表达，是一场由思想文化论争、意识形态讨论上升到政见分歧的综合性社会思潮。从其动机上看，后犹太复国主者不是要推翻先辈历尽艰辛建立起来的犹太国度，不是为了开始新的历史，而是为了颠覆不合时宜的民族主义的基础，为了犹太国家的复兴与超越；不是为了创造一个新的不受任何意识形态倾向影响的历史编纂，而是为了寻求在其中注入反面的叙述，最终目的是以色列的重建而不是毁灭。尽管所招致的非议与批评铺天盖地，但后犹太复国主义的兴起对于犹太民族及以色列国家的积极意义显而易见。

首先，后犹太复国主义直面社会现实，抓住了以色列现存的一系列核心问题，提出有悖于主流的批判性见解，"迫使传统犹太复国主义者变更或更加清楚地重新界定他们对以色列人和犹太复国主义者的理念，同时对以色列政治制度的地位及其特征做出新的评价"①。后犹太复国主义者在实现自我表达的过程中承受了许多压力，在激烈的辩论中，许多学者的名誉遭遇诋毁，但他们坚持自己的观点，表现出强大的勇气与胆量，再现了犹太知识分子浓厚的社会情怀与时代担当。

其次，后犹太复国主义把建设公民道德与市民社会作为目标，极力推进国家的民主化、世俗化，摈弃宗教极端主义、民族扩张主义对以色列社会的侵害；呼吁关注边缘群体与少数族裔，在错综复杂的以色列社会中为自己开辟一方超前的思想阵地，他们的理念代表了以色列社会的未来走向，也反映了以色列社会的部分精英急于摆脱"犹太特殊论"的羁绊，渴望成为正常国家、正常民族的良好愿景。

再次，后犹太复国主义者致力于梳理巴以冲突的根源与责任，重述巴勒斯坦历史、关注阿拉伯人的生存状况、质疑以色列建国的合法性，他们所表现出来的人道主义、和平主义热情获得了广泛的好评，也在一定程度上慰藉了以色列阿拉伯人的精神世界，对于化解冲突、软化矛盾起到了积

---

① 王铁铮：《后犹太复国主义评析》，《西亚非洲》2006年第2期。

极的作用，也有助于增强以色列阿拉伯公民的国家归属感。后犹太复国主义者对和平运动的执着，使世人看到了巴以和解、中东和平的一线希望。巴解组织前发言人、巴勒斯坦立法委员会前秘书长马哈茂德·拉巴迪（Mahmoud Labadi）认为，后犹太复国主义者呼吁以色列放弃巴勒斯坦被占领土并支持建立巴勒斯坦国，表明了来自以色列内部的和平期待，对巴以问题的解决具有积极的意义。①

最后，后犹太复国主义打破了学术界的许多禁忌，培养了一批学术怀疑者与不同政见者。他们拓宽了历史研究的视域，宽泛了公共话语的边界，修正主流文化所建构的集体记忆与国民神话，试图建构新的历史意识与历史叙述，尽管他们的目标远未实现，但无疑推进了学术自由与社会民主。

我们在肯定其积极意义的同时，也必须看到后犹太复国主义的自身缺陷与负面效应。

首先，后犹太复国主义低估了民族国家建构的复杂性以及以色列社会的特殊性，全面颠覆犹太复国主义的核心理念，否定官方历史叙述，注定其无法获得多数犹太民众的支持。犹太复国主义从产生之日起就是一个矛盾的集合体，以色列建国是犹太复国主义发展的顶峰，但又面临着民族国家建构的新挑战。虽然说在半个多世纪的实践过程中，犹太复国主义暴露出了很多困顿与无奈，但它在以色列社会中的政治地位与主导作用仍无法替代，许多人对它批评、责难，但并不是要颠覆它、推翻它，正因为如此，后犹太复国主义作为一种思潮兴起至少已有20多年的时间，仍然是绝对的少数派，根本谈不上动摇犹太复国主义的领导地位。

其次，后犹太复国主义过多地致力于批评与解构，缺乏必要的理论建构与现实措施，甚至今没有形成完整的思想体系，现有的一些理论与观点很不系统，缺乏稳定的组织基础。很多代表人物善于分析、解剖事端，但缺乏建设性的结论。后犹太复国主义者不仅没有固定的组织、没有系统的方略，而且在很多问题上没有固定的声音。阵营内部也人员混杂，分歧不断。

再次，"新历史学派"的思维路径与研究成果，在历史事实与学术水平方面遭受到学界的严重质疑。"新历史学派"热衷的许多个案，在资料

---

① 杨阳：《以色列的后锡安主义思潮及其影响》，《西亚非洲》2010 年第 8 期。

把握与论证分析方面缺乏必要的科学性，因此，不仅招致了主流犹太史学家的批评，也不为巴勒斯坦史学家所接纳。他们的"有些观点过于激进，有矫枉过正之嫌，同时对历史反思的宽度不够，过于集中于1948年战争及巴勒斯坦难民问题，对以色列历史的其他方面涉及不多"①。

最后，后犹太复国主义的出现是以色列社会多元化发展的产物，也为以色列社会增加了不稳定因素，在一定程度上加剧了族群分裂，不利于社会整合，而且还助长了历史虚无主义与民族主义。也正因为如此，后犹太复国主义者被攻击为"国家认同的瓦解者""犹太国家的掘墓人"。

（二）后犹太复国主义对以色列社会的影响

后犹太复国主义思潮一出现就在以色列社会激起轩然大波，围绕其引发的争论、质疑甚至谩骂之声层出不穷，并延伸至西方犹太世界。犹太复国主义者对其口诛笔伐，全面回应。尽管大多数"新历史学家"不像以色列的公民权利活动家及公共知识分子那样，明确标榜为犹太复国主义的反对者，他们自称"自由主义的犹太复国主义者"，但仍然遭到主流历史学家的诋毁与批判。新思潮最先在学术界引发了学者间的大论争，英国伦敦大学国王学院的犹太裔教授埃弗拉伊姆·卡什（Efraim Karsh）在《中东季刊》上称"新历史学家"通过严谨且系统地扭曲档案证据来编造以色列的历史，目的是制造自己的形象。什洛莫·夏朗（Shlomo Sharan）在《犹太复国主义，后犹太复国主义和神话》② 一文中通过对犹太复国主义和后犹太复国主义关于以色列历史"神话"的不同阐释，指出后犹太复国主义的目的不是揭露历史真相，而是诋毁犹太复国主义。认为后犹太复国主义对犹太复国主义所阐述的历史的全面否定脱离了历史发展的客观性，也背离了学术标准。约阿夫·盖尔博（Yoav Gelber）认为后犹太复国主义只是一时流行，最终必将走向消亡。后犹太复国主义的追随者并未真正了解这个犹太国家的历史和阿以冲突的根源。③ 他还披露了这样一件事情：1998年，一个海法大学的优秀学生泰迪·卡茨（Teddy Katz），受后犹太复国主

① 〔以〕艾兰·佩普：《现代巴勒斯坦史》，王健等译，译者序。
② Shlomo Sharan, Zionism, The Post-Zionists and Myth: A Critique, ACPR Policy Paper, No. 134.
③ Yoav Gelber, Nation and History: Israeli Historiography between Zionism and Post-Zionism, London: Vallentine Mitchell, 2011, p. 3.

义教授的影响，在其硕士学位论文中声称根据自己的调查访问，掌握了国防军第三旅在 1948 年战争中犯下了屠杀阿拉伯村民的罪行，引起了该旅老兵的起诉，成为轰动一时的事件。2001 年，以色列教育部部长利摩尔·利夫奈特（Limor Livnat）责成各学校销毁正在使用的中学历史教科书《变化的世界》，认为其具有后犹太复国主义性质，不适宜弘扬爱国主义。她还表示自己将以教育部部长的身份着手进行一项宗教性运动，以便使后犹太复国主义思想退回到它应在的位置。[①]

当然，后犹太复国主义的支持者同样存在。不少学者对"新历史学家"表示赞赏，认为他们所具有的相同背景（受过系统的历史教育，受西方影响，都会阿拉伯语，都有机会深入了解阿拉伯人的生存状况等），有可能对以色列所面临的真正问题看得更清，并试图为巴以和平搭建桥梁。甚至有人给后犹太复国主义学者冠以"先驱"的称谓，赞扬其与西方社会科学的最新发展并驾齐驱。[②] 有的学者虽然不认同后犹太复国主义的观点，但对这种持有不同意见的思潮的出现表示欢迎，认为这给社会发展带来了积极和正面因素。如大卫·奥哈纳（David Ohana）在《最后的以色列人》中表示以色列正在经历自救，以便使自身从新犹太复国主义和后犹太复国主义的夹击中挣脱出来。[③]

近年来，一些后犹太复国主义的作品不断被介绍到国外，并逐渐引起了西方学术界的注意，为外界打开了了解以色列学术与社会的另一扇窗。例如，不少西方学者将本尼·莫里斯称为 1948 年巴勒斯坦难民问题与浩劫历史研究的"终极权威"（ultimate authority），认为他反映了巴勒斯坦底层民众的真正生活，也有可能为巴以冲突的解决提供建设性的意见。艾兰·佩普作为"新历史学派"中的激进代表，尽管被反对者指责为"精神病人""阿拉伯人的雇佣军"，被迫离开了他所工作的海法大学到英国任教，但他的作品还是被翻译成包括中文在内的多国文字。更值得关注的是，"新历史学派""新社会学派"在以色列的大学校园里有了越来越多的赞同者，青年

---

① Limor Livnat, "A World of Falsehood," *Jerusalem Post*, March 19, 2001, p. 8.

② Nira Yuval-Davis, "Conclusion: Some Thoughts on Post-Zionism and the Construction of the Zionism Project," in Ephraim Nimni, ed., *The Challenge of Post-Zionism: Alternatives to Fundamentalist Politics in Israel*, London and New York: Zed Books, 2003, pp. 182 – 196.

③ David Ohana, *The Last Israelis*, Tel Aviv, 1997.

学生的理解与认同势必给这一思潮的发展留下更大的空间。

　　不可否认的是后犹太复国主义在某些方面已跨出大学校园渗透到以色列社会，对以色列公民也产生了潜移默化的影响，体现在文学、艺术、影视作品越来越百花齐放，不再局限于千篇一律的民族宗教题材，舆论与社会媒体也竞相报道持不同意见者的观点，反映了以色列社会正在向更现代、更开放的方向发展。在以色列政界，后犹太复国主义的一些建议与主张也获得了更多的认同。拉宾政府时期的教育部副部长米莎·戈德曼（Micha Goldman）就曾建议更换以色列的国歌和国旗，淡化以色列国家的民族主义标识。以色列工党领袖埃胡德·巴拉克（Ehud Barak）在一个电视节目的采访中曾说，如果自己是年轻的巴勒斯坦人，也许也会变成一个恐怖主义者。① 甚至一些军事精英也吸收了后犹太复国主义的某些理念，以色列陆军预备役少将斯洛莫·盖瑞特（Shlomo Gazit）曾把信教的以色列士兵头上所戴的小圆帽与二战中纳粹士兵所佩戴的骷髅标记相提并论，认为这种公开的认同标识除了纳粹德国与以色列外，在其他国家的军队中极为少见。② 虽然他后来迫于宗教犹太复国主义者的压力公开道歉，但这件事情暗含的意蕴耐人寻味。后犹太复国主义与和平主义运动相互交错，给以色列历届政府造成了不得不面对的压力，迫使领导人采取一定的措施平息矛盾。2003 年 12 月，当中东和平路线图计划停滞不前、巴以暴力局势恶化之时，巴勒斯坦和以色列的一批民间人士发出了《日内瓦倡议》。以方的发起人是"奥斯陆协议的设计师"、副外长约西·贝林（Yossi Beilin），而参与起草倡议的正是一批后犹太复国主义专家学者。③

　　在第二次世界大战后中东建立的一系列国家中，以色列是唯一实行三权分立的议会民主制国家，其政治框架的确立和经济的快速发展，给这个地中海岸边的小国家带来很高的赞誉，但宗教、国家、犹太性之间的博弈一直是这个新生国家最核心的难题。犹太复国主义作为主流意识形态为民族国家的建立与发展做出了不可磨灭的贡献。但随着社会的多元化发展，一系列现实问题的出现，以色列社会出现了两种试图从根本上修正犹太复

---

① Yossi Sarid, Nimas Lo Lischov, "Yediot Ahronot," *Weekend Supplement*, 1998.

② Meyrav Wurmser, "Can Israel Survive Post-Zionism?" *Middle East Quarterly*, Vol. 6, No. 1(1999), pp. 3 – 13.

③ 王锁劳：《巴以民间发出"倡议"》，《世界知识》2004 年第 1 期。

国主义的思潮。从犹太复国主义到新犹太复国主义、后犹太复国主义的演变，体现了以色列国家意识形态的分歧，也是这个国家最主要的思想文化论争。无论是新犹太复国主义的犹太宗教维度，还是后犹太复国主义的现代公民维度，"实质上，就当代以色列国的犹太复国主义发展方向而言，这样的文化异质性差异依旧是两种不同文化模式，'宗教的'与'世俗的'和'传统的'与'现代的'，是在犹太文化认同或同一性问题上的冲突延续"①。

　　后犹太复国主义之所以在20世纪八九十年代以后形成高潮，除了以色列国内政治文化发展的特别背景之外，全球化趋势的加快、后现代主义的影响、冷战结束后国际格局变化尤其是中东局势的动荡，都成为后犹太复国主义出现的国际背景。20世纪末以来，包括中国在内的发展中国家，掀起了反思自身传统、繁荣本民族文化的热潮，后犹太复国主义就是这种全球性文化思潮在以色列的反映。尽管它依旧脆弱、仍然处于社会边缘地位，无法从根本上改变以色列国家的性质与社会格局，没有动摇民族主义在以色列政治文化中的根基，但它毕竟给以色列社会注入了一股清新的空气，促进当政者调整观念与政策。20世纪末是以色列后犹太复国主义思潮的黄金时期，跨入新的千年以后，舆论导向出现了一些明显的变化。2000年7月，美国、巴勒斯坦和以色列三国领导人在戴维营历经了15天的艰难谈判，最终一无所获，巴以和谈严重破裂。同年9月，鹰派人物阿里埃勒·沙龙（Ariel Sharon）强行进入伊斯兰圣地阿克萨清真寺，导致了新一轮旷日持久的巴以流血冲突。2001年3月，沙龙当选以色列总理，随即对巴勒斯坦采取了一系列强硬措施，巴勒斯坦激进组织也针对以色列实施了多起恐怖活动作为报复，极大地影响了以色列社会的稳定。至此，在全球化发展趋势与后犹太复国主义影响下逐渐削弱的巴以矛盾再次尖锐，宗教极端主义者和新犹太复国主义重新占据市场，鼓吹以牙还牙，严厉制裁巴勒斯坦，得到了以色列犹太民众的极大支持。以色列社会中和平主义者、力主以"土地换和平"的温和人士也遭受了极大的挫败，从而直接导致后犹太复国主义的式微。但是，后犹太复国主义的批判精神、和平理念与超越民族国家之上的世界主义情怀已经埋下了种子。在今天的以色列，以"信仰

---

① 刘精忠：《宗教与犹太复国主义》，第412页。

者集团"为代表的新犹太复国主义、以"新历史学派"为代表的后犹太复国主义和传统犹太复国主义之间的交锋还会继续下去，这一方面显示出以色列社会的多元化及其所蕴含的包容性，另一方面也体现了以色列犹太社会内部的矛盾性与复杂性，说明以色列民族国家建构的道路还很曲折且漫长。

参考文献

一　中文著作和译著

陈腾华:《为了一个民族的中兴——以色列教育概览》,华东师范大学出版社,2005。

戴本博主编《外国教育史》,人民教育出版社 2001 年版。

戴康生、彭耀主编《宗教社会学》(第二版),社会科学文献出版社,2007。

顾明远主编《中国教育大百科全书》(第 3 卷),上海教育出版社,2012。

顾肃:《宗教与政治》,译林出版社,2010。

黄陵渝:《当代犹太教》,东方出版社,2004。

黄陵渝:《犹太教》,中国社会科学出版社,2008。

金宜久主编《当代宗教与极端主义》,中国社会科学出版社,2008。

李明欢:《国际移民政策研究》,厦门大学出版社,2011。

梁工主编《圣经时代的犹太社会与民俗》,宗教文化出版社,2001。

刘精忠:《宗教与犹太复国主义》,中国社会科学出版社,2010。

潘光、陈超南、余建华:《犹太文明》,福建教育出版社,2008。

邱兴:《以色列教育》,中国文史出版社,2004。

宋立宏、孟振华主编《犹太教基本概念》,江苏人民出版社,2013。

孙关宏等主编《政治学概论》,复旦大学出版社,2003。

田源:《移民与国家安全:威胁的衍生及其条件研究》,世界知识出版社,2010。

王全火编著《以色列劳务指南——政策与实务》,对外经济贸易大学出版社,2008。

王彦敏:《以色列政党政治研究》,人民出版社,2014。

肖宪、张宝昆:《世界上最成功的教育:犹太教育揭秘》,工人出版社，2005。

徐新、凌继尧主编《犹太百科全书》，上海人民出版社，1993。

阎瑞松主编《以色列政治》，西北大学出版社，1995。

张倩红：《以色列经济振兴之路》，河南大学出版社，2000。

张倩红：《以色列史》（修订本），人民出版社，2014。

张倩红、艾仁贵：《犹太文化》，人民出版社，2013。

张倩红、张礼刚、刘百陆：《犹太教史》，华夏文化出版社，2011。

张倩红主编《以色列发展报告（2017）》，社会科学文献出版社，2017。

钟志清：《当代以色列作家研究》，人民出版社，2006。

周承：《以色列新一代俄裔犹太移民的形成及影响》，时事出版社，2010。

周敏、张国雄主编《国际移民与社会发展》，中山大学出版社，2012。

周淑真：《政党政治学》，人民出版社，2011。

周燮藩、刘精忠：《犹太教概论》，中国社会科学出版社，2012。

〔以〕阿里·沙维特：《我的应许之地：以色列的荣耀与悲情》，简扬译，中信出版社，2016。

〔英〕阿伦·布雷格曼：《以色列史》，杨军译，东方出版中心，2009。

〔美〕阿伦·利普哈特：《多元社会中的民主：一项比较研究》，刘伟译，人民出版社，2013。

〔以〕艾兰·佩普：《现代巴勒斯坦史》，王健等译，上海人民出版社，2010。

〔美〕伯纳德·J. 巴姆伯格：《犹太文明史话》，肖宪译，商务印书馆，2013。

〔美〕丹尼·罗德里克：《全球化的悖论》，中国人民大学出版社，2011。

〔以〕丹尼尔·戈迪斯：《以色列：一个民族的重生》，王戎译，浙江人民出版社，2018。

〔美〕哈立德·科泽：《国际移民》，吴周放译，译林出版社，2009。

〔以〕哈伊姆·格瓦蒂：《以色列移民与百年开发史：1880～1980年》，何大明译，中国社会科学出版社，1996。

〔英〕亨利·卡坦：《巴勒斯坦，阿拉伯人和以色列》，西北大学伊斯兰教研究所译，人民出版社，1975。

〔美〕杰弗里·布拉尼：《犹太人的家庭教育》，厉志红、王燕编译，河南大学出版社，2003。

〔美〕凯马尔·H. 卡尔帕特编《当代中东的政治和社会思想》，陈和丰等译，中国社会科学出版社，1992。

〔德〕克劳塞维茨：《战争论》，中国人民解放军军事科学院译，商务印书馆，1982。

〔美〕劳伦斯·迈耶：《今日以色列：一个不安宁国家的画像》，钱乃复等译，新华出版社，1987。

〔美〕罗纳德·L. 约翰斯通：《社会中的宗教——一种宗教社会学》，袁亚愚、钟玉英译，四川人民出版社，2012。

〔德〕马克思、恩格斯：《德意志意识形态》，《马恩选集》第 1 卷，人民出版社，1972。

〔德〕摩西·门德尔松：《耶路撒冷：论宗教权利与犹太教》，刘新利译，山东大学出版社，2007。

〔英〕诺亚·卢卡斯：《以色列现代史》，杜先菊、彭艳译，商务印书馆，1997。

〔法〕皮埃尔·布迪厄、〔美〕华康德：《实践与反思：反思社会学导引》，李猛、李康译，中央出版社 2004。

〔美〕沃尔特·拉克：《犹太复国主义史》，徐方、阎瑞松译，上海三联书店，1992。

〔奥〕西奥多·赫茨尔：《犹太国》，肖宪译，商务印书馆，1993。

二　中文论文

艾仁贵：《以色列的高技术移民政策：演进、内容和效应》，《西亚非洲》2017 年第 3 期。

冯基华：《以色列右翼势力及对中东和平进程的影响》，《西亚非洲》2008 年第 10 期。

何凤：《以色列的原苏联犹太移民概况》，《以色列动态》1992 年第 2 期。

黄陵渝：《犹太教正统派》，《世界宗教文化》2006 年第 3 期。

李明欢：《谋生于合法与非法之间：在以色列的福建人》，《世界民族》2008 年第 4 期。

李其荣：《经济全球化与国际人口迁移》，《民族研究》2003 年第 6 期。

李秀珍：《从经济角度看巴勒斯坦的建国努力》，《阿拉伯世界》2000 年第 4 期。

李志芬：《试论阿拉伯被占领土问题对以色列民族国家构建的影响》，《世界民族》2011 年第 4 期。

李志芬：《以色列民族构建研究——意识形态、族群、宗教因素的探讨》，博士学位论文，西北大学，2009。

罗爱玲：《国际移民的经济与政治影响：以欧洲穆斯林移民为例》，博士学位论文，上海社会科学院，2013。

钱晓燕：《全球化背景下的中国劳动力跨境就业研究——理论、政策及管理服务模式》，博士学位论文，南开大学，2009。

阮征宇：《跨国人口迁移与国家安全——一项非传统安全因素的研究》，博士学位论文，暨南大学，2003。

宋德星：《以色列犹太移民定居点政策探析》，《世界历史》1998 年第 2 期。

王建娥：《族际政治民主化：多民族国家建设和谐社会的重要课题》，《民族研究》2006 年第 5 期。

王林聪：《中东国家政教关系的变化对民主实践的影响（上）》，《西亚非洲》2007 年第 6 期。

王楠：《巴勒斯坦经济发展中的以色列因素分析》，《阿拉伯世界研究》2008 年第 3 期。

汪舒明：《信仰者集团崛起及其对以色列社会的影响》，《西亚非洲》2006 年第 6 期。

王铁铮：《后犹太复国主义评析》，《西亚非洲》2006 年第 2 期。

王铁铮：《从犹太复国主义到后犹太复国主义》，《世界历史》2012 年第 2 期。

王晓德：《"美国化"与以色列向现代消费社会的转变——一种文化视角的探讨》，《西亚非洲》2008 年第 1 期。

王彦敏：《以色列政党政治研究》，博士学位论文，南开大学，2012。

杨雪东：《民族国家与国家构建：一个理论综述》，《复旦政治学评论》 2005 年第 1 期。

杨阳：《以色列的后锡安主义思潮及其影响》，《西亚非洲》2010 年第 8 期。

张践：《论政教关系的层次与类型》，《宗教学研究》2007 年第 2 期。

张礼刚：《德国犹太启蒙运动中的教育问题》，《世界历史》2016 年第 6 期。

张倩红：《历史记忆与当代以色列国家认同的构建》，《世界历史》 2019 年第 6 期。

张倩红：《论以色列教育的特点》，《西北大学学报》（哲学社会科学 版）2000 年第 1 期。

张倩红、宋静静：《六日战争对以色列社会的影响》，《世界历史》 2009 年第 1 期。

周承：《冷战结束前后以色列新一代俄裔犹太移民的形成及影响研 究》，博士学位论文，上海外国语大学，2007。

三　外文著作

Abramov, S. Zalman, *Perpetual Dilemma : Jewish Religion in the Jewish State*, New York: Associated University Press, 1976.

Abu-Izzeddin, Nejla M. , *The Druzes : A New Study of their History , Faith and Society*, Leiden: E. J. Brill, 1984.

Abu-Lughod, Lila, *Honor and Poetry in the Bedouin Society*, Berkeley: University of California Press, 1986.

Abu-Saad, Kathleen, Tamar Horowitz and Ismael Abu-Saad, *Weaving Tradition and Modernity : Bedouin Women in Higher Education*, Negev Center for Regional Development, Ben Gurion University of Negev, 2007.

Alexander, Michael, *Cities and Labour Immigration : Comparing Policy Responses in Amsterdam , Paris , Rome and Tel Aviv*, Burlington: Ashgate Publishing Ltd. , 2007.

Azoulay, Yehuda and Rabbi Haim Ravia, *The Legacy of Maran Hacham Ovadia*

Yosef, Lakewood: Israel Bookshop Publications, 2013.

Balabkins, Nicholas, *West German Reparations to Israrl*, New Brunswick: Rutgers University Press, 1971.

Bard, Mitchell G. , *Myths and Facts : A Concise Record of the Arab-Israel Conflict*, Washington: American-Israeli Cooperative Enterprise, 1992.

Bartram, David, *International Labor Migration : Foreign Workers and Public Policy*, Basingstoke and New York: Palgrave Macmillan, 2005.

Batnitzky, Leora, *How Judaism Became a Religion*, Princeton: Princeton University Press, 2011.

Ben-Dor, Gabriel, *The Druze in Israel, A Political Study*, Jerusalem: The Magnes Press, 1979.

Ben-Porat, Guy, *Between State and Synagogue : The Secularization of Contemporary Israel*, Cambridge: Cambridge University Press, 2013.

Ben-Porat, Guy, Yagil Levy, Shlomo Mizrahi, Arye Naor, and Erez Tzfadia, *Israel Since 1980*, New York: Cambridge University Press, 2008.

Bentwich, Joseph S. , *Education in Israel*, London: Routledge and Kegan Paul Ltd. , 1965.

Benziman, U. and A. Mansur, *Sub-Tenants , Israeli Arabs : Their Status and Government Policies towards Them*, Jerusalem: Keter, 1992.

Ben-Zvi, Yitzhak, *Palestine and Its Population under Ottoman Rule*, Jerusalem, 1956.

Betts, Robert Brenton, *The Druze*, New Haven: Yale University Press, 1988.

Bregman, Ahron, *A History of Israel*, New York: Palgrave Macmillan, 2003.

Central Bureau of Statistics(CBS) , *Israel Statistical Yearbook*, No. 1, Jerusalem: Central Bureau of Statistics, 1949.

Central Bureau of Statistics (CBS) , *Statistical Abstract of Israel*, No. 65, Jerusalem: Central Bureau of Statistics, 2014.

Cohen, Asher and Bernard Susser, *Israel and the Politics of Jewish Identity : The Secular-Religious Impasse*, Baltimore: The Johns Hopkins University Press, 2000.

Cohen-Almagor, Raphael, ed. , *Israeli Democracy at the Crossroads*, London: Routledge, 2005.

Dana, Nissim, *The Druze in the Middle East*, Sussex: Sussex Academic Press, 2003.

Danzger, M. Herbert, *Returning to Tradition: The Contemporary Revival of Orthodox Judaism*, New Haven: Yale University Press, 1989.

Dinero, Steven C. , *Human Settlement of Social and Economic Transformation in Segev Shalom, Israel*, Illinois: A Bell & Howell Information Company, 1995.

Dinero, Steven C. , *Settling for Less: The Planned Resettlement of Israel's Negev Bedouin*, New York: Berghahn Books, 2010.

Drori, Israel, *Foreign Workers in Israel: Global Perspective*, Albany: SUNY Press, 2009.

Eban, Abba, *My People: The Story of the Jews*, London: George Weidenfeld and Nicolson Ltd. , 1969.

Farsakh, Leila, *Palestinian Labor Migration to Isreal: Labour, Land, and Occupation*, New York: Routledge, 2005.

Filc, Dani and Quentin Young, *Circles of Exclusion: The Politics of Health Care in Israel*, Ithaca: Cornell University Press, 2009.

Filc, Dani, *The Political Right in Israel: Different Faces of Jewish Populism*, Abingdon: Routledge, 2010.

Firro, Kais M. , *The Druze in the Jewish State: A Brief History*, Leiden: E. J. Brill, 1999.

Flapan, Simha, *The Birth of Israel: Myths and Realities*, New York: Pantheon Books, 1987.

Frankel, Jonathan, et al. , *Jew and Messianism in Modern Era—Studies in Contemporary Jewry, An Annual*, New York: Oxford University Press, 1991.

Furman, Hagit Sofer, Yonatan Eyal and Suzan Hssan-Daher, *Program to Promote Economic Growth and Development for the Bedouin Population in the South of Israel(Government Resolution 3708)* , First Report, Jerusalem: Myers-JDC-Brookdale Institute, Aug. 2016.

Gelber, Yoav, *Nation and History: Israeli Historiography between Zionism and Post-Zionism*, London: Valentine Mitchell, 2011.

Ghanem, As'ad, *Ethnic Politics in Israel: The Margins and the Ashkenazi Center*, London: Routledge, 2010.

Gilbert, Martin, *The Arab-Israeli Conflict : Its History in Maps*, London: Weidenfeld & Nicolson, 1976.

Goldscheider, Calvin, *Israel's Changing Society : Population, Ethnicity, and Development*, Boulder: Westview press, 2002.

Guy, Ben-Porat et al. , *Israel Since 1980*, Cambridge: Cambridge University Press, 2008.

Hacohen, Dvora, Translated from the Hebrew by Gila Brand, *Immigrants in Turmoil : Mass Immigration to Israel and Its Repercussions in the 1950s and after*, Syracuse: Syracuse University Press, 2003.

Hadar, Aziz, *On the Margins : The Arab Population in Israeli Economy*, New York: St. Martin's Press, 1995.

Haidar, A. , *Arabs in Israeli Economy*, Tel Aviv: International Center for Peace in the Middle East, 1990.

Hitti, Philipk, *The Origin of the Druze People and Religion*, New York: Columbia University Press, 1928.

Horowitz, Dan and Moshe Lissak, *Trouble in Utopia : The Overburdened Polity in Israel*, Albany: State University of New York Press, 1989.

Israel Bureau of Statistics, *Census of Population and Housing 1972*, Jerusalem, 1976.

Israel Bureau of Statistics, *Census of Population and Housing 1997*, Jerusalem, 1999.

Jabbur, Jibrail S. , *The Bedouins and the Desert : Aspects of Nomadic Life in the Arab East*, Albany: State University of New York Press, 1995.

Kalir, Barak, *Latino Migrants in the Jewish State : Undocumented Lives in Israel*, Bloomington: Indiana University Press, 2010.

Kark, R. , *Land and Settlement in Eretz Israel 1830 – 1990*, Jerusalem: Sivan, 1995.

Katz, Jacob, *Jewish Emancipation and Self-Emancipation*, New York: The Jewish Publication Society, 1986.

Kellerman, Aharon, *Society and Settlement : Jewish land of Israel in the Twentieth century*, Albany: State University of New York Press, 1993.

Khan, Mushtaq Husain, George Giacaman and Inge Amundsen, *State Formation in Palestine : Viability and Governance during a Social Transformation*, London and New York: Routledge, 2005.

Landau, J. M. , *The Arab Minority in Israel, 1967 - 1991: Political Aspects*, Oxford: Clarendo Press, 1995.

Laqueur, Walter, *The Road to War 1967: The Origins of the Arab-Israel Conflict*, London: Weidenfeld & Nicolson, 1968.

Layish, Aharon, *Marriage, Divorce and Succession in the Druze Family*, Leiden: E. J. Bill, 1982.

Lee, Rebert D. , *Religion and Politics in the Middle East: Identity, Ideology, Institutions and Attitudes*, Boulder: Westview Press, 2010.

Lehmann, David and Batia Siebzehner, *Remaking Israeli Judaism: The Challenge of Shas*, Oxford: Oxford University Press, 2006.

Levon, Erez, *Language and the Politics of Sexuality: Lesbians and Gays in Israel*, New York: Palgrave Macmillan, 2010.

Liebman, Charles S. and Eliezer Don-Yehiya, *Religion and Politics in Israel*, Bloomington: Indiana University Press, 1984.

Lipschutz, Rabbi Pinchos, *Rav Ovadiah Yosef*, New York: Yated Ne'eman, 2013.

Lipshitz, Gabriel, *Country on the Move: Migration to and within Israel 1948 - 1995*, Holand: Kluwer Academic Publishers, 1998.

Lustick, Ian, *Arabs in the Jewish State: Israel's Control of a National Minority*, Knoxville: University of Texas Press, 1980.

Makarem, Sami Nasib, *The Druze Faith*, New York: Caravan Books, 1974.

Masalhal, Nur, *New History, Post-zionism and Neo-colonialalism: A Critique of the Israeli "New Historians"*, Edinburgh: Edinburgh University Press, 2011.

Meir, Golda, *My Life*, New York: Dell, 1975.

Menon, Kalyani, *Everyday Nationalism: Women of the Hindu Right in India*, Philadelphia: University of Pennsylvania Press, 2010.

Miller, Herena and Lisa D. Grant, *International Handbook of Jewish Education*, Dordrecht: Springer, 2011.

Misra, Kalpana and Melanie S. Rich, eds. , *Jewish Feminism in Israel: Some Contemporary Perspectives*, Hanover, NH: Brandeis University Press, 2003.

Morris, Benny, *1948 and After: Israel and the Palestinians*, Oxford and New York: Oxford University Press, 1990.

Morris, Benny, *The Birth of the Palestinian Refugee Problem, 1947 – 1949*, Cambridge: Cambridge University Press, 1987.

Najjar, Abdullah, *The Druze Millennium Scrolls Revealed*, Cairo: Daral-Maarif, 1965.

Nasasra, Mansour, *The Naqab Bedouins: A Century of Politics and Resistance*, New York: Columbia University Press, 2017.

Nimni, Ephraim, *The Challenge of Post-Zionism*, London: Zed Books, 2003.

Orited, Ichilov, *The Retreat from Public Education*, Dordrecht: Springer Science Business Media, 2009.

Pappé, Ilan, *Britain and the Arab-Israeli Conflict: 1948 – 1951*, New York: St. Martin's Press, 1988.

Rabinovich, Itamar and Jehuda Reinharz, *Israel in the Middle East: Documents and Readings on Society, Politics, and Foreign Relations, Pre-1948 to the Present*, Waltham: Brandeis University Press, 2007.

Rafael, Eliezer Ben and Yochanan Peres, *Is Israel One? Religion, Nationalism, and Multiculturalism Confounded*, Leidin: Brill Academic Publishers, 2005.

Ravitzky, Aviezer, *Messianism, Zionism, and Jewish Religious Radicalism*, Chicago: University of Chicago Press, 1996.

Rosenthal, Donna, *The Israelis: Ordinary People in an Extraordinary Land*, New York: Free Press, 2003.

Rossoff, Dovid, *Where Heaven Touches Earth: Jewish Life in Jerusalem from Medieval Times to the Present*, Jerusalem: Guardian Press, 1998.

Roth, Cecil and Geoffrey Wigoder, *Encyclopaedia Judaica*, Vol. 16, U-Z., New York: Macmillan Company, 1971.

Sabbagh, Suha, ed., *Arab Women: Between Defiance and Restraint*, New York: Olive Branch Press, 1996.

Sacks, Jonathan and Future Tense, *Jews, Judaism and Israel in the Twenty-First Century*, New York: Schocken Books, 2009.

Safran, Nadav, *Israel: The Embattled Ally*, Cambridge: Belknap Press of Harvard University Press, 1981.

Sandy, Isenstadt and Rizvi Kishwar, *Modernism and the Middle East: Architecture and Politics in the Twentieth Century*, Seattle: University of Washington Press, 2008.

Schiff, Gary S. , *Traditions and Politics: The Religious Parties of Israel*, Detroit: Wayne State University Press, 1977.

Semyonov, Moshe and Noah Lewin-Epstein, eds. , *Stratification in Israel: Class, Ethnicity, and Gender*, New Brunswick: Transaction Publishers, 2004.

Shafir, Gershon and Yoav Peled, *Being Israeli: The Dynamics of Multiple Citizenship*, Cambridge: Cambridge University Press, 2002.

Shalev, Michael, *Labour and the Political Economy in Israel*, Oxford: Oxford University Press, 1992.

Shapira, Anita, *Israel: A History*, Waltham: Brandeis University Press, 2012.

Shapira, Anita, *The Sword of the Dove, Land and Power: The Zionist Resort to force, 1881 - 1948*, Stanford: California Stanford University Press, 1991.

Sharon, Arieh, *Physcial Planning in Israel*, Kfar Monash: Government Printer and Kfar Monash Press, 1951.

Shechory, Mally, Sarah Ben-David and Dan Soen, *Who Pays the Price: Foreign Workers, Society, Crime and the Law*, New York: Nova Science Publishers, Inc, 2010.

Shlaim, Avi, *Collusion across the Jordan, King Abdullah, the Zionist Movement and the Partition of Palestine*, New York: Columbia University Press, 1988.

Shlaim, Avi, *Israel and Palestine: Reappraisals, Revisions, Refutations*, London: VERSO, 2009.

Shlaim, Avi, *The Iron Wall, Israel and the Arab World*, New York: W. W. Norton & Company, 2001.

Shlomo, Swirski, *Politics and Education in Israel*, New York: The Falmer Press, 1999.

Shmueli, Deborah F. , and Rassem Khamaisi, *Israel's Invisible Negev Bedouin: Issues of Land and Spatial Planning*, SwitzerLand: Springer International Publishing, 2015.

Simon, Bronner, *Israeli Folk Narratives: Settlement, Immigration, Ethnicity*, Fabula: Wayne State University Press, 2007.

Smooha, Sammy, *Arabs and Jews in Israel: Conflicting and Shared Attitudes in a*

Divided Society, Boulder: Westview Press, 1989.

Smooha, Sammy, *Israel: Pluralisim and Conflict*, London: Routledge, 1978.

Stein, Leslie, *The Hope Fulfilled: The Rise of Modern Israel*, Westport, CN: Greenwood Publishing, 2003.

Steinberg, Milton, *Basic Judaism*, New York: Houghton Mifflin Harcourt, 2001.

Stillman, Norman A., *Sephardi Religious Responses to Modernity*, New York: Harwood Academic Publishers, 1995.

Stokes, Susan C., Thad Dunning, and Marcelo Nazareno, *Brokers, Voters and Clientelism: The Puzzle of Distributive Politics*, New York: Cambridge University Press, 2013.

Swirski, Shlomo, *Politics and Education in Israel: Comparisons with the United States*, New York: The Falmer Press, 1999.

The Regional Council for the Unrecognized Villages in the Negev-RCUV, *Goldberg Commission's Recommendations*, 2007.

Troen, S. Ilan and Noah Lucas, *Israel: The First Decade of Independence*, Albany: State University of New York Press, 1995.

United Nations, *World Urbanization Prospects: 2003 Revision*, New York: United Nations Publication, 2004.

Willen, Sarah S. et al., *Transnational Migration to Israel in Global Comparative Context*, Lanham: Lexington Books, 2007.

Yiftachel, Oren and Avinoam Meir, *Ethnic Frontier and Peripheries: Landscapes of Development and Inequality in Israel*, Colorado: Westview Press, 1998.

Yiftachel, Oren, *Ethnocracy: Land and Identity Politics in Israel/Palestine*, Philadelphia: University of Pennsylvania Press, 2006.

Zameret, Zvi, *The Melting Pot in Israel: The Commission of Inquiry Concerning the Education of Immigrant Children during the Early Years of the State*, New York: State University of New York Press, 2002.

Zohar, Zion, ed., *Sephardic and Mizrahi Jewry: From the Golden Age of Spain to Modern Times*, New York: New York University, 2005.

Zweig, Ronald W., *German Reparations and the Jewish World*, London: MPG Ltd., 2001.

四　外文论文

Abu-Saad, Ismael, Yossi Yonah and Avi Kaplan, "Identity and Political Stability in an Ethnically Diverse State: A Study of Bedouin Arab Youth in Israel, "*Social Identities*, Vol. 6, No. 1(2000).

Allweil, Yael, "Israel Housing and Nation Building: Establishment of the State-Citizen Contract 1948 – 1953, "*Traditional Dwellings and Settlements Review*, Vol. 23, No. 2(2012).

Almond, Gabriel, Emmanuel Sivan and R. Scott Appleby, "Fundamentalism: Genus and Species, "in Martin E. Marty and R. Scott Appleby, eds. , *Fundamentalisms and the State*, Chicago: University of Chicago Press(1993).

Aranki, Ted N. , and Yousef Daoud, "Competition, Substitution, or Discretion: An Analysis of Palestinian and Foreign Guest Workers in the Israeli Labor Market, "*Journal of Population Economics*, Vol. 23, No. 4(2010).

Ayalon, Liat, "The Perspectives of Older Care Recipients, Their Family Members, and Their Round-the-Clock Foreign Home Care Workers Regarding Elder Mistreatment, "*Aging & Mental Health*, Vol. 14, No. 4(2010).

Bachi, Boberto and Baruch Gil, "Changes in Immigration and in Yishuv 1948 – 1951, "*Shivat Zion*, 1953.

Bar-Lev, Mordechai, "Politicization and Depoliticization of Jewish Religious Education in Israel, "*Religious Education*, Vol. 86, No. 4(1991).

Bartram, David, "Foreign Workers in Israel: History and Theory, " *International Migration Review*, Vol. 32, No. 2(1989).

Bartram, David, "Migration, Ethno-nationalist Destinations, and Social Divisions: Non-Jewish Immigrants in Israel, "*Ethnopolitics*, Vol. 10, No. 2(2011).

Baruch, Pnina Sharvit, "Is Israeli Democracy at Risk?" in AnatKurz and ShlomoBrom, eds. , *Strategic Survey for Israel 2018 – 2019*, The Institute for National Security Studies, December 2018.

Baylouny, Anne Mary, "The United States Should Not Support an Oppressive Israel, "in Charles P. Cozic, ed. , *Israel: Opposing Viewpoint*, San Diego: Greenheaven

Press, 1994.

Ben-Rafael, Eliezer, "Mizrahi and Russian Challenges to Israel's Dominant Culture: Divergences and Convergences, "*Israel Studies*, Vol. 12, No. 3(2007).

Bick, Etta, "A Party in Decline: Shas in Israel's 2003 Elections, "*Israel Affairs*, Vol. 10, No. 4(2004).

Boneh, Dan, "Facing Uncertainty: The Social Consequences of Forced Sedentarization among the Jaraween Bedouin, Negev, Israel, "Ph. D Dissertation, Brandeis University, 1983.

Cohen, Erik, "Ethnicity and Legitimation in Contemporary Israel, "*The Jerusalem Quarterly*, No. 28, 1983.

Deshen, Shlomo, "The Emergence of the Israeli Sephardi Ultra-Orthodox Movement, "*Jewish Social Studies*, Vol. 11, No. 2(2005).

Edelston, H. , "Uprooting and Resettlement: A Survey of the' Youth Aliyah' Program in Israel, "*The Journal of Educational Sociology*, Vol. 32, No. 8(1959).

Eisenstadt, S. N, "Analysis of Patterns of Immigration and Absorption of Immigrants, "*Population Studies*, Vol. 7, No. 2(1953).

Elbaum, Dov and Anna Maria Tremonti, "Israel: A House Divided, "*International Journal*, Vol. 53, No. 4(1998).

Elias, Nelly and Adriana Kemp, "The New Second Generation: Non-Jewish Olim, Black Jews and Children of Migrant Workers in Israel, " *Israel Studies*, Vol. 15, No. 1(2010).

Elisha, Efrat, "Geographical Distribution of the Soviet-Jewish New Immigrants in Israel, "*Geo Journal*, Vol. 4, No. 24(1991).

Ephraim, Yuchtman-Yaar and Tamar Hermann, "Shas: The Haredi-Dovish Image in a Changing Reality, "*Israel Studies*, Vol. 5, No. 2(2000).

Falah, S. H. , "Kafr Sumay-A Druze Village in Upper Galilee, " *The Israel Exploration Journal*, Vol. 18, No. 1(1968).

Farsakh, Leila, "Palestinian Labor Migration to Israel since Oslo and Beyond, " *Topics in Middle Eastern and African Economies*, Vol. 4(2002).

Feiler, Gil, "Palestinian Employment Prospects, "*Middle East Journal*, Vol. 47, No. 4(1993).

Feldman, Anat, "The Establishment of a Political-Education Network in the State of Israel: Maayan Hahinuch Hatorani, "*Israel Affairs*, Vol. 19, No. 3(2013).

Fenster, Tovi, "Space for Gender: Cultural Roles of the Forbidden and the Permitted, "*Environment and Planning D: Society and Space*, Vol. 17(2005).

Fischer, Shlomo, "The Rulings of R. Ovadiah Yosef, "*Cardozo Law Review*, Vol. 28, No. 1(2006).

Gabriel, Stuart A. and Eitan F. Sabatello, "Palestinian Migration from the West Bank and Gaza: Economic and Demographic Analyses, "*Economic Development and Cultural Change*, Vol. 34, No. 2(1986).

Gideon, Kressel, "Shame and Gender, "*Anthropological Quarterly*, Vol. 65, No. 1(1992).

Gross, Zehavit, "State-Religious Education in Israel: Between Tradition and Modernity, "*Prospects*, Vol. 33, No. 2(2003).

Gutwein, Daniel, "From Melting Pot to Multiculturalism; or, The Privatization of Israeli Identity, "in Anita Shapira, ed. , *Israeli Identity in Transition*, London: Praeger Publishers, 2004.

Hall, Bogumila, "Bedouins' Politics of Place and Memory: A Case of Unrecognized Villages in the Negev, "*Nomadic Peoples*, Vol. 18, Issue 2(2014).

Haramati, Shlomo, "Teaching Hebrew to Immigrants in Israel, "*The Modern Language Journal*, Vol. 50, No. 8(1966).

Harman, Zena, "The Assimilation of Immigrants into Israel, "*Middle East Journal*, Vol. 5, No. 3(1951).

Harris, Nigel, "Chinese Workers in Israel: A Bizarre Tale, "*Economic and Political Weekly*, Vol. 36, No. 20(2001).

Huebener, Theodore, "Education in Israel, "*The Journal of Educational Sociology*, Vol. 27, No. 8(1954).

Ida, Yoram, "Employment of Foreign Workers in Israel under the Binding Arrangement, "*International Journal of Business and Social Science*, Vol. 5, No. 6(2014).

Kalir, Barak, "Finding Jesus in the Holy Land and Taking Him to China: Chinese Temporary Migrant Workers in Israel Converting to Evangelical Christianity, "*Sociology of Religion*, Vol. 70, No. 2(2009).

当代以色列：多元表达与社会张力

Kalir, Barak, "The Jewish State of Anxiety: Between Moral Obligation and Fearism in the Treatment of African Asylum Seekers in Israel, "*Journal of Ethnic and Migration Studies*, Vol. 41, Issue 4(2015).

Kamil, Omar, "The Synagogue as the Civil Society, or How We can Understand the Shas Party, "*Mediterranean Quarterly*, Vol. 12, No. 3(2001).

Keder, A., "The Legal Transformation of Ethnic Geography: Israel Law and the Palestinian Landholder 1948 – 1967, "*Journal of International Law and Politics*, Vol. 33(2001).

Kemp, Adriana, "Labour Migration and Racialisation: Labour Market Mechanisms and Labour Migration Control Policies in Israel, " *Social Identities*, Vol. 10, No. 2(2004).

Kemp, Adriana, "Managing Migration, Reprioritizing National Citizenship: Undocumented Migrant Workers' Children and Policy Reforms in Israel, "*Theoretical Inquiries in Law*, Vol. 8, Issue 2(2007).

Kemp, Adriana and Rebeca Raijman, "Bringing in State Regulations, Private Brokers, and Local Employers: A Meso-Level Analysis of Labor Trafficking in Israel, "*International Migration Review*, Vol. 48, No. 3(2014).

Kemp, Adriana and Rebeca Raijman, "Christian Zionists in the Holy Land: Evangelical Churches, Labor Migrants, and the Jewish State, " *Identities: Global Studies in Culture and Power*, Vol. 10, Issue 3(2003).

Kemp, Adriana Rebeca Raijman, Julia Resnik and Silvina Schammah Gesser, "Contesting the Limits of Political Participation: Latinos and Black African Migrant Workers in Israel, "*Ethnic and Racial Studies*, Vol. 23, No. 1(2000).

Koeller, Kathrin, "The Bedouin of the Negev: A Forgotten Minority, "*Forced Migration Review*, Vol. 1, Issue 26(2006).

Kopelowitz, Ezra and Matthew Diamond, "Religion That Strengthens Democracy: An Analysis of Religious Political Strategies in Israel, " *Theory and Society*, Vol. 27, No. 5(1998).

Kram, Noa, "The Naqab Beduion: Legal Struggles for Land Ownership Rights in Israel, "in Ahmad Amara, Ismael Abu-Saad and Oren Yiftachel, eds. , *Indigenous(In) justice: Human Rights Law and Bedouin Arabs in the Naqab/Negev*,

International Human Rights Clinic Human Rights Program Series, Harvard Law School, 2012.

Layish, Aharon, "Taqiyya among the Druze," *Asian and African Studies*, Vol. 19, No. 3(1985).

Lehmann, David, and Batia Siebzehner, "Self-exclusion as a Strategy of Inclusion: The Case of Shas," *Citizenship Studies*, Vol. 12, No. 3(2008).

Leon, Nissim, "An Uneasy Stability: The Haredi Parties' Emergency Campaign for the 2013 Elections," *Israel Affairs*, Vol. 21, No. 2(2015).

Lewin-Epstein, Noah and Moshe Semyonov, "Non-citizen Arabs in the Israel Labor Market: Entry and Permeation," *Social Problems*, Vol. 33, No. 1(1985).

Maclood, Scott, "Report on Palestinians under Israel Rule," *International Journal of Middle East Studies*, Vol. 6, No. 131(1984).

Maddrell, Penny and Yunis Al-Grinawi, *The Bedouin of the Negev*, Minority Rights Group, First Edition, December 1990.

Maoz, Asher, "Religious Education in Israel," *University of Detroit Mercy Law Review*, Vol. 83, Issue 5(2006).

Margolis, Emmanuel, "Health Care in a Changing Society: The Health Services of Israel," *Medical Care*, Vol. 13, No. 11(1975).

Massad, Joseph, "Zionism's Internal Others: Israel and the Oriental Jews," *Journal of Palestine Studies*, Vol. 25, No. 4(1996).

Moore, Dahlia, "Feminist Changes in Israel," in Alexandra Rutherford et al. , eds. , *Handbook of International Feminisms*, New York: Springer, 2011.

Pappé, Ilan, "Post Zionist Critique on Israel and the Palestinians, Part I: The Academic Debate," *Journal of Palestine Studies*, Berkeley: University of California Press, 1997.

Paz, Yonathan, "Ordered Disorder: African Asylum Seekers in Israel and Discursive Challenges to an Emerging Refugee Regime," *UNHCR* Policy Development and Evaluation Service, Research Paper No. 205(2011).

Peretz, Don and Gideon Doron, "Sectarian Politics and the Peace Process: The 1999 Israel Elections," *Middle East Journal*, Vol. 54, No. 2(2000).

Piterberg, Gabriel, "Domestic Orientalism: The Representation of' Oriental'

Jews in Zionist/Israeli Historiography, " *British Journal of Middle Eastern Studies,* Vol. 23, No. 2(1996).

Porat, Irit and Esther Iecovich, "Relationships Between Elderly Care Recipients and Their Migrant Live-In Home Care Workers in Israel, " *Home Health Care Services Quarterly,* Vol. 29, No. 1(2010).

Radai, Itamar, "Muslim and Druze in Israel: National and Sectarian Identities in Conflict, " *MDC Periodicals,* March10, 2015.

Raijman, Rebeca, "Foreigners and Outsiders: Exclusionist Attitudes towards Labour Migrants in Israel, " *International Migration,* Vol. 51, Issue 1(2013).

Raijman, Rebeca, Silvina Schammah-Gesser and Adriana kemp, "International Migration, Domestic Work and Care Work: Undocumented Latina Migrants in Israel, " *Gender & Society,* Vol. 17, No. 5(2003).

Raijman, Rebeca and Moshe Semyonov, "Perceived Threat and Exclusionary Attitudes towards Foreign Workers in Israel, " *Ethnic and Racial Studies,* Vol. 27, No. 5(2004).

Ram, Uri, "Postnationalist Pasts: The Case of Israel, " *Social Science History,* Vol. 22, No. 4(1998).

Ran, Amalia, "Latino Migrants in the Jewish State: Undocumented Lives in Israel(Review) , " *Journal of Jewish Identities,* Issue 5, No. 1(2012).

Rebhun, Uzi and Chaim I. Waxman, "The ' Americanization' of Israel: A Demographic, Cultural and Political Evaluation, " *Israel Studies,* Vol. 5, No. 2(2000).

Rebhun, Uzi, "Immigration, Ethnicity, and Housing: Success Hierarchies in Israel, " *Research in Social Stratification and Mobility,* Vol. 27, No. 4(2009).

Rosenhek, Zeev, "The Politics of Claims-Making by Labour Migrants in Israel, " *Journal of Ethnie and Migration Studies,* Vol. 25, No. 4(1999).

Rosmer, Tilde, *Shas : The Sephardi Torah Guardians and their Constructions of the New Jewish Israeli Identity,* Ph. D Dissertation, University of Oslo, 2002.

Rubinstein, Amnon, "State and Religion in Israel, " *Journal of Contemporary History,* Vol. 2, No. 4, Church and Politics (Oct. , 1967) , Sage Publications, Ltd. , 1967.

Sabar, Galia, "Witchcraft and Concepts of Evil amongst African Migrant

Workers in Israel, "*Canadian Journal of African Studies*, Vol. 44, Issue 1(2010).

Said, Edward J. , "New History, Old Ideas, "*Al-Ahram Weekly*, May, 1998.

Schnall, David J. , Gush Emunim, "Messianic Dissent and Israeli Politics, " *Judaism*, Vol. 26, Issue 2(1977).

Shiffer, Varda, "The Haredi Education System: Allocation of Public Funds, " *Contemporary Jewry*, Vol. 20, No. 1(1999).

Shimony, Tali Tadmor, "Immigrant and Veteran Teachers of the 1948 Generation: As Socialization Agents of the New State, " *Israel Studies*, Vol. 16, No. 3(2011).

Shimony, Tali Tadmor, "Women Immigrant Teachers and State Formation in Israel: 1948 – 1959, "*Journal of Women's History*, Vol. 26, No. 3(2014).

Shlaim, "The Debate about 1948, "*International Journal of Middle East Studies*, No. 23(1995).

Shmueli, Deborah F. , and Rassem Khamaisi, "Bedouin Communities in the Negev, Models for Planning the Unplanned, "*Journal of the American Planning Association*, Vol. 77, No. 2(2011).

Smooha, Sammy, "Ethnic Democracy: Israel as an Archetype, "*Israel Studies*, Vol. 2, No. 2(1997).

Smooha, Sammy, *The Orientation and Politicization of the Arab Minority in Israel*, Monograph Series on the Middle East, No. 2, Haifa: Institute of Middle Eastern Studies.

Steinberg, Bernard, "Education, Judaism and Politics in Israel: A Survey, " *Jewish Social Studies*, Vol. 48, Issue 3 – 4(1986).

Stendel, Ori, "The Arabs of Israel: Between and Anvil, "in Y. Dinstein and M. Tabory, eds. , *The Protection of Minorities and Human Rights*, London: Martinus Nijhoff Publishers, 1992.

Stolow, Jeremy, "Transnationalism and the New Religio-politics: Reflections on a Jewish Orthodox Case, "*Theory, Culture & Society*, Vol. 2, No. 2(2004).

Stopler, Gila, "The Right to an Exclusively Religious Education-the Ultra-Orthodox Community in Israel in Comparative Perspective, " *Georgia Journal of International & Comparative Law*, Vol. 42, No. 3(2014).

当代以色列：多元表达与社会张力

Taub, David and Joseph Klein, " State Religious Education-Religion vs. State, "*Journal of Church and State*, Vol. 42, No. 2(2000).

Theodorou, Angelina E. , "Druze, a Unique Religious and Ethnic Group, " *Pew Research Center*, March 21, 2016.

Usher, Graham, "The Enigmas of Shas, "*Middle East Report*, No. 207(1998).

Weingrod, Alex, "Administered Communities: Some Characteristics of New Immigrant Villages in Israel, "*Economic Development and Cultural Change*, Vol. 11, No. 1(1962).

Weissbrod, Liliy, "Shas: An Ethnic Religious Party, " *Israel Affairs*, Vol. 9, No. 4(2003).

Willen, Sarah S. , "Birthing' Invisible' Children: State Power, NGO Activism, and Reproductive Health among' Illegal Migrant' Workers in Tel Aviv, Israel, " *Journal of Middle East Women's Studies*, Vol. 1, No. 2(2005).

Wurmser, Meyrav, "Can Israel Survive Post-Zionism?"*Middle East Quarterly*, Vol. 6, No. 1(1999).

Yonah, Yossi, " Israel As a Multicultural Democracy: Challenges and Obstacles, "*Israel Affairs*, Vol. 11, Issue 1(2005).

图书在版编目（CIP）数据

当代以色列：多元表达与社会张力 / 张倩红等著
. -- 北京：社会科学文献出版社，2022.8
（亚洲研究）
ISBN 978 - 7 - 5228 - 0056 - 1

Ⅰ.①当…　Ⅱ.①张…　Ⅲ.①以色列 - 研究　Ⅳ.
①D738. 2

中国版本图书馆 CIP 数据核字（2022）第 142955 号

·亚洲研究·

当代以色列：多元表达与社会张力

著　　者 / 张倩红 等

出 版 人 / 王利民
责任编辑 / 郭白歌
责任印制 / 王京美

出　　版 / 社会科学文献出版社·国别区域分社（010）59367078
　　　　　地址：北京市北三环中路甲 29 号院华龙大厦　邮编：100029
　　　　　网址：www.ssap.com.cn
发　　行 / 社会科学文献出版社（010）59367028
印　　装 / 三河市尚艺印装有限公司

规　　格 / 开 本：787mm × 1092mm　1/16
　　　　　印 张：23.75　字 数：388 千字
版　　次 / 2022 年 8 月第 1 版　2022 年 8 月第 1 次印刷
书　　号 / ISBN 978 - 7 - 5228 - 0056 - 1
定　　价 / 98.00 元

读者服务电话：4008918866